上野千鶴子に挑む

千田有紀［編］

勁草書房

はしがき

二〇一〇年とある日、上野千鶴子ゼミで学んだ元学生に、次のような手紙が届けられた。

＊　＊　＊

ご無沙汰しております。上野研究室を最初に退院した千田有紀です。今年度の三月で、上野千鶴子先生がめでたく東京大学を退職されるそうです。

「センセイ、指導学生による『退職記念論文集』は作らないのですか?」と聞いてみたところ、「いやだ、そんなダサいの」と言下に否定されてしまいました。がしかし、きっとダサくない論文集ならいいんだろうなぁと思い、「指導学生が師に挑む」というコンセプトのもと、企画を立てさせていただきました。

思えばあまり、というよりもほとんど、研究室の指導学生で何かをやるということはなかったわたしたちですが、最後くらい、「普通っぽい」ことをやってみてもいいかもしれません。とはいっても、全然「普通っぽい」本の作りになってはないのですが。

本では上野さんの今までの業績が網羅されており、通して読むといちおう一通り上野さんの足跡がわかるようになっております。みなさん、それぞれお忙しいとは思いますが、引き受けてくださらないとその部分が消えてしまうので、よろしくお願いします。

上野さんにこれまでいいたかったこと、熱い思いの丈をぶつけてみる、最後のいい機会だと思います。「上野千鶴子に挑む」という題名通り、上野さんの業績を踏まえ、上野さんを褒めたたえるなり、批判するなり、お好きなように料理して、挑んでみてください。

一度集まって、アウトラインを検討しあう会を持ちたいと思います。予定をお知らせください。執筆に関しては、正式な指導学生以外でゼミに来られていた方にも入って貰おうかと検討もしたのですが、結局誰に入ってもらうか線引きの基準がつくれないので、今回は見送らせていただこうかということになりました。それではよろしくお願いいたします。

＊　＊　＊

ちょっとふざけたお知らせから入ったが、わたしたちの意図はこのようなものであった。今まで上野研でわたしたちが何を学んできたのか、上野社会学とは何なのかを、上野先生の退職を機にあらためて振り返り検討してみたいと思ったのである。

わたしたちは上野先生が発表されてきた業績に対して容赦なく刀を振りあげ、上野先生にはそれに対して誠実に応えてもらう。かなり異例ではあるが、一方向ではなく双方向的に、「指導教授上野千鶴子」の社会学について語りあう論文集にしたかった。
このような試みを気持ちよく引き受けてくださった上野先生に感謝しつつ。

千田　有紀

上野千鶴子に挑む／目次

第Ⅱ部　文化の社会学

第Ⅳ部　当事者主権

第Ⅰ部　ジェンダー・家族・セクシュアリティ

第一章　「対」の思想をめぐって

千田　有紀

本論文では上野のジェンダー・セクシュアリティ理論について、その時代背景とともに検討してみたい。上野は、「①挑発にはのる、②売られたケンカは買う、③ノリかかった舟からはオリない、というぶっそうな処世三原則を掲げる『学会の黒木香』」（上野 1988）であり、さまざまな論争を引き起こしてきた。ざっと振り返るだけでも、故青木やよひとの間でたたかわされたイリイチの受容と女性原理とは何かをめぐるエコロジカル・フェミニズム論争、子連れ出勤の是非をめぐって林真理子・中野翠たちと行ったアグネス論争、上野のマルクス主義フェミニズムにおけるマルクス主義理解をめぐる論争、主流の文学を「女流」に対する「男流」文学にすぎないと呼び、殴り込みをかけた男流文学論とその反発など、さまざまなものがある。また思想界で上野の名前を一躍有名にしたのは、吉本隆明との論争的な対談であるし、他の思想家との論争は小競り合いのようなものを含め、多々存在している。

一九八〇年代、そして九〇年代に入ってなお、「上野千鶴子」は一つの「記号」であった。フェミニズムといえば上野千鶴子であり、上野千鶴子といえばフェミニズムだったのである。日本にも著名な学者はあまたいるが、このような「記号」を生きる学者は希有な存在ではないだろうか。

日本で書名にフェミニズムという言葉が出現したのは、青木やよひ編による『フェミニズムの宇宙』が最初であるといわれているが[1]、このフェミニズムという言葉が人口に膾炙する過程において、上野の果たした役割は無視できないほど大きなものであった。八〇年代のフェミニズムが商業主義とともに広がって行った、つまりフェミニズムという思想のパッケージが「売れる」ものとなったことに関して、上野は「A級戦犯」と呼ばれていると自称している。確かに女性学研究会でおこなわれた「八〇年代フェミニズムを総括する」シンポジウムにおいて、焦点は上野のマルクス主義フェミニズムの理論をめぐるもの（例えば「物質」や「制度」という概念をどうとらえるかなど）から始まって、フェミニズムの商業化をどのように把握するかに及んでいる（日本女性学研究会 1990）。

九〇年代においては、『ナショナリズムとジェンダー』の出版を機に、ジェンダーとナショナリズムの交錯についてが、議論の俎上にあげられた。実証主義と構築主義という方法論をめぐって、また歴史家が後から歴史を評価することはどのような意味をもつのかについて、歴史（とくに女性史）の方法論をめぐる論争がおこった。さらに「フェミニズムはナショナリズムを超えられるか」という問いを上野が立てたことに対して、容赦ない批判が加えられた。私見では上野の「国民国家に還元されきれないわたし」という問題提起は、それなりに意味をもっており、じゅうぶんに論じ尽くされたとはいい難い[2]。これは現在でも朴裕河ら周辺で行われている「和解」論争などに連なる問題系であり、いまだ決着はついていないといっていいだろう。また二〇〇〇年代には問題関心をケアやエイジングに広げ、『おひとりさまの老後』は大ベストセラーになった。

このように上野の関心領域は多岐にわたり、さまざまな論争が繰り広げられてきた。本稿では上野千鶴子のデビュー作から上野がどのような社会的な文脈においてジェンダー・セクシュアリティ理論を繰り広げて来たのかを紹介し、上野の問題関心が一つの糸――「対幻想と家族」という――によって貫かれていることを明らかにしたいと思う。

1　新しいジェンダー・セクシュアリティ論の登場

上野千鶴子は、ジェンダー・セクシュアリティを研究する社会学者としてデビューを飾った。デビュー作は、有名な『セクシィ・ギャルの大研究　女の読み方・読まれ方・読ませ方』である。カッパブックスというきわめて大衆的な新書のかたちで、刺激的な表紙とともに出版された。

上野を出版社に推薦したという栗本慎一郎は、上野のあだ名を女栗本慎一郎だと紹介したうえで、「しかし自分にはこんなスケベな本は書けない」とこのあだ名に反論している。上野自身はあとがきで、本書を「処女作ならぬ処女喪失作」だと述べている。この「処女喪失作」という文言は、帯にも採用された（らしい）(3)。

著作はこのような「ノリ」で展開され、刺激的な図版がたくさん掲載されているものの、よくみれば、通俗的な図版をかなり真面目に「記号論的」に分析した本であることはわかる。あとがきによれば、上野はゴフマンの『ジェンダー・アドバタイズメント』を読み、当初それを翻訳しようと考えたらしいが、結局自分で同様の本を書くことにしたという。そういわれてみれば役割距離の話など、実にゴフマンらしい分析も加えられている。

今は「出世」して、岩波現代文庫に収められているこの本であるが、考えてみればこれほど上野らしい本はあるまい。『セクシィ・ギャルの大研究』、『女という快楽』、『女遊び』。初期の上野の本のタイトルを並べてみれば、なんと刺激的なことか。女性は男性による性的な欲望の対象でありながら、そのこと自体が問われてきたとはいい難い。この時期の上野の著作は、男性によって眼差された女性の身体や快楽を、女性の視点から問い直す試みであるといっていいだろう。

とくに『女遊び』は、ジュディ・シカゴによる「ディナー・パーティ」と題された女性器をかたどった作品が表紙となっている。銀色にキラキラ光る用紙に大きな女性器アートがアップされ、さらに多くの女性器がちりばめられている表紙。そして冒頭には「おまんこがいっぱい」というエッセイがある。

鏡というものがあるから、女は生涯にたった一コだけは、おまんこをみることができる——自分のおまんこである。レズビアンでもない限り、ヘテロ（異性愛）の女は、ふつう自分以外の女のおまんこをみる機会に恵まれない。おまんこをいくつも見比べてみる特権は、男だけが持っている。

（上野 1988:14）

上野は自分の性器に対する意味づけが男性のみによって行われていることを指摘したあと、男の手からその意味を奪還しようとする。

おまんこを花と形容したのも男なら、ボロぎれと呼んだのも男だ。女にはどちらもわからない。というより女にはどちらも関係ない。おまんこは花でもボロでもない。おまんこはおまんこだ。しかし男たちがおまんこを、すみれ、ウニ、ひとで、二枚貝、傷口……と呼ぶのは、女たちを脅えさせ、混乱させる。おまんこを定義する力は、男たちが持っているからだ。（上野 1988：15）

「おまんこはおまんこだ」。普段口に出すのも憚られている女性器の俗語を連呼するというそのパフォーマンスばかりに目が行くが、実際のところ、女たちが自分たちの身体の定義権を取り戻し、身体に関する自尊の感情を作り上げることを主張する、大真面目な論考である。この過激なパッケージで目を惹かせ、真面目なメッセージを届けるというスタイルは、上野のスタイルの一つである。

このようなスタイルの裏には、ニューアカデミズムブーム、所謂ニューアカブームが存在している。今では想像もつかないかもしれないが当時では、ポストモダンの現代思想がブームとなり、ファッションとしてアカデミズムの言説が消費されていた。内容はわからず、読んでいなかったとしても、デートのときに浅田彰の『構造と力』を小脇に抱えるということが実際に行われたか否かは定かではないが、そのような光景があり得ると考えられていた時代であった。「『上野千鶴子以後』、フェミニズムの思想書は、書店のオジサンによって、『婦人問題』というゲットーを出、『現代思想』コーナーに並ぶようになったのである」(上野 1988) という上野の紹介文の、まさにその通りのことがおこったのである。

これらの背景の一つにはさらに、大衆的な新しい女性表現の出現がある。上野のあだ名は「学会の黒木香」であったが、黒木香とは、『SMぽいの好き』というアダルトヴィデオで一躍有名になったアダルトヴィデオ女優である。脇毛を黒々と生やした黒木は、女性が性的にアクティヴなヴィデオに出演するという意味においてだけではなく、横浜国立大学の学生で、知的な言語で性に関する話ができる知性派ということで、随所で引っ張りだこであった。また同様に女の性を主題とし、胎児はウンコだといい、躊躇いなくおまんこという言葉を使った伊藤比呂美のような詩人の存在もある。上野はこのような性を表現する女性たちの出現と軌を同じくして、性にかんする事象をわかりやすくかつ学術的な言語で語るという時代の要請を、自ら作り出しつつもそれに応えた、ということができるだろう。

このような上野のスタイルには、もちろん批判も多々存在した。例えば、『女という快楽』というタイトル一つとっても、「女＝快楽」という決めつけはいかがなものかと、フェミニストによる性の商品化批判がフェミニズム「内部」からなされたこともある (例えば、尼川 1987)。ただ、このような形態をとることによって、フェミニズムの言説が「男も読む」商品となってひろく流通していったこともまた、間違いない。

フェミニズムの戦略としては、分離派と統合派があると上野はいう。統合派としては、例えば江原由美子は、男性の書き手もフェミニズムに引き摺りこむことによって、フェミニズム論が力をもつという戦略を採っていた。上野は自分を分離派であると定義づけ、女性学やフェミニズムという女性による「ゲットー」が無視できないほど大きくなることによって、力をもつという戦略を選択していた。がしかし、こと読み手に関しては、上野を好きだと公言するインテリ男性は少なくはないところをみても、上野の言説は「ゲットー」を飛び出して、男性にも広がっていったということができるのではないだろうか。

2 対幻想論

わたしが上野の論考のなかで一番評価するものが、『女という快楽』（一九八六年）に収められている「対幻想論」（一九八一年）であるといったら、驚かれるだろうか。実際、この論考ほど批判にさらされてきた論文はあるまい。その批判の一つは、ホモセクシュアルに関する記述をめぐってである。上野は吉本隆明の『共同幻想論』から、自己幻想・共同幻想・対幻想という概念を借用し、「対幻想」の思想を打ち立てようとした。吉本のこの著作は「大きな衝撃とともに同時代の読者に迎えいれられ」（上野 2006b：355）たという。上野がとくに衝撃を受けたのは、「対幻想」という概念である。

私はああいう秘教的な言葉を理解せねばならんと思い込んだ、かわいそうな頭でっかちな少女でしたから、身を焦がして一生懸命読みましてね、男の思想家の中で、国家とか共同性に比肩するだけの概念として、対幻想を概念化した、空前絶後な人だと思いました。（森崎・上野 1990：22）

これは「対幻想論」から一〇年を経た後の上野の述懐であるが、吉本が「国家権力を論じながら、それが疎外しかつそれと逆立するものとして性的な対をおくことで、性が権力とならんで『考えるに値すること』、そして性が権力に対する抵抗の拠点になりうることへの理論的根拠を与えた」ことは、「同時代に勃興しつつあったフェミニズムの影響下にあった人々」に大きな衝撃を与え、恋愛を「対幻想する」と呼び換えたほどであったという（上野 2006b:356）。

上野はこの吉本の対幻想という概念を、自己幻想や共同幻想に「逆立」することのできるという点において評価し、発展させていく。自己幻想は「それ以上分割できない《インディヴィジュアル》」個人、つまり極限まで切り詰められた単位である身体という境位に同一化した意識にすぎず、その意識は身体のレベルを超えて同一化の対象を拡大し、共同幻想へと同心円的に拡大していくという。この個人の幻想は、容易に国家の共同幻想、つまりナショナリズムへと拡大していくのである。

ところが対幻想は、違う。「他者は、『わたしのようなもの』という類推を拒み、しかも『もうひとりの私』として私と同じ資格を私に要求してくる。異質な他者に同一化しようとすれば、自己幻想はたんなる同心円的拡大を許されない。同型的拡張をおしつけようとするたびに、他者は違和を信号として送り返してくるだろう。自己幻想は脱中心化を迫られ、対幻想は楕円のように複中心化して安定する」（上野 1986:5）。つまり自己幻想と共同幻想では中心点が一致するものの、対幻想には他者の存在が必要とされるために、その中心の点は重なりあうことはない。この二つの中心はつねに緊張関係にあるため、自己幻想は構造的な変容をとげざるを得ない。このように対幻想によって構造変容した自己幻想は、「共同幻想からのとりこみに強い抵抗力を示す」（上野 1986:6）。上野は、対幻想が他者との関係のなかで、他者を鏡として自己を形成しなくてはならないことから、自己幻想には不可能であった共同幻想に対する抵抗を可能にするということに高い評価を与えている。

このような上野の対幻想概念は、他者と他者との結びつきであるという「対」の思想にもとづいている。その結果、異質性の契機を内在させない幻想を上野は対幻想から除外するという。「『わたしのようなもの』との同一化と『わたしとはちがうもの』との同一化とは、著しく異なっている」（上野

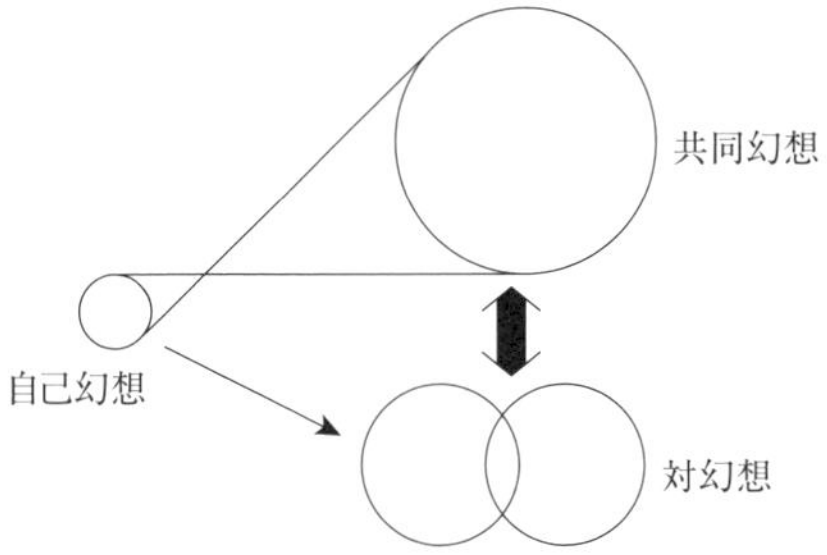

出典：上野千鶴子『女という快楽』（1986）

図 1-1

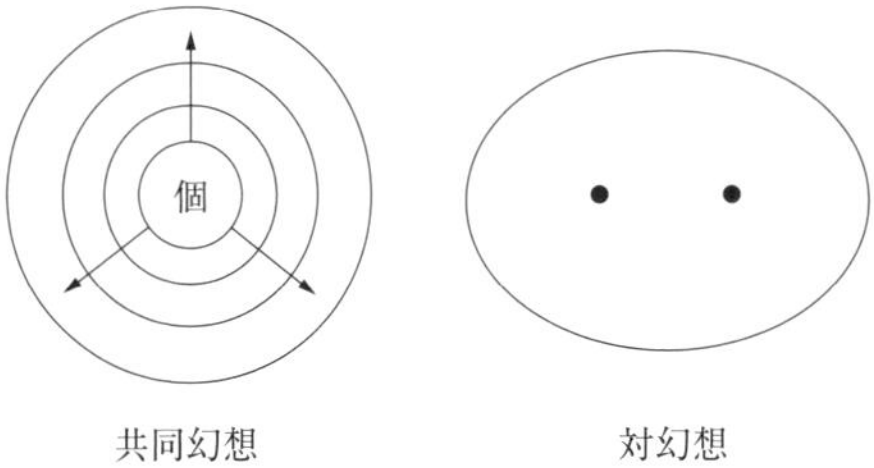

出典：上野千鶴子『女という快楽』（1986）

図 1-2

1986:6)。吉本自身は、親子にも兄弟姉妹の間にも対幻想は成立すると考えたが、上野はこの考え方を採用しない。

異性の「他者性」を契機とするこの対幻想論の論理の延長上に、上野はホモセクシュアルに対する「差別」を宣言していた。「私は、性に内在するヘテロ志向を重視する。そしてこの見地からホモセクシュアルを『差別』する」(上野 1986:14) のだと。その根拠は、ホモセクシュアルである三島由紀夫や美輪明宏が激しい女性嫌悪を表明していることであり、ここから上野は同性愛者たちに「他者性」ではなくむしろ、「同質性」をみいだしている。

ほとんどあらゆる同性愛者たちは、異性への嫌悪と侮蔑を、ひるがえって自分が属する性への自己愛的な賛美を、表明している。たとえば美輪明宏という著名なゲイボーイ (今ではゲイおじさんか) は、何人もの同性との性体験を告白したあとで、次のように続けている。「女の人とは一度もええ、あたしはきれいなからだですよ」。ここには、異性との交接がケガレであることが、他のどんな表現にもまして雄弁に語られている。優位な性である男性が、劣位の女性に、性的に依存するというのはにくむべきことにちがいない。(上野 1986:13–14)

「差別」であると括弧をつけているとはいえ、どうどうとホモセクシュアル「差別」を宣言したのであるから、平野弘朗『アンチ・ヘテロセクシズム』をはじめとして、この論文は容赦なく批判にさらされた。上野自身も批判を受け入れて、何度か謝罪し、この本の新装版を出すにあたって、改めてまえがきでセジウィックの著作や同性愛当事者の語りによって、この二〇年の間に「同性愛」をめぐる理解がかくだんに進んだこと、それに自身が大きな影響を受けたことを確認し、そのことに触れている（上野 2006:vi）。

上野に対するこれらの批判には、もちろんじゅうぶんな論拠がある。セジウィックが、『男同士の絆　イギリス文学とホモソーシャルな欲望』で明らかにしているように、同性に対して欲望を抱く（男性の）ホモセクシュアル（「男を愛する男」）と、違う性（である女性）を他者化して、排除し、同性愛者を嫌悪するホモフォビアを伴いながら成立する（男同士）のホモソーシャル（「男の利益を促進する男」）は異なるものである。今から振り返れば上野が憎んだものはまさに「ホモソーシャル」と呼ぶべきものであり、「ホモセクシュアル」ではなかった。

しかしここであえて火中の栗を拾うとすれば、ホモソーシャルとホモセクシュアルを区別すればそれで問題は解決するわけではない、ということをもう一度考えなければならないだろう。上野の記述を好意的に解釈すれば、上野のこの記述は、当時からその問題を提起する可能性をもっていたと読むこともできなくはない。

ホモソーシャルとホモセクシュアルは分析的には区分できるが、女性においては限りなくそれは連続に近いものであるし、セジウィック自身も、男性の場合もホモソーシャルなものをもう一度「欲望」という潜在的に官能的なものの軌道に乗せることにより、両者が連続体を形成しているのではないかという仮説を再び立てている。

上野は「ホモソーシャルがミソジニーと結びつく論理的・実践的必然性は、多くの研究によって明らかにされましたが、ホモセクシュアルとミソジニーとが結びつかない必然性はどこにあるのか、これはぜひゲイの方たちに教えていただきたい。これが保証されない限り、フェミニズムとゲイ・スタディーズはともに闘えないだろう、と思います」（風間・ヴィンセント・河口 1998:40）といい、その八年後にもまだ「女性嫌悪的な男同士の連帯」について、これを再生産する言説である限り、「三島（由紀夫）や美輪に対するわたしの批判に、今日でも変更の必要を認めない」（上野 2006:vii）といってている。ホモセクシュアルに内在する女性嫌悪の分析は、政治的な配慮からなのか今までじゅうぶんに深められてきたとはいい難く、また今後も深められる必要性がある問いであることは間違いがない。

ここでわたしが興味深いと感じるのは、上野が同性愛者の関係には「他者性」がないと断言したこと――それが間違いであるのは明白である。性別にかかわらず、自分以外はみな「他者」であるのだから――よりもむしろ、異性愛者の「対幻想」の基礎に「他者性」を位置づけたことのほうである。上野は対幻想を「『わたしとはちがうもの』との同一化」であると考えるが、「女」である「わたし」とは違うものであるからこそ「男」を愛し、「男」と「女」が異なった存在であるからこそ、そこに「対幻想」が形成され、「男」は「男」であることの自明性を揺さぶられ、「女」は「女」であることの自明性を揺さぶられ、さらに「男」や「女」になる、というものである。いわば「対幻想」は、「男」と「女」というジェンダーのカテゴリーにおいて形成されるアイデンティティを賭けたゲームなのである。

実は上野に対して行われた批判は、男性の同性愛者からのものだけではない。女性同性愛者であるレズビアンにかんしてもまた、「女どうしの性愛（レズビアン）も、男性同性愛（ホモセクシュアル）

と対照的である。女性同性愛者たちは、男性へのあからさまな嫌悪感を表明している。……『女どうしの方がわかりあえるわ』と彼女らがいうとき、底に響くのは、ヘテロな交配に対する恨みである」（上野 1986:14）と、上野のレズビアン理解が、ヘテロセクシュアルに対する批判を裏返しただけの存在であるにすぎないことに対する、強い批判がある。

掛札悠子は、上野がレズビアンをレズビニズムへと追いやるヘテロセクシュアルのイデオロギーを明らかにせず、レズビアンを「ヘテロな交配に対する恨み」であるという「レズビアニズム」という枠に封じこめたうえで切り捨てていると批判している。[4]「いったい、レズビアンが異性愛に敵対する思想によって同性に魅かれると言うなら、異性愛者はどのようなイデオロギーによって異性に魅かれると言うのだろうか?」（掛札 1992:32）。

掛札の指摘はもっともであり、上野も掛札の意見を受け入れ、レズビアンはヘテロセクシュアルへの恨みから来ているという意見を変更している。しかし、「異性愛者はどのようなイデオロギーによって異性に魅かれると言うのだろうか?」という掛札のこの問いかけへの答えこそが、実は上野の「対幻想論」だったのではないだろうか。

「対幻想」は、「男」と「女」というカテゴリーの間の、あくまでジェンダー・カテゴリーの間で成立している「幻想」であり、まさに「究極の一対」という、セクシュアリティの排他性に基づいたロマンティックラブイデオロギーである「幻想」である。つまりホモセクシュアルに対する無理解を内在させていることも含め、「対幻想論」は、一対の異性愛のカップルを特権化している。現在であったら、これもまたヘテロセクシュアル至上主義と性差別であるセクシズムからなる「ヘテロ・セクシズム」にまみれた言説であるといわれるだろう。がしかし、上野の「対幻想論」の意義は、まさにこの「ヘテロ・セクシズム」の社会における恋愛の幻想、ロマンティックラブイデオロギーとはいかなるものであるのかということを「当事者」として解いてみせたこと自体にあるのではないだろうかと思うのである。

わたしが上野の「対幻想論」を評価する理由は、自分のアイデンティティが性的な他者に深く依存していた時代における、異性愛の女と男の間で繰り広げられる非対称的な恋愛のゲームが、異性愛の女にとってどのようなものであるのかという問いを、吉本と同様に「考えるに値すること」(上野 2006b:356)として提起し、実存を賭けながら解こうとした点にある。

社会学者としてものごとを明快に分節化していく他の「論文」に比べると、「対幻想論」は上野が自身の経験から骨身を削って作り出した「思想」であるように感じられる。分節化していくということは、ある意味で単純化していくことでもあるのだが、上野のこの論文はむしろ対幻想の複雑さを取り出そうとするマニフェストである。そこには、「対」の「分析」をおこなうというよりもむしろ、「対」の「思想」を作りあげたいという上野の熱意と、自分のアイデンティティを賭けた切実さをみることが可能である。

現在から振り返れば、「異性愛者」、「同性愛者」というカテゴリー自体が、括弧がつくようになってきている。もちろん、「同性愛者」としてのアイデンティティの政治を大切にする主張も存在するし、戦略的に意味をもつこともあろう。しかしフーコーの登場により、たんに「性行為」という「行為」や「慣習」によって人々のアイデンティティや存在を規定しようとする近代における欲望の政治が明らかにされたあとは、「同性愛者」、「異性愛者」、そして同様にフーコーなどのポスト構造主義の影響を受けたバトラー等によって、「男」や「女」というカテゴリー化そのものが政治であり、決して自明なものではないということが明らかにされている。このような提起をうければ、これらのアイデンティティ・ゲームは、性別のカテゴリーをめぐるゲームにすぎなかったのだ、つまり、近代において人々が欲情し、向き合っていたと感じさせられていたものが、たんに性別というカテゴリーをめぐる「幻想」にすぎなかったのだ、ということが、より鮮明に浮かび上がってくるだろう。

性別によってもたらされる「他者性」は、「男」や「女」という記号の「他者性」にすぎず、おそらく同じ性別をもつ相手を入れ替えても、「他者性」に行きつくことなく成立し得るかもしれないゲームにすぎないのである。繰り返すが、「女」であれ「男」であれ、「同性愛者」であれ、「異性愛者」であれ、「バイセクシュアル」であれ、「アセクシュアル」であれ、さまざまな「変態（クィア）」であれ、自分以外の存在とコミュニケートしようと思えば「他者性」に行きつかざるを得ないのであり、ひょっとしたら自分のなかにすら、「他者」は存在しているかもしれないのである。

また上野は当時から、「対幻想」、つまりロマンティックラブイデオロギーは、近代的な構築物なのではないかという疑問を呈していたが、実際にその通りであることが判明した。上野を一躍有名にした吉本隆明との対談で上野は、吉本が普遍概念としてつくった「個人幻想」「共同幻想」に対して、「対幻想」は「近代概念ではなかろうかという疑いをもちはじめて、それが払拭できないんです」（上野 1988b: 87-88）といい、長々と詰め寄っている。それに対する吉本の答えは、「ぼく自身は、その概念を出してきたのはそうじゃなくて、大変歴史的な起源ないし発生点というものの考慮からきている訳ですけども、いってみればあなたのおっしゃる通りで、それはそれ自体が大変モダンなというか、割にあんまり根拠が深くない概念じゃないかといわれるとそうかもしれないような気がします。だけれども、ぼく自身が出してきたのは全然そうじゃないところから出してきているんですけれどね」(上野 1988b:90) という要領を得ないものであった。おそらく吉本は、上野が「対幻想」が「近代概念」と主張することの意味自体を、理解する気がなかったのではないか。

もちろん「対幻想」だけではなく、「個人幻想」、「共同幻想」も近代に作られた概念であった。「自分」という「個人」が誰であるかということが執拗に問われだしたのは、世俗化したあとの近代社会においてであり、前近代にはアイデンティティということ自体が問題とはならなかった。また国家への共同幻想がアンダーソンのいう「想像の共同体」であるとしたら、「想像の共同体」は、まさに近代国民国家の誕生とともに作られたものである。[5] このように「個人幻想」や「共同幻想」が近代に作られた幻想であるということが明らかになったのと同様に、「対幻想」もまた、ある特殊な時代につくられた幻想であるということが明らかになっている。

吉本がほとんど手つかずのままに残した「対幻想」という概念を受け取り、発展させようとする上野は、対幻想という概念自体に切ない恋をしているようにもみえる。

男たちは、自分の相補的な依存性を認めようとはせず、したがって対について語りたがらない。女たちばかりが、対と愛について語る。この構図はうんざりするものだが、男たちを、対等でフェアなアイデンティティ・ゲームの場に引きずり出してあげること、これが私たち女から男への熱い

ラブ・メッセージだ。（上野 1986：16）

これに対する吉本の答えといえるものは、「恋愛は論じるものではなく、するものだ。とおなじように性にまつわる事柄は、論じられるまえに、されてしまっていることだ」（吉本・芹沢 1985）というものである。このフレーズは、男性の知識人によって好んで何度も引用されたが、上野は「私たち女から男への熱いラブ・メッセージ」を発信したものの、受け取りを拒まれて、宙に浮いたまま、「対幻想」自体の終焉を迎えたようにみえる。女たちからのラブ・メッセージに対して、男たちは冷たいままであった。

今となっては上野自身も、「時代の落とし子であるわたしもまた、その時代の観念を生き抜くことによってしか、それ（対幻想）を通過することができなかった」（上野 2006：v）と振り返っている。上野の「対幻想論」は今も古びないということはできない。むしろたった三〇年しか経ていないにもかかわらず、古色蒼然としているといっていいだろう。しかし、であるからこそ、ある時代における「対」の幻想に向き合った思想の記録として、「対幻想論」は歴史的な作品なのである。上野千鶴子はわたしにとって、「対幻想」の思想を打ち立てた人である。

3　マルクス主義フェミニズム

一般に上野千鶴子はどのようなフェミニストかと問われれば、「マルクス主義フェミニスト」と答える人が多いのではないか。上野の看板は、マルクス主義フェミニストである。上野は日本において、一九八〇年代にマルクス主義フェミニズムの理論化を主導してきた。『家父長制と資本制―マルクス主義フェミニズムの地平』（一九九〇年）はその集大成であり、代表作である。

上野のマルクス主義フェミニズムの特徴は、以下のようなものである。まず第一に、家事労働の搾取に着目すること。上野は市場の外部に着目し、「労働」という概念がいかに「男性」をモデルに構築されてきたのかを明らかにする。「賃労働」と「家事労働」の労働自体に、本質的な違いがある訳ではない。市場化され、主に男性によって担われてきた労働を「（賃）労働」と呼び、市場化されていない女性による「不払い労働」を「家事労働」と呼ぶのである。従来、「三食昼寝つき」と揶揄されてきた女性の家事を「労働」と呼び、マルクス主義の体系のなかに、理論的に位置づけようとすること。これが、上野がまずおこなったことである。

第二に、この男性による家事労働の搾取を、男性による女性の支配の「物質的基礎」と位置づけることである。「家父長制の廃棄は、個々の男性が態度を改めたり、意識を変えたりすることによって到達されるようなものではない。それは現実の物質的基盤――制度と権力構造――を変更することによってしか達成されない」（上野 1990:58）。この男性による女性の支配の制度と権力構造の中心に、上野は男性による女性労働の搾取を位置づけた。

第三に、家事労働を生産労働として位置付けるだけではなく、生殖に着目し、再生産様式として理論化したことである。生産労働のみならず、男性による再生産労働の搾取を、固有の再生産様式として理論化する傾向は、それまでの日本のマルクス主義フェミニズムのなかでは、新しいものであるといってもよい。再生産様式を叙述する上野の筆致は、実に生き生きとしている。

第四に、近代社会を家父長制と資本制の二元論として、とらえることである。生産関係からなり、階級支配が行われている資本制と、再生産関係からなり、性支配が行われている家父長制。近代社会は、この二つの制度の「矛盾と調和」からなる「弁証法的関係」であり、近代産業社会に固有な階級支配・性支配のありかたを「家父長制的資本制」（ソコロフ）と呼ぶことができる。上野が目指したことは、男性による女性支配である「家父長制」というシステムを、理論的に位置づけ、解明することであった。

このような上野のマルクス主義フェミニズム理解においては、国家の領域がすっぽりと抜け落ちてしまっている。九〇年代以降、「神の見えざる手」による市場の自律性を尊重し、市場に任せればすべてうまくいくのだと規制緩和のための強い国家介入を求める新自由主義政策が加速し、国家政策抜きの経済分析が不可能になったことを考えれば、この国家の不在は、上野が理論を練り上げた八〇年代の日本社会という歴史性を感じさせる。もちろん、『家父長制と資本制』の結びで上野自身が、国家分析の重要性を主張しているものの、二元論の理論にそのことが反映されてはいなかった。

また、ラディカルフェミニズムと社会主義婦人解放論を止揚するものとしてマルクス主義フェミニズムを位置づけ、リベラルフェミニズムの系譜の思想的意義を低く見積もっていた。これらのことはリベラルフェミニストである水田珠枝等の批判を受け、近年上野自身によっても反省されている（上野 2009a）[6]。

マルクス主義に基づいたこの「硬派」の理論書は、驚くべきことに、普段学問に縁のないと思われる主婦層によっても購入されていた。[7] 女性週刊誌にも、わかりやすい解説が取りあげられていた。上野の理論的な論証過程は複雑で理解が難しいものの、「主婦は搾取されている」、「家事労働の搾取が家父長制の基盤にある」といった「結論」が、主婦のリアリティと希望に合致したからではないか。

このように上野のマルクス主義フェミニズムを改めて考えてみると、不思議な感慨に襲われる。ジェンダー、セクシュアリティの理論、とくに上野以前にはあまり手をつけられてこなかった女性の「快楽」や「欲望」、「対幻想」といったトピックを論じ、国家による家族の管理を批判し、婚姻制度に疑問を呈していた上野が、男性による女性の搾取の中心に家事労働を置き、「全国の家事労働者よ、団結せよ」というのが唯物論的フェミニストの戦略であるといい放つ（上野 1990:67）。婚姻制度に入っている女にとって、そして入らない選択をした女にとって、現在、「家事労働」はどれほどの意味をもっているのだろうか。それが「男性による女性支配の物質的基礎」といわれて、「そうだ」と思う男女が、どれほどいるだろうか。

しかし一九九〇年には、家事労働が物質的基礎であるという議論は、まだ説得力をもったのである。一九八五年に男女雇用機会均等法が成立し、女性の雇用機会は形式的に与えられたばかりであった。一九九二年に共稼ぎ世帯の数が専業主婦世帯と逆転する、その直前である。また日本の少子化が突如として問題とされた、一・五七ショックの年でもある。

つまりこの頃は、日本型経営がじわじわと解体し、未婚化が進行しつつも、男性世帯主と専業主婦からなる近代家族という存在がまだ、かろうじて持ちこたえていた年なのである。男性世帯主と専業主婦からなる近代家族は、生涯に一人の人と結ばれ一生を共にするという、愛と結婚と性を三位一体としたロマンティックラブイデオロギーや、母性にかんするイデオロギー、温かい家庭についてのイデオロギーを伴うものである。つまり上野がそれまで行ってきたことは、近代家族とそのイデオロギーの分析であった、ということができる。

4　主婦と家族をめぐって

『家父長制と資本制』ののちに上野は、家族の歴史分析にむかった。『近代家族の成立と終焉』は、サントリー学芸賞を受賞している。

この本のテーゼも明快である。「日本の家は、近代家族である」というものである。日本の家族は「家」であるという思い込みによって前近代的であると表象されてきた日本の家族を、欧米の社会史の知見や国民国家論によって起こった家族の見直し――それがまさに近代家族論であるが――と比較することによって、日本の近代、日本の近代家族を問い直そうとしたのである。このような作業は、家族の「自明性」にどっぷりと浸かっているうちには可能にはならない。ベルリンの壁が崩壊し、九〇年代に急速に日本の近代家族や近代社会が再編成されるなかで、相対化が可能になったといえるだろう。

上野はポスト構造主義の理論潮流を受け、ジェンダーの概念を問い直し、国民国家を問い直した。また『おひとりさまの老後』がベストセラーになり、エイジングやケアという主題について、精力的に発言し、論文を書いていることは記憶に新しい。

このように上野の業績をたどって行けば、繰り返しになるが、上野の業績は「近代家族」形成のための愛と性からなる「対幻想」論、そして「主婦」の理論であるマルクス主義フェミニズム理論、家族の歴史分析、国家の歴史分析と一人の老後とケア、というように、家族や主婦をめぐって展開されているということがわかるだろう。これは故なきことではない。なぜなら近代社会において、女は結婚して「家族」に閉じ込められることにより、法的無能力者となった。このようなシステムが作られたからこそ、女性が経済的に自立することも難しかったのである。女性が差別されていることは、前近代的現象ではなく、きわめて「近代的」現象だったのである。上野が解き明かそうとしたのは、これら家族のなかにおける女という存在、主婦であり、母であり、娘という存在だったのではないだろうか。

今回、この文章を書くために、上野の文章を読み返していて、アッと思うことがあった。例えば、『女遊び』（一九八八年）のなかに、このような記述がある。

> 三五歳といえば、ライフ・ステージでいう「第三期」つまりポスト育児期の開始の年齢だ。平均年齢二五歳で結婚した女性が、第二子を産み終えて、その末っ子が小学校に上がる年である。この年齢は「女の惑年」の始まり。子育てに夢中だった女性が、仕事に出ようかしら、と悩み始める頃である。（上野 1988:162）

八八年には、三五歳は「女の惑年」だったのだ。紫門ふみがヒットしたマンガ『age, 35』（一九九四年）を描いたときも、「女性は子育てが終わって、まだやり直せると思う最後の年齢が三五歳である」といわれていた。ところがどうだろう。いまや三五歳といえば、確かに「女の惑年」であるかもしれない。なんとこれから子どもを産むかどうかをめぐっての。二〇代前半女性の出生数よりも、三五歳を超えた女性の出生数のほうが、はるかに多く、また一割近くの女性は生涯を未婚のままですごしている。この二〇年ほどの間に、何と遠くに来たことか。

このように考えれば、上野が「主婦」や「家族」をめぐって、論文を書いてきたことの意味は自明だろう。女はみんな結婚して、主婦になることが運命だったのだ。その意味で「女」は「運命共同体」であり、メタファーとしてであれ、「階級」と呼ぶことも可能かもしれない存在であったのである。だからこそ「主婦」の境遇が、「家父長制」の根幹に存在していると考えられたのである。

思えば『セクシィ・ギャルの大研究』を出版した年に出された上野の別の本のタイトルは、『主婦論争を読む』であった。上野はそもそも「主婦研究者」として出発しているのである。

この三〇年間にわたって上野は、繰り返し自分は家族解体論者でないことを強調してきた。吉本の批判にも、「フェミニストのなかで家族解体論にいく人たちはごく一部なんです」（上野 1988b:42）と発言しているし、二〇〇六年になってもなお、「わたしは家族の解体を予見したことはないし、期待もしていない。……ひととひととのつながりが血縁に限定されなくとも、どんなものであれ、個別性と持続性を持ったつながり（「家族（のような）」と呼ばれてきた）があることは、個人がむきだしで国家にさらされるよりは、とりわけ弱者にとってずっとよい、という考えに、今でも変わりはない」（上野 2006a:iii）といっている。

人には親密な関係性が不可欠であること、とくに「共食」関係にある人が必要であることを、そういった人恋しさについて、上野はエッセイなどで繰り返して述べている。『おひとりさまの老後』も、ひとりでも親密なネットワークを維持しながら、暮らしていくためのスキルについての本である。

ここで括弧づきで「『家族（のような）』と呼ばれてきた」と上野がわざわざ書いていることは、興味深い。実際「家族」のつながりと「家族（のような）」つながりには天と地ほどの差がある。一九八六年に上野が「家族」という制度として呼んでいるのは、「つがいとそれから産まれる子ども」である。（上野 1986: 167）、この「家族」には含まれてはいなかった者が、「家族（のような）」と呼ばれるようになるまでには、どのような変遷をたどったのか。血縁に限定されない「家族」に、どのような関係が含まれるのか。「家族」という言葉は同じでも、さししめされている「家族」の内実は、変化してきているのではないか。従来家族と呼んでこなかったものを、あえて「家族」と呼ぶとしたら、そこから何が始まるのだろうか。これはゲイの結婚の権利を含めて、大きな課題を提出していると思われる。

上野は、ロマンティックラブイデオロギーの完成から解体まで、また近代家族の完成からそのゆらぎ・再編までを、時代を共にしてきた。そのような過程に、上野のような分析・思想家が伴っていたことは、わたしたちの幸運であろう。最後に上野の言葉を引用して、文章を終えたい。

私は「主婦研究者」として出発しました。「主婦研究者」というのは、主婦をやりながら研究者をやっている、という意味ではなく、主婦を研究対象として選ぶ研究者のことです。それまで、「主婦」なんてそんなもの研究テーマとして意義があるのか、と思われてきたテーマでした。今から思えば、なぜ私は主婦を研究テーマにしたかというと、もし私が母のような人生を送るとしたら、――結婚したら主婦になるのが私の世代の未来でした――、この私の運命ってなんなの、という疑問が、私の出発点でした。（風間・ヴィンセント・河口 1998:47 ただし句読点ほか、文意が通るように、一部変更）

実際には主婦にはならなかった上野であるが、その問題関心はつねに、否定的にではあれ、主婦であることだったのである。

註

（1）渥美育子による『フェミニスト』という雑誌は、一九七七年に創刊されている。
（2）上野の著作『ナショナリズムとジェンダー』に関する要約と評価については、簡単なものながら千田（2010）に著した。
（3）帯のついた本をどうしても発見できなかった。がしかし、複数証言があり、わたし自身もそのように記憶している。
（4）ただしこの批判は、上野の『性愛論』の同様の引用に対する批判としてなされている。がしかし、「対幻想論」と『性愛論』とのレズビアンに関する記述の間に、上野の目立った立場の変更はない。
（5）上野は『共同幻想論』の「共同幻想」を、アンダーソンの「想像の共同体」と結びつけて解釈している（上野 2006b:355）。

（6）上野による『セクシィ・ギャルの大研究』、『家父長制と資本制』の自書解題、また『女という快楽』の新装版のまえがきに、この論考の論点のいくつかはすでに上野自身によって提出されていることを、幾人かによって指摘を受けた。少し悩んだが、大幅に変更することはしなかった。

（7）白い表紙に緑の文字のシンプルな装丁は、数年前に流行した、村上春樹の『ノルウェイの森』の装丁を思い起こさせる「お洒落」なものであった。

文献

尼川洋子（1987）『女性問題ブックガイド 女の本がいっぱい―時代と自分に出会う七一六冊』、創元社

Anderson, Benedict（1993）Imagined Communities, Verso Books ＝（1997）白石さや・白石隆訳、『増補版　想像の共同体　ナショナリズムの起源と流行』、ＮＴＴ出版

風間孝・キース・ヴィンセント・河口和也編（1998）『実践するセクシュアリティ　同性愛／異性愛の政治学』、動くゲイとレズビアンの会

森崎和江・上野千鶴子（1990）「対談　見果てぬ夢　対幻想をめぐって」、上野千鶴子編『恋愛テクノロジー――いま恋愛ってなに?』、学陽書房

日本女性学研究会（1990）「特集　八〇年代フェミニズムを総括する　日本女性学研究会1月例会より」、『女性学年報』12号

Sedgwick, Eve Kosofsky（1985）Between Men:English Literature and Male Homosocial Desire ＝（2001）上原早苗・亀沢美由紀訳、『男同士の絆　イギリス文学とホモソーシャルな欲望』、名古屋大学出版会

千田有紀（2010）「ナショナリズムとジェンダー」、井上俊・伊藤公雄編、『社会学ベーシックス　近代家族とジェンダー』、世界思想社

Sokoloff, Natalie（1980）Between Money and Love:The Dialectics of Women's Home and Market Work

＝（1987）江原由美子ほか訳、『お金と愛情の間　マルクス主義フェミニズムの展開』、勁草書房
上野千鶴子（1982）『セクシィ・ギャルの大研究―女の読み方・読まれ方・読ませ方』、カッパブックス
上野千鶴子（1986）『女という快楽』、勁草書房
上野千鶴子（1988a）『女遊び』、学陽書房
上野千鶴子（1988b）『上野千鶴子対談集　接近遭遇』、勁草書房
上野千鶴子（1990）『家父長制と資本制―マルクス主義フェミニズムの地平』、岩波書店
上野千鶴子（2004）『近代家族の成立と終焉』、岩波書店
上野千鶴子（2006a）『新装版　女という快楽』、勁草書房
上野千鶴子（2006b）「吉本隆明『共同幻想論』」、岩崎稔・成田龍一・上野千鶴子編『戦後思想の名著　五〇』、平凡社
上野千鶴子（2009a）『家父長制と資本制―マルクス主義フェミニズムの地平』、岩波現代文庫
上野千鶴子（2009b）『セクシィ・ギャルの大研究―女の読み方・読まれ方・読ませ方』、岩波現代文庫
吉本隆明・芹沢俊介（1985）『対幻想　n個の性をめぐって』、春秋社

第二章　主婦論争の誕生と終焉――なお継承される問い

妙木　忍

1　主婦論争研究の開花

主婦論争研究は、上野千鶴子の女性学研究の原点であり、出発点の一つであった。上野は一九八二年に、『主婦論争を読む　Ⅰ／Ⅱ　全記録』を編む。網羅的な資料の再録、既存の先行研究の収録、上野による解説の執筆により、主婦論争研究の道を切り拓いた。すでに取り上げられていた一九五〇年代・一九六〇年代の二つの論争に、一九七〇年代の論争を新たに加え、それぞれ第一次・第二次・第三次主婦論争と命名したのも、上野である。

主婦論争研究は、その後の上野の研究にとって大きな意味をもつ。本章では、上野が、主婦をめぐる問いを見出し、主婦論争研究を深め、さらにそこから家事労働への関心を高めていく一九八〇年代以降の仕事に注目したい。

「暗黒大陸」[1]の発見

主婦論争研究の成立背景には、主婦研究の確立があった。主婦が研究の対象になるということは、それ自体、画期的なことだったにちがいない。それは、「七〇年代の女性論は『見えない対象』としての女性をさまざまな分野で掘りおこしたが、とりわけ、主婦という暗黒大陸を発見」（傍点引用者、上野 1982a:ii）した、という表現にもよみとれる。「どんな統計にも浮かび上がって来ない、個別の家庭の妻たちの生活を、女性学は、この『あたりまえ』の暮らしはほんとうに『あたりまえ』か、と問うた」（上野 1986b:19）のである。

法的政治的平等によっても解決されない性差別を告発したウーマン・リブに始まる第二波フェミニズムの女性運動は、女性の家庭役割を疑う。一九七〇年代後半に成立した女性学は、その中心的課題に性役割（妻役割・主婦役割・母親役割）研究を据えた。社会史的にも、一九七〇年代は変動に満ちた転換期であり、「日本の歴史のなかで、主婦化の完成と分解の時期」（上野 1994:128）にあたる[2]。この時代にこそ、主婦は研究対象となりえたのである。

主婦論争の焦点化と家事労働への視点

だが主婦論争そのものは、それ以前から豊かな蓄積があった。上野はそれを、三次にわたる主婦論争に見出す。上野はこれらの論争群を指して「重要な知的遺産となるだろう」と述べ、「主婦をとりまく社会環境もまたゆれうごいている」という一九八〇年代当時、主婦論争に立ち返ることには「今日的な意義」（上野 1982a:iii）があるとした。

三次にわたる主婦論争——第一次主婦論争（一九五五年～一九五九年、主婦の職場進出の是非をめぐる論争）、第二次主婦論争（一九六〇年～一九六一年、主婦のおこなう家事労働はなぜ経済的価値を生まないのかという問いをめぐる日本型家事労働論争）、第三次主婦論争（一九七二年、主婦の立場の正統性をめぐる論争）——を、上野（1982b）は、市場と家庭の相互影響関係に注目しながら読み解く。上野は、「主婦労働者」——「主婦でありかつ同時に労働者である」ことを指す——という語を編み出し（上野 1982b:237）[(3)]、それをキーワードとして、三次にわたる主婦論争を分析している[(4)]。

上野の『主婦論争を読む』の意義は、他にもある。それは第一に、一九七二年の武田京子論——「高度成長期の生産優先の論理に別れを告げる点で、価値の転換点を示すエポック・メーキングな説」（上野 1982c:263）——の登場とその歴史的根拠に関心を払い、これを主婦論争として位置付け、第三次主婦論争と名付けたことである。第二に、「仕事か家庭かは選択の自由」説に対して、的確な反論をした上で、それが専業主婦と有職女性の相互差別を生むことに警鐘を鳴らしたこと（上野 1982c:268–270）である。第三に、「人間の生活には、働くことも生活することも、ともに同時に確保される必要があることを認めること」を示し、「人間の全体性の回復の問題」（上野 1982c:271）として論じた点などである[(5)]。

上野（2009:421, 1990:327）が回顧するように、「『家事労働』が『主婦』の問題の核心にあると思ったのは、戦後主婦論争の研究［上野 1982］を手がけて以来のこと」であり、「女の問題を考えるには

『家事労働』の理解が核心的であると思うようになり、この課題に応えてくれそうなマルクス主義フェミニズムに強い関心を持つようになった」という。

上野がマルクス主義フェミニズムの存在を知ったのが一九八〇年（上野 1990: 327）、Kuhn & Wolpe eds.（1978）を邦訳したのが一九八四年、『資本制と家事労働』の刊行が一九八五年、『家父長制と資本制』の刊行が一九九〇年である。この間、上野の関心は家事労働に注がれた。「その過程で『不払い労働』という概念に出会い、それが市場と家族という、公／私に分離された領域をつなぐミッシング・リンクであることを確信した」（上野 2009: 421）という。

上野の家事労働への関心は、一九八〇年代フェミニズム論争にもひきつがれる。

2　一九八〇年代のフェミニズム論争

一九八〇年代は、フェミニズム論争の活発な時代だった。金井淑子（1988: 77）は「八〇年代に起きた特記すべき三つの論争」として、第一に上野と青木やよひによるエコロジカル・フェミニズム論争、第二に加納実紀代の「社縁社会からの総撤退を」（1985）をめぐる論争、第三に「『アグネス子連れ出勤』をめぐる論争」を挙げる。江原（1990a: 17）もこの三つを、「フェミニズム論争の時代（1984—1989）」の論争として挙げている。以下では、上野が参入したエコロジカル・フェミニズム論争とアグネス論争に注目したい(6)。

エコロジカル・フェミニズム論争（上野―青木論争）

エコロジカル・フェミニズム論争（一九八五年）は、エコロジカル・フェミニズムを支持し、「女性原理」を称揚する青木やよひと、「女性原理」を批判する上野との間で起きた論争である。[7] 一九八五年五月一二日に京都で開催されたシンポジウム「フェミニズムはどこへゆく―女性原理とエコロジー」（日本女性学研究会例会）を中心として、論争は高まりをみせた。

青木（1985c:35）は、「文明化＝自然の抑圧＝身体性の疎外＝性の蔑視＝性差別」を「ひっくり返す」ために「身体性の復権」を唱える（その逆には、「自然との共生＝肉体と性の受容＝両性の対等」（青木 1982:82）があるであろう[8]）。青木（1985c:26）は、「男性原理」の対抗概念として「女性原理」を用いる。「女性的原理」を成立させるものは、「『天なる父と母なる大地』という宇宙観」「宇宙的雌雄性」（青木 1985a:37）であるという[9]。

上野（1985a:101）は、「現実の女性は、女性原理を文化によって配当されてきただけであり、女性原理の枠内に封じこめられる理由もなければ、それを気負いこんで引き受ける理由もない」と述べる。上野（1985c:75）は「男性原理」をめぐってリベラル派フェミニズムとエコロジカル・フェミニズムはネガとポジの関係にあるとし、そのような二項対立の図式そのものを越えることを提案する。そして、「男だって産む性」であり「社会全体が担う問題」であるとした（上野 1985c:76）。「女性原理が突きつけた問題」は「産む性、再生産の問題を社会がどうやっていくのかという問題」であるとし、「男なみに女がなる事から女並みに男が近づいてもらう事によって、男と女の性差を最小にしていこうと考える」（上野 1985c:77）立場であることを表明した。上野の意図は、「個人と個人の間にある差異との共存」を求めるものであり、「ただ、この差異を性に還元されたくないというその一事」（上野1985c: 77）であると述べた。(10)

上野は、あるカテゴリーを強調する論者に対しては、その政治性をこそ問い返し、それを排した上での、差異との共存を求めた。上野はこうして、「神話こわし」（上野1986a: 175）をおこない、「女性を考える土俵をかえたい」（上野1985c: 75）と述べ、「フェミニズムという思想」は「文化の認識枠組《パラダイム》を作り変えるという実践」（上野1986a: 175）であるとした。

アグネス論争（子連れ出勤論争）

上野が参入したもう一つの論争（アグネス論争）においても、それはあてはまる。

アグネス論争（一九八七年〜一九八八年）は、歌手のアグネス・チャンが子どもを楽屋に連れてきたことに対し、芸能界の大御所・淡谷のり子が批判したことがきっかけで始まった論争である。この論争では、働く母親の増加を背景に、仕事と育児の両立問題が論点に浮上した。

アグネス論争の特徴の一つは、「公的とされる職場に、私的とされる育児を持ち込むべきではない」という職場神聖論を女性自らが支持し、アグネスの子連れ出勤を批判したことにある。その代表的論者である林真理子は、「自分の子どもを職場に抱えていって、仕事の合い間におっぱいをあたえ、また自分の席に戻ってくるというのは、働く人間としての自負心が許さない。それはあまりにも甘ったれた夢物語だと思う」（『文藝春秋』一九八八年五月号）と述べて、アグネスを批判した。

上野は、林の論を「大へん冷静な正論」とした上で、しかしそれは「職場で男たちと肩を並べてきた女の側の『正論』」であるとし、「こういう『正論』で、女たちはこれまで何を失ってきただろうか」と問いかけ、「女たちはルールを無視して横紙破りをやるほかに、自分の言い分を通すことができなかった」とアグネスを擁護した（『朝日新聞』一九八八年五月一六日朝刊）。

この上野の参入は、本論争を、芸能界におけるアグネス批判から子連れ出勤は是か非かをめぐる「国民的大論争」[11]に発展させた。上野（上野ほか 1988:50）は、「子連れ出勤という一般性のレベルに置きかえて」考える文脈をつくり、「議論を起こすための仕掛け」として、あえてアグネス擁護にまわった方がいいという「戦略的な判断」をしたのである。[12]

上野は、働く以上甘えは許されないといった価値観を、「『おしん』型の倫理観」「〝おしん〟派の価値観」と呼び[13]、その価値観を守ることによって女性が失ってきたものは何か、と問いかける。[14]「公私の分離」を守るよう要請される社会のもとで女性は、職場で期待される役割と家庭で期待される役割との間で、自らの内面に葛藤をかかえてきた。その矛盾を女性に課す社会のあり方そのものに、上野は焦点を当てたのである。[15]

上野は、「私に言わせれば、子連れ出勤する女性が甘えているのではなく、女に子育てを全面的に押し付けている男たちこそ一番甘えている」「女性が機嫌良く過ごせるための社会の仕組みをつくることが大事だ。だから私は、女の都合を通すことだったら非常識と思われようとも支持する」（『西日本新聞』一九八八年一一月二三日朝刊）という。そして上野は、男性がこの論争に沈黙を守ったことを批判し[16]、男性の「育児責任」に言及し[17]、「もっと男を育児に引きずり込むべき」と述べて、そのための「工夫」をも提案する。[18]そしてこの論争を、「男性も、社会も巻き込んだものにしなければならない」と述べた[19]。

そして、「迷惑をかけない、他人からもかけられたくない人の言い分も分かる。しかし、だれしも病気をし、年を取る。他人に迷惑をかけずに生きていくことは不可能だ。迷惑をかけまいと歯を食いしばって生きている人たちは、病気をしたり、年を取った時どうするのだろうか」（『西日本新聞』一九八八年一一月二三日朝刊）と述べる上野は、助け合う社会のあり方を、すでにこのときから構想していたようにもみえる。

ところで、アグネス論争では、子連れ出勤批判が多く、母子一体論批判は少なかった（妙木 2009:334）。だが上野（『西日本新聞』一九八八年一一月二三日朝刊）は、「アグネスの母子一体感」には「疑問を持つ」と述べる。このように上野は、当時の世論とはほぼ逆の意見を提出し、育児をするのは女性であるという既存の価値観をゆさぶったといえる。

産み育てることを女性のものとする社会を問う

上野は、エコロジカル・フェミニズム論争においては男性も「産む性」であることを、アグネス論争においては男性にも育児責任があることを主張した。ここに共通するのは、「産み育てること」をめぐる男女間の非対称性とそれを変えるための提案である。かつて上野（1986b:20）は、主婦研究は「『主婦』と『主婦』を『あたりまえ』とする社会のしくみの全体を変えずにはいない」と述べた。社会のあり方を問い、それを変えていこうとする上野の実践は、一九八〇年代に起きたこれら二つの論争においても、みてとることができる。

3 「女性」は共通の基盤を有するか

一九八〇年代を経た一九九一年一月二七日、京都でシンポジウム「80年代フェミニズムを総括する」(日本女性学研究会例会)が開催された[20]。それまでにすでに上野は、「よかれあしかれ八〇年代を代表するフェミニスト」(大越 1990:119)、「一九八〇年代に彗星の如く現れた『フェミニズムの旗手』」(江原 1990b:119)として八〇年代フェミニズムの代表的存在として位置付けられ、批評される対象となっていた。

このシンポジウムには、二つの対立点があったとされる。一つは、「『文化派』か『マル・フェミ』かという対立」、もう一つは「人権論をめぐりフェミニズムはあくまで女の立場に固執すべきか、それともより普遍的な広がりをもつものへと脱皮すべきかという議論」(姫岡とし子、日本女性学研究会 1991:1)であるという。前者はフェミニズムの内部における論点、後者はフェミニズムの外部に目を向けた論点である。

フェミニズム内部への視点——「二正面作戦」

上野がマルクス主義フェミニズムの研究を通して軸に据えたのは、女性が層として受けている抑圧であった。上野(1990:66)は「女性の抑圧には物質的な基礎がある」とし、それは「家事労働という不払い労働の家長男性による領有と、したがって女性の労働からの自己疎外という事実である」と述べる。そして、「女性＝家事労働者の、労働からの自己疎外という物質基盤を持っているから、疎外感の有無にかかわらず疎外の事実が存在する」（上野 1990：66）と述べる。上野は、現状分析としては女性の解放史観も抑圧史観も採用せず歴史的な分析を試み、実践の方向性としては、女性の解放は意識の変革では達成されず、物質的基盤の変革こそが不可欠であるとした。

構造に注目する上野は、シンポジウムにおいて、マルクス主義フェミニズムで「解けることと解けないことがあ」ること、フェミニストがやらなければならないことは「イデオロギー批判と構造批判という、二正面作戦」であり、それは「同時に闘わなければな」らないこと、しかし、「文化派」が多数派であるところでは「構造的なインフラについての指摘をきちんとやる人が、ちゃんとそこにいなければならないと私は考えています」とコメントした（上野、日本女性学研究会 1991：22–23）[21]。

フェミニズム外部への視点──女性の問題の固有性

上野は、「フェミニズムでは解けない問題がある」と述べた上で、「フェミニズムが簡単に普遍主義にヨコスベリすることは、今の時点では大変危険です。さまざまな差別と連帯するという美名のもとに、女性の問題をその固有性から切り離すことは、今でもまだまだ危険がいっぱいだと思っています」（上野、日本女性学研究会 1991：20–22）と述べた。

伊田（1991b：1）は、「性別カテゴリーへのこだわりは、──それが過渡的な形態であることは自覚されるべきであるが──今なお正当性と有効性を失ってはいないのではないかと思う」と述べた[22]。一九九一年には、ある類似点が見出せる。それは、江原の『ラディカル・フェミニズム再興』の「はしがきにかえて」の副題が「フェミニズムは『女のもの』か」（江原 1991b:i）であること[23]、シンポジウム後に『週刊読書人』（一九九一年七月二二日）が一面に企画したタイトルも「フェミニズムは『女のもの』か　江原・上野論争にふれて」であること[24]、そして同じ本で江原が述べた「少なくとも現段階においては、女性たちの利害関心も価値意識も多様であり、共通利害についてコンセンサスが得られるという認識は私は正しくないと思う」（江原 1991b:30）という見解と類似した意見が、同じ年に、瀬地山角（1991）からも出たことである。これらは、一九九一年に焦点になった——と私が考える——論点の一つである。それを、「女性」は共通の基盤を有するかという問いにおきかえてみる。

消却されるためにこそ見出すということ

瀬地山（1991）は上野の女性階級論に言及し、階級という概念の使用に対する批判と、女性の多様性を述べ、後者の観点からフェミニズムは女性全体を解放する思想にはなりえないと主張した。瀬地山（1991:144, 146）は、「フェミニズムは女性のものか」と問い、「性差を無化しようとしたのがフェミニズムだったとすれば、現実の女性（男性）はフェミニズムの主張した通りに多様であり、したがって決して一枚岩ではない。そうした多様な利害をもつ女性という集団を総体として解放できるような思想など、そもそも存在し得るわけがない」とする。そして瀬地山は、フェミニズムを女性の固有性から切り離そうとする[25]。

一方、加藤秀一（[1991]1998:279）は、「フェミニズムはすでにその歴史的使命を終えたのだろうか」と問いかけ、そのように主張する議論の一例として瀬地山（1991）をとりあげる。加藤（[1991]

1998:286）は「女性という階級は見出されなければならない。ただその消却のためだけに」と述べた。[26]

上野がエコロジカル・フェミニズム論争期に述べた、あるカテゴリーに還元されることへの拒否と、女性解放のための理論において女性を層としてとらえたことは、一見正反対の立場を採っているようにみえるが、その実、一貫している。個人と個人の間にある差異との共存を求める上野は、それでもなお性に還元されてしまう社会があることを客観的に分析するためにこそ、家事労働を鍵として、女性という層を見出したといえる。これを見出すことによって初めて、女性の抑圧を共通の課題として、女性運動が成り立つ条件を想定しうるからだ。そして「解放の思想は解放の理論を必要とする」（上野 1990:3）のである。

4　主婦論争のその後

一九八〇年代以後、女性のライフコースは多様化したといわれる。それでもなお、女性は共通の基盤を有するのではないか——女性運動が成り立つための基盤は失われたようにみえても、女性がかかえている問題には依然として共通の基盤があるという意味において——と私は今でも考えている。[27] そのことの一つの証明が、一九八〇年代以降もかたちを変えて繰り返される主婦をめぐる論争であるように思われる。

一九八〇年代以後も続く主婦論争

一九七〇年代までの主婦論争には、「その後」がある。一九八〇年代のアグネス論争は、働く母親の増加を背景にした（広義の）「働く」主婦論争であるし、一九九〇年代に登場した専業主婦をめぐる議論（林道義の主婦役割全面肯定論、石原里紗の主婦役割全面否定論）は、主婦役割が争点になっている。さらに、二〇〇〇年代にみられた「負け犬」――「未婚、子ナシ、三十代以上の女性」（酒井順子 2003:7）――をめぐる議論は、キャリア未婚女性と無職既婚女性の対立軸を社会がつくっていることを暗に批判しつつも、酒井自身は逆説的な自己肯定をユーモラスに描き、流行をもたらした。これらの論争には、主婦（の役割や属性）が関係している。その意味で、これらの論争を第四次・第五次・第六次主婦論争と呼ぶこともできる（妙木 2009）。

一九八〇年代以降、女性のライフコースが多様化し、女性の共通の論点は――一九七〇年代に比べて――みえにくくなったように思える。しかし、私はそれでもなお、女性には共通の基盤があると考える。それは、仕事と家庭の、それぞれの場における、男女間の非対称性である。時代によって、改善されてきたとしても、それは解決にはいたっていない。

その、程度の変化に応じて、論争は姿を変えて現れる。男女間の非対称性がなくなるまで、論争は何度でも繰り返されるだろう。それゆえに、主婦をめぐる論争が二〇〇〇年代まで継承されていることと自体、女性がお互いを比較しうる共通の基盤があることを、逆に証明しているように私には思われるのだ。というのも、比較が生まれるには、第一に、比較が可能となる共通の基盤が必要であり、第二に、その基盤のもとでの類似と差異を必要とするからである。[28] つまり、仕事と家庭にひきさかれているという女性の共通の基盤があり、そのもとでの類似と差異が女性同士の比較を生むものと考えられる。

主婦論争は終わったか

一九五〇年代から二〇〇〇年代までの半世紀を主婦論争という一本の糸で結ぶと（妙木 2009）、二つの大きな変化が見出せる。既婚女性が主役だった第一次・第二次・第三次主婦論争と、未婚女性が論争に組み込まれていく第四次・第五次・第六次主婦論争の間には断絶がある。これは、主婦になることが一つの選択肢に過ぎなくなった時代の到来を意味する。また、女性間を分断する規範は、第一次から第五次主婦論争までは性役割規範であったが、第六次主婦論争では結婚しているか否かなどライフコース規範に変化した。これは、結婚することが一つの選択肢に過ぎなくなった時代の到来を意味する。

性役割規範が争点から脱落したことについて加藤（『日本経済新聞』二〇〇九年一一月二九日朝刊）は、「女たちはもはや結婚や男たちに何も期待しなくなった」と述べる。加藤（2010:100）によると、「結婚という選択肢をえらぶかぎり性役割からは逃れられないことが骨身に染みた女性たちは、議論ではなく行動——少子化・非婚化——によって、それを拒絶することにした」のだという。この説は明快だ。と同時に、かつてのような議論の土俵さえも女性たちは失った、ということができるかもしれない。上野（1982c:249）は、主婦をめぐる論争には「つねに共通する二つの論点」が含まれており、その第一は、家事労働の処理をめぐる家庭擁護論と家庭解体論の対立、第二は、家事労働が有用労働であるとして、その担当を性別固定することの是非をめぐる問題であるという。これは、上野が分析した三次にわたる主婦論争にはもちろん、さらには、第四次・第五次主婦論争にも適応できる。だが、第六次主婦論争は様相を異にする。分析の過程で判明したのだが、第一次から第五次主婦論争は主婦の役割をめぐる論争、第六次主婦論争は主婦の属性をめぐる論争であるからであろう。「負け犬」論争は、主婦論争と呼べるだろうか？ 主婦論争の定義を「主婦の役割や主婦という属性に関する内容が含まれる論争」（妙木 2009:19）とすれば、主婦論争に含まれることになるが、上野の論点に照らせば、これは主婦論争ではないということもできる。どちらの解釈も採用でき、私自身の考えはイエス&ノーだが（妙木 2009:306-309）、主婦論争は終焉したという解釈のほうが、妥当であると考える。本来、主婦論争とは、性役割が争点であるはずだったからだ。それが脱落した論争は、もはや主婦論争とは呼べないかもしれない。

だが一方で、婚姻上の地位に関するライフコース規範も、やはりジェンダー規範の一つではあり、それをともなう第六次主婦論争は、やはり女性固有の論点をもっている。ジェンダー規範は「女性」を分断し、分断するということで再び、「女性」というものの全体を照らし出す（規範に同調する女性と抵触する女性の総和が「女性」になる）。性役割規範であれライフコース規範であれ、ジェンダー規範による女性間の分断は、「女性」を再生産する。第六次主婦論争において性役割規範が争点から脱落したことについての——私の——驚きと戸惑いは、現実の性別分業が解消されていないのに、言説からは消失してしまったことに対する危惧であった（そして、これまで性役割をめぐって女性同士が議論してきたことは、議論の前提をなす共通の論点があったことを示すものであるし、そのもとでの論争は、展望を考える上で重要な契機になりうると考えてきたからだ)。

主婦論争は終焉した、しかし、女性の問題は残った――のだろうか? ここでいう女性の問題とは、かつて女性がもっぱら担ってきた再生産をめぐる問いである。

残る問い

しかも再生産労働は、主婦という身分から分離してきてもいる。このようなことは、上野(日本女性学研究会フェミニスト企画集団編 1986:117–118)が危惧していた「資本主義の論理」で「女性の共通の抑圧基盤としての不払い労働としての家事労働」が「解消」しつつあることと関係しているだろうか? 女性運動の根拠が失われつつあることを認識し、かつ、「女性の問題をその固有性から切り離すこと」に警鐘を鳴らしていた上野(日本女性学研究会 1991:21–22)は、二〇〇〇年代の変化をどのようにとらえるだろうか?

この論点は、「資本主義がジェンダーに非関与な労働市場の再編成をしようとしている時」に「資本による女性の競合と分断に抗して、女性の間にどんな『連帯』を打ちたてることができるのか?」という上野(1989:51)の問いに重なるだろう。そして上野(1986c:98–99)は、もし再生産を女性が層として担わなくなったとしても――つまり、女性の一部あるいは男性の一部が担うとしても――再生産労働にたずさわる者の位置が低く位置付けられるとすれば、その構造自体を問わなければ女性の解放の問題は語れないという。というのも、一部の女性がそこから抜けたとしても、それまでもっぱら女性が担ってきた再生産をめぐる問題の根本的な解決にはならないからだという。

このことを考えるとき、上野（1989:52）の、「ありとあらゆる変数を問わず、労働の編成に内在する格差の問題が残る――それは、なぜ人間の生命を産み育て、その死をみとるという労働（再生産労働）が、その他のすべての労働の下位におかれるのか、という根源的な問題である。この問いが解かれるまでは、フェミニズムの課題は永遠に残るだろう」という見解が、ますます意味を帯びてくるであろう。

5　差異との共存を求めて

上野（2009:431）はのちに、「マルクス主義フェミニズムの不払い労働論の根底にあったのは、性差別がそれから淵源する産育、そして看護や介護など、広い意味での再生産労働の布置を問うことであった」と述べている。そして、二〇〇〇年代の上野の「ケアの社会学」は、一九八〇年代の上野の「『不払い労働』論の直接の継承」（上野 2009:432-433）だという。上野は、主婦論争研究以降、「不払い労働」をフェミニストの視点から問い続ける。

だがそれだけではない。女性学から「ケアの社会学」にいたる上野の軌跡は、ある一貫性を保っている。それは他者から代弁されないということであり、他者から定義づけられることを拒否するという姿勢であり、「私のことは私がいちばんよく知っている」ということである。上野の視点は、自分で自分を定義することをうばわれてきた人々の側にある。そこにあるのは強者に基準を合わせる考え方ではない。それはむしろ、強者と弱者を生み出す構造そのものを問い直すものだ。「だれが私を

『弱者』にするのか？」[29]という問いがそこでは成り立つ。そしてそれは、社会的に弱者とされる者が「差別者（強者、支配者）にならなくても尊重される方法はないか」と問うことにつながっていく。[30]

上野はこの「他者から代弁されない」ということを、上野の、年代ごとの関心領域において一貫して問い続けてきた。そのキーワードは、「自己解放」といえるかもしれない。その実践の一つとして、上野の女性学研究は位置付けられるだろう。

「いま・ここでのささやかな解放」（上野 1982c : 266）という表現を私はときどき思い出す。そしてその「解放」とは、上野（上野・小倉 2002 : 240）によれば「当事者が自己定義するしかない」ものであり、上野（1991 : 43）にとって、「私がリブとフェミニズムから学んだのは、解放とは、どんな解放も、自己解放でしかないという事実」だったという。

私が上野のもとで学んだのは、だから二つのことである。一つはフェミニズム、もう一つは、私が誰からも代弁されえない、ということであった。

註

（1）「暗黒大陸」とは、「そこにあるけれども見えない多数派の女性たち」（上野 1986b : 18）を指す。

（2）一九五〇年代半ばから一九七〇年代初頭にかけて、産業構造の転換や都市への人口流入、サラリーマンの急増、日本型雇用慣行の普及と定着がみられ、同時期に、専業主婦は増加した（経済企画庁編 1997 : 11）。落合恵美子（[1994] 1997 : 79）のいう「家族の戦後体制」は、女性の主婦化を特徴に含む、まさにこの構造が安定した時期の体制を指す。だが、一九七〇年代半ば以降、女性の主婦化は進行しなくなる。

(3) この命名は卓抜だ。一九七〇年代まで専業主婦の数は増加したが、主婦論争の対象となったサラリーマン家庭の妻に限定すれば、この期間、「サラリーマンの妻で専業主婦の割合」は減少しつつあった(経済企画庁編 1997:12)。つまり主婦論争は、主婦であることと働くこととの間で、生まれたのである。

(4) 上野(1982b:239, 240)は、第一次主婦論争を「主婦労働者という女性の二重役割を萌芽的にとらえた論争」、第二次主婦論争の「家事労働有償論」を「主婦労働者化の背景の中での、家事労働見直し論」、第三次主婦論争の武田京子論(1972)を「主婦労働者化の道を選ばなかった専業主婦が、揺れ動くアイデンティティを再正統化する試み」と解釈する。

(5) これは「専業主婦と有職女性の間の分断と相互差別を止揚する途」として提示されたものであるが、『生産』から疎外された専業主婦の痛みも、『生産』へと疎外された有職女性の、さらに男性の痛みも、共に分かち合うことができるようになるだろう」(上野 1982c:270-271)として、男性への視点も含まれている。

(6) 残る「社縁社会からの総撤退を」をめぐる論争にもふれておこう。加納は「交換価値から使用価値へ」(加納 1985:28)と主張した。これは加納(1979:10-13)においても提起されていたものであるが、それは、第二次主婦論争において「主婦の家事労働は使用価値はあるが交換価値はない、したがって無価値であるとしたマルクス経済学者に対する遅ればせの異議申立て」であると同時に、「社会全体の労働に使用価値の視点をとりもどしたいという切実な願いによるもの」(加納 1985:28)であったという。加納論への批判は、江原([1987] 1988:35-94)を参照。

(7) その背景には、イヴァン・イリイチ(1981a=[1982] 2006, 1981b=1983, 1982=1984)の発表および、イリイチに親和的な『シリーズ〈プラグを抜く〉』(新評論)の刊行がある。このシリーズの第3巻『フエミニズムの宇宙』を編んだのが青木であり、この中で青木は、エコロジカル・フェミニズムを評価する。上野（1983, 1985a）はイリイチ批判を展開するが、とくに上野（1985a:80）は、「イリイチ派フェミニスト」（再録時、上野（[1985a] 1986a:118）では「イリイチに共感を寄せる一部の『女性原理』派フェミニスト」）への批判にも重点を置く。ここで、青木の提唱する「女性原理」が議論の対象となる。青木（1985b）の応答を経て、一九八五年五月にシンポジウム（後述）が開催されるにいたる。

（8）青木（田中和子・青木 1983:3）は、「かつて劣等性に記号化されていた女の独自性をプラスに持ちかえること」で「社会のゆがみ」を見ようとする。また、「『女は劣った男である』という偏見は、女が身体的・能力的に女性性をふり捨てて男に近づくことによってではなく、世界観・身体観を根底的に逆転することによって獲得される女性性の自己受容によって、打ちくだかれなければならない」（青木 1983:289）と述べた。

（9）このような「宇宙論的雌雄性」を青木は「象徴レベル」（「父性原理・母性原理」）と「現実レベル」（「女性原理・男性原理」）に区分するとともに、「原理」は「文化概念」であるため「男、女を問わないと思う」（青木 1985c:31）と述べた。男性にとっても「自分の中の女性原理との出会い」があるとし、「これは決して女だけの問題ではなくて、現代社会のゆがみをみる上での、一つの鏡」（青木 1985c:43-44）とする。注（8）と併せて読むと、青木の論には矛盾があるようにみえるが、かなめは、女性（のみ）が産む性であると、青木が想定している点にある。

（10）一九八四年と一九八六年にも、これに類似した見解がある。上野は、「『カテゴリー』間の差異を強調する論者は、しばしば『カテゴリー』内の差異に対して、無理解で不寛容」（上野 1984:151）であることを指摘し、「カテゴリー間の差異にとらわれるのをやめて、そのかわり、カテゴリー内の差異を個体差として認め」ることを提案する（上野、日本女性学研究会フェミニスト企画集団編 1986:121）。

（11）上野（『現代用語の基礎知識』一九八九年一月一日）による。

(12) 上野はアグネス論争の意義を「女性の間に『子供を育てながら働くこと』について意見が盛り上がり、広がったこと」(上野『西日本新聞』一九八八年一一月二三日朝刊)とするが、上野本人がその仕掛け人だった。

(13) 上野(『日経トレンディ』一九八八年一〇月号、『コスモポリタン』一九八八年一一月二〇日号)による。

(14) 上野(『朝日新聞』一九八八年五月一六日朝刊)による。

(15) 上野は、矛盾を明るみにすることに積極的である。例えば、公開授業で「連れてきたらご迷惑でしょうか」とたずねる社会人受講生に、上野はこう答えたという――「あ、連れてきて下さい。ハッキリ言って授業に子どもは迷惑です。子どもにも授業は迷惑です。でも、いーじゃないですか。迷惑、かけて下さい。トラブル、起こして下さい。そしたら、大学側も、公開授業は託児つき、なんて考え始めるかもしれません」(『京都新聞』一九八八年八月三〇日夕刊)。

(16) 上野(『日経トレンディ』一九八八年一〇月号)による。

(17) 上野談話(『コスモポリタン』一九八八年八月二〇日号)による。

(18) 上野(『コスモポリタン』一九八八年一一月二〇日号)による。

(19) 上野(『西日本新聞』一九八八年一一月二三日朝刊)による。

(20) これは上野が、八〇年代フェミニズムを振り返った大越愛子論文(1990:118-134)を読んで提案したものである(日本女性学研究会 1991:2)。

(21) この発言からもわかるが、この二項対立は本シンポジウムにおいては争点ではない。江原(1991a:211)に対する伊田久美子(1991b)や上野(1991:37-38)も参照。

(22) また、伊田(1991a:133)は、「今回のシンポジウムの最大の功績」は、「このフェミニズムと『普遍性』の問題という、フェミニズムの今後を左右する決定的論点に焦点を当てたこと」であると述べている。

(23) 伊田(1991b:1)は、江原の著書における、「フェミニズムは女のものか」という問題提起と江原の見解にふれて、「これは上述のシンポジウムにおける論点のひとつである、フェミニズムが『女の立場』を越えてより普遍的な問題意識へと発展すべきかどうかという問題にもつながる主張である」と述べた。

(24) 同記事は、「江原氏は近著『ラディカル・フェミニズム再興』でも、『女の立場』に固執するこれまでのフェミニズムのあり方は現時点ではもはや不毛であるとし、暗黙化されてきたフェミニズムの価値前提を明示化すべきだと説いている」(『週刊読書人』一九九一年七月二二日)として、江原の著作にも言及している。

(25) 瀬地山(1991:146)は、「フェミニズムの主張する両性の対等な関係」は「決して女性という集団に限定されるような『偏狭な』思想ではなく、もっと普遍的な価値を持った発想」であり「性別を問わないものだと私は考える」と述べた。

(26) 「階級」という語については、加藤([1991] 1998:280)が述べるように、「フェミニストたちが『階級』という語を用いながら何を指し示そうと苦闘してきたのか」を考えることにこそ意味がある。上野は、「階級」概念を「比喩」あるいは「比喩的」に用いている(上野 1986c:66, 1990:54)。上野(1986c:66)は、「女性運動というものが成り立つための根拠が存在するかしないかということの分析を理論的にや」るために、この概念を比喩として用いた。そしてこれは、「主婦階級」とイコールというわけではなく、独身の女性も「潜在的主婦予備軍としての抑圧を労働市場で当然受けてい」るため「層としての抑圧を受けている」という(上野、日本女性学研究会フェミニスト企画集団編 1986:123)。

(27) これは上野(1982c:268–270)が「仕事か家庭かは選択の自由」説の罠を的確に指摘したことに関係があろう。

(28) この点は、Merton([1949] 1957=1961:223)により示唆を受けた。

(29) 上野講義「当事者主権の立場から　ケアと人権」(二〇一〇年一月二七日、東京大学)レジュメによる。

(30) 上野(『朝日新聞』二〇〇二年九月一〇日夕刊「非力の思想」)が「わたしの考えるフェミニズムは、弱者が弱者のままで、尊重されることを求める思想のことだ」と述べたことについて私が質問したときの、上野の発言による(二〇一〇年六月三〇日、上野研究室にて)。

文献

青木やよひ(1982)「性と文明　性差別の起源をさぐる」、『現代性教育研究』一九八二年四月号、日本性教育協会：74-84(再録：青木やよひ(1982)「性と文明―現代社会の偽善と矛盾」、『女　性・その性の神話』オリジン出版センター：103-122)

青木やよひ(1983)「女性性と身体のエコロジー」、青木やよひ編『〈プラグを抜く〉3　フェミニズムの宇宙』新評論：241-295

青木やよひ(1985a)「現代における女性的原理の意味」、『看護展望』一九八五年一月号(一〇〇号記念臨時増刊号)：35-41(青木やよひ(1986:189-206)に再録)

青木やよひ(1985b)「フェミニズムの未来」、『現代思想』一九八五年四月号(第十三巻第四号)：212-227(青木やよひ(1986:207-236)に再録)

青木やよひ(1985c)「講演　フェミニズムの未来」、日本女性学研究会一九八五年五月シンポジウム企画集団編(1985)『フェミニズムはどこへゆく―女性原理とエコロジー』松香堂書店：7-44

青木やよひ(1986)『フェミニズムとエコロジー』新評論

江原由美子([1987]1988)「解放を無《な》みするもの―『社縁社会からの総撤退』論批判」、『フェミニズムと権力作用』勁草書房：35-94(初出：江原由美子(1987)「『社縁社会からの総撤退』論批判」、『新地平』一五〇号、一五一号、一五三号、一五四号(一九八七年六月、七月、九月、一〇月))

江原由美子（1990a）「第一章　フェミニズムの70年代と80年代」、江原由美子編『フェミニズム論争　70年代から90年代へ』勁草書房：1-46
江原由美子（1990b）「ラディカル・フェミニズムの『再興』」、『情況』第二期　創刊号　一九九〇年七月号：119-132（江原由美子（1991b：41-64）に再録）
江原由美子（1991a）「上野千鶴子氏の『文化主義批判』を批判する」、『現代思想』一九九一年六月号（第十九巻第六号）：211-220（再録：江原由美子（1995）『装置としての性支配』勁草書房：43-63）
江原由美子（1991b）『ラディカル・フェミニズム再興』勁草書房
伊田久美子（1991a）「フェミニズム、80s-、90s　女性学研究会シンポジウム」、『情況』一九九一年四月号（第二期第三巻第四号）：131-135
伊田久美子（1991b）「性別カテゴリーからの離脱はいまだ時機尚早ではないか」、『週刊読書人』一九九一年七月二二日（第一八九二号）、一面
Illich, I.（1981a）*Shadow Work*, Marion Boyars.＝（［1982］2006）玉野井芳郎・栗原彬訳『シャドウ・ワーク―生活のあり方を問う』岩波書店
Illich, I.（1981b）Vernacular Gender, Cuernavaca: Tecno-Politica.＝（1983）丸山勝訳「バナキュラー・ジェンダー」、山本哲士編『〈プラグを抜く〉1　経済セックスとジェンダー』新評論：41-165
Illich, I.（1982）*Gender*, Marion Boyars.＝（1984）玉野井芳郎訳『ジェンダー』岩波書店
金井淑子（1988）「ウーマンリブ登場から八〇年代論争まで」、『別冊宝島85　わかりたいあなたのためのフェミニズム・入門』ＪＩＣＣ出版局：70-79
加納実紀代（1979）「生命のみえる世界をとりもどすために　主婦の〈自立〉」、『思想の科学』（一九七九年一〇月増大号、通巻三一八号）：2-13
加納実紀代（1985）「社縁社会からの総撤退を―具体的解放戦略を提起する」、『新地平』（一九八五年一一

月）：18–32
加藤秀一（1991）「フェミニズムをフェミニズムから〈解放〉するために　主体性の新しい形式を求めて」、『季刊窓』9（一九九一年九月二〇日発行）：89–104（再録：加藤秀一（1998）『性現象論　差異とセクシュアリティの社会学』勁草書房：269–294）
加藤秀一（2009）「『主婦論争』軸に性役割を考える」、『日本経済新聞』二〇〇九年一一月二九日朝刊、二三面
加藤秀一（2010）「コラム　ジェンダー論の練習問題　第57回『女性同士の争い』の彼方」、『解放教育』五〇七号：98–100
経済企画庁編（1997）『国民生活白書（平成9年版）』大蔵省印刷局
Kuhn, A. & Wolpe, A. eds.（1978）*Feminism and materialism: women and modes of production*, Routledge & Kegan Paul. ＝（1984）上野千鶴子・千本暁子・住沢とし子・児玉佳与子・矢木公子・渡辺和子訳『マルクス主義フェミニズムの挑戦』勁草書房
日本女性学研究会フェミニスト企画集団編（1986）「討論」（「2　女性≠階級？」内）、『フェミニズムの現在と未来』松香堂書店：110–128（司会：木下明美、討論者：金井淑子、江原由美子、上野千鶴子、大越愛子、田間泰子、渡辺和子）
Merton, Robert K.（[1949] 1957）*Social Theory and Social Structure*, The Free Press. ＝（1961）森東吾・森好夫・金沢実・中島竜太郎訳『社会理論と社会構造』みすず書房
妙木忍（2009）『女性同士の争いはなぜ起こるのか　主婦論争の誕生と終焉』青土社
日本女性学研究会（1991）「特集・80年代フェミニズムを総括する—日本女性学研究会1月例会より」、『女性学年報』第一二号（一九九一年一〇月二〇日発行）：1–28（司会：姫岡とし子、発言者：江原由美子、大越愛子、織田元子、上野千鶴子）

落合恵美子（［1994］1997）『21世紀家族へ（新版）』有斐閣
大越愛子（1990）「フェミニズムは、その分離主義を超えられるか　八〇年代フェミニズムを振り返る」、『情況』一九九〇年十一月号（第二期第一巻第五号）：118–134
酒井順子（2003）『負け犬の遠吠え』講談社
瀬地山角（1991）「女性階級論批判　上野千鶴子に反論する」、『情況』一九九一年四月号（第二期第三巻第四号）：136–147
田中和子・青木やよひ（1983）「フェミニズムの現状と未来―いまアメリカでは」、『〈プラグを抜く〉通信』No.3：1-4
武田京子（1972）「主婦こそ解放された人間像」、『婦人公論』一九七二年四月号：52–59（上野千鶴子編（1982b:134–149）に再録）
上野千鶴子（1982a）「序　原点としての主婦論争」、上野千鶴子編『主婦論争を読む　Ⅰ　全記録』勁草書房：i-iv
上野千鶴子（1982b）「解説　主婦の戦後史―主婦論争の時代的背景」、上野千鶴子編『主婦論争を読む　Ⅰ　全記録』勁草書房：221–241
上野千鶴子（1982c）「解説　主婦論争を解読する」、上野千鶴子編『主婦論争を読む　Ⅱ　全記録』勁草書房：246–274
上野千鶴子（1983）「Ⅰ・イリイチ　バナキュラー・ジェンダーの陥穽」、『日本読書新聞』一九八三年一〇月一〇日（第二二二七号）、七面（上野千鶴子（1986a：i-vi）に再録）
上野千鶴子（1984）「ジェンダーの文化人類学」、『季刊へるめす』創刊号：138–151（上野千鶴子（1986a:81–115）に再録）
上野千鶴子（1985a）「女は世界を救えるか？　イリイチ『ジェンダー』論徹底批判」、『現代思想』一九八

五年一月号（第十三巻第一号）：80–104（上野千鶴子（1986a：117–161）に再録）
上野千鶴子（1985b）『資本制と家事労働　マルクス主義フェミニズムの問題構制』海鳴社
上野千鶴子（1985c）「エコロジカル・フェミニズム批判―屈折したミニマリストの立場から」、日本女性学研究会一九八五年五月シンポジウム企画集団編『フェミニズムはどこへゆく―女性原理とエコロジー』松香堂書店：68–77
上野千鶴子（1986a）『女は世界を救えるか』勁草書房
上野千鶴子（1986b）「序　女性学とは何か」、山村嘉己・大越愛子編『女と男のかんけい学』明石書店：1–23
上野千鶴子（1986c）「女性ｷ階級？」、日本女性学研究会フェミニスト企画集団編『フェミニズムの現在と未来』松香堂書店：65–109
上野千鶴子（1989）「脱工業化と性役割の再編成」、国立婦人教育会館（企画編集）『平成元年度　女性学国際セミナー　性役割を変える―地球的視点から』：45–52
上野千鶴子（1990）『家父長制と資本制　マルクス主義フェミニズムの地平』岩波書店
上野千鶴子（1991）「江原由美子さんへの手紙　八〇年代フェミニズムの『風化』を超えて」、『現代思想』一九九一年九月号（第十九巻第九号）：36–44
上野千鶴子（1994）「Ⅱ　主婦リブ」（解説）、井上輝子・上野千鶴子・江原由美子編『日本のフェミニズム①リブとフェミニズム』岩波書店：128
上野千鶴子（2002）「非力の思想」、『朝日新聞』二〇〇二年九月一〇日夕刊、一二面
上野千鶴子（2009）「自著解題」、『家父長制と資本制―マルクス主義フェミニズムの地平』岩波書店：419–457
上野千鶴子・小倉千加子（2002）『ザ・フェミニズム』筑摩書房

上野千鶴子・小倉千加子・織田元子（1988）「日本のフェミニズムはいま、どうなっているのか?」『別冊宝島85　わかりたいあなたのためのフェミニズム・入門』ＪＩＣＣ出版局：42-57
上野千鶴子編（1982a）『主婦論争を読む　Ⅰ　全記録』勁草書房
上野千鶴子編（1982b）『主婦論争を読む　Ⅱ　全記録』勁草書房

アグネス論争引用資料
林真理子（1988）「いい加減にしてよアグネス」、『文藝春秋』一九八八年五月号：364-374
上野千鶴子（1988）「働く母が失ってきたもの」、『朝日新聞』一九八八年五月一六日朝刊、五面
無署名（1988）「アグネス・チャンの子連れ出勤をめぐる論争に潜むもの　なぜ子供を産んだら仕事をやめるの?」、『コスモポリタン』一九八八年八月二〇日号：152-153（上野千鶴子、落合恵美子、石垣恵美子の談話を含む）
上野千鶴子（1988）「平女のアグネス」、『京都新聞』一九八八年八月三〇日夕刊、二面
上野千鶴子（1988）「女、子どもの国民的論争に終始沈黙を守った男たち」『日経トレンディ』一九八八年一〇月号：148（『［再考・アグネス論争］』内）
上野千鶴子（1988）「子供を産んで3年間は、『自分は能率の悪い労働者でいい』と割りきろう」、『コスモポリタン』一九八八年一一月二〇日号：671（「女にとっての仕事と育児『私はこう考える』」内）
上野千鶴子（1988）「女性よ〝おしん〟はもうやめよう!!　子連れ『社会参加』は今や常識」、『西日本新聞』一九八八年一一月二三日朝刊、一三面（「talk 女トーク　上野千鶴子さん『アグネス論争』を読む」内）
上野千鶴子（1989）「アグネス論争（子連れ出勤論争）」、『現代用語の基礎知識』一九八九年一月一日：782（「女性問題／男性問題用語の解説」内）

第三章　男性学の担い手はだれか

齋藤　圭介

1　男はフェミニストになれるのか[1]——男性学・女性学の党派性

男性学は、女性学と同じくその学問の党派性を抜きに語ることは難しい。党派性とは端的に政治性といい換えてもよい。学問と政治という一見すると無関係な両者が結びつくことが奇異に映る読者もいるかもしれない。そこで、『差異の政治学』（上野 2002）を中心に上野千鶴子の学問観を紹介することから本章をはじめよう。

学知が「中立的」「客観的」な「真理」それ自体のための探求であるという、ロマン主義的な信念は「芸術至上主義」と同様、学問を「聖域」に囲いこむことで他からの批判や疑問を排除するというまことに権威主義的で防衛的な効果をもっている。

……「真理」と「学問」の名において何が守られ、何が排除されているのだろう？（上野 2002：296–297）

上野はこう問いかけ、自然科学とのアナロジーで、社会科学にも唯一の解があるかのように論じられがちであること、またあたかも研究する者の立場——例えば男や女といった性別——を超越した普遍的に正しい解が社会科学にもあるかのように語られる現状を憂う。研究者が目指すべきものは、誰しもがおしなべて納得する客観的な「真理」なのだろうか。また、そのような学問観は正しいのだろうか。

これにはっきりとノーを突きつけたのが、フェミニストであり、上野であった。

フェミニズムを牽引してきた一人である上野によると、いままでの社会科学は実のところ多くが男の学問であったという（上野 1986a：14–15）。この指摘が正しいとすれば、人間の半分でしかない男の学問を女をも含む人間の学問と僭称してきたことになる。「正しく」人間の学問を論じようと思えば、当然、いままで論じられてこなかった女の視点からの研究が必要になる。女たちが当事者の経験を言語化するために「女性を考察の対象とした、女性のための、女性による学問」（井上 1980：i）を展開してきたのは、人間の学を僭称してきた旧来の学知——じっさい男のみの学知——へのアンチテーゼとして理にかなっている。

上野もまた女性学・フェミニズムが盛り上がりをみせていた一九八〇年代半ばの段階で、女性学の性格を次のように明確に述べている。

女性学はだから、既存の学問の真理値を、女性を対象に加えることによってますます高める、ということを意味しない。女性学はむしろ、既存の学問の男性中心主義的なイデオロギー性を暴露し、相対化する。そしてそれができるのは、女性学が、より真理に近いからではなく、女性の視点というもう一つのイデオロギーを持ちこむからである。一つのイデオロギーだけが、他のイデオロギーをあばくことができる。このイデオロギーがめざすのは、イデオロギーの間の戦争ではなく、既存の視点の「脱中心化 decentering」なのである。(上野 1986a : 15-16)

上野によると、男中心の既存の学問へのまなざしを「脱中心化 decentering」することを目指すのが、女性学であり、フェミニズムだという。なるほどフェミニストとしての上野は、八〇年代から一貫して自覚的に学問の党派性を引き受け続けている。

ところでこのフェミニズムの担い手は誰だろうか。さきの女性学の出自を考慮すると、女の経験の言語化が決定的に重要視されているからその担い手は女に限定される。すると女の経験を共有しない(ないしは共有することが難しいとされる)男はフェミニズムの担い手になれないのだろうか。これは、運動と学問の関係、また学問とそれを担う主体の性別をどう考えるかという問いであり、言説の政治性と研究者の位置性という問題系を経て、学問の党派性の問題に行き着く。

なぜ上野は社会科学における、とりわけジェンダー研究における学問の党派性を極めて重い問いとみなしたのか。女性学のように性別がその学問の存立構造の重要な要素として深く組み込まれている場合、まず語る者が、どのような立場から、何のために、誰にむかって語ろうとしているのかを自覚する必然性があるからだといい、端的に「社会科学では研究者の言説そのものが対象を政治的に構成する主要な要素となるからである。その意味で『中立的・客観的』な観察者・記述者の存在は否定される」(上野 2002:289)からだという。

フェミニズムの党派性について自覚的である上野は、さきの男のフェミニズムはありうるのかの問いに極めて明解に答えている。「女性学は『女を語る』ではなく『女が語る』という女性主体の当事者視点を最大限尊重してきた」(上野 2002:208)。しかし当事者の視点を尊重するからといって、「わたしの知るかぎり、……男性が女性学の担い手になれない、もしくはなってはならないという禁止の言説は存在しない。だが、男性が女性学の担い手になるには実践的、理論的困難があるのはたしかであろう」(上野 2002:231)。フェミニズムを通して男女の関係を考えるまえに、男であるあなたは男という立場から男女の関係を考えろというわけである。したがって、「男性に女性学をやってもらうに及ばないことと、男性にはそのまえにやってもらうもっと重大なことがあると言い続けてきた。それが男性の自己省察としての男性学である」(上野 2002:233)という[2]。

なるほど男女の関係を考える理論枠組みは何もフェミニズムだけではない。上野がいうように男の立場からも男女の関係を考えることができる。男は女の同伴者や代理人になるのではなく、男という性を生きる当事者として自身を通して男女の関係を語ることができる。上野がいうようにフェミニズムの党派性を問うまえに男は自己省察を行うべきであり、そうした男による自己省察を上野は男性学と呼ぶ。

　さて、本章では上野千鶴子と男性学の関係を論じる。学問の党派性を高らかに宣言した女である上野が、なぜ男のことを多く語ってきたのか――そこにはどのような男女関係の認識とフェミニストとしての戦略があったのか。この問いを明らかにし、女・上野が男性学を語るというそのこと自体を彼女のいう党派性という観点からメタ分析する。

　以下のように順を追って検討する。まず旧来の学問がそのじつ男の学問であったというのなら、わざわざ男性学と銘打つ男性学とは、どのような学問領域なのか。上野の男性学の特異性を理解するためにも、男性学が誕生した経緯をごく簡単にみてみよう。またそうした男性学の成立にさいし、上野はどう関わってきたのかを紹介したい（2節）。つぎに、女である上野が語る男性学はどのような特徴があるのかを彼女の男性学の定義から析出し、当事者である男が論じた他の男性学とくらべて、どのような立場として位置づけられるのかを検討する（3節）。さらに、学問の党派性を積極的に引き受けた女である上野が、男性学を語るということそのこと自体を、彼女の主張を時系列にそって検討し、メタ分析する（4節）。さいごに、男性学を上野ゼミで学んだ後続の研究者として、彼女の男性学から何を引継ぎ、乗り越えるべき課題としてわたしが考えているかについて簡単に述べ、問題を提起したい（5節）。

2　男性学を理解するためのごく簡単な通史

男性学は、女性学と比べると残念ながら一般にはいまだ十分に馴染みがある学問分野ではないし、多岐に渡る上野の研究テーマのなかでも中心的なテーマであったとまではいえない。そこでまず男性学とはなにかについて、男性学が誕生するに至る経緯から簡単に紹介しよう。なぜなら男性学は、決定的なまでにウーマン・リブ、女性学、そしてフェミニズムといった女性運動の影響を受けており、この事実は男性学を理解するうえで必ず押さえておく必要があるからだ。女の運動・学知との対話のなかで――決して建設的なダイアローグばかりではなく、男側からの一方的な罵詈雑言のモノローグに終わったこともあったが――、男の運動・学知は生まれ、また育まれていることを確認しておこう。

一九六〇年代に新しい社会運動と呼ばれる学生運動が同時多発的に世界を席巻する。日本も例外ではなかった。男の学生運動家は、表向きは反差別・反搾取をうたい平等を目指していたが、運動内部においては女を差別し、搾取していた。運動に参加した女たちは、運動内部で「女らしさ」の役割を担わされ、「カッティング、スッテング《(ママ)》に始まり、……さらには家事、育児、洗濯など氷山の見えない部分にあたる重い日常性のほとんどを、暗黙の暴力をもって押しつけられてきた」（田中［1972］2004:143）。女たちの一部は学生運動に違和感を、そして反感を募らせ、男の本音である性差別に決別するために学生運動とは別の女による運動の必要性を感じる。こうして七〇年代はじめにウーマン・リブは誕生した。

ウーマン・リブ運動は、学生運動の反省から大文字の公的領域を運動の争点とはせず、私的な・個人的な領域で起こる問題群を対象に運動を展開する。極私的な領域である男女関係――性関係がそのさいたるものだが――を主たる争点とした結果、ウーマン・リブ運動を行っていた女たちの周りにいた伴侶、恋人、そして友人の男たちに強い影響を与える。彼女たちの圧倒的な存在と影響力のもと、七〇年代半ばから主に私的領域の男の解放を目指す活動を展開したマン・リブと呼ばれる男の当事者運動が誕生する（溝口ほか 1994：395–418, 1995：381–383）。

七五年は国際婦人の年であった。ウーマン・リブが私的領域を活動の拠点としたのとは対照的に、この時期以降の女性運動は実社会に対して公的な場まで出向き、立法改革を始め公的な発言を積極的に行うようになる（行動する会記録集編集委員会 1999）。この時期はちょうど「過労死」が社会問題になったこともあり、男たちにも過度に働かざるを得ない自身の役割を再考する機運がうまれる。そして生活を省みない「エコノミックアニマル」（樋口ほか 1986：3–29）のような働き方は男たちからも懐疑的なまなざしがむけられていく。

七八年には、女性解放を研究する人たちが集まる場である国立婦人教育会館（現：国立女性教育会館）などの行政体の婦人（女性）センターも誕生し、日本初の国際女性学会（東京会議）もここで行なわれる。翌七九年には「女性学」(3) という名がつく著作が二冊刊行され、八〇年前後に女性運動は女性学として社会に認知されていく。一方で男性運動も活動を継続しているうちに、その活動自体が社会的な性質を帯びてきた側面もあり、社会的に注目され始める。

八〇年前後のそうした社会状況のなか、女性運動の展開に伴い男性運動の当事者たちも私的領域から公的領域まで問題関心を広げることになる。そうしたなかで性別役割分担に批判的になる男も誕生し、「生産性の論理」から降り他者とのより「人間的」な情緒関係を取り戻すべきだと気付く男たちも現れる。彼らのもっとも突き詰めた姿が、公的領域から離れ私的領域を活躍の場に移したハウス・ハズバンド（主夫）である。

当事者運動であるマン・リブは、フェミニズムが勃興した八〇年代半ばに、男の生き方も相対化された結果として男性学を誕生させ、その後運動体としては九〇年代からのメンズ・リブ運動へとつながる。[4] 一つはウーマン・リブ、女性学、そしてフェミニズムからの男性主導社会への批判の大きなうねりと、もう一つは近代化・産業化の果てに男自身による仕事中心の生き方への疑問や女に対する抑圧者としての自我への考察が進み男性運動が成熟したということの二つが交差したところに、男性学が誕生したといえよう。

男性学は何を対象にしているのか

男性学は一義的には男性問題に取り組む学知であるといえる。多賀（2006:4-7）の整理を下敷きに、「誰にとって問題なのか」という観点の違いから男性学が扱う男性問題は二つあると考えたい。一つは男性が問題と論じる立場であり、男による女への加害の側面——暴力、強姦、そして戦争などのメタファーで語られる論点——を強調して展開する。もう一つは男性の問題と論じる立場であり、男性性（男らしさ）の規範が男にとって抑圧的だという側面——男らしさは割が合わないものとして、男の被抑圧性の論点――を強調して展開する。

初期の男性学は、売買春問題など男の加害性を積極的に問う論者や運動グループもいないわけではなかったが、男の生きがたさ（被抑圧性）を主題として展開してきた。そこには男性学を女性学とは異なった独自の学問領域と考えたいという男性学者の思惑もあったのだが、むしろ男性性を問い直す作業の担い手が男性性に違和を感じる個人によって行われたということがより重要である。「男性性を問い直す『当事者の言説』が、つねに危機の言説、もしくは社会的弱者に転落した男性の側の言説としてしかあらわれない」（上野 2002:236）という事実があったのだ。

男性学はその後、公私領域をまたぎ、多岐に渡る研究テーマを扱うようになる。一九九五年刊行の岩波書店『日本のフェミニズム』シリーズの別冊『男性学』（以下、岩波『男性学』）の目次をみると、セクシュアリティ、家事・育児、企業、ゲイ・スタディーズなどがある（二〇〇九年に新版になり、暴力、身体などが追加された）。さらに最近になり、立て続けに男性学関連の書籍刊行が相次いでいることから、目下、展開中の学問といえるだろう。

上野は、こうした男性学に対して早い段階から言及し、また関わってもいる。そのさいたるものが、九五年の岩波『男性学』の編者となったことであろう。『日本のフェミニズム』のアンソロジーに『男性学』の巻を入れるのは上野のアイデアだったというが（上野ほか 1998:41）、他の編者にこの上野の案は反対され、妥協の産物として別冊という形で岩波『男性学』は『日本のフェミニズム』シリーズの一冊として刊行された。その他にも上野の研究をフォローしてみると広範なテキストで男を論じていることに驚かされる。例えば男性運動と学問の関係を主に論じているテキスト――八九年の『現代思想』所収の「メンズ・リブが必要だ」と、九九年に行ったメンズ・リブ運動について伊藤公雄、蔦森樹との鼎談である「はじめて語るメンズリブ批評　座談会」——と、男性学一般を論じたテキスト——岩波『男性学』の編者として男性学を概括的に論じた九五年の「『オヤジ』になりたくないキミのためのメンズ・リブのすすめ」、その後の男性学の展開を踏まえ女性学・男性学の発展的解消からジェンダー研究への期待が色濃く論じられた〇六年「ジェンダー研究の変遷と男性学の可能性」——などである。なお最近では〇九年に『男おひとりさま道』（法研）という男の生き方本まで執筆していることも付け加えておこう。その他にも上野が男について論じているテキストは多くあるが、3節以降では男を直接的に論じている上記のテキストを中心に、上野の男性学の全体像を描いてみよう。

3　フェミニズムを通過しない男性学は可能か——上野の男性学

上野の男性学の中身に移ろう。その準備として女性学、男性学、そしてジェンダー研究という用語の整理をしておく必要がある。上野がそれらの関係を簡潔に示した図がある（図3-1；上野［2006］2008:190）。上野によると女性学の当初の対象は第Ⅰ象限の「女の領域」として割り当てられた私的領域——家庭や家族に限定されず、性にまつわる問題群などこれまでの学問の対象とされてこなかった領域——であった。その後、女性の社会進出につれ、女の居場所は私的領域から公的領域へと拡大する（第Ⅰ象限から第Ⅱ象限へ）。上野によると女性学の発展を受け誕生した男性学が最初に対象としたのは、第Ⅳ象限だった。当事者運動である女性運動が私的領域を最初の対象としたのと同様に、男性学もまた当事者運動からはじまったためである。そのため政治、経済、学問といった第Ⅲ象限に男性学は手付かずのままだと指摘する。そのような女性学と男性学をともに包含するものとしてジェンダー研究があると上野はいう。

上野は男性学をどう定義づけたのか

上野は幾つかの表現で男性学を定義づけている。そこで上野が自身の男性学の定義として繰り返し上野（[2006]2008: 189）などでも言及し、また男性学者の間で最も多く引用されていると思われる九五年の岩波『男性学』の定義を検討しよう。

〔男性学とは〕フェミニズム以後の男性の自己省察であり、したがってフェミニズムの当の産物である……。これまでのほとんどの社会科学は「人間学」の名において、男性を普遍的な「人間」と潜称《ママ》してきた。その観点からは、女性は「特殊」な残余としかみなされない。「女性学」以前の女性論とは、自分を主体として疑わない男性の手によって「他者」として書かれた客体としての女性論だった。女性学とは、その男性中心的な視点から、女性を主体として奪いかえす試みだった。男性学とは、その女性学の視点を通過したあとに、女性の目に映る男性の自画像をつうじての、男性自身の自己省察の記録である。（上野 1995: 2）

すなわち上野がいう男性学とは、⑴フェミニズムの視点を通過したあとの⑵男自身による⑶自己省察の学問であり、その結果として(4)党派性を積極的に引き受けるものだと定義づけることができる。

上記の定義に照らしてみると、男による素朴な自分語りは、男の生き難さや男性性を論じていても(1)の要件を満たしていない。優れた男性性の研究であっても、女によるものは(2)の要件を満たしていない[5]。フェミニズムを経由しても男による女性論は(3)の要件を満たしていない。研究に「イデオロギーの尊重」という積極的な意図がなければ(4)の要件を満たしていない。これらはいずれも上野によれば男性学ではないということになる。

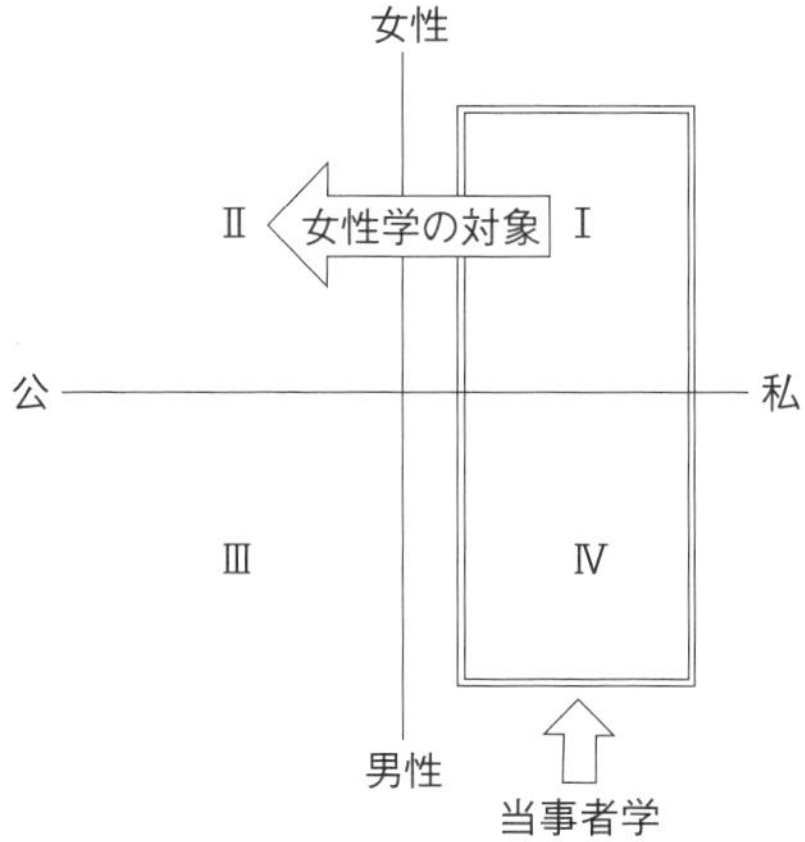

出典　上野,［2006］2008：190 に加筆

図 3-1「女性学・男性学からジェンダー研究へ」

なかでも上野がこだわるのは、(1)と(2)であり、男性学を女性学・フェミニズムの視点を通過した男による議論に限定することだ。あくまで男の当事者による男性性の自己省察のみを男性学と呼ぶ。ここに当事者の言説を優先するという上野の徹底した(4)党派的な立場を確認することができる。

その一方で上野は(1)と(3)の結果として、男性学における男性性を実体的なものとは捉えていない。男を女に対する「関係的カテゴリー relational category」とみなす（上野ほか 1999：286–288）。男性性とは、上野によれば男が女との関係を経てから自身を自己省察するときに初めて立ち上がる差異に過ぎない。こうした男性性への認識は、上野の言語論的転回を経たポスト構造主義のジェンダー論の問題意識に通じているのはいうまでもない(6)。

さて、上野の男性学の特徴は、一つは当事者性の重視であり、もう一つは男性性を実体的なものとは考えないことにある。では、他の男性学の定義と比べてどのような認識利得が上野の定義にはあるのか。

男による男性学の定義はいくつもある。例えば新版の岩波『男性学』の解説を書いている男性学者である伊藤公雄によると、「〔男性学は、〕男性の視点から、この男性社会を批判的に解剖することを通じて、男性にとってより〝人間らしい〟生活を構想するための(それは、女性にとっても望ましいことだろう)〝実践的な学〟」(伊藤 1996:130)だという。

男性学者である伊藤の定義と上野の定義の違いを三点ほど確認しておこう。もっとも大きな違いである一つめは、男性性を男のみで自己充足できると考えるか否かという点である。伊藤の定義では、男および男性社会を研究対象とすることに力点があり、男性性を与件としている。一方、上野は男を徹底的に女との関係においてのみ捉え、男は男のみでは男性性を自己充足できないとする。そのため男性性の構築のためには決定的に女の存在が必要であり、女という関係カテゴリーを通して事後的にしか男性性は構築されないと考える。二つめに、一つめの帰結として、いままでの学問が人間というとき男を自然な存在として描き一方で女を特殊な存在として描いてきたが――男は無徴で女は有徴――、男女関係の強調という上野の視点は男を女と同様に「ジェンダー化された存在」として捉えることが積極的にできる点がある。三つめに、さらに二つめの帰結として、これは伊藤も述べていることではあるが、男の被抑圧性を語ることは必要ではあるがそれだけでは不十分であり、男の視点を通して男女の関係までを射程に入れて男性学は考える必要があることを上野の定義は強調する。これは何も男が「男」という性的存在に固有の問題を抱えていることを否定しない。そうではなく、それに加えて男の立場から男女問題を考えるために男自身による当事者言説を上野は求めていると理解したほうがよい。

男の解放の戦略──男女の非対称な権力ゲームの解体が男性学の目標か

男性学の必要性を述べる上野だが、どのような状態が男にとっての解放であり、男女平等と考えたのだろうか。改めて指摘するまでもなく男女平等という概念は極めて多義的である。

女性学には、女が公的領域に進出し男並みに働くことを平等とみなしてよいのかという議論があった。上野は逆の発想をし、女を公的領域に進出させるのではなく、男を私的領域に引き戻すことがまず求められるという。しかしそうした試みも、すぐに上野自身により訂正される。いままで女の役割とされた私的領域に積極的に参入したハウスハズバンドを論じるなかで、「たとえ役割の互換性が保障されても、排他的に『仕事か家庭か』の二者択一を強いられる性別役割分担の構造それじたいが変わらないかぎり、抑圧性はなくならない」(上野 2002:221) と述べ、解放の戦略を次のように示す。「権力の論理を逆転するだけでは、支配的な集団が入れ替わるだけで、解決にならない。必要なのは権力のゲームを解体していくことである」(上野 2002:264)。

女性学と同じように上野の男性学もまた、既存の学問を前提としてそこに新たな知を付け加えるというよりも、そのような知のあり方そのものへの自己批判を含んでいる。「『ジェンダーの正義gender justice』への要求とは、女性の「男性化」への要求でもなければ、男／女の項の互換性への要求でもない。……それはこのように非対称的な差異化そのものの解体の要求なのである」（上野2002:19）。上野が描く男の解放とは、女の解放と同じく非対称な権力ゲームの解体の先にあるものとなる。上野の男性学も、男の解放のために男女の非対称な権力ゲームの解体要求を共有しているといえるのではないだろうか。

4　男女関係の強調が意味するもの――上野の男性学のメタ分析

上野の男性学は、男を語るのではなく男が語るという当事者の視点を尊重すべしという。そのような女である上野が九五年刊行の岩波『男性学』の編者・解説者として冒頭に書いた文章は次のものだった。「男性学の巻を女が編むことに、抵抗を示すひともいるかもしれない」（上野 1995:2）。この岩波『男性学』は、おさめられている論文はいずれも書き手が男である。解説を上野が論じる――性別を超え女が男を語る――ことの違和感は、その後、同書が二〇〇九年に新版になったさい、解説者が男性学者である伊藤公雄に代わったことに垣間見ることができる。

上野は学問の党派性を熟知しているにもかかわらず、ではなぜ男を論じてきたのか。その理由は思いのほか明快な二つの論点――言説空間の自律性と、女の解放のためには男の分析が必要なこと――について上野が自覚的であったからではないだろうか。こう考えると二〇〇〇年前後の上野のポスト構造主義への理論的関心の深化は一つの画期点となる。一つめの論点はポスト構造主義以前の男を論じる根拠であるし、二つめの論点はポスト構造主義以降により自覚的に展開された男を論じる根拠――ゆえにポスト構造主義以前から同様の視点は有していたのだが――と考えることができる。

言説空間の自律性

上野は、女性学は女が担うべき必然性があるといった。であれば、男性学は男が担うべき必然性があるのだろうか。問題を置きなおすと、男性学・女性学の学知の担い手の発言の正当性や妥当性――いわゆる真正性さえも――は、発話者の性別に規定されるのだろうか。

ジェンダー研究一般や、上野のその後のテキストではあまり展開されてこなかったが、この論点について言説空間の自律性という興味深い指摘を上野は行っている。上野によると、個人の発言はメディアがその言説を繰り返し再生産するときはその発話者の属性を超えて言説空間を流通する――誰が誰に向けて発したかという言説の発話者のクレジットを離れ、匿名の言説として流通してしまう――ことが多々あるという。

言説空間というものがいったんできてしまえば、それ自体が自律性を持つでしょう？……言説空間のなかでは、発話の主体は、メディアのなかで自律的にコピーされていきます。そのようにコピーされていく言説の権力をわたしたちは無視できない。その発話の主体が男であろうと女であろうと、とりあえずフェミニズム批評にとって何か意味のあることを言っていれば、それは利用したほうがいい。

……言説の権力というのは、それをだれが言おうが同じなのよ。メディアが言説を複製していく力を考えると、言説は命名者のクレジットを離れても流通するようなものになっていく。発話者がだれかということよりも、言われていることと、それがおかれている言説の権力の磁場がもっと問題です。発話の主体がいったいだれか、発話者の位置はどこかという、発話そのものよりメタレヴェルにあるような要素を分析のコンテクストに持ち込むのは、構造主義以降の批評がいちばん嫌ったことです。(上野 1989:39-41)

言説空間の自律性を考えれば、なるほど女である上野が男を論じてもその男性論が優れていれば発話者である上野が男だろうと女だろうと問題にはならない。またこの発言には、利用できる言説はしたたかに利用しようという上野のフェミニストとしての戦略的な側面も窺い知ることができる。しかしより重要なことは、上野は言説空間の自律性を踏まえてなお、フェミニズムに男が入ることを欺瞞だと主張することにある。「けれども、核心的な問題は、フェミニズムに男性が参加するということに、根本的な欺瞞性があるということです。それは、黒人解放の運動に白人が参加するときの欺瞞性と同じ、つまり抑圧者の自己解放を主題化しないという根本的な自己欺瞞があるわけね」(上野 1989:41)。上野は、権力の非対称性をキーワードにあげ、男のフェミニストを批判する根拠として言行不一致をあげる。フェミニズムに参加する男たちには、まず自分の男性性からの自己解放という問題意識が必要だという上野の当事者性の重視はこの時点でもみられるが、上野が男を語ることそれ自体は説明されないままである。

ところで上野はもともと構造主義者であったことは周知のとおりである（上野 1985）。言説空間の自律性は八九年に論じられているが、上野自身によってその後この議論が展開されなかった理由の一つは、二〇〇〇年前後にポスト構造主義の思想を積極的に吸収するなかで、研究者の位置性（ポジショナリティ）にいままで以上に自覚的になったためではないだろうか。言説空間の自律性を論じた八九年の上野には、性別を越境して男を論じることの違和感は——言っていることが「正しく」言行不一致を生じさせないなら、という条件が付くが——あまり問題とされていなかったといったら言い過ぎだろうか。

男女カテゴリーの相互依存性—ポスト構造主義のジェンダー論

二つめの論点に移ろう。ポスト構造主義のジェンダー論では、男性学と女性学が相互依存的であり、他方と切り離して論じることが原理的に不可能であることは常識の類に属する。

ジェンダーとは「身体的差異に意味を付与する知」であると喝破したのはジェンダー歴史家のJ・スコットであるが、彼女をひきながら上野が導き出すのは、「ジェンダーとは、男／女の二項を意味するのではなく、人間をふたつに分割する差異化という実践を指すというポスト構造主義のジェンダーの定義」である（上野 2006:192）。もちろん上野はジェンダーという概念がもつ「文脈依存性」に十分に自覚的であり、男性学や女性学を本質主義的なものとは捉えていないことは確認しておく必要がある。J・バトラーを経由して上野が示すのは「『ジェンダー』という言説実践がその効果として、言説に先行するものとしての『セックス化された身体 sexed body』を作りだす」ということである（上野 2002:27）。

男女関係へのこうした視線は、女の問題を論じるときに男との関係を切り離して論じることが難しいという八〇年代以降のフェミニスト・上野の問題意識と密接に結び付いている。この上野の問題意識はポスト構造主義を経ることでより鮮明にかつ洗練され展開することになるが、上野の先見の明には驚嘆する。かつて上野は自身のフェミニズムの原点を述べたという八六年の『女という快楽』のあとがきで、つぎのように書いている。

私のフェミニズムは、「女嫌い」の男性社会に対して告発や攻撃を加えることではなく、むしろ関係に対する性懲りもないあきらめの悪さの表現であることを、読者は了解されるだろう。私はだから当初から「女について」ではなく「女と男の関係について」語るために書き始めたのだったし、女性解放が「女と男の関係の解放」をいみするのでなければ私にとって何の意味もないことは、はっきりしていた。（上野 1986b:270-271、傍点は原文のまま）

この男女の関係を強調する上野の視線は、すでにポスト構造主義的だとはいえないだろうか。じじつ女性学・フェミニズムを定義づけた八〇年代から、男性学を定義づけた九〇年代、そしてポスト構造主義の影響を色濃く受ける二〇〇〇年前後をまたぎ、〇六年の上野のジェンダー論においても、上野の関係へのこだわりはまったくぶれずに一貫している。

上野の男性学の大きな特徴は、男を徹底的に女との関係で捉える視線であった。上野の男性学を理解する上で興味深いのは、ポスト構造主義のジェンダー論を上野が展開する以前から、上野は男女の関係が相互依存的であり、それゆえに性差は男女の関係を経て事後的に「本質」として構築されることを見抜いていたことだろう。

女の解放には男の解放が必要なのか

なぜ女・上野は男を論じたのか。そこには「性の抑圧については、抑圧される側の論理が、声高に叫ばれてきたが、抑圧する側の論理が解明されないかぎり、いつまでたっても対症療法にしかならない」（上野 1988:38、傍点は原文のまま）という上野の認識があったからだ。社会構造的に女の置かれた被抑圧者の状況を把握・改善するために――いわんやフェミニズムのさらなる発展のために――、支配層とされる男を論じることが当然の帰結とされる。ジェンダー研究は女性領域のみではなく、ジェンダー関係そのものが対象となるが、その意味では男性学はジェンダー研究の不可欠の要素の一つといえる。上野は早くからこうした認識を自覚的にもっていた。

男女関係において、女だけが抑圧されているわけではなく、男もまたそのような形でしか女と関係できない点で抑圧されており、そのような非対称な権力関係しか築けないという意味で、男もまた自由ではないというテーゼがある。上野が一貫して主張してきたのは、このテーゼを受け入れるとき、抑圧者である男がすべきことは被抑圧者の女に共感し彼女らを支援することではなく、抑圧者としての自己を解放すべきだということである。

女性学を論じる上野は女の立場から男女関係を分析し、男性学を論じる上野は女の立場から男たちに向けて男女関係を分析しろと迫っていたのだろうか。なるほど、たしかにそこには男女の関係が密接につながっているという認識と当事者性を重視する姿勢が、上野のなかで矛盾なく結びついている。

そもそも当事者の男・女とは誰か―個人と集団カテゴリーの関係

なぜ上野はここまで当事者性にこだわるのだろうか。もちろん実践的にも理論的にも他者の問題を語ることの困難さを上野が熟知しているからだろうが、そもそもでは当事者とはいったい誰のことなのだろうか。男が男について論じれば「自己」の語りとして許容され、男が女について論じれば「他者」を語る越権行為だという発想は、性別カテゴリーを本質主義的に捉えすぎていないだろうか。誰が当事者かという問題は一筋縄ではいかず、個人と集団カテゴリーの関係をどう考えるかという問題を引き寄せる。

男性学でいう「男」という存在は、男性学者の間でもそれほど自明な確固たる存在とは実は考えられていない。社会構築主義やクイア・スタディーズのインパクトを経た言説空間では、もはや「生物学的」な男自体も多かれ少なかれ社会的に構築されたものであるとされ、男集団の内部にある多様性や非一貫性に対して無自覚でいられない。これは現在男性学でホットな話題である男性性の複数形の議論である。

この議論の中心的論者の一人が、R・W・コンネル（1995）である。コンネルは‘Masculinity’（男性性）を常に複数形で‘Masculinities’として用いることで、男性支配の重層性を明らかにする。コンネルによると、男性性（masculinity）規範の形成には二つの側面があるという。一つは男一般が女に対して有する支配の形態であり、集団としての男が女に対して有する優越性といえる。もう一つは男性内部でも支配的な男性性（hegemonic masculinity）と従属的な男性性（subordinated masculinity）があり、男集団の内部でも序列化がされるということである（Connell 1995: 76-81）。男集団のなかにもヒエラルヒーがあるというコンネルの主張は、男性性が複数あり男という存在を一枚岩として語れない現実と、その内部の差異が序列的配置にあり権力関係を伴うことを明らかにした。

この帰結として、本来は多義的である男という集団カテゴリーをどの程度まで有効な分析枠組みとして戦略的に保持するか、という問題が浮上する。男という性を共通に有する存在が、その内部に序列化を伴いながら大きな亀裂を孕んでいるというコンネルの指摘は、論理的に突き詰めると男という集団カテゴリー概念自体を曖昧なカテゴリーにし、男性学を足元から切り崩しかねない。男という集団内にある差異をどの程度まで捨象し、男という存在を措定するべきか／措定しうるかという「カテゴリーの政治」と「アイデンティティの政治」（上野 2001: 281-295）の議論が必要になる。

上野がいう当事者も同様の問題を抱えているのではないだろうか。例えばフェミニズムを論じるなかで上野が直面した問題——女という集団が「女」という単一のカテゴリーに還元されるものではなく、たやすく連帯ができるものではないこと——は今や明らかである。もちろん集団内に差異を持ち込むのはその集団の分裂を誘発するため望ましくないかもしれない。しかし、もはや「女」という集団の単一の利益はそもそも成り立たない。

上野は、この集団カテゴリーと個人の関係のアポリアをどう切り抜けたのか。アイデンティティやポジショナリティの議論は個人に焦点があたるが、集団カテゴリーよりも個人を優先すると個人がみなバラバラとしかいえなくなってしまい、n個の性の議論になる。すると集団カテゴリーの拘束力を捉えることができない。上野が男という集団カテゴリーの根拠としたのは、マルクス主義フェミニズムの文脈でいう女に対する一種の「利益集団 interest group」を構成している性別グループであるということだ（上野 1990:59）。上野による男という集団カテゴリーの根拠は、アイデンティティやポジショナリティの議論を踏まえた文脈で重要な意味を帯びる。

しかし、「利益集団」内の差異を上野はどう考えるのかという謎は残されたままである。集団を単一のカテゴリーとして無邪気に措定することができないいま、上野はどのように男性学・女性学の当事者性を担保しうると考えているのだろうか。

5 上野の男性学の功罪

上野の男性学が顕在化させた問題系を改めてまとめてみよう。一つめに男性学を女性学・フェミニズム以後の学問と定義づけ、男女の性の定義が相互に依存しているがゆえに、どちらかの性のあり方だけを問い直すことは原理的に不可能であることを強く自覚し、徹底的に相互依存の視点から性を考察したこと。その結果として二つめに、上野の男性学は男性性を女性性との差異とみたこと。三つめに、しかしながら当事者運動としての男性学は男性性を女性性との差異に過ぎないとして軽視できず、生活に根ざした経験として男性性を言語化する必要があること。男女の性別カテゴリーを実体ではなく差異とみる上野は、男性運動の当事者性を認めつつも、その当事者性の脆さをも同時に認めざるを得なかったのではないだろうか。男性性を言語化する戦略として四つめに、それぞれの性に基づく固有の経験を言語化するさいに一時的なジェンダーの偏り（ホモソーシャルな集団の形成）がみられるが、それをよしとし、運動の目標としてはジェンダー二元制そのものの解体を志向すること。さいごに五つめとして、男や女という存在は確固たる実体的なカテゴリーではないから、男性学や女性学の党派性を見据えながら、ジェンダー研究への発展的解消を目標とすること。

五つめの点について補足しておきたい。上野はかつてジェンダー研究について次のように述べている。

> ジェンダー研究は女性領域を対象にするだけではじゅうぶんではなく、ジェンダー関係そのものを対象にしなければならない。そのジェンダー研究のなかでは男性学は不可欠の領域を占める。「女性学」の「ジェンダー研究」への「発展的解消」には批判もある。……だが、「ジェンダー研究」の含意は、保守的なものとは限らない。女性学のゲットー化を打ち破ろうとする人々もまた、「ジェンダー」概念の包括性を積極的に採用しようとしている……。その観点からは、「男性学」という下位分野もまた、発展的に解消される運命にある。（上野 2002：210）

上野の男性学が切り拓いた地平は壮大なものである。男性学・女性学といった党派性を帯びた研究から、普遍を僭称する既存の学問へ挑戦し、その学問の構造それ自体の組み換えを要求するものだった。と同時に、男性学・女性学はジェンダー研究として発展的に解消されることを運命付けられた使用期限の付いた学問として考えられていた。女性学・フェミニズムのさらなる展開（発展的解消）のためにも、男性学の成熟を上野は期待していたのは間違いない。

しかし上野のこうした男性学については疑問が生じるのも事実だ。上野がいう男性学は、ジェンダー二元制の解体に有効という意味で、また上野のフェミニズムにとっても有効という意味であまりに上野寄りな学問だといえる。いうなれば上野の目標を共有した男性学しか、「男性学」と呼べないきわめて狭義の定義を上野はあえて採用していた。こうした定義からは、男からの男性性の確立の試みは、上野のフェミニズムと相容れないとなればいずれも男性学ではなくなり、ただの「バックラッシュ」ということにされてしまわないか。わたし自身は上野の男性学の定義はあまりに狭義だと考えている。だから女・上野が男性学を語ることにそれほど大きな違和を感じないし、むしろ優れた男性学だと評価している。

しかし、わたしの評価とは別に上野自身の党派性という立場からはどうだろうか。上野は女による男性論を男性学とは呼ばなかったはずだ。上野の議論を振り返ってみればつぎのように主張していたのではなかったか。

> 私は学問の党派性、特にジェンダー・スタディーズの党派性、当事者性を引き受けておりますし、そうであるべきだと思っております。

……フェミニズムとジェンダー・スタディーズは学問の当事者性を引き受けております。はっきり申し上げられるのは他人の戦いを闘うことはだれにもできない、ということなのです。私たちが学ぶことができるのは、自分とは違うけれども他人が闘っている自分自身の戦い、他人の戦い方から学ぶことです。したがって女性学をやろうという男性の方には、自分のケツでも拭いてろ、と言いたい思いです。男には男という深刻な問題がある。自分自身の男という問題を解く前に、他人の問題を解こうなんて越権行為だというふうに思います。（上野ほか 1998：41–42）

上記の立場を踏まえるのであれば、女・上野の男性学はそもそも成り立たない。上野が行ったのはフェミニストによる男性論・男性性研究であっても、男性学ではなかったはずだ。たしかに上野は男性学を「やっている」とは一言も明言していない。男性学をすること、男性学について語ること、そして男について語ることはそれぞれ違った意味を帯びるのかもしれない。上野に好意的に解釈すれば、あくまで上野は女の立場から男たちに男女関係をよりよくするために男性学をしろと求めたに過ぎないともいえる。しかし、例えば岩波『男性学』でアンソロジーを編むという行為は、男性学をしていることにはならないのだろうか――だからこそ新版で編者が代わったのではないか。

かりに上野は男性学をしていないとしよう。だとしても、学問の党派性を高らかに謳う上野が男性学を語る行為それ自体は、ではいったいなんだったのか。女が男を語る――それは上野が忌避した言行不一致にはならないのか。男性学と当事者性について、また男性学・女性学の当事者性とはどのように担保されるのかについて、上野に改めて問うてみたい。

註

（1）本章ではとくに但し書きがない限り異性愛の男や女について論じる。もちろん、昨今のジェンダー論の展開を鑑みれば異性愛以外の議論にも言及するべきであるが、女性学との関係で男性学を描くという本章の議論を明確化するためにもそれらには必要に応じて言及するにとどめたい。

（2）上野は男のフェミニズムが成立可能か、あるいは不可能かについては慎重に論じており、決定的な結論を示しているとまではいえない。しかし、男の立場からフェミニズムを論じた瀬地山角への上野の立場は明瞭であり、また手厳しい。上野は、瀬地山ら男のフェミニストに対しては、男はフェミニズムを論じる前にまず男である自身を論じよという一貫したスタンスをみせる（上野 2002:230–234）。

なお、瀬地山は、加藤秀一、坂本佳鶴恵とともに、勁草書房から『フェミニズム・コレクションⅠ～Ⅲ』（1993）を著しているが、こちらはフェミニズムという名のもと、編者三人のうち二人が男であり各章の執筆者も男女ともにいる。かつ男のフェミニズム論やアンチ・フェミニズム論も含まれており、フェミニズムについて論じていれば論者の性別や立場を問わない編集方針といえるだろう。また「男の解放」という見出しで論文が二本収録されており、それらを男性論・男性研究と呼び決して男性学とは呼ばない（坂本 1993:342–347）。一方、上野が編集担当した岩波書店の日本のフェミニズムシリーズ『男性学』の執筆者は後述するように党派的な理由から全員が男である。この編集方針の違いがそれぞれのアンソロジーの男性学・男性論の考えかたをも示しており興味深い。

（3）冨士谷あつ子『女性学入門』サイマル出版会、岩男寿美子・原ひろ子『女性学ことはじめ』講談社現代新書。

（4）マン・リブとメンズ・リブの運動体としての継承（断絶）関係は、まだ十二分には議論されていない。ただ、マン・リブに参加をしていた男たちの多くはメンズ・リブに続けて参加をしており、運動の担い手は重なっていることは指摘されている（大山・大束 1999）。

（5）男の当事者の声を集めた女による男性論として、上野が挙げるのは福島瑞穂・中野理恵（1990）『買う男・買わない男』や春日キスヨ（1989）『父子家庭を生きる』である（上野 2002：234–235）。上野はこれらを決して男性学とは呼ばずあくまで男性論と呼ぶ。ここにも上野の徹底した当事者原則を改めて確認できる。しかし、男自身の当事者の声から問題を引き出している場合、当事者性の問題は一義的にはクリアしていると考えることはできないだろうか。上野は徹底した当事者主義ゆえにこれらを男性学とは呼ばないが、正直なところわたしはこれらを男性学と呼ぶことに違和を感じていない。上野の徹底した当事者主義には若干の戸惑いがあることを告白したい。

（6）この男性性という観点からいえば、フェミニズムの問題として展開された一連の上野の研究テーマ――（対抗）暴力、戦争（戦時暴力や「従軍慰安婦」問題）、女性兵士問題、そして国家という暴力装置といった問題系――は、男性学を裏側から行っていると解釈することも可能である。男女関係を強調した上野のフェミニズム思想は、広義の男性学としても解釈が可能なのではないだろうか。

文献

Connell, R.W., 1995 *Masculinities*, Univasity of California Press.

樋口恵子・渥美雅子・加藤富子・木村栄（1986）『日本男性論』三省堂

井上輝子（1980）『女性学とその周辺』勁草書房

伊藤公雄（1996）『男性学入門』作品社

伊藤公雄（2009）「男性学・男性性研究の過去・現在・未来」天野正子・伊藤公雄・伊藤るり・井上輝子・上野千鶴子・江原由美子・大沢真理・加納実紀代編『男性学』（新編 日本のフェミニズム12）岩波書店：1–23

行動する会記録集編集委員会編（1999）『行動する女たちが拓いた道――メキシコからニューヨークへ』未来

社
溝口明代・佐伯洋子・三木草子（1994, 1995）『資料　日本ウーマン・リブ史Ⅱ　1972-1975／Ⅲ 1975-1982』松香堂
大山治彦・大東貢生（1999）「日本の男性運動のあゆみ⑴―〈メンズ・リブ〉の誕生」『日本ジェンダー研究』⑵：43-55（再録（2009）『男性学』新編　日本のフェミニズム12　岩波書店：245-258）
坂本佳鶴恵（1993）「解題　男の解放」坂本佳鶴恵・加藤秀一・瀬地山角編『フェミニズム・コレクションⅢ　理論』勁草書房：342-347
多賀太（2006）『男らしさの社会学―揺らぐ男のライフコース』世界思想社
田中美津（[1972] 2004）『増補新装版　いのちの女たちへ―取り乱しウーマン・リブ論』パンドラ
上野千鶴子（1985）『構造主義の冒険』勁草書房
上野千鶴子（1986a）「女性学とは何か」山村嘉己・大越愛子『女と男のかんけい学』明石書店：1-23
上野千鶴子（1986b）『女という快楽』勁草書房
上野千鶴子（1988）『女遊び』学陽書房
上野千鶴子（1989）「メンズ・リブが必要だ」『現代思想』17⑽：38-53
上野千鶴子（1990）『家父長制と資本制』岩波書店
上野千鶴子（1995）「「オヤジ」になりたくないキミのためのメンズ・リブのすすめ」井上輝子・上野千鶴子・江原由美子編『男性学』（日本のフェミニズム別冊）岩波書店：1-33（再録（2002）「男性学のススメ」『差異の政治学』岩波書店：208-237）
上野千鶴子（2002）『差異の政治学』岩波書店
上野千鶴子（2006）「ジェンダー研究の変遷と男性学の可能性」『ドレスタディ』49：4-9（再録（2008）『時代を着る―ファッション研究誌「DRESSTUDY」アンソロジー』：188-195）

上野千鶴子編（2001）『構築主義とは何か』勁草書房
上野千鶴子、キース・ヴィンセント、河口和也（1998）「ゲイ・スタディーズ　ミーツ　フェミニズム―東京大学・五月祭シンポジウム録」風間孝、キース・ヴィンセント、河口和也『実践するセクシュアリティ』動くゲイとレズビアンの会（アカー）：25–64
上野千鶴子・伊藤公雄・蔦森樹（1999）「はじめて語る　メンズリブ批評　座談会」蔦森樹編『はじめて語るメンズリブ批評』東京書籍：265–310

第四章　「二流の国民」と「かわいい」という規範

宮本　直美

1　自立したくない女

「二流の国民」「二流の市民」――同じ社会に住みながら、実は女性は男性と同じ権利を与えられておらず、したがって男性よりも劣る存在、すなわち「二流」の存在でしかなかったことを告発する言葉である。男性と同等の一流になるために、参政権をはじめ、フェミニズムはさまざまな権利獲得のための運動をしてきた。しかし上野がいうように、もはや男性並みを求める限界は気づかれている。法的にはある程度、男性と同じ権利を得た今、たしかに男性並みを目指すこととは別の、そしてまた男性視線によって作られた女性性に依拠することとは別の道をみつけるべき時期に来ているのだろう。

しかし現在の日本は本当にその段階に到達しているといえるだろうか。国連から何度も女性差別撤廃への取組が不十分であるとの勧告[1]を受けているだけではなく、このところの日本では、内閣府の二〇〇九年版男女共同参画白書をはじめとして、若い女性の間で専業主婦願望が強まっていることがよく指摘されるようになった[2]。専業主婦願望が増えたことについては、それだけ女子の就職状況が悪くなっていること、女性にはやりがいのない仕事しか回ってこないこと、育児と仕事を両立しにくい環境であることなど、労働環境が女性にとって不利だからだという指摘がしばしばみられる。しかし単に労働条件の問題だけがこの願望を増やしているわけではなく、女性自身の意識にも要因があるだろう。白河も「日本は、すでに男性の収入だけでは一家を養えない中流男性の没落が起きているのに、女性の社会進出は進まなかった」例外的な国であると指摘し、その労働環境の困難を踏まえつつも、それ以外の大きな理由として「女性たち自身の意識も「困難な社会進出」をあえて望まなかった」というように、意識の問題を挙げている（白河 2010:181–182）。

専業主婦になりたい女性が挙げる理由として、単に「仕事をしたくない」という理由もある。なかには、有名大学を出た高学歴女性が一流企業に就職してもなお、一ヶ月程度で退職するケースもある[3]。そんな例ばかりではないだろうが、社会に出て仕事をして戦うことに疲れた女性が、安心できる逃げ場として専業主婦を望んでいるという像も浮かび上がる。それは女性の労働環境が男性より悪いせいだけだといえるだろうか。男性の労働環境も不安定で低所得化するなかで、結婚して二人の収入でどうにか生活しようという発想ではなく、経済的に完全に依存する「専業主婦」を挙げること自体に、女性の意識が表れている。恋愛に積極的だという「肉食系女子」が取りざたされてはいても、つまるところは養ってくれる相手探しの婚活に積極的なのであって、女性の自立を表す概念ではない。この就職氷河期には男性もまた就職に苦しんでいる。しかし男性には、ごくわずかな例を除いて専業主夫の選択肢はなく、職もなく実家にいれば即ニート扱いである。

専業主婦とは、山田昌弘の定義に従えば「自分の生活水準が夫の収入に連動する存在」（山田 2001:15）であり、経済的な意味で自立していない存在である。実際、専業主婦には厚生年金や社会保険でさまざまな特典がある一方、夫の保証なしにはクレジットカードも作れない。家の中でいかに主導権を握ろうとも、社会的には自立した個人ではない。その意味で、専業主婦は未だ「二流の国民」の一類型だといえるのではないか。当事者から嵐のような非難を浴びそうだが、専業主婦は、働いて納税する、保険料を納める、その仕事で社会的な責任を負う、という「国民」の役割を果たしえない。専業主婦になる事情は個々に多様にあるだろうが、その願望が増しているということは、女性が二流の国民に〝置かれている〟だけではなく、自ら〝二流の国民であることを望む〟という側面も含んでいるのだ。

専業主婦願望の増加に象徴的に浮かびあがるのは、日本の女性はまだ「二流の国民」の段階にとどまっているのではないかという疑問である。専業主婦だけが指標ではない。女性たちと直に話しても、喫茶店などで女性たちの雑談が耳に入ってきても、DVやストーカー被害、電車内痴漢などは日常茶飯事的にある。「彼氏に首を絞められた」と普通に話す学生もいた。何かにつけ「君はバカだから」と吐く言葉の暴力もある。驚くのは、彼女たちがそれらを決して深刻には話しておらず、むしろ楽しげに、ときには男をバカにするように、日常の他愛もない出来事として話していることだ。そうした出来事に対して、声を上げることを回避してしまう女性たちはまだまだ多い。上野も「ノーといえない女や……性的な自律性を持てない女が、ヘテロセクシズムのなかでいまだに若い世代に再生産されていることは、驚くべきこと」（上野 2006b：398）だといっている。だとすればそれはなぜか。フェミニズムの浸透度に関わるこの問題を、上野はどう考えるだろうか。私はここで制度上の不備という問題を議論するのではない。フェミニズムが日本ではあまり拡がりをもたず、特に一般の女性からもあまり関心を持たれていない状況について、上野の議論を追いながら、女性たちの意識の面から考察してみたいと思う。

2 フェミニズムが目指したもの・上野が目指すもの

上野は『生き延びるための思想』のなかで、欧米において人権・市民権・国民などのあたかも中立的な概念が女性を排除していたこと、そこからフェミニズムが同等の権利を求めて闘ってきたことを説明している。それが「過剰な同一化」（上野 2006a：13）を目指してしまう流れは、アメリカにおける女性の軍隊参加に究極の例をみる。軍隊への参加までいかなくとも、男性社会に同等に入り込んでいこうとすれば、女性は「名誉男性」にならざるを得ず、それはそれまでの女性の生き方を否定するものとなってしまう（上野 2006a：27）。男並みの権利を求めたリベラル・フェミニズムは、男性をモデルとして「市民権」概念をそもそも疑っていないという点で、男性社会の論理のなかにあるのだという限界を上野は指摘している。そういう意味では、このフェミニズムは、男性社会を敵視するどころか、むしろその思想をより定着させる手先だといえるかもしれない。一方で、男性並みを目指さず、女性の「もって生まれた」役割を肯定する本質主義フェミニズムは、リベラル・フェミニズムよりも多くの女性にとって分かりやすく、受け入れやすいものだったのだろう。自分たちが物心ついたときから親しんできた「女らしさ」を多くの人が歓迎するのは当然だ。変わる必要がなく、自分を肯定することができる。しかしもちろん、このような方向で「女性性」を掲げることは、上野が説くフェミニズムの方向とは異なる。本質主義的なフェミニズムはしばしば、女性を〝生まれつき〟平和的な生き物のようにみなす傾向があるが、この思想もまた、アメリカでの女性兵士と戦争参加という現実をまえに、実質的には議論の土台を失ったといえる。男性並みを目指す方向ではなく、また男性目線で作られた「女性性」に引きこもるのでもなく、フェミニズムは何を求め、主張していくのだろうか。

上野はフェミニズムの問題に国家という変数を加え、女性兵士の問題を分析し、その先に「慰安婦」問題を前面に出してナショナリズムとジェンダーという問題の核心に迫った。女性兵士問題は基本的にアメリカの問題であったが、「慰安婦」問題は日本が関わる問題であり、上野も加害国側の一員という荷を負わざるを得ないだけに、議論自体の難しさが増したと思われる。それだけ、これはナショナリズムとフェミニズムの対立問題が先鋭化するテーマであった。上野はため息まじりに「フェミニズムを「ジェンダーを最優先する思想」と解釈したがる人々の誤解をどうやって避けることができるのか」（上野 2006a : 172）と述べているが、『ナショナリズムとジェンダー』でも『生き延びるための思想』でも、繰り返し主張しているのは、国民や民族という変数にも還元されず、女という変数にも還元されず、個人を構成するさまざまな変数の交わった地点にいる「わたし」である（上野 1998 : 197）。人権や市民権といった〝普遍的〟にみえた概念が「同じであること」を保証しないことが明らかになった以上、「万人に共通する普遍解はありえず、固有性に応じた特殊解があるだけとなる」(上野 2006a:39)。

もっともだが、しかしジェンダーが不可欠だが一つの変数に過ぎないのであれば、フェミニズムとフェミニストをどのように理解すればよいのかが、また難しい次元に引き上げられてしまう。「イズム」と付く以上、フェミニズムとはやはり何らかの形で、女性の経験、置かれた立場などを共通のものと暫定的にみなし、そこに問題を発見し改善していこうとする運動と思想であり、さまざまな変数のなかでもジェンダーをさしあたり優先させて物事をみる考え方ではないのか。どこかで女というカテゴリーを想定して、それをベースとするものではないのか。

3 女というカテゴリー——連帯と共感

フェミニズムが女たちの運動だとすれば、女どうしが意識的に手をつなぎ、運動の力にしようとしたフェミニズムの流れとして想起されるのは「シスターフッド」の概念である。かつて、ロビン・モーガンの著書タイトルから生まれた「シスターフッドは力強い」というスローガンもあったように、この用語が広まったことがあった。日本語にすれば「女の連帯」ということだろう。このスローガンが提唱され、広まったのは、一九七〇年代である。それはマルクス主義理論を援用したラディカル・フェミニズムが、女性が〝普遍的に〟抑圧され、搾取されてきたと主張し、それを共通の認識とすることによって状況を変革していこうという運動であった。そこには他の変数よりも女性という属性を共通項として前面に押し出そうとした意識がはっきりと読み取れる。運動体として、より大きな声をあげ、影響力を持とうとしたときに、その戦略は当然のものだったといえよう。しかし皮肉なことに、連帯の強調がまさに女性どうしが一様ではないことに気づかせた。特に女性間の人種と階級の違いは大きかった。当時の運動の戦略としては妥当であったとしても、女性というだけで手をつなげるというのは幻想であった。女性どうしで国際的な協調をはかるにしても、もはやそれは女性間の差異への配慮なしには成り立たない。シスターフッドというスローガンは、その〝挫折〟ゆえに、後の時代にそのまま引き継がれることはなかった。

さまざまな変数によって分断されていることを主張するために、やはり戦略的に立てられた「女としての同一性」もここで挙げられる。アルテュセールの理論にならい、上野は「わたしが「女たち」に同一化し、呼びかけ、呼びかけられることで「女」という主体位置を獲得したときに、そのつど「女たち」というカテゴリーは生成する」（上野 2005b:311）といっている。これはジュディス・バトラーの理論とも共鳴し、アイデンティティの非一貫性を十分に意識したものである。これは本質主義によらず、呼びかけとその応答によってその都度生成する「女」という新しい捉え方である。

それでは次の例は、上野の著作としては遡るが、その呼びかけと応答として解釈できるだろうか。上野は、「従軍慰安婦」の問題を世界中の人が知って、「多くの女性が自分の身体に加えられた暴力という思いを共有した」（上野 1998:191）と述べている。当事者ではない女性がある暴力をあたかも「自分の身体」に加えられたように感じるとしたら、そこには何らかの女性ならではの共通意識があるということだろう。もちろん、性犯罪などに関して、女性が同じ不快感を覚えることはあるだろうから、上野がいっていることは至極当然のように受け取れる。しかし、そう感じること自体が、女どうしの何らかの結びつきを前提としているのだろうか。

このような被害への不快感や衝撃、いたたまれなさといった感情が共有されるとして、その共有者の集合は、明らかにシスターフッドを掲げた女性グループとは異なる。シスターフッドは「連帯」と呼べるように、意志と目標をもった運動体の戦略であり、意図的な結びつきであった。そこで目指されたのは利害の一致に基づく集合体であり共同体であるといってよいだろう。(4) しかし、「慰安婦」の被害者への感情を共有する人々は、あらかじめ集合しようという意図をもっているわけではない。運動体としての目標ももたない。ただ「思い」を共有した人々の自発的で非組織的な集まりといえる。その後に目標を立て、運動を起こすとしても、そもそもの集まりは自然発生的なものであり、問題意識以前に「共感」が染みわたっている。

女が結びつこうとしたときに、少なくとも「連帯」と「共感」という区別はできるだろう。そして上野が想定しているのは、応答としての共感に基づく緩やかな集合だと思われる。おそらくそれは似たような感情の共有であって、個人をその属性に回収してしまうような共同体というものではない。共感の集合体を想定することはできるのだが、それならば今度は、その感情の共有は女性に限ったものである必要はないのではないかという疑問が生じる。女性が虐待された幼児に心を痛めるように、「慰安婦」問題を知って似たような感情をもつ男性もいるだろう。フェミニズムが、そうした共感の集合体に基づく思想なのだとすれば、そこには男性も参入できることになる。

4　当事者と自己語り

　だが上野は、さまざまな変数からなる「わたし」というものに力点を置いている。そこには当事者性へのこだわりがある。そもそも上野は一九七〇年代以降の第二波フェミニズムの意義を、「弱者救済運動ではなく、当事者の自己解放運動だったこと」（上野 2003：186）にみている。それまでの「女とはこういうもの」「女はこうあるべき」という女性観は、男によって規定されたものであって、今度は女たち自身が「当事者が当事者についていちばんよく知っている」（上野 2003：187–188）という当事者の主権を主張した。それはまた、「私が何者かは私が決める、他のだれにも決めさせない、とする強烈な自己定義権の主張」（上野 2003：188）でもあった。当事者に特権的地位が与えられる以上、いかに共感しようとも、女性以外はフェミニズムにおいてその参加資格をもてないことになる。賛同者として参加できるかもしれないが、それはビジター的な存在に過ぎないだろう。

　その思いの強さの源は、「男言葉で自分を語らなければならなかった女の怒り」（上野 2006a：243）にあるのかもしれない。女性が圧倒的に少なかった大学という場所で自己表現しようとしたとき、エリート男の、借り物の言葉しかなかったと上野は述べている。「フェミニズムがやってきたことは、わたし自身を含めて、女が言語を獲得していく過程でした。集団的に母語を持たない人々が、母語を事後的に獲得していったようなものです」（上野 2006a：254）という言葉に出会うとき、上野が女性の集合というものをどこかで緩やかに想定し、その上で当事者としての語りを重視した意味がよく分かる。当事者の語りはそれ自体で、何にも替えがたい力をもつということだ。そしてフェミニズムへの各方面からの批判こそが、それを保証することにもなった。つまり、フェミニズムが何かを主張すると、レズビアンや在日の女性、障害者の女性たちが、つまり「女」以外の重要な変数を持つ当事者たちが反論し、〝自己主張〟を始めたのだが、それを上野は歓迎している。「言葉を奪われた立場の人たちが、なら私も、私も、って言い始めた。……アンタが言うならアタシもっていう、コトバを誘発する、思想の装置は作れたと思っています」(上野 2006a: 255)。上野からすれば、フェミニズムとは、当事者としての自身の語りを次々に誘発するものであり、特定の目標や目的を固定化するようなものではないのだろう。もちろん、時期や事情によって、その都度の共通の目標を暫定的に立てることは運動として必要だが、フェミニズムとはそのいずれかにとどまるものではないということだ。他者による「代弁」をよしとしない人々が自ら自分の言葉で話し始める、そういう運動だと考えられるし、だからこそ常に動き続けて生き延びているのだろう。

もちろん、自身の言葉といっても、人はそれぞれの周囲にある文化に埋め込まれた文法通りにしか語れないし、語りを聴く人がいて理解されなければ、その語りも意味がなくなってしまう。語りが生じたところには、聴き手が前提とされており、語り手と聞き手をつなぐのはおそらく、説得ではなく共感であろう。上野の問いかけはたびたび議論や批判の対象となり、そのことによってまた言葉を誘発するという効果は広がってきているようにみえる。

それにもかかわらず、フェミニズムが長い年月をかけて獲得してきた自身の言葉は、日本では当の女性たちにはあまり共有されていないか、あるいは女性自身に語りを誘発していないように思われる。

5　女子文化

日本の女性はなお言葉を奪われた存在なのだろうか。そうとは言えない。日本の女性が自身の言語を獲得している領域がある。上野は「女子校文化」を、男性にとって「死角」（上野 2007:32）「永遠の謎、未踏の処女地」（上野 2010:176）だと紹介している。女子校は、共学で男子が引き受ける役割もすべて女子が担い、ジェンダー規範を気にせずにのびのびと自分たちの力を発揮できるような場である。上野はそれを、異性訴求よりもむしろ「同性訴求」の場だと指摘し、女子校出身のタレントや文化人が数多く登場したことにも反映されているように、女性独自の価値観が通用する社会空間が生成されてきたことを、まずは「ウェルカム」だと述べている（上野 2007:31-45）。その女子校文化的なものは、出身校にかかわらず、女子校の外部にも存在する。都心の電車に「女性車両」が導入されたとき、そのなかでの女性の態度がいかにひどいか（いかに行儀が悪いか）ということが、新聞の投書などでよくみられた。事実、女性車両はそうなる傾向にある。女子校出身であろうとなかろうと、彼女たちは異性の目が無いところでは自由奔放に振る舞う。女からすれば、日常的で当たり前のことかもしれない。だがこうした女性たちの「素顔」は舞台裏としての女子校文化であって、基本的には異性の目がない場所に限られている[5]。

上野はこのような女子校文化の登場を、女性の経済力と社会的地位の向上の反映としてひとまず――全面的にではないかもしれないが――歓迎し、そこにある種の期待を寄せているようにもみえる。

その女子校文化への注目を参考に、私はそれを少しずらしたところで、より包括的な「女子文化」なるものを考えたい。あえて異なる表現を使うのは、それが女子校という場所に強く結びついているものではないからである。私がここで女子文化といいたいのは、目のまえに異性がいようといまいと関係なく、女子校出身者も共学出身者も含めて女性たちの思考と行動を貫いているものである。女子文化にはいろいろな要素があるが、それを端的に表しているのは「かわいい」という規範だろう。最近では「カワイイ kawaii 文化」が日本のサブカルチャーブームに乗って世界中で知られるようになり、櫻井孝昌は海外での受容を紹介しているが、海外で注目されている「かわいい」は制服やハロー・キティ、ロリータやゴスロリ、メイドなどの要素であり、アキバ系の要素と結びついた視覚的アイコンである。しかし日本にある「かわいい」は、その領域をはるかに上回るもので、日常世界のなかにもっと深く細かく根付いている。「かわいい」は特定のアイコンを指し示すというよりは、もっと広範に曖昧に、そして網の目のように広がっている。その使用法があまりに大雑把にみえて、同じ社会にいても、男性にはよく理解できないだろう。女どうしは、「かわいい〜」を連発してコミュニケーションを取ることが多い。よく男性が「なぜ何でもかんでも、感動したように「かわいい」というのかわからない」といっているが、目にするものを片っ端から「かわいい」といっていれば、女子どうしの社交は事足りることもある。というとネガティヴな書き方にみえるが、女どうしの「かわいい〜」という感嘆は、コミュニケーションを開始する便利な道具である。誰かがある物を指してそういえば、必ず応答があり、そこに群がることでその場も盛り上がる。表面的であっても、それは重要なコミュニケーションツールとしての役割を果たす。そうしたコミュニケーション形態をもたない男相手に

「かわいい〜」を連発する女は、はしゃいで「かわいい」といっている自分をかわいく見せようとしている可能性もあるが、女は、他の女がいう「かわいい」という言葉の発し方（イントネーションや声の調子）や仕草から、その本気度や意味をごく自然に察している。何も若い女性の間だけのことではない。年齢にさほど関係なく、「かわいい」は女子文化の鍵となっている。

上野は「かわいい」を、「女性が生き延びるための媚態の戦略」であり、老人にもその戦略をみているが（上野 2005a：27–28）、媚態というだけでもない。私は、「かわいい」の最も基本的で重要な特質は、そのラベルを付された対象は決して相手の存在を脅かさないことであり、「かわいい」とはそれを保証するラベルだと思っている。この言葉はわけが分からないほど多様に使われており、視覚的な愛らしさだけではなく、愛すべきもの、幼さやあどけなさ、親しみ、愚かさなどの意味ももつが、どんな場合にも共通しているのは、決して相手を脅かさないことだ。つまり、相手の存在を危うくしたり、相手より優位に立ったりすることがないということであり、それによって相手に安心感を与えるものなのである。そのラベルが付される対象は、女性を〝分断〟してきたとされる境界をも越える。清純な少女にも娼婦的で小悪魔的魅力をもつ女にも「かわいい」と形容することは可能だ。主婦にも働く女性にも、中年女性にも、男性にも使えるし、老人にも使える。相手を脅かさないからこそ、それは親愛の情を示すツールにもなる。女子どうしがお互いに無責任とも思われる「かわいい」をいい合い、褒めあうのは、この言葉がさしあたって女子どうしを結びつける役割を果たすからだ。洋服を選んでいる女たちがお互いに「かわいい」をいい合うとき、それはその人自身のことを指しているかもしれないし、その洋服を指しているかもしれないし、小物を指しているかもしれないし、意図していることはそれぞれ違うかもしれないのだが――だから「かわいい」という言葉は嘘ではない――、そんな残酷さをも含みつつ、それでも全体は平和に協調的世界を保っている。その言葉を使用することに表れるのは、女子どうしの協調であり、共感であり、そして競争でもある。多くの場合、その言葉は無邪気で自然な賞賛として発せられる。これはあくまで褒め言葉と了解されており、だからこそ女性は「かわいくありたい」と願う。「かわいさ」――肯定するにせよ否定するにせよ、日本でこの規範から逃れられる女性はいるだろうか。外見的なもの以外にも適用される言葉なだけに、逃げ場はない。女性から人気のある「かっこいい」キャリアウーマン風の天海祐希や篠原涼子もまた、かっこよさのなかに「かわいげがある」点に魅力が見出される。ほとんどの男は外見的なかわいさ以上に、性格上のかわいげを求めるだろう。自分の妻や恋人に対してだけではない、学校や職場のコミュニティにおいても、コミュニケーション上、かわいい要素は求められるし、男性であれ女性であれ、自分の部下や後輩にもやはりかわいげを求めるだろう。

6　女性性偏差値と「かわいい」

上野は、女子校文化のなかでは「女性性偏差値」が競われているといっているが、「藤原紀香のような美貌と肢体」というような女らしさは必ずしも羨望や妬みの対象にはなっていないのではないかと思う。少女マンガの王道ともいえる学園ものでは、常に特に美人でもない平凡で健気な少女が主役である。女子が感情移入し、実際に目指すのは、「何のとりえもない」平凡な女の子（丸顔、大きな目、低めの身長、喜怒哀楽が分かりやすい、といった特徴をもつ）の方であり、そのキャラクターは複数のイケメンからも女友達からも愛される、というのがよくある少女マンガのパターンである。美貌や肢体などの女性性偏差値の高さは必ずしも「かわいい」には直結しないし、むしろ「かわいい」が女性性偏差値を凌駕する。そして女が許さないのは「美人」ではなく、「ぶりっ子」であり、「かわいさ」をみせる手法が稚拙でみえ透いている女である。現実の世界をみても、着飾らない、化粧もしない、Tシャツと G パンといったがさつな格好をする〝少年〟のような女もまた、立派に異性の視線を意識していたりする。それは女子校文化を生きるための「姥皮」[6]ではなく、その飾り気のなさ自体が変化球的なアピールなのである。いわゆる女性性偏差値ではない方法で、〝無茶なことをする、放っておけない子〟を演じて、それを「かわいげ」の表現としているのだ。荷物を男性にもってもらう女性をみながら、「私にはできない、重くても自分で頑張ってもっちゃう」という女性もまた、健気に頑張ってしまう不器用な自分を演出しているし、「かわいい」イメージから差異化しようとして、「私って男っぽい性格なのよね」と、女らしくないことを卑下するようにいう女性が（上野の表現を借りれば「例外戦略」をとる女性が）、「女っぽい性格」でなかったためしはない。一〇代の女の子から中年女性まで、とにかく日本の女性は、自分のなかでうまく消化できるかどうかは別として、「かわいさ」をどうしても意識せざるを得ない文化のなかにいる。上野が挙げている林真理子[7]や、「勝ち組」女性のスター的存在である勝間和代ですら、ある時期から突然フェミニンに変身していくのを見ても分かる。意識的か無意識的かはともかく、女性はいくつになっても、「かわいさ」をどこかで追わずにはいられないのだろう。

日本の女性の多くがこの「かわいい」という規範に関わりをもたされている。外国人が積極的にブームに「乗る」のとは根本的に異なり、日本では生まれたときからその価値観の中に投げ込まれている。上野のいう「女性性をめぐる覇権争い」に入れなかった人、たとえば容姿に恵まれない人でさえも、視覚的な美と「かわいい」とは異なっているために、参入可能であるか、もしくは逃げられない。「自分は関係ない」と思っている女性でも、ある日思いがけずに「かわいい」といわれるようなきっかけがあれば、目覚めることが多い。

「かわいい」がいかに幅広く追求されているかを、四方田犬彦は対象年齢の異なる女性雑誌を比較して述べている。『Cawaii!』は異性へのアピールとしての要素を前面に出し、『CUTiE』は、女子の内面や人格、ライフスタイルとしてのかわいさを描き出し、二〇歳代女性向けに『JJ』は「可愛い大人」を提唱し、五〇歳代以上の女性をターゲットにした『ゆうゆう』では「いくつになっても大人の可愛さがもてる人」という言葉で、人生経験を積んだ上での人間的な豊かさのなかで「かわいさ」を表現している（四方田 2006）。特に『ゆうゆう』のなかでは、中年女性リポーターが挙げた例として、森光子がもつ「年下の人間が「可愛い」といっても、受けとめてくれる包容力」こそが「可愛いらしさ」に繋がる、という言葉も紹介されている（四方田 2006:146）。このような例に示されるように、「かわいい」という評価は必ずしも異性の視線を前提に与えられるものではない。むしろ、かわいくなりたいと思うことは、人から愛される対象になりたい願望だといい換えられる。それはモテたいという願望とは微妙に違う。若い女性がやたらと女性間で「かわいい〜」を連発するのは、その規範を共有する女性どうしの協調を確認するためであり、いうことによって「返礼」や「応答」を期待するなかでつながりを求めるためである。「かわいい」の共感によって、互いを承認しあうのだ。それは異性に選ばれる女どうしの競争のためだけにある言葉ではない。「かわいい」という規範を軸にして、その周囲に女性たちは緩やかに結びついているといえるかもしれない。これもやはり共感に基づく緩やかな集合体であり、ホモソーシャルの原理によって作られている男社会とはまったく別の、女の共同性だといえる。その共感にもとづく会話が、最近定着してきた言葉として注目される「ガールズトーク」である。つまり、何歳になっても女たちが、男がいないからこそ盛り上がって楽しむ会話である。

7 「かわいい」の落とし穴

この「かわいい」を軸とした女子文化は、そこから自身を語る言葉を得ているようにみえる。「ガールズトーク」のように、その会話の複雑さ、多様さ、柔軟性、戦略性などに目を向ければ、彼女たちは自身の言語をすでに高度に発展させ、自律的な世界を形成しているように思われる。だからこそ、ときにそれは男性には理解不能なものとなり、領域によっては、男性を不要とする「暗黒大陸」のようでもあるのだ。最近では、「ガールズトークって何?」と不安げに尋ねる男性の声が巷やネットで散見される。

しかし、先に述べたように、この「かわいい」という言葉の意味の特性は、相手の存在を決して脅かさないことであり、その意味で相手を絶対的に安心させることである。そこにはあらかじめ従属性、劣位が組み込まれているといってよい。「かわいい」がいかに多義的な言葉であるといっても、相手の地位を奪ったり、相手の領域に配慮もなく踏み込んでいったりするようなことがあれば、それはもはや「かわいい」ではない。これは常に相手より下の地位にとどまっていることを約束する言葉なのである。かわいくありたいということは、つまり、相手より下の位置にいて愛されることを望んでいるといい直すことができる。もちろん、相手というのは誰でもよいわけではないし、あるいは特定の誰かを想定していない場合もあるだろうが、私がここで強調したいのは、自分より上のものを前提にして、その下にとどまることを運命づけられた概念が「かわいい」なのだということである。

日本の女性が「かわいい」という規範に強固に、あるいは緩やかに、縛られてきたとすれば、それに憧れることは、どこかで従属的な立場であることに憧れるということになり、さらにいえば二番目、「二流」であることを望んでいることになる。自ら意識的に二流国民であろうとするのではなく、「かわいい」というジェンダー規範に無意識につながれた女性たちの多くは、その瞬間に次点の立場を望んでいるということになるわけである。

日本で専業主婦への憧れが消えず、抑圧に対して声をあげられないという現状には、こうした根本的な価値観も関わっているのではないかと思う。もちろん、なかには、陰で彼氏や夫をコントロールする実権を握る女もいるだろうが、表に立って責任ある立場を引き受けるわけではないし、公然と夫や彼氏より優位に立つというわけでもない。「かわいさ」に囚われている女性たちを、単に男目線の「女性性」を引き受けているだけだとみることもできるかもしれない。しかし私がここでいいたいのは、なぜ今なお女性たちがそれを受け入れているのか、その隠された仕組みの一つが「かわいい」というマジックワードではないかということである。つつましさや内助の功といった、かつての日本女性の規範は今やほとんど話題にならず、もはや過去のもののようである。しかし「かわいい」という規範は、女性の抑圧や被害を表す言葉とは思われていないだけに、むしろコミュニケーションの要素とみなされているだけに、今なおアクチュアルであり続け、もっと強力である。あたかも「かわいい」という言葉自体が媚態で偽装しているかのようである。

「かわいい」を中核とする女子文化は――「女子校文化」もそこに含まれる――、自分たちの自由な言語をすでに獲得し、発展させているようにもみえる。それは男性原理が支配的な社会のなかで、自分たちの不満や悲劇を隠し、希釈し、嘲笑とともにガス抜きをする手段として作り出した生きる知恵ともいえるかもしれない。そのなかでの女子の会話がいかに男に対して残酷で高慢であっても、それはあくまで女子文化のなかでのことである。「かわいい」を追い求めることが、自己表現であると捉えている女性たちもいる。しかしそこには、フェミニズムが誘発する言語との距離がある。「かわいい」を外国語に翻訳できないように、女子文化は、日本と日本語の文化に埋め込まれているのだが、それにもかかわらず女性たちの独自の文化・自己表現であるようにみえている。その表現方法が発達しているがゆえに、自分たちの言語をすでに獲得しているように錯覚しうる。女子文化のなかにいる女たちは、そのなかで「わたし」語りをしていて、与えられ押し付けられた言語でしゃべらされているという実感を持たない。だからフェミニズムの言語も必要としない。「二流の国民」という表現は、女性の地位について問題意識をもつ人々には、発奮させる挑発的な表現になりえても、特にその意識をもたない人にとっては気にもとまらない。彼女たちにとってはむしろ、フェミニズム言語はいつまでも外国語であり続けているのである。

註

（1）二〇〇九年には結婚可能年齢の男女差や女性の労働環境における間接差別や賃金格差などについて勧告を受けている。

（2）国立社会保障・人工問題研究所による二〇〇八年の「第四回全国家庭動向調査」でも「夫は外で働き、妻は主婦業に専念すべきだ」と考える二九歳以下の女性が四七・九％にもなった。［毎日新聞二〇一〇年七月七日東京夕刊］。

（3）ネットの相談には、大学院の博士課程を終えて一流企業の研究所に入所したにも関わらず、「私を専業主婦にしてくれる相手さえいれば、すぐにでも会社を辞めたい」「好きな時間に出かけて、昼間に習い事をやったりお菓子作りをしたり」という夢を語っているものもある。［COBS ONLINE 二〇〇九年八月三日］。他にも上智大学、早稲田大学など有名大学卒で一流企業に勤めた女性の専業主婦願望は数多く見られる。『プレジデント』二〇〇九年六月二九日号では「なぜ、二〇代高学歴女子は『専業主婦』狙いなのか」という記事が組まれている。

（4）上野は、自分たちの世代には「すくなくとも女はまとめて差別されているという、被差別者としての集団的なアイデンティティをつくれるだけの社会経済的な根拠」があったと述べている。（上野 2006b : 414）

（5）普通の電車内でもメイクすることがやたらと批判されていたが、それはマナーという側面とは別に、電車が「本番」（ターゲットになる男や競争相手になる女たちの前に出ること）前の楽屋と見なされ、そこにいる男たちは彼女たちの舞台には必要ないということをまざまざと知らされるからこそ、男性たちは許せないのだろう。

（6）上野は中村うさぎにならって「姥皮をかぶる」という表現を、女子校文化のなかで女性性偏差値の高い女が妬まれずにうまく生きるために、その外見とはギャップのある行動で自分を笑いの対象にできること、としている（上野 2007：32-33；上野 2010：185）。

（7）上野は林が女の卑劣さや卑小さを描けるのは、「女」の競争を降りた例外的な立場にいるからだとしている（上野 2010：232）。

文献

櫻井孝昌（2009）『世界カワイイ革命　なぜ彼女たちは「日本人になりたい」と叫ぶのか』ＰＨＰ新書

四方田犬彦（2006）『「かわいい」論』ちくま新書

白河桃子（2010）「誤解された「婚活」―婚活ブームを検証する」『「婚活」現象の社会学』東洋経済新報社：161-185

上野千鶴子（1998）『ナショナリズムとジェンダー』青土社

上野千鶴子（2002）『差異の政治学』岩波書店

上野千鶴子（2005a）『老いる準備―介護することとされること』学陽書房

上野千鶴子（2005b）「脱アイデンティティの戦略」『脱アイデンティティ』勁草書房：289-321

上野千鶴子（2006a）『生き延びるための思想―ジェンダー平等の罠』岩波書店

上野千鶴子（2006b）「不安なオトコたちの奇妙な連帯―ジェンダーフリー・バッシングの背景をめぐって」、『バックラッシュ！―なぜジェンダーフリーは叩かれたのか？』双風舎：378-439

上野千鶴子（2010）『女ぎらい―ニッポンのミソジニー』紀伊国屋書店

上野千鶴子・中西正司（2003）『当事者主権』岩波新書
上野千鶴子・三浦展（2007）『消費社会から格差社会へ』河出書房新社
山田昌弘（2001）『家族というリスク』勁草書房

◆上野千鶴子による応答 Ⅰ・古証文を前にして

(1) 一貫性と変容

建築家に友人が何人かいます。

かれらを見ていて、因果な職業だなあと思ってきました。それというのも、過去につくった作品は堅固な建築物ですから、かんたんにとりこわすことができず、後に残りつづけるからです。人間の一生は長い。そのあいだには人はまちがいも犯すし、変節も変容もします。その失敗や後悔のあとが、そのままかたちになって証拠として残る建築家という職業に、同情すら覚えてきました。

それに比べれば研究者の作品は論文と書物。書いたものなら取り消せるし、あ、まちがってた、ごめん、と修正することもできる。そう思ってきました。

そう考えたのは、まちがいでした。書物も論文も残ります。そしてくりかえし読まれることもあります。そうやって書いた作品を、「古証文」としてつきつけられ、おまえは昔こんなことをいっていただろう、とオトシマエをつけなければならないはめに立たされるとは、思ってもみませんでした。

第Ⅰ部の千田有紀さん、妙木忍さん、齋藤圭介さん、宮本直美さんの論文を読んで、正直に言うと、恥ずかしさ半分、ほっとした思いが半分、でした。恥ずかしさというのは、論者たちとほぼ同じ年齢で書いた三〇年も前の若書きの論文を、いまさら批評の場に引き出されたことに対してであり、安堵の思いはわたし自身の考えが、多くの論者が指摘するように「一貫している」ことを再発見したからです。

わたしが研究者人生を開始してからおよそ三〇年経ちます。そのあいだに、わたし自身が変化していますし、それ以上に、世の中が変化しています。変わらない方がふしぎでしょうに、そのなかに変わったものと変わらないものの両方を見いだしてくださった評者の見識に感謝の思いでいっぱいです。

どんな「挑戦」も、正確で共感的な読解からしか始まりません。壁を越えるのに、いちばん低い鞍部から越えるのではなく、そのいちばんの高みから越えるのでなければ、壁を克服した、とはいえないでしょう。その意味で、わたしは本書でわたしのもっともよき読者、まず正確な理解者であり、そのうえで批判的な読者を得たことを心から喜びたいと思います。千田さんの論文もそのひとつでした。

(2) ヘテロセクシズムを生きて

第一章で千田さんがとりあげてくださった「対幻想論」(上野 1986;2006)[1]は、わたしにとって記念碑的であると同時に、他人に見せたくない気持ちに引き裂かれる両義的な論文です。

わたしにとってジェンダー論の処女作、そして原点といえるものであり、千田さんが表現するように「上野が自分自身の経験から骨身を削って作りだした『思想』と呼びたくなる」「実存を賭けた」ものでした。

この論文を、わたしは『日本のフェミニズム』第六巻『セクシュアリティ』の巻に、井上輝子さんの「恋愛観と結婚観の系譜」と共に、両義的な思いに引き裂かれながら収録しました。今となってはなかったことにしたい、人目にふれないままにしたいという思いとともに、おんなが「対幻想」を命がけで生きた時代を、「歴史」として残しておきたい、という気持ちの両方があったからです。今日のフェミニズムの水準からは、ヘテロセクシズム(強制異性愛主義)とかんたんに一蹴されるような内容であっても、それを通過しなければここにはたどりつけなかったことを、「記録」として残しておきたかったからです。『セクシュアリティ』の巻を編むに当たって、何よりも「異性愛主義」を生きた多数派の思想と自省を抜きに、性的マイノリティだけを扱うのは不適切だと考えたからでもあります。

女性学がまだ「趣味」でしかなかった頃[2]、学術論文のスタイルをとらずに書かれたこのエッセイを、千田さんは次のように評価してくださいました。

「上野の『対幻想論』の意義は、まさにこの『ヘテロ・セクシズム』の社会における恋愛の幻想、ロマンティックラブイデオロギーとはいかなるものであるかを、『当事者』として解いて見せたことにあるのではないだろうか……。」〔本書:16〕

この問いを解くことはヘテロセクシュアルな女にしかできなかったことであり、またヘテロな女がなすべき課題でもありました。

千田さんが指摘するように、この論文は厳しい批判にさらされました。とりわけ「同性愛」を「差別」したことで批判を受けました。後になって、わたしが許しがたかったのはホモソーシャルなミソジニーであり、ホモセクシュアルではなかったことが判明しましたが、当時は「ホモソーシャル」と「ホモセクシュアル」を区別する概念すら、ジェンダー研究は手にしていませんでした。[3] 二〇一〇年になってから「ミソジニー」をキーワードに『女ぎらい――ニッポンのミソジニー』（上野 2010）を刊行するに至りましたが、そのあいだに三〇年、わたし自身とフェミニズムの理論的成熟が必要だったことになります。その頃、わたしたちには、性愛や、対や、セクシュアリティ（この概念だって手に入れたのはフーコー以後のことです）について考えるためのことばが、それほど不足していたのです。

ある思想は、その傍観者によってではなく、それを生き抜いた者にしか、通過することも克服することもできない……これは今日に至るまでのわたしのふかい信念です。

恋愛は、一時期まで、たしかに女の戦場でした。しかもいたるところ非対称的なジェンダー化された社会で、唯一と言ってよいほど、男を対等なゲームのプレーヤーとして引き入れることのできる「闘争の場」でした。恋愛を「男女の争闘」と呼んだのは『青鞜』に「生血」を書いた田村とし子でしたが、たしかにそこでは、小娘が中年のインテリ男性とでも「対等」なゲームが闘えたのです。

歴史的にふりかえれば、「恋愛」という観念は明治の輸入品、外来思想であることがわかっています。共同体から脱け出して「個人」になろうとした明治の新青年たちが、「恋愛」という流行思想にとびついて、その観念を共演してくれるパートナーを求めたことが、さまざまな研究からあきらかになっています（佐伯 2008；小谷野 1997）。北村透谷も夏目漱石もそうですし、二葉亭四迷に至っては、『浮雲』のなかで、共演者を求めて得られない不満を、おんなにその資格がない、と罵倒する倒錯を演じています。

近代文学研究者の黒澤亜里子さん（1995）によれば、明治期にまず「恋愛」という観念にあこがれた「新しい男」たちが登場し、その観念を共に演じてくれるパートナーを求めたところに、あとから「わたしがその女です」と名乗って登場したのが「新しい女」たちであった、とか。

そう思えば、『青鞜』の女たちにとっての、恋愛のもつ重みがわかってきます。わけのわからない「天然ちゃん」だった平塚らいてうが、夏目漱石の弟子の森田草平を誘いだして、「塩原心中未遂事件」を起こしたとき、らいてうはこんな「遺書」を残しています。

「我は恋のため人のために死するものにあらず。自己を貫かんがためなり。自己のシステムを全うせんがためなり」

おそろしくエゴイスティックに聞こえますが、らいてうは草平に、おまえはおまえ自身の「恋愛」という観念のために死ねるか、とコーナー際まで追い詰めたのです。そして「恋愛」という観念は、当時のおんなが男を対等なゲームのプレイヤーとして追い詰めるに足る、ほとんど唯一の武器でした。その結果は、そこまで覚悟のなかった男の敗北、つまりコーナー際に追い詰めるにも足りなかった「とるにたらぬ男よ」という認識を、らいてうに残して終わりました。この「謎」は、らいてうをモデルに『虞美人草』を書いた、作家にして稀代の人間観察家であった夏目漱石にも、解けなかったようです。

江戸時代の心中も、おんなが男と「相対《あいたい》」になれるほとんど唯一の機会でした。富岡多恵子さんは近松門左衛門の戯曲、「心中天の網島」の映画化にあたって、[4]篠田正浩監督のために脚本を書いたほどの浄瑠璃通ですが、彼女は同じく近松ものの「曽根崎心中」についてもそれまでだれも指摘しなかった解釈を加えています。義理とカネとで切羽詰まった平野屋の手代、徳兵衛が、遊女お初を自分の死のまきぞえにしたというそれまでの解釈に代わって、お初のふるまいは、相《あい》対死《たいじに》へとおとこを追い詰めていくおんなの能動的な選択なのだと。その際、「義理」や「人情」は、ただそれを当時のひとびとに受けいれやすくするための社会的な「動機の語彙」にほかなりませんでした。苦界に身を沈め、社会の最下層にいる遊女のお初にとって、相対死とは大店の婿にもなろうかという徳兵衛を自分の運命に巻きこみ、とるに足りない遊女の死をひとりの男の死に値するものとする能動的な行為でした。だからこそ、お初は死へと向かって、くりかえし徳兵衛の覚悟を確かめながら、徳兵衛を土俵際へと追い詰めていくのです。遊女が床下に隠れた想いびとの首を素足で掻きさるしぐさは、エロティシズムの極みです。最近のはやりことばでいえば、富岡さんによって、お初は「犠牲者化」されるどころか、女性のエイジェンシー（能動的行為主体性）を回復されたことになります。

らいてうの魂の娘、後継者を自認した高群逸枝には『恋愛創生』という書があります。そこで彼女は「結婚とは、死にまで至る恋愛の完成である」と宣言しています。

わたしはこの逸枝の一文を、ロマンティック・ラブ・イデオロギーに感染しているかどうかの、リトマス試験紙として用いてきました。この一文に胸を締めつけられるような思いをするか、それとも鼻白む思いをするか……。いくつかの大学で女子学生を対象に反応を見てきて、現代の若い娘たちのなかでも、この一文をたんに失笑ものとして退けることができる者たちが多くはないことを発見してきました。ましてや、「ベルサイユのばら」や「冬のソナタ」にときめいたことのある老若の女性たちには、逸枝を嗤うことなどできないでしょう。生涯かけて貫くただひとつの恋、の夢を、いちどでも見たことのない女は、少ないにちがいありません。ただ、その夢から醒めるのが、早いか遅いかの違いだけで。

もちろん、こういう夢を見るにはメディアや社会の影響があることを、社会学者としてのわたしはじゅうぶんに承知しています。六〇年代半ばに「恋愛結婚」の比率が「見合い結婚」の比率と逆転したあとに結婚へと雪崩れ込んだ団塊の世代は、もしかしたらロマンティック・ラブ・イデオロギーをもっとも身体化した世代かもしれませんし、千田さんたちの世代は「ロマンティック・ウィルス」（島村 2007）に感染した最後の世代になるかもしれません。この世代はこのウィルスの宿主である少女マンガを、ものごころつく頃から浴びるほど読んで育った世代だからです。同じような世代体験をしたマンガ研究者、藤本由香里さん（1998）が指摘するように、「少女マンガ」はラブ・コメディから移行して女の自立を果たしつつあるそうで、もしそうだとしたらそれ以降の世代は、すでに「対幻想」に免疫ができているのかもしれません。免疫というものはいちどそれに感染したことのある者にしか、つかないからです。

とはいえ、腐女子といわれるワールドの住人たちが、あいかわらず少年同士の対を夢見ていることを思えば、ロマンティック・ラブ・イデオロギーの夢は、現実からヴァーチュアルへと「引っ越し」ただけなのかもしれません。いえ、もともとヴァーチュアルであった恋愛という観念が、もとの場所であったヴァーチュアルな世界へ還流しただけ、ともいえますが。そう考えれば、若い腐女子にかぎらず、オバサマ方の韓流ブームだって、ヴァーチュアルな次元で完結していることの理由がよくわかります。歴史的に回顧すれば、「新しい男」は「新しい女」を求めましたが、「新しい女」になってみたら、男が「新しい男」に見合うだけの値打ちがなかったことを、あとになって女たちは現実に発見した、と言ってよいでしょうか。

(3)「対幻想論」の誤読

この論文はもうひとつの批判にさらされました。それは吉本隆明『共同幻想論』(1968)の誤読である、という批判です。これ以降もわたしは吉本さんのこの書について、解説を書いたり、発言したりしていますが(見田ほか 1998;岩崎・上野・成田 2006;藤生 2009)、吉本さん自身は本書を最後にして「対幻想」論を展開していませんし、おおかたの男性評者による書評が証言するのは、「国家という共同幻想」から受けた衝撃であり、「対幻想」という概念は、その後の反響からすっぽり脱けおちています。本人自身もスルーしてしまったかの感のあるこの「対幻想」という概念をことさらに注目の対象にしたのは、上野であって吉本さん本人ではありません。

この多義的であいまいな概念、どのようにも対から家族幻想へ（なぜなら吉本本人は、親子、きょうだいのあいだにも対幻想の概念を拡張していますから）、そして共同体と国家へと横滑りしかねない幻想を、「異性愛の対」に限局し、それを特権化したのも上野であってご本人ではありません。おそらくこのような「誤読」は、そして誤読にもとづく高い評価は、著者にとっては迷惑なことでしょう。が、あえていえば、読者はいつでも「誤読の権利」を持っていますし、誤読にもとづいて自らの思想をそこから展開する権利を持っています。

「あとから来る者」は、手に入る道具ならなんであれ自分の目的のために利用するブリコラージュを試みますし、その道具をほんらいの目的以外の用途に使うこともためらいません。そのような道具のひとつとして、わたしは「対幻想」という概念を目前に与えられて飛びついたのですが、そのインパクトを吉本さんの著書が与えてくれたことはまぎれもありません。吉本以外の誰が、「対幻想」を、国家や共同体にならんで「考えるに値すること」だと宣言したでしょうか。

ただしその当時からわたしが直観的に疑っていたように、「対幻想」は歴史超越的な概念ではなく、近代的な概念であることは、のちにさまざまな性愛の歴史研究によってあきらかになりました。ですから「中世天皇制」とか「古代のセクシュアリティ」という用語法が端的にまちがいであるように、「万葉集における対幻想」という用語法もまちがいです。なぜなら異性愛の対の特権化そのものが、近代的な現象であることが明らかになったからです。「対幻想」という概念は、歴史化されました。このことばは一時期、誰かさんと誰かさんが「対幻想してる」と流行語のように使われたことさえあったのに、その流行現象も過去のものとなりました。ですが、この概念がインパクトを持った時代があったことは、歴史にとどめられるべきでしょう。

わたしの女性学研究の出発点（のひとつ）となったこの論文を、たとえ「古色蒼然」としていても「歴史的な文書」として冒頭にとりあげてくださった千田さんには、その見識とともに、ふかく感謝します。

（4）主婦研究者としての出発

もうひとつのわたしの女性学研究の出発点は、主婦研究でした。

千田さんが指摘するように、対幻想も主婦研究も、今のことばでいえば、「近代家族のなかで女になるとはどのようなことか」という問いから出発していました。そしてわたしが「主婦研究者」（主婦でありながら研究者をしている、のではなく、主婦研究を主題とする研究者のこと）として出発したとき、「近代家族」という概念すら、まだ日本には紹介されていませんでした。「主婦」とは、「主婦労働」とは、すぐれて「近代家族」に固有の歴史現象であることは、あとになって「発見」されました。女が雪崩を打って「主婦」になる時代は近過去だったにもかかわらず、歴史の健忘症は、かくも激しかったのです。

「主婦論争研究は上野千鶴子の女性学研究の原点であり、出発点の一つであった」という第二章の妙木忍さんの指摘は、まったくそのとおりです。この研究は、当時わたしが参加したばかりの日本女性学研究会で、分科会をつくって立ち上げた共同研究プロジェクトでもありました。ですから「対幻想論」の場合と違って、主婦論争研究は意図的・意識的に女性学の「研究主題」として取り組んだものといってかまいません。まだコピー機がなかったころ、京都府立図書館から借りだした『婦人公論』のバックナンバーから、当時の勤務先の平安女学院短大で大量のブループリントを作ったことがなつかしく思いだされます。

主婦研究のきっかけには、国際女性学会の報告にもとづく原ひろ子さんの「主婦研究のススメ」や、その学会の記念講演者だった瀬川清子さんによる「日本の主婦の百年」のような先駆的な研究がありました（原・岩男 1977）。とりわけ民俗学者である瀬川さんの講演には教えられることが多く、今日「主婦は近代の発明品だった」という命題を常識のように唱えている人たちは、日本民俗学の研究成果に負っていることに自覚的であってほしいと思います。日本の近代家族史研究は、決して欧米の「近代家族」パラダイムの輸入・紹介に尽きるものではないのです。

また主婦論争研究には、当時すでに神田道子さんや駒野陽子さんなどのすぐれた先行研究（上野 1982）がありました。それから刺激を受けたこともたしかです。

主婦研究は、わたしにとって、原点であっただけでなく、長期にわたって主題の一貫性を見いだすことのできる研究の「主戦場」だった、といえます。妙木さんの指摘を読んで、わたしが主婦研究から家事労働研究へ、さらに不払い労働の概念を経て今日のケアの社会学に至るまで、「初心」を忘れずにいたことを確認することができました。その経歴が欧米の家事労働研究者とおどろくほどパラレルであることも、あとから発見したことでした。家事労働論争に参入した欧米の女性研究者の多くは、その後、ケアの概念を拡張して、福祉レジームのジェンダー批判へと赴いたからです。

わたしは「主婦」という身分への問いから出発して、「主婦労働」へ、さらに「家事労働」へ、そして「不払い労働」という概念へとたどりつきました。同じ問いを共有した過去の女性たちが「主婦論争」という名のもとに闘わせていたことを知り、さらに外国でも同時期に、日本の「主婦論争」に比肩しうる「家事労働論争」があり、しかも日本の論争の水準が国際的に見て、時期的にも論争の水準においても、すこしも劣らない、それどころか欧米の水準を陵駕していることを知りました。

「不払い労働」という概念はもともとマルクス理論の用語であり、日本では戦前にすでに山川菊栄が使っていたことが知られています。ですが、それ以降、「不払い労働」という概念が婦人論の分野で精錬されることはなく、それを主婦の家事労働を説明する概念として再定義したのは、マルクス主義フェミニストの登場によりました。何度でもくりかえしますが、マルクス主義フェミニストとは「マルクスに忠実なフェミニスト」のことではなく、「マルクスに挑戦したフェミニスト」たちを指します。彼女たちは、それまで聖典として疑うことを許されなかったマルクス理論の修正をためらわなかった女性たちです。なぜなら「マルクスはジェンダー・ブラインドだった」（ハートマン）からです（上野 1990）。

二〇世紀のフェミニズム理論の達成のうち（いくつもありますが）、「不払い労働」の理論は、もっとも重要なもののひとつでしょう。この概念の発見が契機となって、「労働」概念は大きく転換しましたし、労働時間のジェンダー統計は変わりました。(5) 国連も九五年の北京女性会議の行動綱領で、無報酬労働をＳＮＡ（国民計算システム）のサテライト勘定に組み入れることを各国に要請するに至りました。

今や「常識」となった概念が、どのような理論的苦闘のもとで、何に対抗して生まれたかを知っておくことは大切です。今ではマルクスを知らなくても「不払い労働」の概念を用いることはできますが、もとはといえばマルクスの理論的影響力のもとに、とはいえマルクス理論とマルクス信者に対抗して、この世紀の発見はもたらされたのです。その理論的出自を明らかにするために、わたしは、どんなに評判が悪くても「マルクス主義フェミニスト」の看板を降ろさないのです。

あとになって多くの人から批判を受けた「女性＝階級」説も、「階級」概念を拡張することによって何がいえるか、すなわち「不払い労働」の概念を梃子として女性をひとつの「利益集団」と捉えることができる、ということの言い換えでした。今日では、「女性」を「階級」に比することは、マルクス主義に依拠しすぎたことから来る概念の拡張解釈であったことを認め、これをとりさげるにやぶさかではありません。「階級」をメタファーとして使うにとどめるべきだったでしょう。二一世紀になって、ふたたび「階級」概念の重要性が復活している今日、階級概念をそのもとの位置へとさしかえし、よってもって階級とジェンダーとが、いずれもともに生産と再生産の分析にとって不可欠な変数であることを認めればよいのです。ちなみにマルクス主義フェミニズムの一元論か二元論かの対立は、その後「フェミニスト世界システム論」によって一元論に決着がついたかのような議論がありますが（古田 2006）、わたしは二元論どころか、フェミニストの分析にはもっと多くの変数を取り入れた多元論が必要である、と今日に至るまで考えています。かつて自分自身で書いた文章を引用すれば、「今日あらゆる分野で、ジェンダーだけで対象を分析することはできないが、同時にジェンダー抜きで分析することもできなくなった」（上野 2002:30）からです。

妙木さんは、すでに過去のものとなったと思われている「主婦論争」を、アグネス論争、専業主婦論争、「負け犬」論争までを含めて第六次に拡張し、その間を比較することで、鮮やかな分析をしてみせました。その成果は、博士論文をもとに書かれた『女性同士の争いはなぜ起きるのか』（妙木 2009）という著作にまとめられています。その功績のひとつに、一―三次までの主婦論争の論者が扱いかねた、梅棹忠夫の「妻無用論」を歴史上に再定位したことがあります。そのことで文明史家としての梅棹論の射程の長さが証明されましたし、異なる文脈と新しい分析装置さえあれば、過去のできごとは何度でも新たな相貌を持ってよみがえることを、彼女はわたしたちに示しました。歴史はいつでも、再解釈に開かれています。

数十年のタイムスパンを置けば、その当時の予測が当たっていたか、はずれていたかを、事後的に判定することができます。彼女が引用しているわたしの予見のなかでも、当たったこととはずれたことがあります。「資本主義がジェンダーに非関与な労働市場の再編をしようとしている時」に「資本による女性の競合と分断に抗して、女性の間にどのような『連帯』をうちたてることができるのか？」（上野 1989:51）というわたしの問いは、前半がはずれ、後半は予見が当たったといってよいでしょう。その後の怒濤のごときＩＴ革命のもとで経済のソフト化が進行し、産業資本主義から情報資本主義へのシフトにともなって、労働のジェンダー差が縮小するはずだったのに、この楽観的な予測ははずれました。この点では梅棹も楽観的に過ぎたようです。重化学工業の時代には意味を持ったかもしれない男性の体力や筋力が、知識産業のもとでは意味を失い、男女は均質化する、と彼は予言していたからです。つまり鉄鋼業の溶鉱炉の前に立つのは男性労働者でなければならないかもしれないが、電話のオペレーターや計算機のプログラマーには男女の別は意味がないといった、「労働の質」から労働のジェンダー編成を説明するしかたです。こういう解釈をすれば、逆に産業資本主義のもとではジェンダー差別には合理的根拠があり、情報資本主義のもとではそうではない、という命題を支持することになってしまいますから注意しなければなりません。大沢真理さんらが行なった、知識経済のもとでの労働のジェンダー編成についての国際的な比較研究（Walby, Gottfried, Gottschall, and Osawa 2007）からあきらかになったのは、情報化はジェンダー差を解消したのではなく、たんに再編したことでした。結論からいえば、どのような文脈においても、資本はジェンダー差別から利益を得るようにふるまう、というべきでしょう。

妙木さんが引用する上野の問いが、八九年という早い時期であったことは、注意されてもよいでしょう。（梅棹の予測はもっと前の五〇年代のことでしたが。）まだバブルの崩壊以前のことでした。後半の「資本による女性の競合と分断に抗して、女性の間にどのような『連帯』をうちたてることができるのか？」という問いは、その後の長きにわたる不況とネオリベ改革のもとで進行した事態を言い当てていたといえるかもしれません。文中、わたしが「資本による女性の競合と分断」と呼んだ現象は、九〇年代になって「女女格差」（奥谷禮子）として知られるようになりましたが、事実、このあたりから企業は一部の女性を基幹労働力として活用するようになってきていたからです。わたしが予想できなかったのは、総合職／一般職のコース別雇用のうち、一般職の雇用が崩壊し、非正規職に置き換わったことでした。不況はそこまで企業の余裕を奪っていたのです。その結果、不況が始まって以降、九〇年代初めから二〇〇〇年代初めまでの一〇年間に、女性の非正規雇用は三人に一人から三人に二人までの比率に、倍増するに至りました。

ちなみに、わたしが編集に関わった『ニュー・フェミニズム・レビュー』の第五号『リスキー・ビジネス　女と資本主義の危い関係』が刊行されたのは一九九四年[6]。そのなかに、経済同友会初の女性会員のひとりであり、自身、人材派遣会社を経営する奥谷さんをゲストとして招いた対談が収録されていますが、本書は彼女が「女女格差」という発言をしたもっとも早い時期の刊行物のひとつでしょう。

その後の不況とネオリベの嵐が、日本社会の右傾化とバックラッシュを招いたことは周知のとおりです。そのなかで、分断された女性のあいだに「どのような『連帯』を打ちたてることができるのか?」（上野・辻元 2009）は、今日においても課題でありつづけています。

不況のもとで雇用は悪化し、「格差」は男性をもまきこんで社会問題となりました（上野 2010）。格差が女性だけの問題であるうちは可視化されず、それが男性問題になってはじめて政治とメディアが問題視するようになるという構図はあいかわらずですが、そのなかでも労働市場のミスマッチが問題とされています。派遣切り三〇万人と言われるような雇用の悪化のもとでも、介護労働市場での求人倍率は今でも一・〇を越えており、介護現場は労働者の求人難と離職率の高さに悩まされています。それというのも介護職の労働条件が劣悪に過ぎ、正規雇用の職員の給与でさえ全産業平均から比べて月額約一〇万円も低い、という現実があるからなのですが、そのくらいなら、介護労働の正規職を得るより、製造業の派遣を選ぶほうがまだ有利だからです。介護保険の登場によって、介護（の一部）が不払い労働から支払い労働に変わったあとも、介護労働の価値を低くしか評価しない「労働の編成に内在する格差」は、依然として残っています。

妙木さんがわたしの『家父長制と資本制』（1990, 2009）から引用した以下の問いは、今日においても解かれないままに残っています。

「なぜ人間の生命を産み育て、その死をみとるという労働が、その他のすべての労働の下位に置かれるのか、という根源的な……問いが解かれるまでは、フェミニズムの課題は永遠に残るだろう。」

(5)　女性学と当事者性

妙木さんのような「負け犬」女性（夫なし、子なし、30代以上）（酒井 2003）にとって、主婦論争を論じることは、自分がその当事者のひとりであることと切り離せません。「女性同士の争い」のいずれかの立場に、彼女自身が立たなければならないからです。彼女は、『シングルで生きる』（椎野 2010）という本の執筆者の一人でもあります。それは小浜逸郎のような男性が、超越的な視点から『男がさばくアグネス論争』（小浜 1989）を書くこととはちがっています。それどころか、彼女の分析があきらかにしたのは、「高見の見物」を決めこんでいる男たちがついに論争に登場しないことへの告発であり、またそんな男たちに期待することを、日本の女性（の多く）がすでに放棄していることでした（加藤 2010）。

そんな彼女が本論の最後でこう書いていることは印象的でした。

「私が上野のもとで学んだのは、だから二つのことである。一つはフェミニズム、もう一つは私が誰からも代弁されえない、ということであった。」［本書：47］

わたしの目から見れば、フェミニズムと当事者性というこの二つは、たったひとつのことがらにほかなりません。

女性学の当事者性という立場は、ただちに第三章の齋藤圭介さんの「男性学の担い手はだれか」という問いに結びつきます。彼が「男性学を上野ゼミで学んだ後続の研究者として、彼女の男性学から何を引き継ぎ、乗り越えるべき課題としてわたしが考えているか」という問いを、自らの課題として引き受けたことをたのもしく感じます。

「そもそも当事者とはいったい誰のことなのだろうか」と問いを立て、齋藤さんは次のように指摘します。

「男が男について論じれば『自己』の語りとして許容され、男が女について語れば『他者』を論じる越権行為だという発想は、性別カテゴリーを本質主義的に捉えすぎてはいないだろうか。」（男／女の項を入れ替えても同じ＝引用者注）［本書：78］

そしてまた、このような立場に立つ上野が、自ら『日本のフェミニズム』旧版（井上ほか 1994-95）の別冊『男性学』を編んだことを、「言行不一致」ではないか、と批判します。「学問の党派性を高らかに謳う上野が男性学を語る行為それ自体は、ではいったいなんだったのか」と。これらの問いかけは、男性学の当事者として、正当な批判であると、いったんは受けとめましょう。

旧版『日本のフェミニズム』の『男性学』の編集は、まことに「党派的」なものでした。わたしと共編者たち（全員女です）は、わたしたちがそう判定したものしか「男性学」と認めない、という「正統化の権力 authorizing power」を行使しました。ですから、わたしは一貫してフェミニズムの立場からフェミニズムの利益のために、政治的、党派的にふるまってきたことになります。だがそれは、男性学にとっての「当事者の党派性」を冒すことになるのではないか、という批判はもっともです。

弁解がましいことをいえば、九〇年代のこの時点までの日本では、女性学・男性学はいずれも女性・男性という項（集団）を主題とする学際研究領域と理解されていました。女性学があまたの男の手になる客体としての「女性論」から、主体としての女性を奪還する試みだったとすれば、同じように世にあまたある男の手になる（人間学の名における、その実）男性論から、「男性学」の名に値するものを腑分けすることに慎重にならざるをえないのは当然でした。その過程で男性学とそうでないものとを区別する判断基準を、直観以上に明示的に示すことができなかったのは当時の限界でもありました。

齋藤さんが評価するように、九〇年代以降、日本のフェミニズムもわたし自身もポスト構造主義のジェンダー理論の影響を大きく受けました。バトラーの論争的な著書、Gender Trouble (Butler 1990 = 1995) が刊行されたのは九〇年、その日本語訳が刊行されたのは九五年のことです。女性学・男性学が「ジェンダー研究」へと転換したのは九〇年代以降のことでした。ジェンダーは「ふたつの項」をあらわす用語ではなく、ひとつの実践、非対称的な差異化という行為を示す権力の用語となりました。したがって女性学・男性学がジェンダー研究にパラダイム・シフトしたということは、たんに領域が拡張したというにとどまりません。齋藤さんが本書六八頁に紹介している女性学・男性学からジェンダー研究へというわたし自身の四象限モデルは、実は誤解を招くものだということをわたしは自覚しています。二〇〇〇年代になってもわたしはこの四象限モデルをパラダイム・シフトの説明に利用していますが、正直に告白しますと、もっとほかの説明の仕方ができないか、それが思いつかないためにやむをえずこのモデルを使い続けているのが実情です。女性学・男性学がジェンダー研究にパラダイム・シフトしたということは、集合論的なモデルではうまく説明することができません。

ポスト構造主義的にいうならば、ジェンダー研究とは、ジェンダー化された行為の反復実践が効果（意図した／意図せざる効果としての再生産と撹乱の両方を含めて）として生みだす女性・男性というジェンダー体制を、当事者の生きられた経験を通じて言語化し理論化する学問である、と定義すればよいでしょうか。したがってジェンダー研究の対象は男女の項ではなく、男女の項をつくりだすジェンダー・システムであり、そのシステムを構成する要素は、ジェンダー実践の集合、ということになります。それはちょうど、構造言語学において、ソシュールが言語体系を、語の集合と文法規則からなるシステムと見なす代わりに、発話行為の集合とその解釈コードからなるシステムととらえたことに対応します。社会学のシステム理論においても、システムとは行為の集合であり、個人を単位とする集合ではありません。

このようなジェンダー体制の研究にとって「当事者」とは、理論上、この体制のもとで行為するすべての行為者となります。なぜならジェンダー研究にとってジェンダー化されていない実践は、一見ジェンダー中立的な実践も含めて、定義上この世に存在しないからです。この定義は、ジェンダー研究をそうでないものから区別するための手がかりを与えます。すなわちだれが何を論じるにせよ、「ジェンダー」を分析カテゴリーとしない研究はジェンダー研究ではない、という簡明な定義です。それなら担い手の性別は問われる必要がないということになるでしょう。ですが、他方で経験科学であるジェンダー研究は、ジェンダー体制のもとで「生きられた経験」をそのエヴィデンス（根拠）とするために、経験の担い手、すなわち当事者を最大限尊重することが求められる、というべきでしょうか。いうまでもなく、ジェンダー体制のもとでは、男としての経験と女としての経験、あるいはセクシュアル・マイノリティとしての経験にはいちじるしい差異があることはよく知られているからです。

ジェンダーは差異化のカテゴリーです。女性という経験の裏側には、男性という経験がはりついています。したがって男性による男性論のみならず、女性の書き手が書いた男性論に、すぐれたジェンダー研究があることは論を俟ちません。わたし自身も、『男おひとりさま道』（2009）と

『女ぎらい』（2010）のなかでは、男性を論じていますし、これを越権行為とは思っていません。しかし男性学の隆盛に便乗して、男性論者の書いた武士道研究や軍隊研究などが、ただ「男らしさ」を論じているというだけでジェンダー研究に含まれるとは思えません。ジェンダーとは非対称性を生む権力のカテゴリーであることに自覚的でない研究は、ジェンダー研究とは呼べないからです。

ジェンダーはフェミニズムが生んだ権力のカテゴリーです。それが権力を扱うからこそ、女性学に限らず、ジェンダー研究は政治的なのです。そして男性学は、このカテゴリーをフェミニズムから学んだことに自覚的であってほしいと思います。たとえ担い手の性別が何であれ、政治的でないジェンダー研究はありえない、というのがわたしの答えなのですが、齋藤さんはこれに納得するでしょうか。

とはいえ、いかなる答えも暫定的なものにすぎません。「後続者」を自認する彼には、「上野を乗り越える」課題が待っていることでしょう。

(6) 女子文化とフェミニズム

宮本直美さんの第四章は、皮肉屋の彼女らしいシニカルなものでした。彼女は「フェミニズムが日本ではあまり広がりを持たず、特に一般の女性からもあまり関心を持たれていない状況について。……女性たちの意識の面から考察してみよう」と問いを立てます。

宮本さんもまた齋藤さんと同様に、「当事者性」の議論を追いながら、「当事者に特権的地位が与えられる以上、いかに共感しようとも、女性以外はフェミニズムにおいてその参加資格をもてないことになる」［本書：96］と指摘します。そのうえで、その「当事者性」の強調の効果を、齋藤さんとは反対に、肯定的に評価します。すなわち「フェミニズムとは、当事者としての自身の語りを次々に誘発するもの」である、と。「他者による『代弁』をよしとしない人々が自ら自分の言葉で話し始める、そういう運動だと考えられるし、だからこそ常に動き続けて生き延びているのだろう。」［本書：97］

そのうえで彼女は、日本における「女子文化」が独自に生み出した「かわいい」文化に注目します。わたしが『女ぎらい』（上野 2010）のなかで「女子校文化」と呼んだ領域を、宮本さんのように、より広義に「女子文化」と呼びかえてもかまいませんし、あるいは「女子界」とさえ呼んでもよいかもしれません。日本のように性別隔離の大きい文化のもとでは、男性の視線から相対的に自由で自律的な「女だけの領域」が成立しやすいからです。

日本の女性は「男言葉」に支配され、言葉を失っているだけではない、と宮本さんは主張します。日本の女子文化が独自に生み出し、男文化へと越境した稀有な言葉のひとつが「かわいい」です。今やオジサンや天皇までもが「かわいい」と呼ばれるようになり、彼らがどんな不快感を示そうとも、その言葉の流通を妨げることはできなくなりました。それどころか、日本が生んだ「かわいい」文化は、性別越境のみならず国境を越えて海外へと移動し、外貨を稼いでさえいます。

宮本さんは「かわいい」をずばり、次のように定義しています。「『かわいい』の最も基本的で重要な特質は、そのラベルを付与された対象は決して相手の存在を脅かさないことであり、『かわいい』とはそれを保証するラベル」であると［本書：100］。このミもフタもない率直さが彼女の身上ですが、この定義は核心に触れています。わたし自身が『おひとりさまの老後』（上野2006）で、男に「かわいげ」を期待したことを受けて、田中美津さんがこう喝破したことを思い出しました……「かわいげがある」とはなにがしか相手にあなどられることをいう、と。

はい、まったくそのとおりです。「かわいい」とは自分を決しておびやかさない存在であることの確証ですから、「かわいい」といわれて不快に感じるオジサンたちの反応には根拠があるのです。

日本女子は「かわいい」存在であることを望むことで、「次点」であり、「劣位」であり、「従属性」を選んでいるのだ、と宮本さんは論じます。そう考えれば、日本が輸出する「かわいい」文化もまた、欧米を決して脅かさないオリエンタリズムの消費財だ、ということがわかります。民主党政権の政策仕分けチームのなかで、蓮舫さんの「どうして二番ではいけないんですか」という発言が、メディアでたいした反発を呼ばなかったことも、不況下の日本の「いまの気分」をよくあらわしているのでしょう。女子文化が生んだ「かわいい」に今や日本男子も同調し、アニメやコミックに代表される「かわいい」文化は、グローバリゼーションのもとで日本が生き延びる「ニッチ戦略」を示しているといえなくもありません。まことに「女子文化が日本を救う」です。……と、宮本さんの卓抜な考察は、こんな連想さえ誘発してしまいそうです。

そのうえで彼女はこんなシニカルな結論に至ります。「かわいい」を中核にする「女子文化」

は独自の言語をすでに持っており、フェミニズムの言語を必要としない、それどころか、フェミニズムの言語は外国語でありつづけている、と。それが多くの女性にとって、「自分たちの不満や悲劇を隠し、希釈し、嘲笑とともにガス抜きをする手段」〔本書：106〕としての生存戦略であり、ニーチェ流にいうなら、いわば「奴隷の言語」であることをも、宮本さんは認めています。彼女たちは抑圧の無自覚な被害者なのか、それともその自己欺瞞の生存戦略の選択のなかにこそ、彼女たちの積極的なエイジェンシー（能動性）があると理解すべきなのでしょうか。

女子文化の言語を「錯覚」と呼ぶ宮本さん自身は、女子文化に対して超越的な地点に立っているように聞こえます。が、宝塚ファンでもある宮本さん自身がこの「かわいい」文化を構成する要素のひとつであるという自己言及性を、誰よりも自覚しているのはご本人でしょう。それなら自分の言語が「錯覚」であると気づいてしまったあとの当事者は、どのように生きるのでしょうか。

フェミニズムの言語は、彼女のいうとおり、女にとって外国語です。なぜならそれは文化のなかに埋めこまれた言語ではなく、女が新たに、しかも最近になって、獲得した言語だからです。誤解を解いておかなければならないのは、それは「一番」をめざすような「覇者の言語」ではありません。その新しい言語は、「女の経験」にしっくりくるようなことばをそれまでの言語が提供してくれなかったからこそ、さまざまな女たちが悪戦苦闘しながらつくりあげてきた、まだ熟していない形成途上の言語です。その新しい言語を獲得してからはじめて、女は自分たちの経験を再定義することができたのでした。その語彙のなかには、「ジェンダー」のみならず、「不払い労働」や「セクシュアル・ハラスメント」や「ドメスティック・バイオレンス」などがありました。これらカタカナことばの多さこそ、フェミニズムの言語が日本のおんなにとってはなじみのうすい「外国語」であったことを示しています。

それに比べて「かわいい」ということばは、日本女子の生活文化に埋めこまれた語彙です。しかしほとんどありとあらゆる対象を、ひとくくりに「かわいい」と表現してしまうことは、それでフタをすることでそのあいだにある差異をおおいかくすはたらきをするような、思考停止のことばではないでしょうか。もちろん逃げ出すことのできない窮境に置かれた個人にとっては、「思考停止」もまた、生存戦略のひとつにはちがいありませんが。

そう思えば、ウッソー、マジ、カワイイの三語で用が足りる女子文化のコミュニケーションを、ボキャブラリーの貧困と嘆くことも、宮本さんにはできたはずです。そう、ことばは足りているのではなく、足りない、のです。おんなの経験を表現し、おんな同士をつなぐことばは、まだまだ足りません。女子たちもいずれは「かわいい」だけでない世界に出ていかなければならないのですから。

かつてわたしは女は男言葉と女言葉の「バイリンガル」でなければ生きていけない、といいました。宮本説を受けたあとにつけ加えるならば、男言葉と女子文化の言語に加えてフェミニズムの言語を獲得することによって、「トライリンガル」であることが要求されるといってよいかもしれません。なぜならば、フェミニズムの言語だけでは生きていけないことは自明ですが、フェミニズムの言語は、エスペラントと同じく人工的な言語、そしてエスペラントという命名が示唆するように、「希望の言語」だからです。そしてこの世には「希望の言語」を必要とする者たちが、いつの時代にも存在しつづけるからです。

註

（1）初出は『思想の科学』一九八二年一月号、『女という快楽』（上野 1986）およびその新装版（上野 2006）に収録されているほか、『日本のフェミニズム』旧版および新編の「セクシュアリティ」の巻に採録されている。

（2）日本女性学研究会が発足したのは一九七七年、上野の参加は一九七八年のことである。大学の外で民間学として始まった女性学が学問の一分野になるとは当時は考えられず、メシの種にならない研究を「趣味」と自嘲的に呼んでいた時代があった。

（3）ホモセクシュアルは男性同性愛、ホモソーシャルは同性間の性愛を抑圧した男性（と認め合った者）同士の社会的紐帯。ホモソーシャルな集団は、ホモセクシュアルの排除によって成り立ち、ミソジニー（女性嫌悪）を核心とするという理論はイヴ・セジウィック（Sedgwick1985 = 2001）によってもたらされた。詳細は上野（2010）を参照。

（4）「心中天網島」は一九六九年篠田正浩監督、脚本富岡多恵子、音楽武満徹、ヴェネツィア映画祭に出品した。

（5）九〇年代以降、日本の官庁統計のなかでは、「男女別労働時間」の統計が、「報酬労働時間」と「無報酬労働時間」の合計で表示されるようになった。これを「ジェンダー統計（ジェンダーに敏感な統計）」と呼ぶ。こうした統計値によって、初めて女性の労働時間と男性の労働時間とが比較可能になり、日本の女性が男性より長時間労働であることが明らかにされるようになった。

（6）『ニュー・フェミニズム・レビュー』は一九九〇～一九九五年にかけて学陽書房から六号にわたっ

て刊行された(上野・加納・白藤・樋口・水田 1990-95)。ちなみに第一号『恋愛テクノロジー』には、「見果てぬ夢　対幻想をめぐって」と題して、上野と森崎和江との対談が収められている。このタイトルにも、この時期の上野が「対幻想」から距離を置いていたことが反映しているだろう。

第Ⅱ部　文化の社会学

第五章　表現行為とパフォーマティヴィティ

栗田　知宏

1　ことばへの「こだわり」とフェミニズム

『上野千鶴子が文学を社会学する』（以下、『文学を社会学する』と表記）の冒頭にある次のことばは、ことばを用いるということに対する上野のスタンスを明確に示しているように思われる。

「文学」は表現の「聖域」であり、したがって文学者はどんな差別的な「表現の自由」をも享受できるという、一見高踏的に聞こえるが今となってはまことに素朴な「信念」の政治性はおろか、言語を使って行うどんな表現も、語の限界的な意味における「政治性」をまぬかれないことは明らかである。さて、どんな言語で表現するか？　その選択のなかに、すでに「想像の共同体」への参与のしかた（それと同時に距離のとりかた）が、あらわになる。ことばを選ぶことができなければ、失語するほかない。（上野［2000b］2003:11-12）

わたしが上野から学んだ最大の教訓は、ことばを用いることへのこのような「こだわり」、すなわち言語行為のパフォーマティヴィティ（行為遂行性）に対する徹底した自覚である。ことばは自らに属すると同時に、発された瞬間から社会に属する。そして、ことばには歴史が沈殿している。ことばを用いるという行為は決して個人的で自己完結的な営みではなく、そのことばを受け取る側との相互交渉のなかで必ず何らかの効果を生じさせるものだという、言語行為の「政治性」について常に意識的であるように、そしてジェンダーをはじめとするさまざまな社会的カテゴリーと言語との関係性に鋭敏であるように——研究者として、そしてこの社会に生きる個人として——というメッセージを、わたしは幾度となく（勝手に）彼女から受け取った。

媒体によって用いるスタイルをしなやかに変え、しばしば「上野節」とも評される、無駄なく切れ味鋭い文体。社会学者として、そしてエッセイストとして、硬軟なことばと内容を使い分けてきた上野の著作は、それ自体が興味深いテクスト分析の対象にもなりうる。彼女の文学論をまとめた『男流文学論』（小倉千加子・富岡多恵子との鼎談）と『文学を社会学する』の二冊の本は、前者が「B型の千鶴子」（斎藤［2002］2006）の「軟らかい」スタイルに、後者が「A型の千鶴子」の「硬い」スタイルに分類できるだろう。女性三人が男性作家と作品を座談形式で論じた『男流文学論』は、富岡がのちにその意図を語っているように、男のことばで「書く」のではなく女の日常的なことばで「しゃべる」という形式を採ることによって、女性による文芸批評を試みたものであった（上野・小倉・富岡 1992b)。それは例えば、村上春樹作品を論じるなかで上野の口から出た、「これまで男のほうは我慢せずに、ご都合主義で女を抱いてきたわけでしょう？　今度は女のほうも、我慢せずにご都合主義で男に抱いてもらいたい」（上野・小倉・富岡［1992a］1997：290）といった率直なことばに、端的に表れているようにみえる。本書に対しては、否定的な反応が多くの男性批評家から発せられた一方で、「よくぞ代弁してくれた」といった女性読者からの賛美の声も多く寄せられた（特に吉行淳之介作品についての議論に対して）が、それは女のことばで男の文学や作者を語るという文芸批評の試みそのものに対してはもちろんのこと、近代的な男女間の性愛のかたちへの違和感という「本音」を表明したところにもかなり向けられていたように思う。『男流文学論』で展開された「かしまし娘」の鼎談を「話芸」と自ら評した上野（『男流文学論』文庫版へのあとがき「あとのまつり」より）は、女という「当事者」の立場を重視する自らのフェミニズムを、ここでもパフォーマティヴに体現したということになろう。

その一方で、男の目を通して描かれた女の表象によって女について学んだとか、男の女に対するファンタジーを描いた吉行文学は、けなせばけなすほどその偉大さが逆説的に証明されるといった、女性からの肯定的な批評もみられた。上野はこれらの評を、「昔からある女の自己差別化で、私だけは男にブリっ子したいという戦略」（上野・小倉・富岡 1992b：228）とばっさり斬っている。

当然のことだが、女も一枚岩ではない。つまり、当事者としての女のことばは、ときに同じ女からの共感を呼び、社会的連帯を生じさせるほどの力も秘めているが、その一方でそれに同調しない女からのネガティヴな反応も生み出すことになる。上野自身、ジュディス・バトラーの「引用」という表現を用いながら、あらゆる言語行為が「ベンチャー（投企）」であり、かつて自分が試みた言説戦略が他のフェミニストたちから顰蹙を買ってきたことに触れている[1]（竹村・上野 2001）。性的なことばを攪乱的に用いる上野の試み――特に八〇年代の「おまんこがいっぱい」（上野 1988）に代表される、「下ネタ」をあけすけに用いた扇情的な言説――は、男性週刊誌や年輩の男性知識人たちに頻繁に取り上げられた[2]。上野の硬軟織り交ぜたフェミニズム言説は男にもアピールしたからこそ注目を集めた、という見方もあるが（斎藤［2002］2006）、その試みは一部のフェミニストたちからの「オヤジに媚びてる」といった批判の一方で、女が（特に女の）性にまつわることばを積極的に用いるという言説戦略によって「フェミニズムという言葉を公的な場所に、体を張って、引っぱりだしてきた」（竹村和子）（竹村・上野 2001：226）という賛辞をも導き出してきた。

上野千鶴子を「東大のマドンナ」と呼んだのは伏見憲明（伏見・エスムラルダ 2006）だが、この言説実践と賛否両論の上野評価の図式をみると、これはかなり的を射た表現である。上野と同じ八〇年代に、'BOY TOY' というベルトをつけ、セクシュアルかつ挑発的なパフォーマンスを次々と繰り広げたマドンナ――その頂点ともいえるのが、九二年のアルバム『エロティカ』とSMヌード写真集『SEX』だろう――の、一見すると男に媚びているかのようなスタイルは、当初は多くのフェミニストたちから反感を買っていた。しかし次第に、男たちの掌の上で踊らされていたマリリン・モンローとは違って、人生を男に委ねずに自分自身でコントロールする姿勢や、女自身による性のタブーへの反逆というメッセージが読み込まれるにつれ、「マドンナは女性にとっての最高のロールモデルだ」

と称賛されるようになる（井上 1998）という、認識のパラダイム転換が起こる。「女」というポジションから実にさまざまな形で、ときにストレートに、ときに攪乱的にパフォーマンス性の高い言論活動を続けてきた上野の姿は、なるほどマドンナに重なってみえる（「誤解から一冊でも多く本が売れたらいい」（上野 1988 : 274）といった商業主義的な物言いも含めて）。

こうした言説戦略を通してパフォーマティヴな攪乱を意図した（とわたしが考えている）上野の試みは、ことばのもつ社会変革への力を信じる――というとナイーヴに聞こえすぎるだろうか――「表現者」としての上野の姿を表している。「ベンチャーであるというのは、未来に対するプロジェクション（投射）であるということ」（竹村・上野 2001 : 224）ということばには、ことばが意図どおりに受け止められる保証がないという危うさと同時に、ひとすじの希望の光のようなものが感じられる。言語行為が「投企」であるということは、ことばが権力や暴力になりうる一方で、相互理解や連帯をもたらす大きな可能性を秘めているということでもあるからだ。ここに、文芸批評という枠に留まらない、フェミニストとしての上野の仕事のパフォーマティヴィティがある。

2　「男流」文学のミソジニー、そしてホモフォビア

歴史家のジョルジュ・デュビィとミシェル・ペローが『女の歴史』で行ったのは、女性の手による記録や資料がほとんど残されていない時代の女性史を、「『女がどんなものであるか』という現実ではなく、『女はどんなものであるべきか』をめぐる男の言説、『女』に仮託した男の幻想、男の意識」（上

野［2000b］2003:121）から再構成するという作業であった。上野の文学論における中心的な議論は、まさにこの「女」をめぐる男の言説、さらに「言文一致体」の観点からテクストに表れたジェンダー・イメージを歴史化するという作業に向けられている。そのタイムスパンは、『男流文学論』で検討される作品の時代でいえば、谷崎潤一郎『痴人の愛』の一九二五年（単行本化）から村上春樹『ノルウェイの森』の一九八七年までの約六〇年間、『文学を社会学する』の「平成言文一致体とジェンダー」における議論は明治から平成に至るまでの約一〇〇年間である。上野は、「歴史は十年、二十年単位でかんたんに変わります」（上野・小倉・富岡［1992a］1997:231）と語っているが、この時代の流れとともに変化を続けるジェンダー意識とは裏腹に、文芸批評の世界においては男性作家による性差別的な表象に男性批評家が芸術的「権威」を与えるシステムが長きにわたって機能し、文芸至上主義の厚い防護壁の内部で閉鎖的な言説空間が維持されてきた。『男流文学論』の、女のことばで文学論を「しゃべる」という形式、すなわち「書く」という行為が男のことばで営まれ続けてきたことに対する新たなフェミニズム文学批評の試みには、このような背景があった。

上野の批評の矛先は、女を「他者」として、上野のことばを用いるなら「他者性の記号」（上野［2000b］2003:155）として描いてきた男性作家・作品のミソジニーに向けられている。「近代日本男性文学のなかには〈女という記号〉を通して語られた〈男というディスコース〉が満ちあふれている。彼らは女について語っているのではない。〈女という記号〉を通じて自分自身を語っているのである」（上野［2000b］2003:159）。このフェミニズム批評を通して、男性作家の言説が男の論理――つまり「男流」――でしかなかったことが次々と暴かれていくが、さらにそれが異性愛男性の論理であったということも、『男流文学論』での議論から浮かび上がってくる。これに関しては、吉行と谷崎を論じた章では、彼らのホモフォビア（同性愛「嫌悪」というよりは「恐怖」と呼べるだろうか）について若干の言及があるに留まっている。

一方、三島由紀夫の章では、『仮面の告白』や『禁色』などにみられる三島の同性愛的傾向と、それを封印するかのような彼自身の結婚や彼のミソジニー思想が表れた随筆「女ぎらひの弁」（一九五四年）などから、ホモフォビアとミソジニーの錯綜した関係が論じられる。[3] 上野は、女を「劣等」な存在とみなす三島は、男が男に愛されるためには女に「身を落とす」しかないという二項対立的な論理を嫌い、オネエことばを用いる女装のゲイを軽蔑していたことを指摘する。ここには、ボディビルや剣道で自己鍛錬に励み、男性性の象徴としてのマッチョな肉体を誇示した「ハードコア」なゲイ（彼が同性愛者であったと仮定しての話だが）としての三島が「女々しい」ゲイを差別する、男に仮託された女性性の嫌悪というねじれた形のウーマン・ヘイティングがみて取れる。三島は子どもが欲しいためだけに「劣等」な存在である女と結婚したのか、それとも、ゲイであることを偽装するために、あるいは良家の長男という重圧ゆえにそうしたのか？　その真相はさておき、三人の鼎談からは、男性作家のミソジニー――レズビアニズムへの好奇心も含めた、「他者性の記号」としての女性描写――と、その車の両輪としてのホモフォビア――男性同性愛に対する恐怖とその隠蔽――の存在をも露わにしたといえるだろう。[4]

さて、男性作家・作品におけるこうした序列化されたジェンダー・セクシュアリティの図式からさらに歩を進めて文学をみていくと、上野が「複合差別」（上野［1996］2002）として概念化した、被差別者（先にみた例ではゲイ男性）の間のねじれた序列化の様相――被差別者集団内の相対的強者の立場から政治的優先順位がつけられることによって生じる差別――を描いた一連の文学作品が浮上してくる。上野があげる、アリス・ウォーカーの『カラー・パープル』や有吉佐和子の『非色』などで描かれてきたような、人種とジェンダーが交錯した被差別カテゴリー間の関係の考察は、ポストコロニアル文学研究における重要な主題の一つとなってきた。差別からの解放を目的とする社会運動のなかで、ある被差別カテゴリーを均一な「本質」を有する存在として措定することで、そのカテゴリー内部の人々の差異が無視されてきたことをいわゆる第三世界フェミニズムは告発したが、こうした「複合差別」の構図は文学以外の表現文化でもしばしば描かれている。例えば、アメリカの多くの黒人やラティーノの男性ラッパーたちは、エスニック・マイノリティによる白人社会への「抵抗」という物語を綴ってきたが、その物語は同時に女性やゲイ男性に対する差別的な表現を伴う異性愛男性の論理でもあった（栗田 2009）。

3　表現における「本質主義」的描写とオーディエンスの役割

では、ある社会的カテゴリー（「女」「日本人」「黒人」「インド系」など）を意図的に（対抗的に）「特殊」な、あるいは「本質的」な存在として描くことを、どのように捉えればよいだろうか。ガヤトリ・スピヴァクは「戦略的本質主義」という発想を提示しているが（Spivak 1990=1992）、これは「女性やサバルタン、労働者階級などのマイノリティ集団に対する否定的な表象自体を模倣する批評戦略」

(Morton 2003=2005:126) として、名指される側にいる立場の者が異議を申し立てる上で一時的にその属性を本質的なカテゴリーとして措定することである。この言説実践は、同じ立場に属する人々との結束や連帯をもたらす、政治的・社会的運動の基盤ともなりうるものである。

一方、上野は「逆オリエンタリズム」(上野 1995) という用語を提示し、普遍性=「男性性」を僭称する帝国主義者によって日本文化に「女性性」が帰せられ、その文化の担い手自身が「女性性」を引き受けるというねじれを表現する。押しつけられた特殊性=「女性性」を拒否し、自ら「もうひとつの普遍」=「男性性」を主張する形もありうるが、これらはいずれも、日本文化論や日本人論を展開する知識人が、欧米の側からみた日本という「オリエント」に属する国の文化様式をそのまま「日本人特殊論」という裏返しの形で受容するような事態を表している。上野はまた、そうした植民地的な言説は、自意識を支えるプライドにもなりうると指摘する。逆オリエンタリズムがオリエンタリズムの裏返しという帝国主義的言説としての性格を有するということは、それもまた名指されるカテゴリー内部を一枚岩に捉える「本質主義」的言説に他ならないことになる。しかしそこには、名指される側が自らの「特殊性」を積極的に引き受けながら、プラスの価値への転換を図ろうとする意図もまたみて取れるように思われる。

名指す側から与えられた「特殊性」を換骨奪胎してポジティヴな価値を付与した表象は、先にあげたアメリカのヒップホップをはじめ、さまざまな表現文化にみられるものである。いわゆるディアスポラの文学について、イギリスの南アジア系 (British Asian, 以下エイジアン[5]) 文学を例にあげると、一九九〇年代後半から、都市部を中心とした文化混成を背景に移民文化の表象が多様化し、'Home'

（＝イギリス）と‘Homeland’（＝インド亜大陸）の文化の「対立」やそれらの間での「葛藤」から、そうした状況の「受容」や‘Homeland’文化に対する自尊心、独自の文化的アイデンティティ構築を描く移民第二世代作家が登場してきた（Komatsu 2010）。では、そうした作品で描かれる「われわれ」とは、一体誰のことを指しているのだろうか？　ここではその具体例として、若手作家Gautam Malkaniの*Londonstani*（Malkani 2006）を取り上げてみていきたい。

ロンドン郊外のハウンスローを舞台としたこの小説は、シク教徒とヒンドゥー教徒の混合「不良」グループに入った元優等生の主人公Jas（この愛称はJasvinderやJaswantといったシクやヒンドゥーの名前を想起させる）が、身近に起こるさまざまな出来事を一人称で語る物語である。グループの男の子たちはアメリカ黒人のヒップホップに傾倒し、そこで描かれるようなギャング的な生き方に憧れており、白人の話し方やふるまい、ロック音楽を「ホモっぽい（poncey, batty）」とバカにしている。ここでまず、彼らが白人との間に明確な境界線を引いている様子がうかがえる。彼らは‘Desi’（デーシー。南アジアで広く「われわれの」といった意味で用いられることばで、南アジア系の人や事物を指す。感覚的には「エイジアン」と同じような意味合い）というカテゴリーに自らの帰属意識を積極的に見出しているが、イスラム教徒のグループと対立している彼らにとって、ムスリムは‘Desi’でありつつも自分たちとは明確に区別される、つまり「同胞」だが「他者」でもあるという複雑な存在である。これらの境界線のために、白人の男と‘Desi’の女や、シクやヒンドゥーの男とムスリムの女が交際することはタブーとなっている。女があまり登場しない（男の登場人物の語りのなかで「客体」として言及されることが多い）この物語において、‘Desi’というカテゴリーはまた「男らしさ」という価値観を含み込んだ概念としても機能している。「正しい（proper）」'Desi'であるための彼らの条件は、「タフ」でギャング的なスラングとパンジャービー語やウルドゥー語の単語を交えた独特のことば遣いをすることであり、白人が用いるような表現やアクセントで話すことは軟弱で「ホモっぽい」とみなされる。

白人と対置される'Desi'というカテゴリーは、一種の対抗的アイデンティティとして積極的な意味を付与されている一方で、ここでは「もうひとつの普遍」としての男性性を称揚する逆オリエンタリズムの性格を色濃く有しているといえよう。物語の最後で、主人公Jasが実は白人青年Jasonであったことが明かされるが、白人である彼自身が「エイジアン＝男性的」、「白人＝女性的（・ゲイ的）」という序列を理想化していたことで、そのヒエラルキーの構図はさらに強固なものとして読者に映る。これは、彼らの考える'Desi'の理想像が、「白人性」と「女性性」の拒絶と言語的な差異化を通じた、きわめてホモソーシャルな仲間意識の醸成と結びついていることを示している。この、エイジアン＝'Desi'としてのアイデンティティを、白人が圧倒的多数を占めるイギリス社会において対抗的に提示する彼らの態度もまた、そのカテゴリーからこぼれ落ちる「他者」の存在を必要とする。そこで作動するのが、ミソジニーとホモフォビアというお決まりの性差別的感覚である。

しかし、このカテゴリーの境界は非常に曖昧で脆いものでもある。登場人物たちにとって、彼らのルーツのあるインド亜大陸はなじみが薄い。その意味で、'Homeland'とは彼らにとっては「想像上の」場所である（Komatsu 2010）。これはつまり、'Desi'になることもまた「想像」によって行われるということであり、「真正」な'Desi'がどのようなものかなど誰にも判定することはできないということを示している。この物語では、'Desi' というカテゴリーは、ミドルクラス出身だがギャング的なライフスタイルに憧れる思春期の青年たちが自らを（白人からだけでなく他のエイジアンからさえも）差異化し、その特殊性にプラスの価値づけをした、卓越化と仲間意識の確認のためのきわめてご都合主義的な性格を帯びている。'Desi' を名乗る資格からは最も遠いところにいるはずの白人 Jas が、自らをそのカテゴリーに含めるための努力を積極的にしており、グループのメンバーたちもその奮闘に対して彼を 'Desi' と認めている[6]——それはあくまで「努力」という条件つきなのだが——というところにも、'Desi' カテゴリーの曖昧さが逆説的に示されている。

さらにこの 'Desi' というカテゴリーは、テクストの外においても文化ジャンルの境界として、アイデンティティの政治に関わっている。例えば、イギリスの南アジア系ポピュラー音楽においても、'Desi' は「自分たちの音楽」を指すことばとして用いられているが[7]、それが具体的にいかなる音楽形式を指すものなのかは、音楽を作るアーティストや、それを加工するＤＪ、それを聴くエイジアンのオーディエンス（パンジャービー語話者かグジャラーティー語話者か、シクかムスリムか、など）といった立場によってさまざまである。つまり、'Desi' とはエイジアン全体を指すという本質主義的なカテゴリーである一方で、そこに誰が含まれるかはきわめて状況規定的で流動的なのである。

これはつまり、'Desi' の世界を描いたテクストが、当のエイジアン・オーディエンスという「解釈共同体」のなかでも、言語、宗教、ジェンダー、世代などの違いによって多様な意味を与えられる可能性を示している[8]。バトラーは、ことばの「引用」の連鎖のなかで生じる意味の発生のズレに、既存の言語の価値を転覆する契機を見出す（Butler 1997=2004）。また、上野はバトラーによる「エイジェンシー」概念がフェミニズム文学批評にもたらした理論的貢献として「『読者』の発見」をあげる。「『主体』が語りのプロセスの産物であるとすれば、語りの遂行は読者の関与によって左右される。そこでは特権的な『作者』像は解体する。読者が『誤読の権利』を含めて、語りの遂行の完成に積極的に関与する存在だとすれば、誰が読み手か、いかに読むか、はテクストの生産と再生産にとって重要な条件となる」（上野［2000a］2006:132）。バトラー＝上野による構築主義の文学・文化研究における意義は、表現・表象における本質主義的な描写もまた、受容者による解釈という行為に委ねられる「投企」であり、新たな意味の生成に開かれたものだということを示したところにあるといえるだろう。

しかし、オーディエンスはテクストを勝手気ままに解釈しているわけではない。言語の行為遂行的力は、表現のなされる文脈やジャンル性などといった「制度」の権威に依拠するものでもあり、その効果はある程度まで、テクストが受容される〈場〉（P・ブルデュー）の既存の解釈枠組に依存するからである。テクストに表れたジェンダーや人種やエスニシティなどのイメージがどのように絡み合っているかを、時代や社会といったマクロ的な視点から分析することに加え、テクストの内容と解釈共同体との（非）本質主義的な関係性に照準し、オーディエンスがどのような条件のなかで同じ／別の形の読みを行っているかという〈場〉の論理の考察を行うことも、「文学を社会学する」際には一つの重要な作業となるだろう。(9)

4　テクストの生産・解釈と「媒介」

上野の文学論は、作品・作者と読者を架橋する批評家の言説についても批判的に検討する。『男流文学論』に対する男性批評家からの否定的な反応あるいは沈黙は、フェミニズム文学批評などの批評理論を経過した欧米の文芸批評とは全く違って、言説の政治性に無頓着な日本の文壇至上主義を露呈するものであった（上野・小倉・富岡 1992b）。「男流」作家・作品の性差別的な表象と文壇における権威は、フェミニズム批評を学んだことさえない男の批評家から「お墨つき」を与えられることによって維持されてきたという、両者の共犯関係がここで浮き彫りとなった。作品の価値は、決してその作品の内容だけで決まるのではない。それを称揚し、推薦する批評家の存在があってこそ、作品に価値が付与され、権威となる。この閉鎖的なメカニズムを正面切って批判することは、文壇や文学研究とは距離のある社会学者の上野や心理学者の小倉だからこそ、可能であったのかもしれない。

このような批評家の影響力を考えると、文学に限らず、表現文化を作者の気分や個性、また時代の空気感の単なる反映とみなすことはできなくなってくる。文学作品は、編集者、批評家、書店などといった文化仲介者の「媒介」（Negus 1996＝2004）によって生み出され、流通し、読者に届くものである。この「媒介」という視点から考えると、文学を取り巻く世界がかつてないほどの広がりと複雑さをもってきていることが、さらに実感できよう。上野が、歴史は十年、二十年単位で変わると語っているとおり、文学はいまやケータイ小説や電子書籍の時代に突入した。歴史ある文学賞はいまだ健在だが、一般の人々がインターネットの世界で作品や批評を書くという行為に参入するようになった今、文学も批評もますます既存の絶対的な権威を失いつつある。こうしたテクノロジーの変化と作家／批評家／読者の境界が揺らぐようになった文学の世界をどうみるべきか？　時代や環境の急速な変化のなかで、「文学を社会学する」作業は「流通」や「媒介」といった視点から、メディア論や若者文化研究などとも接続した、テクスト批評に留まらない多くの観点からの考察を必要としている。

5　「文学」カテゴリーの解体と「女のことば」

文学研究におけるジェンダーの観点からの分析が定着した現在、フェミニズム批評は「歴史的概念」（斎藤 2009）となったといえる。その意味で、上野の文学論もまた、文芸批評にフェミニズムという立場から「石を投げた」、時代の産物であった。それはまた、再び「東大のマドンナ」として上野を捉えるならば、あるパフォーマンスがどんなに好評を博しても同じことは二度やらない、というマドンナの徹底したポリシーにもどこか重なってみえる。つまり、上野の文学論は、フェミニズム理論から消費文化論、国民国家論からケアの社会学と、幅広い分野で波紋を呼ぶパフォーマティヴな言説実践を繰り広げ、また今後も活発な「表現」活動を続けていくであろう彼女の、一つの「通過点」であったともいえるだろうか。

しかし、文学を集中的に論じるという意味では「通過点」であったかもしれないが、「ミソジニー」は現在も上野の議論の中心点であり続けている。(10) そもそも、上野は「文学」というカテゴリーを「書かれたもの」という非常に広い意味で捉えているように思われる。例えば、『文学を社会学する』の「平成言文一致体とジェンダー」では、学生運動を振り返った高野悦子やリブの代表的な活動家である田中美津の手記をはじめ、漫画家の西原理恵子のエッセイ、いじめにより自殺した女子中学生の遺書など、いわゆる文学作品とは異なる性格をもつテクストの文体が考察の対象となっている。上野は、「フェミニズム文学批評は文学という『ジャンル』そのものを解体するにいたった」（上野［2000a］2006:132）として、正典化された文学というジャンル——これこそ上野が「男流」と呼ぶ文学であろう——に対し、「女性がいかに書く主体になるかについての理論的な貢献をもたらした」（上野［2000a］2006:131）フェミニズム批評を評価する。「宛て先が限られているとは言え、女性は手紙や日記、自伝、聞き書き、口承などの語り手でありつづけてきた……もしこうしたテクストを文学の中に含めるとしたら、女性の文学はけっして貧しいとは言えない」（上野［2000a］2006:133）。上野のこのような文学観は、「慰安婦」による証言をきっかけとした「歴史」と「記憶」という問題系、さらには「当事者主権」という主張やケアの社会学へとつながっていく。

つまり、「アンタが言うならアタシもっていう、コトバを誘発する、思想の装置」（上野［2005］2006:255）としての、「女のことば」を基盤とする上野のフェミニズムは、これからも続いていくのだ。そして、上野のことばは、立場や属性を越えてこれからも多くの人々へと受け継がれていくに違いない。それは、「表現する」という行為のパフォーマティヴな力を信じ、自らも「表現」し続ける上野千鶴子がわたしたちに与えてくれる、大きな財産である。

註

(1) このことに関連してわたしが思い出すのが、上野がゼミなどの場で時折「処女作」ということばを口にすることである。彼女が編んだ『きっと変えられる性差別語―私たちのガイドライン』(上野・メディアの中の性差別を考える会編 1995) にこのことばが掲載されていることを知っているわたしは、彼女がこのことばを意図的に一種のアイロニーとして用いていると理解している。しかし、そうした事情を知らない人間にとっては、それは従来の男ことばとしての「処女」とそう変わらないものとして聞こえうるだろう。

(2) ここで、わたしと上野との最初の出会いについて紹介したい。『女遊び』と同様に話題を集めた『スカートの下の劇場―ひとはどうしてパンティにこだわるのか』(上野 1989) が刊行されたのは、わたしが小学五年生の時分であった。新しいもの好きだった父がある日、当時ベストセラーになっていたこの本を買って帰ってきたのが、わたしが上野の著作に触れた最初のきっかけだった。下着写真の表紙に半透明な薄いピンクのカバーのかかったエロティックな装丁、そして女性のヌードやさまざまな種類のパンティの写真が載った中身をみて、性に目覚めて間もない小学生のわたしはこの本を一種の「エロ本」と認識していたことを、ここで告白しておかねばなるまい。このとき、「上野千鶴子」という名前はわたしのなかに、強烈な性的記号としてインプットされることとなった。のちに東大大学院に入学し、上野の指導学生となったものの、彼女と面と向かって話すことに気恥ずかしさや罪悪感のようなものが常について回っているのは、この体験が尾を引いているからではないかとわたしは思っている。

(3) さらに、『仮面の告白』の書評から、同性愛描写に正面から向き合わなかった「評論家の自己防衛」(小倉千加子)(上野・小倉・富岡［1992a］1997:354) によって、この作品がゲイ小説ではないことになってしまったという、男性批評家のホモフォビアについても言及されている。

（4）「ホモの世界と暴走族の世界は、『女性』差別の強烈なとこだから」（上野・小倉・富岡［1992a］1997：403）という小倉の発言には、「ホモセクシュアル」と「ホモソーシャル」（Sedgwick 1990=1999）の混同があるように思われるが、三人の「ホモ」や「レズ」といったことばの使用も含めて、このテクスト自体もまた歴史化して読まれる必要があることはいうまでもない。

（5）イギリスでは、「エイジアン」とは主に旧植民地であるインド亜大陸（インド、パキスタン、バングラデシュなど）からの移民とその子孫ならびに文化を指す。

（6）しかしここからは、メンバーたちが白人をグループに加えることで 'Desi' の価値上昇を図っているという意図もまた読み取れる（Komatsu 2010）。そのように読むならば、依然として白人が上位だという構図は変わらないことになる。もし Jas が黒人であったならば、メンバーたちが彼を 'Desi' として認めるかどうかの判断基準はまた異なってくるだろう。

（7）例えば、バングラ（インドとパキスタンにまたがるパンジャーブ地方の民俗音楽）やボリウッド（インドの娯楽映画）音楽とテクノやハウス、ヒップホップなどのクラブミュージックを融合した音楽は 'Desi Beats' などと呼ばれている。

（8）ヒップホップの消費者層のかなりの割合を占めるといわれる女性（黒人女性）の間に、ヒップホップで頻繁に用いられるミソジニー表現をめぐる大きな認識の差がみられることも、こうした「解釈共同体」内部における多様な解釈を示す例としてあげられるだろう。詳しくは（栗田 2009）を参照のこと。

（9）このような方向性に基づいた文化社会学的研究の例としては、やおい・BLの解釈共同体内の秩序と細分化に着目した研究（金田 2007）や、ヒップホップの「真正性」の指標に異議を唱えるオーディエンス言説の分析（栗田 2009）など。

（10）『女ぎらい―ニッポンのミソジニー』（上野 2010）のなかで、上野は『男流文学論』の冒頭に吉行をもってきた理由を「わたしがかれに恨みつらみを持っていたから」（上野 2010:10）と説明し、「当時吉行の読者であった同世代の男たちから、セクハラまがいの発言を受け、それを甘受しなければならなかったからだ」（上野 2010:10）とその背景を明かしている。

文献

Butler, Judith（1997）*Excitable Speech: A Politics of the Performative*, New York: Routledge. ＝（2004）竹村和子訳『触発する言葉──言語・権力・行為体』岩波書店

井上一馬（1998）『マドンナのアメリカ──自由を手にした女たちの反逆』ＰＨＰ新書

伏見憲明・エスムラルダ（2006）「あなたがオバサンになっても──キャンプの変化と行く末を見つめて」『ユリイカ』３月号

金田淳子（2007）「マンガ同人誌──解釈共同体のポリティクス」佐藤健二・吉見俊哉編『文化の社会学』有斐閣

Komatsu, Hisae（2010）'Speaking about *Desi*: The Sense of Belonging in Contemporary British-Asian Writers'，北海道大学スラブ研究センター二〇一〇年夏期国際シンポジウム「ユーラシア諸国におけるアジアの自己表象」報告原稿

栗田知宏（2009）「『差別表現』の文化社会学的分析に向けて──ヒップホップ〈場〉の論理に基づく意図と解釈を事例に」『ソシオロゴス』33号

Malkani, Gautam（2006）*Londonstani*, London: Fourth Estate.

Morton, Stephen（2003）*Gayatri Chakravorty Spivak*, London: Routledge. ＝（2005）本橋哲也訳『ガヤトリ・チャクラヴォルティ・スピヴァク』青土社

Negus, Keith（1996）*Popular Music in Theory: An Introduction*, Cambridge: Polity Press. ＝（2004）安

田昌弘訳『ポピュラー音楽理論入門』水声社
斎藤美奈子（2002）『文壇アイドル論』岩波書店（再録：（2006）文春文庫）
斎藤美奈子（2009）「フェミニズム文学批評を『読む／学ぶ／書く』ために」天野正子・伊藤公雄・伊藤るり・井上輝子・上野千鶴子・江原由美子・大沢真理・加納実紀代編『新編日本のフェミニズム11 フェミニズム文学批評』岩波書店
Sedgwick, Eve Kosofsky（1990）*Epistemology of the Closet*, Barkeley: University of California Press. ＝（1999）外岡尚美訳『クローゼットの認識論―セクシュアリティの20世紀』青土社
Spivak, Gayatri Chakravorty（1990）*The Post-Colonial Critic: Interviews, Strategies, Dialogues*, Sarah Harasym ed., New York: Routledge. ＝（1992）清水和子・崎谷若菜訳『ポスト植民地主義の思想』彩流社
竹村和子・上野千鶴子（2001）「ジェンダー・トラブル―アイデンティティの攪乱はどこで、どのように…」上野千鶴子＋大沢真理、河野貴代美、竹村和子、足立真理子『ラディカルに語れば…―上野千鶴子対談集』平凡社
上野千鶴子・メディアの中の性差別を考える会編（1995）『きっと変えられる性差別語―私たちのガイドライン』三省堂
上野千鶴子・小倉千加子・富岡多惠子（1992a）『男流文学論』筑摩書房（再録：（1997）ちくま文庫）
上野千鶴子・小倉千加子・富岡多惠子（1992b）「『男流文学論』の書評を総点検する」『中央公論』7月号
上野千鶴子（1988）『女遊び』学陽書房
上野千鶴子（1989）『スカートの下の劇場―ひとはどうしてパンティにこだわるのか』河出書房新社
上野千鶴子（1995）「オリエンタリズムとジェンダー」加納実紀代編『ニュー・フェミニズム・レビュー Vol.6 母性ファシズム―母なる自然の誘惑』学陽書房

上野千鶴子（1996）「複合差別論」井上俊・上野千鶴子・大澤真幸・見田宗介・吉見俊哉編『岩波講座現代社会学15　差別と共生の社会学』岩波書店（再録：（2002）『差異の政治学』岩波書店）
上野千鶴子（2000a）「記憶の語り直し方」『日本近代文学』第63集（再録：（2006）『生き延びるための思想―ジェンダー平等の罠』岩波書店）
上野千鶴子（2000b）『上野千鶴子が文学を社会学する』朝日新聞社（再録：（2003）朝日文庫）
上野千鶴子（2005）「生き延びるための思想」『at』0号（再録：（2006）『生き延びるための思想―ジェンダー平等の罠』岩波書店）
上野千鶴子（2010）『女ぎらい―ニッポンのミソジニー』紀伊國屋書店

第六章　消費社会論からの退却とは何だったか

新　雅史

1　消費社会から格差社会へ？

上野千鶴子と三浦展の対談本が二〇〇七年に出版された（文庫版は二〇一〇年）。この本には「消費社会から格差社会へ」（三浦・上野 2010）というタイトルが付された。

わたしは、この本のタイトルをみたとき、次のような違和感を感じた。この書名を文字通り理解すると、いまの社会は、消費社会ではなく格差社会となってしまうが、それは妥当なのか。そんな違和感である。

いまの日本社会が格差社会である――その事実認識はよい。だが、格差社会の到来は、消費社会からの移行として理解すべきなのか。また、似たような疑問ではあるが、消費社会という概念は、格差社会と同列に並べることができる概念なのか。

二〇〇八年に出版された辻井喬（堤清二）との対談本も『ポスト消費社会のゆくえ』（辻井・上野 2008）となっており、やはりそのタイトルには先の疑問が浮かんでしまう。

この疑問は、つきつめると、上野千鶴子は消費社会をどのようにとらえている（きた）のか、という問いになる。あらかじめ宣言しておくと、本章は、以上の問いをつまびらかにすることである。

さて、作業をはじめるにあたって基本的なことを確認しておこう。

著作一覧をみてもらえればわかるように、上野千鶴子が本格的に論壇に登場したのは一九八〇年代はじめである。そして、そのデビューから八〇年代の終わりまで、上野は、消費社会について積極的に論じてきた。そしてその論考の多くが『〈私〉探しゲーム』（一九八七年、文庫版は一九九二年）にまとめられている。そこに収められた論考の内容の多様性とその深さは、一九八〇年代の上野の仕事の柱の一つが消費社会論であったことを雄弁に物語っている。

しかし、上野は、一九九〇年代以降、単発的なエッセイや一部の企画（たとえば河合隼雄との共同編集である『現代日本文化論8　欲望と消費』など）をのぞき、消費社会にたいする言及を以前ほどにはおこなわなくなった[1]。

上野の消費社会論からの退却は、彼女自身の消費社会に対する興味関心の薄れが大きいのだろう。上野は、『〈私〉探しゲーム』の文庫本解説のなかで次のように告白する。

八〇年代の未曾有の円高、バブル経済の波の中で、わたしもまた〝トレンドごっこ〟に興じた。

日本社会の八〇年代は、わたしの30歳代と重なっていて、自分の体力がゆるす限り、わたしは「時代の伴走者」であることを、たのしんだ。（上野 1992:318）

だが、バブルの崩壊後、時代との伴走はやめて、「歴史的な仕事をするようになった」。（藤生 2009:112）上野は、その変化の理由を、年齢と自分自身の興味関心に還元している。

しかし、わたしは、上野の消費社会論からの退却を、彼女の興味関心や時代状況で説明してはいけないと思っている。では、どのように考えればよいのか。仮説的ではあるが、上野がみずからの消費社会論の限界ゆえに、消費社会論から退却したのではないか、と想定してみたい。上野は、みずからの消費社会論の射程が短かったことをさとった。そのために、消費社会について論じなくなったのではないか。

ちなみに、ここで問題にしている「消費社会論」とは、モノの消費から記号の消費へ、産業構造でいえば、第二次産業中心から第三次産業中心へ、という意味ではない。そうした教科書的な内容に還元できない上野の消費社会論が存在している。そして、そうした上野独自の消費社会論があることを前提として、その妥当性を検討してみたい。

だからこそ、重要なのは、まずはしっかりと上野の消費社会論を理解することである。そこで、次節では、上野の消費社会論を整理する（2節）。そのうえで、次に上野の消費社会論の評価をおこなう（3節）。つぎに、上野の消費社会論が現代社会の分析にいかに活かすことができるかを実際に試してみる（4節）。さいごに上野千鶴子へいくつかの問いを投げかけて論を閉じたい（5節）。

2　上野千鶴子の消費社会論とは

先にも述べたように、上野千鶴子の消費社会論は、『〈私〉探しゲーム』（一九九二年）にまとまって収められているが、そのなかに「商品――差別化の悪夢」（原著は一九八二年）という論文がある。この論文は、エッセイがほとんどを占めている上記書において、数少ない理論的な論文である。そして、この論文で注目すべきは、そのタイトルが、マルクス『資本論』の第一章とまったく同じものが付されていることだ。上野が、相当の覚悟をもって、論文を執筆したことがわかる。

それにしても、なぜ、マルクスの資本論の章タイトルが付されているのか。

よく知られているように、マルクスは、資本論の第一章で、商品の価値論をおこなっている。そこで用いられる概念が、使用価値と交換価値である。そして、これも有名ではあるが、価値を最終的にかたちづくるのは労働である。

しかし、このマルクスの見解は、あくまで生産の側からみた商品の分析である。それに対して、上野は、消費の側から、商品を分析しようとする。(2)

そこで用いられるのが言語論の枠組みである。上野によれば、わたしたちが商品を消費するとき、言語の配列とおなじメカニズムが働いている。

言語論では、言語の配列を二つの軸から説明する。まず、一つめの軸は、ある文が意味をなすための配列である。基本的には文法構造のことだと考えればよい。それをサンタグムという。二つめの軸として、主語や動詞といった場所におかれる語の一群がある。それをパラディグムという。そして、上野がいうには、商品は「パラディグムとサンタグムの格子の交叉する点」として読み解くことができる。

どういうことか。パラディグムから説明しよう。例えば、男性の一人称の表現であれば、「わたし」「オレ」「ぼく」という語の一群から、ある一つの語（例えば「オレ」）が選択される。それは、消費するときも同じである。目的にふさわしい商品の一群から、ある一つの商品だけが選ばれる。

つぎにサンタグムである。例えば、男性の一人称で「オレ」という言葉が選ばれると、つぎに、「オレ」に適した動詞や形容詞が付けられる。同じように、ある一つの商品を選択すると、続いてその商品にふさわしい商品が連鎖的に選ばれる。白木のイスを購入すれば、白木の机、そして白木のイスとテーブルにあうテーブルクロスが購入されるという具合である。つまり、「一つの商品は、同時にパラディグマティックな意味とサンタグマティックな意味とを指示している」（上野 1992:65）。

こうした商品の系列は、以前は、「人なみ化」というかたちで平準化されていた。社会学では、標準化された商品のセットを「スタンダード・パッケージ」（D・リースマン）と呼ぶ。日本でいうと一九五〇年代の「三種の神器」（白黒テレビ・電気洗たく機・電気冷蔵庫）があてはまる。

そして、この「人なみ化」という商品の系列は、上昇し続けていた。じっさい、日本では、一九五〇年代の「三種の神器」から、六〇年代の「3C」（カラーテレビ、乗用車、クーラー）へと、スタンダード・パッケージが更新された。戦後日本社会に生きる人々は、終わりなき「人なみ化」に縛られてきた。

ただ、上野は、こうした消費の「人なみ化」が、総中産階級化によって変質したという。まず、国民がみな中産階級となったことで、模倣する対象としての「上」がいなくなった。以前であれば、「上」の者たちがもっていたモノを、「下」の者たちが模倣＝欲望することによって、消費欲求がうながされていた。そうした「人なみ化」の同調圧力は、つくるほどに売れるというメーカーの黄金時代を到来させ、国家規模での中産階級化をつくりあげた。日本は、ぶあつい新中間層（管理層としてのホワイトカラー）をつくりあげたが、一方で生産については、徐々にオフショア化していった。こうして、日本全体が豊かになったのだが、中産階級化によって模倣すべき対象としての「上」が意味をもたなくなった。それは、豊かになった若者たちが、立身出世の対象としての「上」に興味を失ったことと、ほぼ同じ理屈である。

それは、スタンダード・パッケージのたえまない上昇の限界ということでもある。それまでは、商品の水準をワンランク上げることに、人びとが乗っていた。だが、上野によれば、この論文が書かれたころカメラの一眼レフの大衆化が失敗に終わったように、スタンダード・パッケージの上昇に、大衆が関心をいだかなくなった。

それにつけくわえて、所有することで社会的な威信を誇っていた商品が、ゆたかな大衆がいるマス・マーケットなしに成り立たなくなった。これは、上野はその概念をあげていないものの、消費を通じて社会的な威信を誇示するという「誇示的消費」（T・ヴェブレン）の変容を意味する。

こうして横並びになった消費者たちは、それまでの商品とのわずかな「ちがい」＝示差性に欲望するようになる。ボードリヤールがいうところの「記号的消費」のロジックがここで動きはじめる。

例えば、Tシャツのロゴがついているかどうか、そんなわずかな「ちがい」が欲望の対象となるというわけだ。それは、「便利さ」という機能や、「高級さ」というステイタスに欲求していた時代からの大きな変化である。

さて、ここまでは、消費社会論でよくみかける議論である。だが、ここから上野のオリジナリティが発揮される。まず一つめのオリジナリティは、人々が「幻想のコミュニタス」のなかで欲望を喚起させていることを指摘している点である。どういうことか。

消費の論理が「記号的消費」になったからといって、人々は、他人とまったく「ちがう」ことを求めるわけではない。誰かは、わたしの「ちがい」をわかってくれる、そうした思いをもっていないと、人は「ちがい」を求めることはできない。では、その「ちがい」をわかってくれる他者はどこにいるかというと、それは人々の幻想のなかにある。わたしたちは、わたしが「ちがう」モノを消費していると、誰かがわかっていると幻想することでようやく欲望をもつことができるというわけだ。裏を返せば、そうした幻想がないと、資本主義の要諦である「たえまない差異化」が駆動しない。

二つめのオリジナリティは、アイデンティティと消費の結びつきを否定していることだ。上野は、この論文では、アイデンティティという言葉を用いていないものの、人を変数の束としてとらえようとするクラスター・マーケティングの手法について、手厳しく批判する。クラスター・マーケティングとは、「自民党支持の人は演歌が好きで、婚前交渉には消極的で野球は巨人ファンだ」といった、ヒトをとりまく変数群の関係性を統計的に処理する方法のことである。

上野によれば、クラスター・マーケティングという方法には重大な前提がある。それは、人はただ一つの生活様式――ここでは「ライフ・スタイル」といった方がマーケティングにふさわしいかもしれないが――を選択する、という前提だ。例えば、クラスター・マーケティングの方法論では、ジーンズをよく着る男性は、Aという食器を持ち、Bというカーテンを選ぶ、という理解をする。そして、マーケッターは、そうした調査結果をひねりだして、ジーンズライフという提案をおこなう。だが、その想定は、現実によって裏切られるはずだ。というのも、前日に皮ジャンを着ている人が、次の日にスーツを着て出勤するのは、何の不思議もないからだ。人々は、さまざまな商品を、さまざまな場面のなかで、使い分ける。しかし、マーケティングの方法論は、そうした複数のライフスタイルを括弧に入れて、アイデンティティとライフスタイルを一対一対応させる。それは、「趣味というものが、アイデンティティやリアリティを作るという、近代の個性神話」（上野 1992:91）が作り出した「幻想」である。

しかし、こうしたありもしない幻想が、いまの資本主義を貫徹しているのも事実である。じっさい、人々は、消費をつうじて「私らしい私」を作り上げようとする。マーケッターも、そうした幻想にのって、商品の提示をおこなう。

むろん、そんな「私らしい私」は、現実の生活が裏切り続ける。しかし、人々は、現実から遊離した幻想をいだいていないと、欲望をつくりだすことができない。こうして、わたしたちは、例えばマーケッターがしかけた「ジーンズライフ」にコミットする。そして、人々がこうした幻想にコミットをしなければ、資本というゲームも停滞してしまうのだ。(3) こうした泥沼のゲーム（タイトルは「私」探しゲームである！）のなかに浸かっているのが消費社会である。

3　タテナラビの差異化か、ヨコナラビの差異化か

さて、上野の消費社会論をまとめたが、わたしの評価をおこなう前に、上野の自己評価を確認しておこう。

結論から述べると、上野は、一九八二年の論考を否定している。それが明言されているのが、日本長期信用銀行のエコノミストだった小沢雅子の『新・階層消費の時代』（文庫版）の解説文においてである。

> 正直に告白すると、私は小沢雅子との交流の中から自説を訂正した。私自身の消費社会論『「私」探しゲーム―欲望私民社会論』が出たのは一九八七年。その中で最も早い時期の差別化論は、一九八二年に初出の「商品―差別化の悪夢」という論文である。その中で私はヨコナラビ差別化説を支持していたが、のちに小沢から多くを学んで自説を変えた。つまり私は彼女に説得された、のである。（上野 1989：255–256）

この引用文からわかるように、上野は、一九八二年の自説を「ヨコナラビ差別化説」と称したうえで、小沢の「タテナラビ差別化説」の方に軍配を上げている。

簡単に「タテナラビ差別化論」とされている小沢雅子の論を紹介しておこう。小沢の本が出版され

るころ、消費社会の到来が喧伝され、消費の個性化や差別化がもてはやされていた。しかし、そうした個性化や差別化の内実は、小沢によれば、消費者の購買力の差の拡大であった。では、なぜ消費者の購買力に差が生じるようになったか。小沢は、産業別・企業規模別・男女別・地域別の賃金格差が拡大していることをデータで示す。また、七〇年代から、フロー（給与所得の伸び）の伸びよりも、ストック（不動産などの資産収入）の伸びが大きいこともあわせて示している。こうした格差の拡大は、当然、消費行動にも影響を与えており、所得・資産による消費のグループ化を進めた。また、八〇年代の日本は、九割の日本人が自分たちの生活程度を「中」と答えていたが、以上の結果から、そうした中流意識も、早晩訂正に迫られるだろうと主張した。

上野が、小沢の論に、白旗をあげたのは仕方がない面がある。上野は、さきほどの論文のなかで、「ヨコナラビ」の指標として、管理部門の増加と、国家規模での巨大な中産階級の増大をあげている。けれど、そこで、自分の論を補強する実証的なデータをほとんど示していない。小沢に説得されても致し方がなかった。

しかし、そうしたことを踏まえたうえでも、上野の説には捨てがたい魅力がある。そして、わたしは、上野の消費社会論が、一部の修正をほどこせば、現代にも適用できる理論だと判断している。

では、どこを修正すればよいのだろうか。

それは、「総中産階級化」という主張を修正することである。上野は、「中産階級」というマルクス主義にまみれた概念を用いているが、この概念の使用にこそ上野の落とし穴がある。ここでの中産階級という語は、階層論における新中間層の意味であるが、それが国民全般に拡がったというのは明らかに言いすぎである。

すでにこの時期には、村上泰亮をはじめとして、「地位の非一貫性」の議論がおこなわれていた。「地位の非一貫性」とは、階層構造の錯綜した状況を指した概念である。つまり、一般大衆は、「収入・資産」「職業威信」「学歴」といった資源のどれかをある程度はもっており、それゆえ、生活程度が「中」と答えたわけである。

こうした知見を踏まえるならば、上野は、実体的な中産階級の話をするのではなく、「中流意識」の議論をおこなうべきであった(4)。

より具体的にいうならば、こういうことである。産業資本主義の時代には、スタンダード・パッケージのように、平準化された上昇志向をもつ、目に見える均質の大衆が存在していた。しかし、産業資本主義の終焉とともに、平準化された上昇志向をもつ大衆がみえなくなった。その一方で、上昇志向のないヨコナラビの意識をもつ大衆が生き残った。それは九割にものぼる「中流」の人々である。そうした中流が、じっさいに中間層であったかどうかは、上野の消費社会論において重要でない。より重要なのは、中流意識という幻想のなかで、細分化された共同体である「幻想のコミュニタス」が生まれたという主張である。

ちなみに、ここで用いているフィクションという表現がわかりにくければ、日本社会を支えてきたリアリティといいかえてもよいだろう。

社会学者の見田宗介は、日本人のリアリティが、以前の「理想」「夢」から、八〇年代に「虚構」へと変化したことを指摘する（見田 1995）。それは、八〇年代に「上」という理想・夢を目指していた時代が終焉し、目指すべき彼方がなくなってしまった状況をさしている。そこにあったのは、格差がなくなったというよりも、格差が不可視になった、という事態である。こうした、格差の不可視という状況を指し示しているのが、中流意識の拡大である。何度もいうけれど、このリアリティは、女性の非正規雇用化の進展など、実態としての格差拡大と同時に進んでいた(5)。こうした事態は、日本のロールモデルであったアメリカ・イギリスが二度のオイルショックの痛手からなかなか抜け出すことができないなか、相対的にオイルショックから立ち直るのが早かった日本が、多幸感に浸っていたことと大きく関係している。

上野千鶴子の論も、「ヨコナラビの格差」と言い切ってしまっている時点で、こうした八〇年代の多幸感と無縁ではない。だけれど、上野は消費を語るなかで、日本という主体が目指すべき「上」をなくし、中流という虚構のなかに放り出され、そしてそれが細分化されたマーケットの登場というかたちで空中分解していくメカニズムについて先駆的に指摘できている。それはしっかりと評価すべきだろう。

だからこそ、問題は、「タテナラビの差異化」か「ヨコナラビの差異化」のどちらかが正しいかを選ぶことではない。実態としての「タテナラビの差異化」とフィクションとしての「ヨコナラビの差異化」がなぜこの時代に両立してしまったのか、それを指摘して考察するべきであったのだ。

4　現代社会において消費社会のロジックはいかに貫徹されているか

ここまで本章を読んで、次のように疑問をもたれる方がいるかもしれない。なぜ、あなたは、上野本人が見捨てた一九八〇年代の消費社会論を今さら蒸し返そうとするのか、と。

その疑問に答えるために、ここでもう一度、冒頭の問いに戻っておこう。二一世紀以降、現代社会論は「格差」への論議へと移行したが、では、わたしたちの社会は消費社会ではないのか。

例えば三浦展は、すぐれたマーケッターらしく、現代の若者たちの消費志向が階層によって分化していることを手際よく指摘する。そして、自分探しをおこなう若者たちが、消費に向かわなくなったことをデータから明らかにする（三浦 2005）。

こうした三浦の議論は、現代社会の変化をうまくつかまえていて大変おもしろいと思うが、いっぽうで、そうした現象がどのような原理のもとに起きているのかがわからない(6)。また、そうした現象があるからといって、なぜ三浦だけでなく上野までが、「消費社会から格差社会へ」と表現しているのかもよくわからない。

消費社会とは、国民がひろく包み込まれる、均質的で実体的な消費文化を想定し得なくなった社会のことである。それは、細分化されたマーケットが存在すると「幻想」され、その「幻想されたマーケット」はアイデンティティと結びつく。これが上野千鶴子の消費社会論であった。

じつは、このロジックは、現代社会でもみいだすことができる。具体的にいえば、わたしがこの数年研究対象にしてきたコンビニエンス・ストア（以下、「コンビニ」と略する）に、消費社会のロジックが見事なまでに形象化されている。

以前、わたしは、コンビニのＰＯＳシステムについて分析したことがある（新 2008）。ＰＯＳシステムとは、「どの商品がどれだけ注文され、どれだけ売れて、どれだけ売れ残ったか」を、各商品に貼られたバーコードによって管理し、生産・物流・発注へと反映させる情報処理システムのことである。コンビニの内部では、ＰＯＳシステムをもちいた発注作業を、各店舗で働いているアルバイト・パートにおこなわせるように勧めている。

なぜ、アルバイト・パートに、商品発注をさせるのか。それは、かれらに発注させることが、各店舗の商品棚を「個性的」にするという幻想からである。その幻想の裏側には、アルバイト・パートたちが、コンビニで働く以前まで、一人の消費者であったことが重要視されている。アルバイト・パート一人ひとりが、消費者としての感性を発注に活かすことができれば、各店舗の状況にそくした消費者ニーズをてっとりばやくつかまえることができ、個性的な店舗をつくりだすことができると想定しているのだ。

なるほど、コンビニ本部がいうように、コンビニのアルバイト・パートのほとんどは、不安定就業をいとわない若者や既婚女性たちであり、彼らの住居のほとんどは、自分たちが働いているコンビニからそれほど離れていない。彼／女らは、その地域に通じているし、その地域の小売店を頻繁に利用する。彼／女らは、コンビニの典型的な消費者である。だから、アルバイト・パート自身に発注してもらえば、地域のニーズを把握するにあたって、好都合というわけなのだ。

こうしてコンビニでは、「消費者＝素人」たちの個別的なニーズが、日々発注されている。しかし、考えてみてほしい。コンビニの各店舗は、はたして個性的な品揃えとなっているだろうか。多くの人たちはその反対のイメージでコンビニをとらえているはずである。

ある研究者との会話のなかで次のような話がでた。タイのバンコクに行ったとき、雑踏のなかから日本のコンビニを発見し、いいがたい安心感をおぼえた、と。また、社会学者の田中大介は、エドワード・レルフらの現象学的地理学の知見をもとに、コンビニの安心感を〈脱場所的安心〉から論じた（Relph 1976＝1999; 田中 2006）。私たちは、どこにいようとも、最寄りのコンビニを通じて、最先端の商品群に触れることができる。コンビニが真にふさわしい場所は日本のどこにもない。裏を返せば、どういった場所も、コンビニにふさわしい。場所性を脱したかたちでの存在論的安心を備給しているのがコンビニである。

こうした〈脱場所的安心〉をだれが産み出しているのか。それが先から触れているアルバイト・パートの発注である。コンビニの各店舗では、消費者のニーズをできるだけ把握しようと、その発注回数をふやしている（たいていのコンビニにおいて食品関係の発注は一日三回ある）。しかし、その高頻度の発注は、「コンビニに行けば新しい何かがある」という、期待に寄り添うだけとなっている。本来、地域の実情にあわせて各店舗を個別的なものにしようとして、POSシステムが導入された。だが、消費者のニーズをできるだけ先取りして把握しようとしたばかりに、かえって均質的な売り場をつくりあげてしまった。

現在のコンビニは、細分化されたマーケットがあるという幻想のなれの果てである。そして、その幻想に従わざるをえない現代資本主義の限界ともいえる。そして、その幻想のなかで強制的に入力を強いられるのが、コンビニ的ライフスタイルを送っているとされる下層の人びとである。いまや「差別化の悪夢」は単純労働にまで浸透してしまった。

細分化されたマーケットは、マーケティングという幻想の言語ゲームのなかにしかない。それはすでに八〇年代に気づかれていた。にもかかわらず、それにたよらざるをえないという現代資本主義社会の矛盾がいまだに乗り越えられていない。そして、その矛盾は、コンビニという場に集約的にあらわれている。上野の論文は、コンビニという悪夢を予言しているようにみえる。

5　消費社会論の再審に向けて

昨今、格差が問題となっている。そんななかで、一九八〇年代に多くの人を魅惑した消費社会論は忘れ去れつつあるように思う。もしくは、社会学者の高原基彰のように、日本の消費社会論は、反近代主義にもとづく単なる消費礼賛論でしかなかった、と否定的にとらえられている始末だ（高原2009）。

だが、これまで検討したように、上野千鶴子の消費社会論は、現代においても適用しうるものである。それは、前節の最後に書いたように、消費社会と格差が同時に進行している今こそ、読み継いでいくべきものである。足りなかったのは、上野千鶴子自身の興味関心と自説にたいする評価の方だ。とはいっても、上野本人が、以上の解釈に賛意を示すかはわからない。だからこそ、聞きたいのだ。

上野は、八〇年代の自分のおこなってきた消費社会論に対して、二一世紀の今日、どのように評価をしているのか。そして八〇年代の自説に対して、いかなる修正を加えればよいと考えているのか、と。

いまの大学生たちは一九八〇年代という時代を知らない。もはや、あの時代は、歴史になってしまった。上野の論も歴史的な検証にさらされる時期に来た。いうまでもなく歴史的な検証とはたんなる回顧ではない。それは、現代から過去の事象を観察し、何が連続していて何が切断されているのかを検証することである。あの八〇年代という「消費社会」から何が連続していて何が切断されているのか。

冒頭で紹介したように、この数年の上野は、三浦展との対談につけくわえて、辻井喬（堤清二）との対談もおこなっている（上野・堤 2009）。それを一九八〇年代の消費社会を再審する作業であると理解するのは早とちりだろうか。ともあれ、本章が、上野の消費社会論を検証する一つのきっかけになればと願う。(7)

註

（1）一九九一年にセゾングループの社史として「イメージの市場」（上野 1991）が書かれているが、社史執筆の依頼および執筆にあたっての調査は一九八〇年代におこなわれているものと思われる。

（2）マルクスという固有名が出たので、ここで、上野のマルクス主義フェミニズムと消費社会論の関係について、私見を述べておこう。上野の消費社会論は、「商品」の分析を通じて、閉鎖系としての資本制がいかなるプロセスで臨界点（差別化という悪夢）を迎えるかを論じたものである。一方、マルクス主義フェミニズムは、閉鎖系のシステムとしてみなされてきた資本制が、じつはその外部である「家父長制＝近代家族」に依存してはじめて成り立つシステムであることを説得的に論じるものだった（上野 1990）。つまり、一九八〇年代の上野は、資本制を内部と外部の両面から批判を試みた時期だった、と整理できる。

（3）三浦展は、下流社会の特徴として、「自分探しとしての脱消費化」をおこなう層が登場したことを指摘する（三浦 2005；三浦・上野 2010）。

（4）先にふれたように小沢雅子は、中流意識の妥当性についても疑いのまなざしを向けている。しかし、それはすべて仮説止まりであり、中流意識それ自体の否定にまでたどり着いていない。ちなみに、上野は、われわれが検討している論文のなかで「中流意識」について述べているが、それは中産階級の増大の証左として扱われている。その議論の背景にあるのは、やはり「中産階級」の実体化であった。

（5）こうした中流意識は、自民党の福祉構想である「日本型福祉社会論」（一九七九年）にもとづく社会保障改革プログラムを正当化していく。経済学者の大沢真理が指摘するように、もともと日本の社会保障・社会福祉は、大企業中心、かつ男性本位に制度がつくられていたが、それにつけくわえて、「日本型福祉社会論」の登場により、「家族だのみ」・「大企業本位」・「男性本位」の社会政策が、日本の〝よき伝統〟として、維持強化されることになった。そしてその「日本型福祉社会論」がじっさいに制度へと結実したのが一九八五年の年金改革であった。（大沢 1993）。

（6）念のために注釈しておくと、その不満を三浦にぶつけるべきだとは思っていない。その作業は基本的に社会科学者がおこなうべきである。

（7）本章で扱っていない重要な論点に「消費社会とジェンダー」がある。予定では、大塚英志の連合赤軍の議論とそれに対する上野のリプライをあわせて検討する予定だったが、時間的・紙幅的限界により、この論点をあつかうことができなかった。別の機会にこの問題を論じることができればと思う。

文献

新雅史（2008）「コンビニをめぐる〈個性化〉と〈均質化〉の論理―ＰＯＳシステムを手がかりに」（遠藤薫編『ネットメディアと〈コミュニティ〉形成』東京電機大学出版会所収）
藤生京子（2009）『吉本隆明のＤＮＡ』朝日新聞出版
三浦展（2005）『下流社会―新たな階層集団の出現』光文社新書
三浦展・上野千鶴子（［2007］2010）『消費社会から格差社会へ―一九八〇年代からの変容』ちくま文庫
見田宗介（1995）『現代日本の感覚と思想』講談社学術文庫
大沢真理（1993）『企業中心社会を超えて―現代日本を「ジェンダー」で読む』時事通信社
小沢雅子（［1985］1989）『新・階層消費の時代―所得格差の拡大とその影響』朝日文庫
Relph, C. Edward（1976）Place and placelessness, London : Pion. ＝（1999）高野岳彦・阿部隆・石山美也子訳『場所の現象学―没場所性を越えて』、筑摩書房
高原基彰（2009）『現代日本の転機―「自由」と「安定」のジレンマ』日本放送出版協会
田中大介（2006）「コンビニの誕生―1990年代における消費空間のＣＭＣ的構造転換」『年報社会学論集』19、関東社会学会
辻井喬・上野千鶴子（2008）『ポスト消費社会のゆくえ』文春新書
上野千鶴子（1982）「商品―差別化の悪夢」（上野1992所収）
上野千鶴子（［1987］1992）『増補〈私〉探しゲーム―欲望私民社会論』ちくま学芸文庫
上野千鶴子（1990）『家父長制と資本制―マルクス主義フェミニズムの地平』岩波書店
上野千鶴子（1991）「イメージの市場―大衆社会の「神殿」とその危機」（セゾングループ史編纂委員会編『セゾンの発想』リブロポート所収）

第七章　異形のことば—バイリンガリズム／マルチリンガリズムとジェンダー

北村　文

1　政治的なことば

とうとつに、引用から始めてみよう。上野千鶴子の挑発的なことばを、その衝撃を損なわずに聞くために。

——わたしはね、男でも女でもありません。わたしはフリーク（異形の者）です。わたしは男の世界でもフリークだし、女の世界でもフリークです。だから、男のコトバで女の心が書けるんです。（上野 1989：133）

敵の武器で戦う。わたしが、そしてわたしたちがやってきたのは、このことではなかったでしょうか。ポストコロニアルという新しい知の流行が訪れて、「服従が抵抗であり、抵抗が服従であるような」実践、敵の言語を換骨奪胎して内懐ふかく敵を刺すために使う作法……それならわたしはずっと昔からやってきた、わたしはそう思ったものです。（上野・趙韓 2004：14）

均質な者たちのなかで――どんな均質性も、想像されたものでしかないのだが――「フリーク（異形の者）」は嘲笑や迫害を恐れ、身を潜めるのが常だ。それが自らその身を白日のもとにさらし、さらには「敵の武器」を手に、「内懐ふかく敵を刺す」というのだから、挑発的どころか暴力的だ。「上野さんってこわいんですか？」という、おそらく本書の執筆者の誰もがいくども経験したであろう質問には、だから、彼女がその意味で秩序撹乱的であり、脅威であるということをいわなければならないだろう。

本章では、ひとつのことばでひとつの世界に住まう「均質な」者たちに対して、複数の言語を操り複数の世界を往還する「異形の」者としての、バイリンガル／マルチリンガルについて考える。それが政治的な立場であり闘いであることを、どんなに「こわい」ものであるかを、上野千鶴子を含むさまざまな「フリーク」たちの声のなかに聞いていこう。

上野は、ことばが闘うための武器になることを言っている。『英語のバカヤロー』（古屋編 2009）所収のインタビューにおいて彼女は、自身を日本語と英語の、男ことばと女ことばの、アカデミック言語と生活言語の、「フェミニズム業界の言語」と「オヤジ社会のオヤジ言語」の、そして標準語と関西弁の「バイリンガル」と呼ぶ。それぞれのことばはそれぞれの世界をみるためのものであり、それが情報生産力になるとも言う。このようにバイリンガル／マルチリンガルになることが、これからの時代の研究者にとっては必須の生存戦略である、とも。

しかし、それぞれの「武器」が等価なわけでは決してないことに注意しよう。「英語」や「男ことば」や「アカデミック言語」や「オヤジ言語」、そして「標準語」は他ならぬ覇者の言語 hegemonic language であり、それをもたない者たちを被支配者の位置におく。すなわち英語を第一言語としない者や女や若者や地方住民は、自らのことばだけでは闘うことができない。ここでいう「バイリンガル／マルチリンガル」は、したがって、複数の言語を操るということに加えて、優位の言語と劣位の言語を身につけ、ひとつの秩序のなかで異なる位置にあるふたつ（以上）の武器をふりかざす存在を指す。同インタビューにおいて、上野はこうも言う。

批判が批判として成り立つためには、批判される当の相手に伝わる言葉でなければなりません。彼らに伝わらない言語で何かを言ったところで、それは単なるノイズであり、わめきであり、ヒステリックな泣き声以外の何物でもないからです。私は、自分が男ことばと女ことばの「バイリンガル」であると思って任じ、男ことばに従うそぶりを見せながら、相手の言葉を換骨奪胎して、相手に穴をうがち、くさびを打つ作法を身につけたのです。（古屋編 2009:85）

「伝わる言葉」と「伝わらない言語」という序列――ことばは闘いのための武器であると同時に、

それじたいが政治的なものであるということに、私たちは気づかされる。

英語も標準語も学術言語も、ただ何かを誰かに伝えるためのニュートラルな媒体ではない。そこには権力というものがじっとりとしみついていて、言語間には「わからなければならない言語」と「わからなくてもいい言語」という格差がある。優位の言語が何かは、当然、それぞれの文脈に委ねられているけれど、この社会において誰の言語が「わからなければならない言語」かは、多くの場合前もって決められてしまっている。ビジネスの場では女ことばではなく男ことばが、国際会議では日本語ではなく英語が、論文を書くときには生活言語ではなく学術言語が、必要だ。そのほうがわかりやすいとか適しているとかいうのは効果であって原因ではない。男や英語話者や研究者の権威を維持するために、そしてそうでない者たちを排除するために、ことばが政治的に働いている。

2　バイリンガルという闘い

言語はそのように「象徴的資本」だから（Bourdieu 1982=1993）、当然、わからなければならない言語がわからない者たちは不利な立場に立たされる。地方出身者には都市のことばが、移民には受入国のことばが、身につけなければならない言語として立ち現れるし、また、男社会で生きる女もまた、両方のことばを操れる「バイリンガル」になることを強いられる（中村 2001）。日本語を第一言語とする者ならば、英語圏において「わからなければならないものがわからない」という劣位におかれることが少なくないだろう。そのときに痛感させられる非力さは、上野も強調するところだ。

言葉が話せないということは、自分の意思や欲求を相手に伝える手段を奪われることであり、まったく無力な存在になることを意味する。レベルの低い言語で話せば、頭のなかもレベルが低いと思われるし、子ども扱いされかねない。どんな知識人でも無力な状態に投げこまれ、日常的に自尊心の低下を屈辱的な思いで味わわなければならない。（上野 2003 : 222）

そして、そうした英語にまつわる「無力な状態」や「屈辱的な思い」の経験が、限られたエリートだけのものである時代は過ぎた。津田幸男（1990）は、日本の「英語支配」状況を指摘し、「英会話症候群」や「英語中毒」といった「病理」に長く警鐘を鳴らしてきたうちの一人だが、最近のインタビューでは、日本人の現状が、支配されていることにすら気づいていない「幸せな奴隷」の様相を呈している、といっそう痛烈だ（朝日新聞二〇一〇年九月三日）。問題は、インターネットで英語サイトにたどりついてしまったとか、TOEIC の点数が足りなくて昇進できないとかいう日常のことだけではない。もっと公汎で深甚な、英語という覇権の時代、「言語帝国主義」の時代に私たちはいる。

言語帝国主義は南北関係の主要な構成要素であり、文化帝国主義の他の側面、特に世界的な教育の輸出と連動している。それはまた、非対称的な世界秩序の中における経済、政治、軍事そしてコミュニケーション領域の帝国主義とも連動する。言語帝国主義はすべての支配・被支配の関係に浸透しているといってよい。（Phillipson 2000 : 99）

英語圏に住んでいなくても、英語を使わずに生活していても、わたしたちはいやおうなしに英語を頂点とする言語的序列のなかに組みこまれている。[1]「英語にならない情報は存在しないも同然」の現代社会を指して、上野は次のようなアンビヴァレンスを示す。

相手に伝わってなんぼ、の世界なのだ。「言語の壁」は、ついに超えられない。ただ、その「壁」のこちら側とあちら側での両方で、同時に生きていくことを強いられるのが「二重言語使用」という状況のことだ。情報の国際化とは、このバイリンガル状況の世界化のことを意味する。わたしはこの状況をもろ手を挙げて歓迎しているわけではない。英語ネイティブでない言語圏の国民として、苦々しく思いながらも、この動きから逃れることはだれにもできない、と感じている。（上野 2003 : 184）

英語帝国主義から逃れることのできないわたしたちは、「バイリンガル」となったところで「壁」をひょいと超えられるわけではない。複数の意味や価値の体系に身を引き裂かれ、混乱し、葛藤することもある。「こちら側とあちら側の両方で、同時に生きていく」という緊張状態に、うまく折りあいをつけられる人もいれば、それができない人もいる。「バイリンガル」であることはその意味で「フリーク」として生きることであり、やはり、しんどい闘いなのである。

3 異形の声

しかしその闘いにおいては、つかの間の勝利が与えられることもある。ふたつの言語が話せればふたつの世界の橋渡しをすることができる、あなたは英語が話せる日本人として英語圏に日本のことを伝える役を担えばいい、と、覇者の言語は私たちに言う。しかしその、便利な「現地人研究者」の位置にすとんと入りこむことにもまた、上野は批判的だ。なぜなら、どれほど重宝されようとも「対象を意味づけ、解釈する権力は、もっぱら『欧米人』の側にある」(上野 2003: 186) から。「オリエンタリズムのドグマ」を「自国の聴衆にむかっておうむ返しにくり返す」ことで、自分だけが優越感を抱き、結果的にはオリエンタリズムの構造を強化してしまう「ネイティヴ・インフォーマント」(Said 1978=1993 下 :277) の、安寧な、しかし危険な座を上野は固辞して言う、「この知の植民地化、現地人による代理支配こそ、もっともコストのかからない『帝国の戦略』でしょう」(上野・趙韓 2004: 44)。同時に、「生活言語」と「学術言語」——あるいは「女のことば」と「男のことば」と言ってもよいかもしれない——を使いこなせるのをいいことに、安直なシスターフッド幻想のもとに異文化の女性を代弁してしまいかねない「フェミニスト人類学者」の立場からも、上野は明確に距離をとる (上野 1986; Kitamura 2006)。

男性知にも、帝国の戦略にも、学術的権威にも安住せず、そのなかで異形の姿をさらしつづける——上野のアカデミック・パフォーマンスが脅威なのは、それが、それまでわからなかったものをわからせると同時に、わからせたとたんにまたわからないものへと身を翻すような、まさに「反逆としての翻訳」だからだ。それは、ポストコロニアルの知識人たちが、「英語で、英語に抗して書くwriting against English in English」なかで重ねてきた、読む者を混乱させ当惑させるような言語パフォーマンスにも通じるだろう。大石俊一は、「サイードやスピヴァックやバーバといった非純粋イギリス系言語理論家たち」の、往々にして批判される「晦渋・苦渋・韜晦・〝自己満足〟の言語表現」について、こう述べる。

植民地知識人が、母語と宗主国言語で生きてきて、宗主国言語の帝国主義的性格を痛感するにいたると、およそ二つの道がある。一つの道は、母語を選び、宗主国言語を捨てること……そして、もう一つの道は、屈辱のうちにも、英語ならば英語を使うのだが、その使い方は、この言語を〈拷問にかけ〉〈虐待し〉〈破壊・解体する〉かのように使う方向の道なのである。(大石 2005:62)

英語は覇権を握って久しいが、同時に、内なる攪乱をかかえてきた。ちょうど、「相手の言語を換骨奪胎して、相手に穴をうがち、くさびを打つ作法」(古屋編 2009)に、日本の(男性中心主義的)学術界がさらされてきたように。

かつてAudre Lordeは、人種や階級やセクシュアリティの差異を無視して男女平等を唱えた白人中産階級の異性愛の女性たちに対して、「主人の道具で主人の家を解体することはできない」と叫んだ――「人種差別主義的家父長制の道具で、同じ家父長制の成果を叩いてみたところで何ができるだろう。最も狭い範囲での変化が可能となり許されるだけのことだ」(Lorde 1984:111)。それは、この発表がなされた学会に、たったふたりの黒人女性しか含まれておらず、そのどちらもが開催の直前に呼ばれたという事態に際し、そこでおとなしく「名誉白人フェミニスト」の位置につくことを拒むための、「ブラック・レスビアン・フェミニスト」としてのLordeの異形のパフォーマンスであったことだろう。しかし今、主人の家を主人の道具によって脅かす者がいる。穴をうがち、くさびを打ち、主人の家にいすわりつづけ、でも、主人の言いつけどおりにふるまわず、主人の居心地を悪くし、主人の自明的世界を揺るがすような、「フリーク」がいる。

4　言語とジェンダー

「バイリンガル」が静的な状態ではなく、つねに葛藤と交渉にさらされた動的過程であるということ。それは、言語と切り離して考えることのできない、アイデンティティについてもいえることだ。応用言語学、なかでも第二言語習得研究の分野においては、次のように、ポスト構造主義フェミニズムの流れを汲み、「言語」、「言語習得」そして「アイデンティティ」について再考が促されてきている。

私たちにとって重要なのは、言語が社会組織、権力、そして個人の意識の交わる場所であり、象徴的資本であるというポスト構造主義の視点である。そのとき、言語習得は社会化の過程、あるいは、諸条件のなかでとある実践コミュニティに参加していく過程として捉えられる。そこには、その文脈のなかにどのように存在するかをめぐる交渉も含まれることとなる。(Pavlenko & Piller 2001:22)

個人はエイジェント的存在 agentive beings であり、好ましくないアイデンティティを押しつけられることに抗するために、新たなアイデンティティをつくりだすために、そしてアイデンティティと言語的多様性との間に代替的意味を打ち立てるために、新たな社会的言語的資源の希求を続けている。(Pavlenko & Blackledge 2004:27)

こうした地平において私たちが直面するのは、バイリンガルリズム/マルチリンガリズムとジェンダーの間にある奇妙な関係である。伝統的には、男性と女性では言語習得においてどういった差異があるのかとか、あるいはより一般的にいうならば、男と女とではどっちが語学に向いているのか、とかいうことばかりが問われてきた。そして女性は、いっぽうでは積極的で有利な、他方では保守的で不利な、言語学習者として捉えられてきた——前者には語学の教室や留学先で活発な女子学生を、後者には移民家族のなかで異文化への接触を断たれた母親を、例えば思い起こせばいい(Piller & Pavlenko 2001)。しかしこの「矛盾」は、他の要素をいっさい排除し、「女性」というカテゴリーを本質視したうえでしか成り立たない。今なすべきは、言語の使用や習得の過程においてジェンダーがどのように負荷されるとともに交渉されるのかをみること、そしてそれをとおして「女」「男」というカテゴリーを脱構築していくことに他ならない。[2]

日本女性と英語の関係もまた、二つの、一瞥するところ矛盾するイメージに彩られている。いっぽうにはきらきらしい、憧憬と羨望に満ちた、あこがれをかきたてるような言説群がある。日本社会で性差別的仕打ちをうけた女性たちを、英語が解放してくれるという「抑圧から解放へ」のモデルである。しかし他方には、そうした夢想に潜むオリエンタリズムや英語帝国主義に批判的に、夢見がちな日本女性が英語圏で味わう幻滅や落胆や疎外感に焦点を当てる「抑圧から抑圧へ」のモデルもある。概して、英語産業が前者を駆使して商業的発展を目指すのに対して、多くの研究者は後者の立場をとる。上野にもまた、ニューヨークで見聞きした「現地採用組」の日本女性について、以下のような記述がある。

考えてみたら、女に責任を与えず、先行き希望の持てない社会にイヤ気がさして飛び出したのに、着いた先で、もっとあからさまな性差別に直面していることになる。……「日本がイヤ」で飛び出したはずなのに、行った先の外国で生きていくための資源には、自分の持って生まれた母国語と日本で受けた社会化という資源しかなかった。飛び出した先の外国で「企業社会ニッポン」の末端につらなりながら生きていくほかないとは、皮肉ではあるまいか。（上野 2003：160）

また上野は、自身が出会った「成田を飛び立った女たち」についても、能力も野心もある彼女らにポジションを用意しない日本社会の現実と、性差別を避けるために渡ってきた彼女らをやはりマイノリティとして差別するアメリカの現実を嘆いている（上野 2003）。日本の女たちは、主人の道具で羽ばたくようにみえて実は主人の家のなかに閉じこめられる、ということだろうか——当然これも、「日本の女たち」をひとからげにしたうえでしか成り立たない、疑似問題でしかないのだが（北村 2009）。バイリンガル／マルチリンガルであることが永続する闘いであるように、英語を通して「解放」および／あるいは「抑圧」を経験した女性たちの人生も、ひとところに落ちついて終結するわけではない。思い出そう、「その文脈のなかにどのように存在するかをめぐる交渉」（Pavlenko & Piller 2001）、そして「新たな社会的言語的資源の希求」（Pavlenko & Blackledge 2004）は、彼女らの日常のなかで続いていく。私たちがみるべきは、一時的な帰結ではなくそうした複雑な過程のはずだ。

5　英語と女

バイリンガルの闘いは静かにとり運ばれるようにみえて、ひとたび耳をすませば、そこには女性たちが発する異形の声が響きわたる。Aneta Pavlenko（2001）は、英語を第二言語とする女性著者——日本を出自とする者を含む——による「文化横断的回顧録 cross-cultural memoir」群をコーパスとして、そこで言語習得がどのようにジェンダー化された過程として描かれるかを分析する。特にアジア系女性とラテン系女性に共通してみられるのは、彼女らが第一言語圏で受けた性差別的社会化が、英語圏において引き起こす「周縁化、沈黙、当惑、抑圧」（Pavlenko 2001:142）の経験である。しかしPavlenko は強調する、著者らはそれで第一言語の意味や価値をただちに批判したり破棄したりするのではなく、「むしろ、彼女らが抑圧的だと感じているイデオロギーと、そのイデオロギーによってつくりだされた言語とジェンダーとアイデンティティの関連を、我が身に引き受ける。そうすることで彼女らは、どの言語によってもどのコミュニティにおいてもそれまで語られることのなかった、ハイブリッドなアイデンティティと新たなマスター・ナラティヴを生みだすのだ」(Pavlenko 2001:142-143)。バイリンガルな女性たちのことばは、ここにおいて、第一言語から第二言語へときれいな軌跡を描かず、「ごちゃまぜ hybrid」の様相を呈し、それまでになかったものを生みだす契機となる。ただ、Pavlenko が扱う出版された作品群は、当然ながら一定のプロットを有し、整った、わかりよい物語の域を出ない。「新たなマスター・ナラティヴ」であったはずのものが、「日本の中産階級には主婦になる以外、女に許される未来はなかった」とか、「日本語で男性に話しかけるのはいつも無駄なあがきだった。私が無理に発するどのことばも、礼儀正しく、間接的で、従属的で、控えめになってしまう。知的に、明瞭に、断定的に話すことなどできないのだった[3]」と、ときにステレオタイプを上塗りしてしまうことも否めない。

それに対して、インタビューという方法でバイリンガル女性たちのことばが聞かれるとき、そこにはよりためらいがちでつかみどころのない、ノイズが発せられる。Jean Mills (2004) は、イギリスのパキスタン系女性たちの「母語」――このことばじたいに潜む政治性を見過ごさないようにしよう――を考察し、象徴的資本として生存に不可欠な「英語」との間の緊張関係に注目する。インタビュー協力者たちは自身の「母語」について、そして「母親」としての自分について語るが、そのつど異なるアイデンティティ「になる becoming」(Mills 2004:168)。家庭における主要言語が英語であっても、それを「母語」とはいえないという女性は多く、いっぽうで、ウルドゥー語もまた彼女らが母と、あるいは母として、話すことばではない、と否まれる。ある女性は、自分の子どもには「彼らのルーツは英語以外の言語にあることを知っていてほしい」といいながら、「あなたにとって母語とは？」という問いには、長い沈黙のあと、「母語って、一つの言語にルーツをもつことだけど、私にはそんなのないと思う」と答える（Mills 2004:175）。このように矛盾に満ちた彼女らは、二つの言語を有するという意味での「バイリンガル」からとても遠い。むしろ、どちらにも属させることのできない、名づけられない、存在だ。

英語圏における日本女性の経験もまた、ノイズを孕んでいる。Ingrid Piller と Kimie Takahashi（2004）によるシドニーの女性英語学習者たちへのインタビュー調査は、従来反復されてきた「日本女性の英語崇拝」言説が、いかに一面的で単線的なものであるかを明るみにだす。メディアにあふれる「女性たちをエンパワーするための輝かしい手段であり、男性優位の日本で生き抜くための必要不可欠な女性の武器」（Piller & Takahashi 2006:64）というお決まりの英語像は、実際にインタビュー協力者たちにも共有されていた。しかし同時に、彼女らは時に手厳しく冷徹に、あるいは嘲笑まじりに、あこがれるべき「主人」をまなざしてもいた[4]。

「日本語話せるガイジンに会うとすぐに、いやあ、この人、ジャパニーズキラーだから気をつけないとって思いますもん。日本人女性好きでいてくれるのはいいんですけどね。でも、なんか、簡単にセックスやっちゃうとかいうイメージもたれてるとおもうといやになっちゃうんですよね。だから、そういう人と会うと、もうふらーっていなくなっちゃいます。わざわざそういう人たちと会

いたいと思いませんね。」（Piller & Takahashi 2006:77）

「だめな子たちを使って英語練習してたの思い出すと、なんか胸が痛むのよね。いっぱいデートはしたけど、英語上達したかっただけなんで、使ってたね。今は悪いねって思うけど。」（Piller & Takahashi 2006:79）

日本女性好きの白人男性を避けたり、あるいはそういう「だめなloser」男性を利用したりしたことがあると明かしてみせるとき、彼女らは、ただ主人の道具を手にしようともがく従順で愛らしい日本女性のアイデンティティをはねつけるようでもある。

同様に、私自身の「英語と女」にかんするインタビュー調査（Kitamura 2010）においても、学ぶ、教える、働くといったかたちで英語にかかわる女性たちのあいだからは、ロマンティックにあるいはプラグラマティックに外国語としての英語を希求する声があがるいっぽうで、次のような関係もあらわれた(5)。

「仕事で英語はまったく使わなくて、ほんとうに英会話の教室だけで。週に一回、もう三年ぐらい通ってます。……英語は楽しいです。ひとつの趣味なので、週に一回の英会話でリフレッシュしてる感じです。」（Kitamura 2010:271）

「本読めたり人と出会ったりしたら世界が広がるから楽しそうっていうのもありますけど、英語は好きだから、英語の勉強は一生やっていたい。こんな表現があるんだな、とか、ああ、こういう言い方ってきれいだな、とか思えたらいいなって。……クラスでも、最初に自己紹介するとみんなけっこうちゃんと目的があるんですよね。私は、好きだから来てますってだけ。他の人はMBAに行きたいですとか、CPAとりたいとか言うんですよ。留学したいとか。私はちょっと違うなって。」(Kitamura 2010:271)

「楽しい」、「好きだから」――こうした表現をして、彼女らをもまた西洋至上主義の、英語帝国主義の、犠牲者だと断じることはたやすいだろう。たしかに白人男性を英会話の相手として利用する女性たちと同様に、彼女らもまた危うい行為に及んでいる。なぜなら、授業料を払い続けることになるのも、性的ステレオタイプを付されるのも、そうして言語や人種やジェンダーの序列の下部にさらに深く閉じこめられてしまうのも、やはり彼女らに違いないから。その意味では、この女性たちもまた「抑圧から抑圧へ」の軌跡上に並べられてしまうかもしれない。

けれど同時に、自身と英語との関係を軽く明るく語る彼女らの意味世界に寄りそうならば、ここで語られているのが、偶然とりあげられた代替可能な消費財としての「英語」であることも見すごしがたい。「リフレッシュしてる」のも「一生勉強していたい」のも、実は英語でなくても、ヨガでも陶芸でもよかったかもしれない。ひとりめの女性は「趣味」「楽しい」という以上に英語について語るべきをもっていないようだし、ふたりめの女性は、英語に将来を託そうとする「幸せな奴隷」たちから距離をとろうとするようでもある。いわば「英語で遊ぶ」彼女らは、「あこがれ」の意味を混乱させ、「あこがれるべき英語」という幻想を遠ざけ、「あこがれる日本女性」という位置から逸れていく。そうしたノイズを発することで、「解放か、抑圧か」を問おうとする言語学者や社会学者やフェミニストの手からするりと逃れてしまう、どのカテゴリーにもすとんとおさまらない、彼女らもまた「異形の者」に他ならない。

6　ことばは届くか、ノイズは届くか

最初の引用に戻ろう。「フリーク」たちは、「服従が抵抗であり、抵抗が服従であるような」複雑な政治の実践者だ。ひとつのことばに収まらず、だからといってふたつの、あるいはそれ以上のことばを器用に使いこなすだけでもない。使用のなかで乱用し流用し、時にその間に引かれた境界をぼやけさせてしまうような、異形の者たちのしわざがある。それは、フェミニズムとかポストコロニアリズムという知のあり方であるだけでなく、英語帝国主義が物理的帰結をともなって蔓延する現代社会において、実はそこここに生じている営みでもあった。研究者たちはなるほど意図的な撹乱を企てたことだろう。しかし、バイリンガル／マルチリンガルの政治を日常として生きるなかで、非意図的に、偶然に、もしかすると本人たちもあずかりしらないところで、ノイズが発せられていたことも忘れてはならない。

そこにどれほどの効果があるのか、と問われるかもしれない。きちんと意味をなさない、でたらめ

にしか聞こえない、矛盾に満ちた声をあげたところで、上野が言うように、それは「単なるノイズであり、わめきであり、ヒステリックな泣き声以外の何物でもない」（古屋編 2009）と切り捨てられるかもしれない。ただここで私たちは、日常生活世界におけるどのような行為も発話も、社会的文脈のなかに埋めこまれていること、そしてそこには時に親切な、時に冷酷な他者がいることを思い出そう。私たちが具体的な状況のなかで、誰かに向けて、何かを伝えようとするとき、しかし、その「状況」は私の発話を許さないかもしれないし、「誰か」は私の言うことに耳を貸さないかもしれない。私の言おうとする「何か」は、どうでもいいことだと思われるかもしれない。なぜならそうした社会的相互行為のなかに、権力関係が不在であることはないから（坂本 2005）。でも、少なくとも他者を振り向かせてこの異形の姿を見せつけることはできるかもしれないし、たとえ一瞬でも、それでびっくりさせたりいやな思いをさせたりすることもできるかもしれない。あるいは逆に、私が誰かを黙らせたり無視したりすることもあれば、驚かされたり面食らわされたりすることも、そしてけんめいに耳を傾けることも、あるだろう。それはつまり、「ことば」にせよ「ノイズ」にせよ発せられた声は、無視されることもあるし聞き入れられることもあるという不確かさを言うことしか、私たちにはできないということだ。そこで性急に「服従なのか、抵抗なのか」「抑圧なのか、解放なのか」と問うことを慎み、自己と他者という agentive beings——そのなかには当然、研究者や調査者も含まれる——の間で繰り広げられる不平等な、しかし動態的な解釈過程をじっとみること、そしてそこで発される微細なノイズを聞きとることとしか、私たちにはできないだろう。

わけのわからない者の意味をなさないことばに対峙するという作業は、自らもまた分類不可能とされる「フリーク」に課された、しんどいけれど大切な仕事だ。ハイブリッド・アイデンティティとはきれいな言い方だが、ひとつのものとして確立していなければならない「アイデンティティ」が、実はごちゃごちゃでなおかつ頼りないものだということを言っている。その不安定さを受け入れられるときはじめて、私たちは、「絶えず変容して固着することのないわたしたちのアイデンティティを弁ずることのできる、不純で不完全でごちゃまぜ言語」（平田 2005:194）を、聞くことができるだろう。そうしてそれぞれの位置からそれぞれのノイズを発し、異形の者の政治を、私たちは続けていくのだろう。

註

（1）そのとき「英語」は「グローバリゼーション」を意味することになるが、同時に、「日本語＝ナショナライゼーション」という動きを喚起することにもなる。このことが、最終的に二つの方向から日本のなかの他の言語をしめつけ、それらに対する言語的寛容を奪うことになる、というイ・ヨンスクの指摘は傾聴されなければならない（イ 2000）。

（2）例えば日本語の「女ことば」とか「男ことば」とかいうものについても、それらを実体視する伝統的アプローチに対して、ジェンダー化された言語がどのように歴史的に政治的に構築され、どのような内的差異を抱え、実践のなかでどのような矛盾をさらすのかに焦点を当てた調査研究が重ねられてきている（中村 2001; Okamoto & Shibamoto Smith eds. 2004; Inoue 2006）。

（3）それぞれ、（Mori 2000:139）、（Mori 1997:12）からの引用（Pavlenko 2001:146, 159）。

（4）発言者はそれぞれ、二九歳シドニー在住者、三四歳アメリカ語学留学経験者。原文はローマ字表記の日本語とその英訳である。

（5）発言者はそれぞれ、二〇代事務職員、三〇代会社員で、英会話スクールおよび英語の資格学校に通った経験がある。

文献

Bourdieu, P.（1982）*Ce que parler veut dire: L'économie des échanges linguistiques*, Librairie Arthème Fayard. =（1993）稲賀繁美『話すということ―言語的交換のエコノミー』藤原書店

古屋裕子編（2009）『英語のバカヤロー――「英語の壁」に挑んだ12人の日本人』泰文堂

平田由実（2005）「非・決定のアイデンティティ―鷺沢萠『ケナリも花、サクラも花』の解説を書きなおす」上野千鶴子編『脱アイデンティティ』勁草書房

Inoue, M.（2006）*Vicarious Language: Gender and Linguistic Modernity in Japan*, University of California Press

Kitamura, A.（2006）"A Sociologist's Ambivalence toward Anthropology: Interview with Chizuko Ueno." *Anthropology News* 47(4): 52-54

北村文（2009）『日本女性はどこにいるのか―イメージとアイデンティティの政治』勁草書房

Kitamura, A.（2010）"Venturing into/through Language and Power: Japanese Women and English as Capital." M. Montero, P. C. Miller & J. L. Watzke eds. *Language and Power*, International Society for Language Studies

イ・ヨンスク（2000）「『国語』と言語的公共性」三浦信孝・糟谷啓介編『言語帝国主義とは何か』藤原書店

Lorde, A.（1984）"The Master's Tools Will Never Dismantle the Master's House." *Sister Outsider:*

Essays and Speeches, The Crossing Press
Mills, J.（2004）〝Mothers and Mother Tongue: Perspectives on Self-Construction by Mothers of Pakistani Heritage.〟A. Pavleko & A. Blackledge eds. *Negotiation of Identities in Multilingual Contexts*, Multilingual Matters
Mori, K.（1997）*Polite Lies: On Being a Woman Caught between Two Cultures*, Henry Holt and Company
Mori, K.（2000）〝Becoming Midwestern.〟M. N. Danquah ed. *Becoming American: Personal Essays by First Generation Immigrant Women*, Hyperion
中村桃子（2001）『ことばとジェンダー』勁草書房
大石俊一（2005）『英語帝国主義に抗する理念―「思想」論としての「英語」論』明石書店
Okamoto, S. & Shibamoto Smith, J. S. eds.（2004）*Japanese Language, Gender, and Ideology: Cultural Models and Real People*, Oxford University Press
Pavlenko, A.（2001）〝"How am I to Become a Woman in an American Vein?"〟: Transformations of Gender Performance in Second Language Learning.〟A. Pavlenko, A. Blackledge, I. Piller & M. Teutsch-Dwyer eds. *Multilingualism, Second Language Learning, and Gender*, Mouton de Gruyter
Pavlenko, A. & Blackledge, A.（2004）〝Introduction: New Theoretical Approaches to the Study of Negotiation of Identities in Multilingual Contexts.〟A. Pavleko & A. Blackledge eds. *Negotiation of Identities in Multilingual Contexts*, Multilingual Matters
Pavlenko, A. & Piller, I.（2001）〝New Directions in the Study of Multiingualism, Second Language Learning, and Gender.〟A. Pavlenko, A. Blackledge, I. Piller & M. Teutsch-Dwyer eds. *Multilingualism, Second Language Learning, and Gender*, Mouton de Gruyter
Phillipson, R.（2000）「英語帝国主義の過去と現在」（臼井裕之訳）三浦信孝・糟谷啓介編『言語帝国主義

とは何か』藤原書店
Piller, I. & Pavlenko, A.（2001）〝Introduction: Multilingualism, Second Language Learning, and Gender.〟A. Pavlenko, A. Blackledge, I. Piller & M. Teutsch-Dwyer eds. *Multilingualism, Second Language Learning, and Gender*, Mouton de Gruyter
Piller, I. & Takahashi, K.（2006）〝A Passion for English: Desire and the Language Market.〟In A. Pavlenko ed. *Bilingual Minds: Emotional Experience, Expression and Representation*, Mnltilingnal Matters
坂本佳鶴恵（2005）『アイデンティティの権力―差別を語る主体は成立するか』新曜社
津田幸男（1990）『英語支配の構造―日本人と異文化コミュニケーション』第三書館
上野千鶴子（1986）『女は世界を救えるか』勁草書房
上野千鶴子（1989）『ミッドナイト・コール』朝日新聞社
上野千鶴子（2003）『国境　お構いなし』朝日新聞社
上野千鶴子・趙韓惠浄（2004）『ことばは届くか　韓日フェミニスト往復書簡』（佐々木典子・金賛鎬訳）岩波書店

◆上野千鶴子による応答　Ⅱ・文化の社会学への越境

(1)　消費社会論という未完のプロジェクト

研究者の人生には、「未完のプロジェクト」がいくつもあります。

そもそもキャリアのスタート時に選んだ主題が、生涯の研究テーマになるとはかぎりませんし、世の中の変化や、研究者自身の変化にともなって研究主題は次々に変わっていきます。若い研究者を採用する側もそれを承知していて、ある特定の分野の専門家を選ぶというだけでなく、その研究者の将来にわたっての潜在的な伸びしろを先物買いしているともいえます。

わたしにとっての「未完のプロジェクト」のひとつは、消費社会論でした。それを新雅史さんの第六章「消費社会論からの退却とは何だったか」は思い出させてくれました。もちろん、「退却」の主語は上野です。

いや、もっと正確にいうと、消費社会論の背後には交換理論がありました。「商品——差別化の悪夢」（上野 1987）の背後にあったのは、構造主義的な記号論であり、記号論の応用問題を商品についてちょっとお洒落に解いてみました、という軽い印象のあるこの論文の背後には、商品（という記号）の価値をその示差性、すなわち交換（流通可能性）においてのみ、とらえる、という交換理論の立場がありました。別ないいかたをすれば、商品という財の価値について、労働価値も使用価値もいっさい問わない、という立場です。

新さんが指摘してくれたおかげで、自分の論文のタイトルが、マルクス資本論の第一巻第一章の章題と同じであることに今さらのように気がつきましたが、その頃のわたしには、交換論パラダイムへの野心がありました。

未完に終わったために、どの論文集にも収録していない貨幣論を含む交換論関係の初期の論文が、わたしには何点かあります。「財のセミオロジ」（上野 1979）から始まる「貨幣――メディア論的アプローチ」（上野 1980a）「交換のコード、権力のコード」（上野 1980b）がそれです。タイトルの「セミオロジ（記号論）」からも、当時のわたしがどこへ向かっていたかが推察されるでしょう。

同じ頃、経済学の領域では、岩井克人の『ヴェニスの商人の貨幣論』（1985）などが登場し、マルクスの商品価値説に対する挑戦が起きていました。それは生産パラダイムに依拠する労働価値説から、交換パラダイムに依拠する交換価値説への巨大な転換の先駆けでした。もっと根源的にいえば、資本主義を産業資本主義に代表される生産システムととらえるか、それとも市場メカニズムを主とする交換システムととらえるか、の違いでした。その背後に、『大転換』（Polanyi 1944 = 1975）に代表されるカール・ポランニの経済人類学の影響があったことは忘れてはなりません。栗本慎一郎さんや玉野井芳郎さんの紹介を通じて、わたしはポランニ理論に魅了されました。レヴィ＝ストロースの交換理論にある互酬性の観念も、ポランニ理論のもとで整合的に理解することができました。

わたしはその後、互酬性の理論を求めて、オセアニア圏の贈与経済のエスノグラフィーを読みふけり、そこからいかにして集権的な超越権力と再分配的な国家とが発生したか、に関心を持つようになりました。その背後に、ピエール・クラストル流の『国家に対抗する社会』（Clastres 1977）についての問題意識があったのはたしかですし、こうやって思い起こせば、わたしの「国家ぎらい」が筋金入りのものであることを再確認して、苦笑せざるをえません。この「共同体から国家へ」の関心は、わたしの日本王権論に帰結していますが、本書では初期の構造主義に関わる研究や交換理論、王権論など（上野 1986；上野 1985；網野・上野・宮田 1988, 2000）[1]を主題に選んでくださった執筆者はひとりもいません。それというのも、東京大学へ赴任するころまでに、わたしにとってはこれらの研究がすでに過去のものとなっていたからであり、講義で話すこともなかったからです。

わたしの交換理論の研究成果は、一九九二年に東京大学の集中講義で「贈与と交換」を主題として講じたことにあらわれています。わたしが東京大学に非常勤講師として最初に呼ばれたのは、ジェンダー研究者としてではなく、理論社会学者としてでした[2]。

同じ頃、わたしと同世代の社会学者である橋爪大三郎さんが「大洋州の交換経済」を論じ、山本泰さんと山本真鳥さんが共著で書いた『儀礼としての経済』（1996）が刊行されましたから、贈与と交換のシステムへの関心は、当時の流行でもあったのです。その背後には、市場交換に代わる交換システムへの関心、すなわち市場経済の相対化という問題意識があったことは、いうまでもありません。

交換理論へのわたしの関心が「未完のプロジェクト」に終わったことにはいくつも理由があります。ひとつはわたしの師であった吉田民人さんの示唆でした。わたしがホマンズ&ブラウからピーター・エケーの社会学的交換理論へと傾斜していた頃に、「ボクはその方向は発展性がないと思うな」とかれはいいました。「どうしてそう思うんですか」と食い下がるわたしに、吉田さんはこう答えたものです。

「直観だね。」

そのとおり、どんな研究も直観から始まります。理論とは直観を分節化したもの、といってかまいません。直観と直観の勝負で、わたしは師匠の吉田さんに敗れました。事実、ミクロレベルにおける社会学的交換理論は、その後発展性を見せることなく、わたし自身にとっても「未完」に終わってしまいましたから、かれの「直観」は当たっていたともいえます。

他方、ルーマンをはじめとするシステム理論は、コミュニケーション・システム論として広く受けいれられましたから――そこでは行為も財も言語も貨幣も、すべてコミュニケーション・メディアと解されます――生産パラダイムから交換パラダイムへのシフトそのものは起きたといってもよいかもしれません。柄谷行人が最新作の『世界史の構造』（2010）で全面的に交換システムの差異として世界史を描きだそうとしているのを見ると、彼の「三つ子の魂」の執念と一貫性に目がくらみそうになります。

のみならず、このところにわかに流行現象となった「社会関係資本」の鍵概念が「互酬性」、それも「一般的互酬性」だということを知るにつけ、非市場的な交換システムに対する関心のねづよさを感じないわけにいきません。「社会関係資本」の理論を確立したロバート・パトナム(Putnam 2000 = 2006)が用いている「互酬性」の概念は、もともとポランニの概念ですし、ましてや「一般的互酬性」という概念は、レヴィ＝ストロースを通じてサーリンズが定式化する以前には存在しなかったものです。

わたしが交換理論から離れたのは、他にも理由があります。ひとつはジェンダー研究者としての需要が高まり、そのために時間もエネルギーもとられるようになったからでした。どんな研究者も時代の文脈のもとにいます。アカデミアやジャーナリズムのマーケットの、需要と供給の変動にさらされないではいません。ジェンダー研究には追い風が吹いていましたし、わたしにはそのパイオニアであるという自負も使命感もありました。ですから交換理論には「需要がなかった」といってもかまいませんし、他にもこの分野に関心も才能もある研究者たちがいましたから、わたしがことさらにやらなければならない領域であるとも思えませんでした。

もうひとつの理由はわたしがマクロな一般理論からメソレベルの経験研究へと関心を移したことにあります。マクロ理論は覇者を目指そうとする者の代償行為、それもついに「実世界」で覇者になる道を閉ざされた研究者という職業を選んだ者、とりわけ男たちの――といえばいいすぎでしょうか。いくつかの経験研究を重ねてわたしはフィールドのおもしろさと発見の豊かさにめざめていき、独我論的な理論構築の閉域から離れるようになりました。

(2) 消費社会と格差社会

と、ここまでいっても、新さんからの「挑戦」に答えたことにはなりません。新さんは、わたしの「消費社会論」に焦点化して問いを立てており、聞かれもしないのに「問わず語り」をしてしまったわたしの交換論の帰趨を問うているわけではないからです。

新さんは「上野が消費社会論から退却したのはなぜか?」と問いを立て、「なぜならば上野が格差社会論に説得されたからだ」と答えたうえで、それは上野が「中産階級化」と「中流化」とを混同していたからだ、と重要な指摘をします。そのうえで、ほんらいの問いは消費にあらわれる「中流意識」にあるはずだから、「実態としての『タテナラビの差異化』とフィクションとしての『ヨコナラビの差異化』がなぜこの時代に両立してしまったのか、それを指摘して考察するべきであったのだ」と［本書:173］。

かれの指摘を受けて、なるほどなあ、とふかく納得するところがありました。それは「上野は、『中産階級』というマルクス主義にまみれた概念を用いているが、この概念の使用にこそ上野の落とし穴がある」［本書:171］としたところです。

思えばわたしの「仮想敵」は、岸本重陳と村上泰亮のあいだに闘わされた「新中間層」論争でした。ダニエル・ベルの『イデオロギーの終焉』(Bell 1960 = 1969) 説に影響されて、日本でも、近代経済学者の村上が、日本では資本家でも労働者でもない「新中間層」が多数派になったと主張したのに対して、マルクス主義者の岸本が「いや、日本でも階級は消滅していない」と反論した論争です。今ではもう忘れているひとも多いかもしれませんが、「大衆社会」とは、「無階級大衆社会」の略語だった時代のことです。階級の消滅とともに「大衆社会」が登場したはずなのに、その大衆が見えなくなったと嘆いたマーケッターたちは、「少衆」「分衆」論を持ち出しましたが、そこでは格差なきヨコナラビの差異化だけが問題でした。

八〇年代の日本には、「イデオロギーの終焉」(Bell 1960 = 1969) に代表される脳天気な多幸感がただよっていたのはたしかですし、わたしの消費社会論に、新さんがそうした時代の空気を感じるのもむりはありません。ただし八〇年代前半に跋扈した「少衆」「分衆」論の賞味期限は短く、まだひとびとがバブルの多幸感に浮かれていた八〇年代後半には、すでに「新・階層消費」論(小沢 1985, 1989)[3] が登場し、SSM調査でも一九八五年にはすでに階層の固定化が指標としてあらわれていました。何より「イデオロギーの終焉」を説いたベル自身が、七三年の『脱工業社会の到来』(Bell 1973 = 1975) のなかでは、「新しい支配階級の登場」を予言していたのですから、「階級なき大衆社会」は一過性の幻想に終わってしまいました。二〇〇〇年代には「格差社会」がキーワードになり、「階級」という概念は新たに脚光を浴びるに至りました。

ですが、その変化は、わたしにとっては少しも予想外のことではありませんでした。新さんが指摘するように、八〇年代のうちに「階層消費」論の軍門にくだって以来、ありとあらゆる社会的な指標が階層の固定化、階層格差の拡大、中流の崩壊を示していることはあきらかだとわたしは思ってきましたから、橋本健二の『階級社会日本』(2001) や佐藤俊樹の『不平等社会日本』

(2000)がそれから一〇年も遅れて登場したときには、既視感があったものです。それよりジャーナリストの佐田智子の『新・身分社会』(1983)やエコノミストやマーケッターの「階層消費」論の方が、はるかに時代の変化を早くから鋭敏につかんでいると感じました。そして二〇〇〇年代になってから社会学者のあいだで「格差論争」が起きたとき、社会学者とはマクロ統計のわずかな変動が実態として何を意味するかの解釈に慎重で臆病な種族である、と思ったものでした。つまり、「新中間層」論争には、歴史によって決着がついた、とわたしが早い時期に判断した、という事情が「消費社会論からの退却」の背後にあります。グローバリゼーションの波のなかで欧米諸国が慢性高失業率に苦しみ、「中流の崩壊」を経験しているという事実も、わたしの予想を裏付けました。遅かれ早かれ同様の現象を日本社会も経験するだろうと予測していたからです。そしてそのとおりになりました。

ですが、論争のアリーナは、「中産階級の実態がどうか」ではなく、「中流意識のもとの消費社会」にあるはずだった、という新さんの指摘はもっともです。「中流が、じっさいに中間層であったかどうかは、上野の消費社会論において重要でない」[本書:172]という指摘はそのとおりです。ですが、仮に論争のアリーナをシフトしてみても、残念ながら歴史が論争を決着させた、というほかないでしょう。

消費社会論からおよそ二〇年。長期にわたるデフレスパイラルのもとで、価格破壊が起こるなかでも、富裕層はあいかわらず高価な消費財を求め、低所得層は低価格の消費財に向かう「階層消費」の拡大傾向があらわになってしまったからです。いいかえれば八〇年代前半のように、マーケッターが「消費者が見えなくなった」と嘆く時代は終わり、社会学者が解くべき「謎」はなくなったというべきでしょうか。

賞味期限の過ぎた理論を救い出して、その最良のモデルを新論文は甦らせようとしてくれます。それが「コンビニ（の個性化）という悪夢」です。「個性化」とは「ローカライズ」とか「カスタマイズ」と呼び変えてもよいかもしれません。「個性化」の果てに「脱場所的」標準化が起きている——この発見は逆に、消費者としてのコンビニ店員そのものが、もはやこの国では脱場所的標準化を受けてしまっていることの反映にほかならないでしょう。

ここに、グローバリゼーションという変数を入れてみましょう。業態としてのコンビニを海外に「輸出」することは可能でも、マーチャンダイズのスタンダード・パッケージは必ずローカライズされることでしょう。リッツァならこれを「マクドナルド化」（Ritzer 1996 = 1999）と呼ぶかもしれません。ですが、あのマクドナルドですら、みごとにローカライズされています。マクドナルドの出店にもっとも抵抗したヨーロッパの国であるイタリアで、マックの看板を見つけたときのわたしの安心感を思い出します。その安心感はみごとに裏切られました。ひさしぶりにがぶのみできる薄いアメリカン・コーヒーにありつけると期待したわたしの前に出てきたのは、すでに辟易していたエスプレッソでしたから。

おそらくは「タテナラビの差別化」と「ヨコナラビの差別化」の両方を、消費の変数に持ってくるべきなのでしょう。コンビニですら新製品競争に明け暮れ、ユニクロも毎年モデル・チェンジに忙しく、廉価で良質な家具を提供すると言われるイケアの展示場はリピーターを招き寄せるレジャーランドと化し、価格破壊のはずだったアウトレットがアミューズメント・センターとなっています。しかし「階層消費」の傾向はくつがえらないでしょう。グルメで知られる田中康夫さんはフレンチの三ツ星レストランに行くだけでなく、吉野屋にも立ち寄るかもしれませんが、吉野家の常連客は三ツ星フレンチの敷居をまたぐことはないでしょう。グルメにもA級、B級、C級それぞれの差別化があり、カップ麺に蘊蓄を傾けるひともいます。差別化はいつの時代にもタテにもヨコにも起きることでしょうが、タテの格差は拡大していそうです。コンビニという日本的なあまりに日本的な業態の秘密、そしてそれが世界の他の地域へディフュージョンしていく過程についてはまだまだ検証が不足しています。あとは新さん自身がこの問いを解いてくださることを期待しましょう。

(3) いかに語るか？

栗田知宏さんの第五章「表現行為とパフォーマティヴィティ」と北村文さんの第七章「異形のことば」は、いずれも表現とことばに焦点をあてています。したがって「何を」よりは「いかに」の方に、論文のコンテンツではなく論述のスタイルの方に、メッセージそのものではなくメタメッセージのほうに関心を寄せています。なるほど、後続の世代は、師と向き合ってではなく、師の背中を見て学ぶ、と感慨を持ちました。わたし自身がそうであったように。わたしもわたしの師から、研究の主題ではなく研究のスタイルを学んだからです。

栗田さんがとりあげたのは、わたしの「余技」に属する、社会学者としては周辺的なしごとです。わたしは文芸愛好者でしたから、文学作品について書評を書いたり論じたりする注文には、比較的応じてきました。その結果、いくらかの作品が残りましたが、もちろんそれらは社会学者としての業績リストに掲載できるような性格のものではありません。ハイフン社会学の一領域には「文芸の社会学」という分野がありますが、わたしはその分野の専門家でもありませんし、文芸の社会学で蓄積されてきた諸理論をフォローしたうえで、それを批判的に継承し、研究をおこなっているわけでもありません。ですからわたしは「文芸の社会学」者として看板を上げる資格はありませんし、事実そうはしてきませんでした。

ちなみに、わたしを「フェミニズム文学批評」へと招待したのは、カナダのブリティッシュ・コロンビア大学日本学部の教授であった鶴田欣也さんであることを、ここで証言しておきましょう。まだ日本に「フェミニズム文学批評」が導入されておらず、日本の文芸批評が理論無用の「直観批評」にとどまっていたころ、ある国際会議で出会った鶴田さんは、日本にもフェミニズム文学批評が必要だと熱く語るわたしに向かって、「そんなら、あなたがおやんなさい」とこともなげにいいはなって、わたしにチャンスをくれたのでした。わたしは八八年と九〇年の二度にわたって、ブリティッシュ・コロンビア大学のサマースクールの客員講師として招かれ、日本文学を英語で講じるという機会を与えられました。知的にも私的にも、バンクーバーで過ごしたこのふた夏の至福の思い出は忘れられません。のちに『上野千鶴子が文学を社会学する』（上野 2000, 2003）に収録された論文の多くは、鶴田さんが北米で主宰する国際会議で発表したもので、こうした会議をつうじてわたしは「ツルタ・マフィア」と呼ばれる北米在住の日本文学研究者のサークルとコンタクトを持ったのでした。『男流文学論』（富岡・上野・小倉 1992）の前史には、わたしのこうした経験の蓄積があり、とつぜん産まれたわけではありません。

フェミニズム文学批評におけるわたしの役割は、専門家の集団に向けてではなく、ポピュラー・オーディエンスに向けて、いわば「池の外から石を投げる」ような実践でした。わたしの文学論のなかでもっとも多くの読者を獲得した『男流文学論』にしても、まず第一に鼎談というスタイルが学術的ではありませんし、第二に専門の文学研究者からは門外漢のたわごとと無視・黙殺されかねません。第三にわたしの専門領域に業績としてつけ加えることができません。つまり、本業の領域でも、参入した領域でも、いずれも「二流の作品」と見なされることを覚悟のうえのしごとでした。

一読していただければわかりますが、『男流文学論』はその見かけほど軽い本ではありません。周到な準備にもとづいて、エネルギーと時間をかけた共同討議の成果です。そしてそのスタイルも含めた戦略は当たりました。この本は予想外に多くの書評を得て、書評そのものをあとから俎上に載せる、という二次作品（斎藤 1997）まで生んだぐらいです。

もちろん社会学が、自分自身をその対象に含む社会についての自己言及的な実践であるとするなら、何が社会学の論文で何がそうでないか、を区別することに意味はないかもしれません。アカデミズムのことばが閉域に封じ込められているいっぽうで、中堅・若手の研究者が研究成果をはじめから新書スタイルで世に問うことが一般化しつつある今日、専門と余技とを区別することもまた、無意味かもしれません。いずれにせよ、ひとはさまざまなしかたで「社会学している」

わけですし、裏返しにいえば「社会学する」特権が社会学者にだけあるわけでもないでしょう。わたしの目から見れば現在の若い文学研究者のしごとは、かぎりなく社会学に近づいてきています。かれらの研究がその所属する分野では、「社会学的偏向」を以て「二流の文学研究」と見られるのかどうかに、わたしは興味があります。

事実、社会学とはその境界を画定しがたい学問分野です。社会学固有の領域があると固執すればするほど、社会学は痩せていくばかりでしょう。歴史上たびかさなる「社会学ルネサンス」は、周辺領域への貪欲で無遠慮な越境によってもたらされたといってよいくらいです。わけても文学は社会学にとって、いつでも魅力的な狩猟場でした。

日本では初期のフェミニズム研究は主として社会学者によって担われたとされていますが、世界的にみればそうではありません。ケイト・ミレットの『性の政治学』(Millet 1970 = 1973) は主として文学作品を扱っていますし、ポスト構造主義のジェンダー理論に大きく貢献したガヤトリ・スピヴァクは英文学者、ジュディス・バトラーは修辞学者です。フェミニズムは八〇年代以降の文学理論の進展から大きな影響を受けています。わたし自身も言語学、記号論を経て、文学理論、文化理論から影響を受けてきました。わたしの最新刊『女ぎらい』(2010) は、イヴ・セジウィックの「ホモソーシャル・ホモフォビア・ミソジニー」という概念装置を全面的に現代日本の社会文化現象の分析に適用したものですが、セジウィックはもともと英文学者です。『オリエンタリズム』(Said 1978 = 1986) の著者、エドワード・サイードも英文学が専門でした。

今では社会学の下位分野として市民権を得た「文化の社会学」そのものが、そのような越境から生まれたものでした。この「文化」は、教養主義のアカデミアがそれまで「文化」として認めてきたハイカルチャーではなく、大衆文化、下位文化、下層文化へとその対象を拡張しましたから、もともとポピュラー音楽や演劇の愛好者であった栗田さんが、好きなものを研究主題に選びたいと思ったのも自然ななりゆきでした。どんな研究主題であれ「好きこそものの上手なれ」は、どの分野でも真理です。

しかもかれは、東京外国語大学ヒンディー語科出身という変わり種です。学部時代に千田さんの社会学の授業に出会って、社会学のおもしろさに目覚めたといいます。旧イギリス植民地出身のヒンディー語話者たちは、グローバリゼーションのもとで英語圏へと越境しつつあります。かれの研究対象は、イギリスで生まれた「エイジアン音楽」という新しいサブカルチャーであり、対象の越境にともなって彼もまたインドからロンドンへと、ダイナミックに越境を続けています。そして音楽ほど、文化の越境にふさわしい主題はないでしょう。

白人性に対抗するエスニック・マイノリティが、そのアイデンティティ形成のためにミソジニーとホモフォビアとを動員することを、かれは論証しました。文学理論は文化の社会学にとっても強力なツールになることを、かれは証明したことになります。ですが、文化の社会学のなかで、文化の生産のみならず流通と消費までをも扱うとすれば、かれはもう少し複雑な装置を必要とするでしょう。ジェンダーとセクシュアリティ、レイス、クラスとエスニシティに加えて、音楽産業におけるメディアや資本、言語と宗教、移動と定住、真正性と異種混交、集団内の覇権と競争、アイデンティティの境界の管理などなどの要素です。これらのツールのなかには社会学起源のものもありますし、そうでないものもあります。アイデンティティ理論であれポストコロニアリズムであれ、なんであれ使えるものならなんでも使うブリコラージュとしての社会学にとって、領域の越境などたやすいものでしょう。

グローバルな越境を遂げたかれら南アジア人にとって、「自分たちは何者か?」という問いはくりかえし立ちあらわれます。そんなかれらに関心を抱き、かれらの生んだ「エイジアン音楽」に魂をつかまれた感のある栗田さんに忘れてほしくない問いがひとつあります。あなた自身は何者なのか?と。

論文の最後に上野を引用して「当事者性」にふたたび注意を喚起した栗田さんなら、どんな社会学の問いもブーメランのように回帰して「わたしは何者なのか?」という問いに立ち返ることを、いやというほど自覚しているにちがいないのです。

(4) 越境のディレンマ

言語による越境を果たした北村文さんは、「越境」の持つディレンマに誰よりも敏感な研究者のひとりです。

彼女は東京大学で修士号を得たあと、英語圏の大学へ留学してそこでも修士号を取得しました。日本語ネイティブである話者が英語圏で日本研究をするという、それ自体ディレンマであるような方法で、移住日本女性を対象に、彼女たちが英語圏でいかに意識的・無意識的に「日本女性」を演じるかという、それ自体自己言及的な主題を選んで。

ジェンダーと言語というふたつの主題系において、前者における男性の優位は動かず、後者における英語支配はくつがえせません。この事実のまえで、「日本・女性」として英語で書くということ、これほど社会学の自己言及性が、身を切られるような痛切さで経験されることはないでしょう。その問いのなかに、北村さんは一筋縄でいかない繊細さと狡猾さとで分け入っていきます。

冒頭におかれたわたし自身の文章の引用［本書:181］に、わたしは度肝を抜かれました。その内容にではなく、彼女がこの文章を選んだことに、です。ふたつの引用は、いずれも学術論文からのものではありません。エッセイの文体で、わたしの内幕を曝したいわば舞台裏というべき内容です。彼女もまた、そのクールで聡明な凝視をわたしの背に向けながら、「何を」ではなく「いかに」を批判的に観察してきたことでしょう。そしてあまたのわたしの文章のなかからわけてもこの一文を選んだ彼女には、自分もまたなにがしか「フリーク（異形の者）」であることの自覚があるにちがいありません。

女性学はアカデミアという「覇者の言語」のもとに参入していきました。女性学・ジェンダー研究は制度化の道を選び、その結果、学知の再生産のサイクルへと入りこみました。だからこそ北村さんのような若い研究者をその過程から送り出すことができるようになりました。彼女が引用しているように、「ヒステリックなわめき」でしかなかった女の声を、「わかってなんぼ、わからせてなんぼ」の学問の言語に変えたのは女性学の研究者たちですが、そのプロセスで失ったものがあることもたしかです。

「『表現する』という行為のパフォーマティヴな力を信じ、自らも『表現』し続ける上野千鶴子」［本書：156］と栗田さんの文章から引用しながら、わたしが内心忸怩たる思いでふりかえるのは、田中美津の「わかってもらおうと思うは乞食の心」（田中 1972）というせりふです。男ことばを使えず、したがって男ことばの言語圏で理解されることのない「異形のことば」たちをリブの女たちは発してきたはずなのです。それをアカデミアの言語に翻訳する文化仲介者の役割を女性学の研究者は担いましたが、アカデミアの言語を女性学によって変えるよりも、アカデミアの言語によって女性学が変えられることの方が結果として多かった、かもしれません。初心を忘れたわけではありませんが、「覇者の言語」のもとで、存在しないものとして黙殺されないためには、ノイズを（彼らにとって意味のある）情報に転換しなければなりませんでしたから。ノイズをノイズとしてわからせるためにすら、「彼らの言語」を習得することが必要だったのです。

グローバルな世界のもとで、もっと露骨ないいかたをすればますますアメリカ化する英語覇権主義の世界のもとで、英語に変換されない情報は、なきに等しいと見なされます。これまでもわたし自身、どれだけ英語圏の研究者から、日本にはフェミニズムがないのか、レズビアンの運動は存在しないのか、と問われ続けてきたことでしょう。かれらはこともなげにいい放ちます、なぜならグーグル検索でひっかからないから、と。それも英語圏の検索エンジンに限定してのことです。彼らの無知と傲慢を嗤ってもかまいません。

が、英語ネイティブに限らず、非英語圏のすべての研究者が英語という世界語を媒介にしてしかコミュニケーションできなくなった今日、英語リテラシーは、もはやいやも応もない必須の生存アイテムへと変わりました。日本語という非関税参入障壁に長きにわたって守られてきた日本のアカデミアが、グローバリゼーションの波に洗われている今日、北村さんや栗田さんの世代は、もはや英語リテラシー抜きでは、研究者として生き延びていくことはできません。英語化の危機をいちはやく感じとった柄谷行人さんは、かつて「いまに日本研究は英語で学べという時代が来る」といらだたしげに予言したことがありますが、その予言は現実になりつつあるかもしれません。

北村さんはその英語化の過程に従順に適応しているだけではありません。「服従が抵抗となり、抵抗が服従となる」ポストコロニアリズムの戦略――女の戦略でもあります――を彼女は知悉しています。だからこう書くのです。

「少なくとも他者を振り向かせてこの異形の姿を見せつけることはできるかもしれないし、たとえ一瞬でも、それでびっくりさせたりいやな思いをさせたりすることもできるかもしれない。あるいは逆に、私が誰かを黙らせたり無視したりすることもあれば、驚かされたり面食らわされたりすることも、そしてけんめいに耳を傾けることも、あるだろう。」［本書：198］

そして自らに次のような課題を課します。

「わけのわからない者の意味をなさないことばに対峙するという作業は、自らもまた分類不可能とされる『フリーク』に課された、しんどいけれど大切な仕事だ。」［本書：198-199］

この課題は、どちら側へも転ばずに塀の上をわたるような細心の注意を要する作業です。そしてこの作業は一回では終わりません。バランスを崩せば、いつでも覇者の言語の側に、かんたんに回収されることでしょう。なぜなら覇者の言語圏の磁力は、それほど強いからです。

彼女はこの文章を、アカデミアの言語ではない文体で書いていることにも注意しましょう。こういう文体を維持することにさえ、意思と覚悟が要ることを彼女は思い起こさせてくれます。それはわたし自身の言語戦略を自己点検させずにはおきません。わたしはマルチリンガルの戦略を採用しました。学術の世界では学術の言語を、マスメディアではマスメディア向けの言語を、ポピュラーオーディエンスにはそれ向けの言語を……結果としてこの戦略はアカデミアの言語を温存することにつながったかもしれません。

わたしは指導教員として、学生にアカデミアの言語を習得することを期待し、要請しています。しかし、もしかしたら、別な戦略がありえたかもしれません。非英語圏の話者たちが英語に異種混交的な撹乱をもちこんだように、アカデミアの言語を「女ことば」で撹乱し、文体を変えることもできたと。もちろんそのためには、わたしたちはアカデミアの圧倒的な少数者として非力にすぎました。とはいえまったく無力だったわけではなく、いくらかの変更は加えることができました。英語支配と同じく、その覇権をくつがえすことはできませんが、その言語を他の言語で浸食し、横領し、換骨奪胎し、密輸入することはいくらかはできたのです。

「敵の武器を奪って闘う」――この戦略はつねに両義性を孕んでいます。内懐深く相手を刺すために使うか、それとも自分自身に食いこむ致命傷となるか――そしてそのどちらでもあるかは、単純な判定をゆるさないことでしょう。

のぞんで獲得してきた女性学の制度化が、「体制内化」につながるかどうかは、その帰趨を見てから判断しても遅くはありません。[4] ですが、この制度のなかに「大学院生」や「研究者」として参入していった者たちのすべてに――北村さん自身も含めて――「フリーク」の言語を失わないことが求められています。というのも「覇者の言語」のモノリンガルな話者に対して、マルチリンガルである者こそが最終的に優位に立つことができるからです。

註

(1) このうち上野(1985)は単行本に収録されていない。いずれ交換理論で一書を編む際に収録を予定していたが、それが果たされていないからである。

(2) この集中講義は、勁草書房の町田民世子さんの手によってテープ記録され、書物になることを予期してすべて原稿に起こされている。この記録がついに日の目を見ることがなかったのは、ひとえにわたしの怠慢と多忙のせいであり、町田さんにはこの件についいては今でもまったく合わせる顔がない。

(3) 小沢雅子は八五年に『新「階層消費」の時代』を出したときにつけていた、「階層消費」のかっこを、八九年の文庫版を出すにあたってはずした。上野はこの文庫版解説を執筆した。

(4) 「女性学の制度化」とその功罪については、上野(2001)を参照。『新編　日本のフェミニズム』八巻「ジェンダーと教育」に収録されている。

第Ⅲ部　ポストコロニアル・マイノリティ

第八章　対抗暴力批判の来歴

松井　隆志

1　国家批判という問題系

本章が俎上に載せるのは、上野千鶴子著『生き延びるための思想』（上野 2006a）である。この本で最重要論点というべきは、対抗暴力批判であろう。対抗暴力（武装抵抗など）もまた暴力に他ならず許されない、という主張だ。同書では「対抗暴力とジェンダー」の章の他、「はじめに」や「補論」においても繰り返し主張されている。

この論点について、私は既に、初出時の「女性革命兵士という問題系」（上野 2004）への書評論文という形で議論したことがある（松井 2005）。自分の書評論文の内容については、現在特に訂正の必要を感じていない(1)。ただ本章では、これに別の文脈を書き加えたいと思う。すなわち、社会あるいは言論状況のなかでの上野の主張の妥当性を論じるだけではなく、上野自身の理論展開のなかに対抗暴力批判の主張を位置づける。なぜ上野がこの主張に辿りついたのか、そのことを議論の中心としたい。

最初に確認しておきたいのは、対抗暴力批判というときには国家暴力（戦争）への批判が前提とされているということだ。つまり、対抗暴力批判という問題は、国家という問題系から導かれている。例えば『生き延びるための思想』の「はじめに」（初出時「非力の思想」）が「やられたらやりかえせ」を否定するとき、その前提にあるのは「9・11」とそれへの「対テロ戦争」への批判という、反戦の主張だ。「市民権とジェンダー」といった論文を含めた同書の主題をあえて一語で述べるとすれば、それは「暴力」よりも「国家」であろう。

戦争批判――それは何とも当然の立場にみえる。しかし振り返ってみれば、これは上野理論の展開において、ある種の画期をなしている。単に戦争批判を明示的に議論したか否かということだけでない。議論の枠組みとして、上野の「変化」を経て初めて可能となる主張なのだ。以下、本章の前半部分では、対抗暴力批判の前提にある国家暴力批判、すなわち上野における国家論の展開を探ってみよう。

実は、かつての上野理論には、国家論がないに等しい状態だった。『家父長制と資本制』（上野 1990）について二〇〇九年に書かれた「自著解題」で、上野は以下のように書いている。

わたしのマルクス主義フェミニズムにおける国家の軽視もしくは不在については、足立眞理子さんや大沢真理さんから早い時期に指摘を受けていた。これについても批判に応答して、本文では国

家をアクターとしてとりこんだ。（上野 2009:434）

しかし『家父長制と資本制』の主軸はタイトル通りの二元論であり（伊田 2006）、国家という「アクター」は一応言及されたという程度に留まる（上野 1990:138, 274）。ちなみに「国家が非資本制的な変数である」（上野 1990:274）という指摘だけであれば、既に一九八二年の論文「国家という分配ゲーム」（上野 1982a）の中で議論済みだ。国家を資本制に関わるそれとは別の「アクター」の一つとして名指した程度では、戦争を遂行する、あるいは対抗暴力の標的たりうる暴力装置としての国家の姿は、浮かび上がってこない(2)。

なぜ上野において暴力装置としての国家がみえない状態だったのだろうか。上野理論における国家の「登場」が画期をなしたことを確認するために、まずは八〇年代の上野の国家認識を探ってみよう。

2 『共同幻想論』の誤読と呪縛

前述の「国家という分配ゲーム」（初出『思想の科学』）が、上野にとって「国家」をテーマにした最初の論文かと思われるが、むしろここでは同じ年に同じ雑誌で書かれた「対幻想論」（上野 1982b）に注目してみたい。

そもそも対幻想とは何か。これは吉本隆明が『共同幻想論』（吉本［1968］1982）で用いた概念で、共同幻想／対幻想／自己幻想という三項で展開される。そして吉本『共同幻想論』はある種の国家論なのである。したがって上野の「対幻想論」も、たとえ明示的に国家論の構えをとっていなくても、そこから上野の国家認識を探りだすことができるはずだ。

ところで『共同幻想論』は何を主張している書物なのか。実をいうと、これはよくわからない本なのだ。どのくらいわからないかというと、「わかった」と称する人たちの存在が信じられないくらいにわからないのである。私だけの感想ではない。例えば桜井哲夫は「〈幻想〉としての吉本隆明―『共同幻想論』再読」と題されたエッセイで以下のように書いている。

> 一言でいって、よくわからない本なのである。様々な引用に満ちておりながら、引用と引用をつなぐ論理がきわめて荒っぽく、恣意的である。本人にはわかっているつもりなのかもしれないが、論理の飛躍とこじつけが目立ちすぎる。再読してあきれはてた。（桜井［1988］1993:161、傍点原文）

全く同感だ。「わからない」のが正解なのだ。実際、田川建三による詳細な批判書『思想の危険について』を読めば、『共同幻想論』は、単に「説明不十分」などというレベルでは済まない、事実も論理も全く破綻した代物だとしかいいようがない（田川 1987）。

にもかかわらず上野は、吉本隆明の特にこの『共同幻想論』をいまだに高く評価し、「戦後思想の名著」として解説まで執筆している（上野 2006b；藤生 2009）[3]。本来「わからない」はずのものを、上野はどのように、そしてなぜ、「わかった」のだろうか。もとより本章は吉本隆明についての検討自体を目的としたものではない。しかし、上野千鶴子によって表現された「吉本思想」、特にその国家論については、あくまで上野理論の検討を目的として、取り上げる価値があるだろう。

上野の「対幻想論」における主題はもちろん対幻想である。ここでいう「幻想」とは、意識のあり方全般を指し、イデオロギーなどともいい換えられる。[4]そして対幻想とは男女の性的幻想のことを指す。[5]上野は自己幻想や共同幻想を主題にしていない。したがって共同幻想（＝国家）の問題も中心的には論じられていない。しかし、なぜ自己幻想や共同幻想ではなく対幻想なのか、という主題設定の論理のなかに、上野の国家認識が浮かび上がる。

なぜ対幻想だけが重要なのか。上野はこの三つの幻想の関係を以下のように説明する。

自己幻想と共同幻想は「逆立」するが、しばしば自己幻想は共同幻想にまきこまれ、吸収される。それに対する歯どめが、自己幻想にはない。……／対幻想は共同幻想と拮抗し、無限に遠ざかろうとする。もっと卑近な言い方をすれば、政治と性は両立しないということだ。（上野 1982b：3）

なぜそうなるか。「自己幻想と共同幻想とは、意識の構造が同型だから、かんたんに一方から他方へ横すべりしてしまう」のだが、「対幻想はちがう。他者は『わたくしのようなもの』という類推を拒み、しかも『もうひとりの私』として私と同じ資格を私に要求してくる」。つまり対幻想において自我は変容を迫られる。そして「対幻想は無限に閉じ、孤立しようとする」ために排他性をもち、集団に対して「いびつな歪みをもちこむ」。ゆえに対幻想は「共同幻想からのとりこみに強い抵抗力を示す」ことになる（上野 1982b：5-7）。

妥当性は別として、論理の構造自体は明快だろう。しかし、上野は吉本の主張を前提にしているつもりなのだろうが、実は『共同幻想論』を踏まえた構図としては、これは相当変だ。先に引用したように、上野の図式では「対幻想は共同幻想と拮抗し、無限に遠ざかろうとする。……政治と性は両立しない」となっている。しかし「わからない」はずの『共同幻想論』を最大限好意的に解釈して辿れる筋書きとしては、以下のような主張になると思われる。

……家族的集団からどのように家族的でない「共同性」が発生したのか……あるいは、家族的集団の原理がどのように転位して「共同幻想」に到りついたのか。（田川 1987：340、原文傍点は省略）

つまり対幻想が共同幻想に「転位」するプロセスこそが吉本の考察の焦点だった。確かに、対幻想は他二つの幻想とは位相が異なり、本来的には交わらないものだとされる（田川 1987：339）。にもかかわらず結果的に、ある時点で国家が成立したのだから、吉本によれば対幻想から共同幻想への転位が生じたはずなのだ。もっと簡単にいえば、事実の問題として対幻想は共同幻想に結びついてしまった。したがって、「対幻想は共同幻想と拮抗し、無限に遠ざかろうとする」という説明は、上野が『共同幻想論』をいかに理解しそこなったかを示している。(6)

もちろん、吉本を「正しく」理解したかどうかがここでの論点ではない。重要なのは、こうした「対幻想論」にみられる上野式「吉本思想」がどのような国家認識を導くのか、という点だ。以下にまとめよう。

第一に、上野は『共同幻想論』が「画期的だった理由」として、国家が「幻想の産物にすぎないことをあばいたこと」としている（上野 1982b:2）。つまり上野にとって、国家は幻想に過ぎないとされる[7]。

第二に、国家と家族を鋭く対立させ、自己幻想（個人）については何ら期待をかけない一方で、対幻想を国家への抵抗の拠点とみなす。これは前述のとおり、「誤読」の結果であり、ある意味では吉本から離れた上野独自の展開だといえる。

さらに第三に、あまり明示的ではないが、『共同幻想論』の弱点を上野がそのまま引き継いでいる可能性についても指摘しておきたい。これまでの記述で、共同幻想と国家をほとんど同義のように扱ってきたが、本来はそこに問題が生じるはずなのだ。つまり吉本においては、共同幻想は全て構造的に同型とされ、いつの間にか国家へと集約されてしまう。共同体や共同性同士の差異や葛藤は問題にならない。そもそも吉本にとって対幻想が「人間の本質」であるのに対し、「共同性とはそれ自体として悪なのであり、人間にとってそんなものはない方がよかった」（田川 1987:337）ものとみなされている。上野の「対幻想論」も、共同性（共同幻想）を無前提に「悪」として表現しているように思われる。その裏返しとして対幻想に過大な期待がかけられる。共同体（共同性）嫌悪は上野の根強い持論でもある[8]。

特に一点めの国家幻想論は、国家の「支配」という要素を欠落させてしまうことにつながる（田川 1987:346–347）。戦争といった国家暴力の問題が、前記のような国家認識からは提起されないのも、当然というべきだろう[9]。

3　国家の「発見」

『共同幻想論』の問題に長々とこだわりすぎたかもしれない。しかしこれを踏まえることで、その後の上野の国家論の論点がよりよく理解できるように思われる。

『生き延びるための思想』の以前に上野が国家を論じた本として、『ナショナリズムとジェンダー』（上野 1998）がある。さらにその国家論の前提にあるのが女性兵士問題だとすれば、九〇年代頭の時期にまで遡ることができるだろう。例えば、『90年代のアダムとイブ』（一九九〇年のNHKスペシャルの内容を九一年に出版）は、冒頭で女性の戦争参加問題を論じている（上野・NHK取材班 1991）。

上野における、こうした戦争機械としての国家の「発見」にはいくつかの背景が指摘できよう。一つは冷戦の崩壊。例えば、上野のマルクス主義フェミニズムに国家のアクターが追加されたことについて、それが批判への応答である旨は先に引用した。だがそれだけではなく、この冷戦崩壊期にせり上がってきた国家の問題系に触れたという理由も以下のように記されている。

……資本や情報が国境を超え、ベルリンの壁が目前で崩壊していくのを目撃するにつれ、私はますます資本制の限界を確信するようになった。国家も家族も資本制の外にある。総資本＝国家だったのではなく、「国民国家」という歴史上のある時期に産業資本主義と調停を結んだ国家形態が、今や間尺に合わなくなって資本と葛藤を起こしかけているのが現代である。その葛藤の存在によって、私たちは逆に国家と資本とがほんらい調和的に存在するものとは限らないことを、逆に知るのである。（上野 1990：138）

さらに一九九一年には「湾岸戦争」も始まり、日本でもリアルな戦争が可視化されそれへの「貢献」論が浮上した。

二つめに、国民国家論の導入があげられる。これは冷戦崩壊とも連動している。上野は、西川長夫の『国境の越え方』の平凡社ライブラリー版解説として以下のように書いている。

九〇年代の西川さんは……「国民国家」という新しいパラダイムを日本に確立し流通させた「国民国家」論の立て役者としての活躍で知られる。……わたし自身も西川さんの仕事を通じて「国民国家」という理論的なパラダイムに触れ、影響を受けた。このパラダイムは、「そうだったのか」と積年の謎を次々に解いてくれた。……／パラダイムとしての「国民国家」論の……流行には、八九年のベルリンの壁の崩壊とそれにひきつづく東欧革命、そして決定的には九一年のソ連邦の崩壊が関係している。わたしたちは自然視されてきた国家が人為的な仕掛けにほかならず、それが成立することもあれば目の前で崩壊することもあることを、つまり他の人為的な装置同様、国家には耐用年数があることを目の当たりにしたのだ。……国家が宿命でなくなってからはじめて、その起源についての謎が解かれ、自分たちを縛っていた国境が何だったかが相対化される。（上野 2001：184–185）

ここで少し混乱させられるのが、上野が国民国家論（特にベネディクト・アンダーソンの『想像の共同体』）を、先にみた『共同幻想論』としばしば重ね合わせて論じていることである（ex. 上野 2006b : 355）。しかし、「人為的な仕掛け」として国家を見るという視角は吉本の議論からは出てこない。国民国家論は確実に上野の国家認識を塗り替えたといえよう[10]。

さらに九〇年代の始まりは、バブル経済とその文化の終わりでもあった。「バブルと共犯」だったと自称する上野は、年齢も含めて自らが「時代と添い寝」する時間が終わったのを感じ、「自分の仕事のスパンを長く」して「歴史的な仕事をするようになった」のだという（藤生 2009 : 101–112）。

こうした背景を踏まえ、上野の中で国家が「発見」されることとなる。これは上野に何をもたらしたのか。

一つはいうまでもなく、主題として国家が設定され、国家の暴力が正面から問題化されたことである。

二つめに、その結果実際の歴史を踏まえることで、前節でみたような対幻想への期待が完全に破綻したことだ。そもそもマルクス主義フェミニズムの旗を掲げた時点で、セクシュアリティや家族もまた「支配」の装置に深く絡め取られたものとみなされるようになっていた[11]。

上野が、二〇〇六年の『共同幻想論』解説で、「近代家族論以降の私たちは、共同幻想と対幻想が『逆立』する……という命題を、もはやナイーヴに信じることはできない。……家族史や銃後史が明らかにした知見は、私領域は権力への砦であるどころか、権力の末端行使機構であることの苦い認識であった」（上野 2006：357）と記すのをみるとき、むしろそこまで「ナイーヴ」であった過去の上野の姿に驚く[12]。

ところで、このように『共同幻想論』の構図が無効になり、対幻想への希望も失せたあとで、共同／対／自己という三項自体は上野にとってどのように再編成されることになったのか。この点も問いながら対抗暴力批判の議論に戻ろう。

4 対抗暴力批判に至る「一貫性」

「対幻想論」から『家父長制と資本制』を経由して国家の問題系＝対抗暴力批判へ、というテーマの移動は、通常の理論家であれば、相当の方向転換といえよう。しかし、そうした趣旨の上野批判は既に論じられており、一方で上野にとってもこうした指摘はあまり深刻に響いていないようだ[13]。したがって本章ではあえて逆に、上野理論のこの展開に見られる「一貫性」を論じてみたい。肯定的に評価できるものと否定的なものと、二つある。

対抗暴力批判はそれまでの上野理論とどこでつながっているのか。その前にそもそもなぜ対抗暴力は「いけない」のだろうか。『生き延びるための思想』において、その根拠は実は必ずしも明確ではない。根底にあるのは「『命より大事な価値』なんてない」という主張だ（上野 2006：235）。だがこれだけでは普通のヒューマニズムの域を出ない（それがいけないわけではないが）。より重要なのは、被害と加害が二重化するような「暴力のシステム」自体を否定するという指摘だ（上野 2006：112-113）。

殺す側の兵士は実は被害者でもあり、むしろ被害者として自認できないゆえに加害者になってしまう。そうした本質的に連鎖している暴力のシステムを止めるのは、もう一つの暴力（対抗暴力）ではない、という洞察だ。しかしやや抽象的な指摘ともいえる。

対抗暴力批判に共感する立場から、あえて暴力の「有効性」を問うという観点で、以下の根拠も付け加えておこう。第一に、現代の国家を暴力だけで打ち負かすのはおよそ困難である。第二に、もし対抗暴力で国家に勝てるとすれば、実はその前に「暴力」ではないところで勝敗がついているともいえる。[14] 第三に、暴力の独占は近代国家の特徴であるがゆえ、暴力手段の採用により対抗運動は非合法化されその大衆動員力を失う。第四に、運動の非合法＝地下活動化は運動内部に疑心暗鬼を生み内部崩壊や方針の逸脱を生みやすい。第五に、先の疑心暗鬼とあいまって、対抗運動側の暴力正当化の論理は「運動内部の敵」への暴力行使へと結びつく（内ゲバ）。第六に、対抗暴力は国家のより烈しい弾圧に口実を与えるのみならず、運動のシンパ層を分断し大部分を遠ざける（Tarrow 1998=2006:170）。そして第七として、暴力によって獲得された権力なり秩序なりは、その維持に再び暴力を要求する。この最後の点が特に、上野の一点めの「一貫性」と深く関わる。

上野にとって家父長制も資本制も国家も、テーマとしては、すべて「近代を超える」という志において実は一貫している。『ナショナリズムとジェンダー』における「フェミニズムが近代の背理そのものであり、したがって近代を食い破る以外に活路を見出すことがない」（上野 1998:196）という発言は、マルクス主義フェミニズムの文脈での「近代の価値にさよならを言うと同時に、近代を超える新しい価値をもたらしていく一つの方向性を指し示す必要があるんではないか。それをやるのがフェミニズムの一つの目標だろう」（上野 1986b: 100）という発言と比べて、近代批判という点ではブレていない。対抗暴力についても、暴力を不可欠の要素とする近代国家に打ち勝つ、あるいは変える手段として暴力を採用してしまえば、それは結果として近代国家を再生産することにしかならない。だから近代を超えるためには非暴力しかありえない、ということだろう。

なぜ近代を超えなければならないのか。もちろんそれは、近代こそが問題の元凶であるという認識があるからだが、ここでは上野自身の履歴に即した指摘をしておこう。よく知られる通り、上野は京大の全共闘運動に参加した学生だった。そして「戦後民主主義」批判・「近代」批判は、全共闘派にとって、いわばその実践を象徴するスローガンだった（cf. 小熊 2009）。そもそも「マルクス主義フェミニズム」という看板も、「日本におけるマルクス主義フェミニズムの最初の著作が、新左翼の周辺（にいたことのある）の女性学研究者の手になったことはふしぎではない」（上野 2009: 424）と上野が気恥ずかしげ（？）に書くとおり、その「初志」は学生運動の時間まで辿りうるものだ。

上野にとっての学生運動はその違和感や否定的側面ばかりが語られがちだ。だがやはり、ベトナム反戦の十・八羽田闘争で死んだ山崎博昭の追悼デモ（一九六七年）から学生運動に入った上野（藤生 2009: 71）にとって、反戦を語ることはある種の原点回帰でもあるはずだ。しかも当時の学生運動がいわば暴力によって自壊した反省の上に立って、非暴力＝対抗暴力批判から反戦を主張しているのだ(15)。国家批判はもちろん、対抗暴力批判も、反省を加えながらの上野の志の一貫性を示すものであろう。

だが、こうした近代批判の情熱は、「ラディカル」な主張を生み出す一方、（その裏面として）ときに極論として受け取られ反発を受ける。例えば、「戦争犯罪」概念は論理的には「犯罪ではない戦争行為」を前提とし、結果的にそれを容認することになる。したがって「戦争犯罪」ではなく「戦争という犯罪」という論理の立て方が重要だと上野は「戦争犯罪」概念を批判的に論じる（上野 2002:36-37）。だが、少しでも「戦争という犯罪」に向けて現実を動かすために「戦争犯罪」にこだわっている人たちからすれば、では具体的に何をすればいいのかと問い返したくなるだろう。

こうした上野の立論スタイルの難点は、「一貫性」の二点め――否定的なそれ――に関わると思われる。先にみたとおり、『共同幻想論』は上野にとってとりあえず無効となった。しかし、対幻想という希望が潰えたあと、共同幻想と自己幻想の方はどうなったのか。『共同幻想論』の問題ある図式がどこかで「一貫」してしまってはいないだろうか。

上野は『ナショナリズムとジェンダー』において「わたし」という立場を最終的な立論の根拠とする。だがこの国家に対する「わたし」は、古典的な国家と個人の対立とそれほど違わないようにみえてしまう。確かに同書の末尾で、「固有のわたし」は「普遍性に還元された『個人』ではない」という。「『わたし』を作り上げているのは、ジェンダーや、国籍、職業、地位、人種、文化、エスニシティなど、さまざまな関係性の集合である。『わたし』はそのどれからも逃れられないが、そのどれかひとつに還元されることもない」（上野 1998:197）。これはその通りだろう。だが、「固有のわたし」がもつはずの「固有」性は、残念ながら抽象的なままだ。自身に書き込まれた社会的関係性を具体的に浮かび上がらせることなしに、「固有のわたし」は析出されないだろう。また一方で、「わたし」は不完全であるのを知りながらも「わたしたち」を引き受ける、あるいは作りだそうともするはずだ[16]。上野の主張からは、現実を変える足がかりになる「わたしたち」への展望はうかがえない。カテゴリーを相対化する作業の必要性は認めるとしても、「慰安婦」問題に対していきなり「わたし」にまで分解してしまうのは、やはり「ラディカル」に過ぎたのではないか(17)。

『共同幻想論』を踏まえると、これは次のように分析できそうだ。つまり、共同／対／自己の三項図式の理解において、吉本と同様に上野も、共同＝国家とみなし他の共同性を見失っていた。そして上野における対（＝家族）による抵抗の可能性が消えた段階で、国家への抵抗は（困難を承知で）自己に頼る他なくなる。そこで自己の共同への「同致」の可能性を最小限にするために、一切の共同性を留保する「わたし」の立場を主張する。

「わたし」が「わたしたち」につながらない問題は、対抗暴力批判においても争点となった。つまり、国家暴力と対抗暴力（武装抵抗）の両方を批判した先で上野が提示するのは「逃げよ、生き延びよ」という主張だ（上野 2006）。しかし、逃げることと生き延びることは常に一致するわけではない。「逃げる」（上野は「難民化」を勧める）ことも有力な一つの選択肢ではあるが、対抗暴力を選ぶか逃げるかという二者択一は、非暴力の方法で対抗するという道を隠してしまう結果となる。私は書評論文において、非暴力の立場に共感しながらその点は批判した（松井 2005）。

なぜ上野は暴力を捨てると逃げるしかないと考えたのか。書評論文の時点では上野の学生運動「トラウマ」だろうと軽く理解したが、先にみたように、上野には根深い共同性への不信があり(18)、「対」関係でもなく国家でもない共同性に可能性を見出せなくなっているようだ。不信感が「理論的」なレベルにまで食い込んでいる。

私の書評論文に対して上野は、『生き延びるための思想』に該当論文が収録された際、註において

「基本的なところで異論はない」と述べた。そして前記の私からの批判に対しても、「『非暴力直接行動』をわたしは否定しない——当然すぎる——その上で、問題はその先にある」と応じている（上野 2006：116）。上野理論が、「共同性」（社会運動も含まれる）を忌避しがちな「一貫性」は存在するわけだが、この上野の応答はとりあえず文字通りに受け取るとしよう。確かに問題は「その先に」もある[19]。ともあれ、上野理論はかくして対抗暴力批判にまで辿りついた。反戦という点では、歴史的・経験的な反省を踏まえて、上野は螺旋状に回帰してきたともいえる。国家と対抗する局面が増すことになるかもしれないこれからの時代に、「わたし」は改めて「わたしたち」を目指すこととなる。非暴力という選択の「その先」で、上野理論が問われているのはこうした問題ではないだろうか。それはもちろん、「わたしたち」の課題である。

註

（1）この書評は、上野の対抗暴力批判に賛同しつつも、その議論の前提となっている文献を整理しながら、いくつかの難点を批判的に検討したものだ。インターネット上で公開されているので、興味を持たれた方は気軽に参照していただきたい。http://www.l.u-tokyo.ac.jp/~slogos/review_sociologos/pdf/review0104matsui.pdf

（2）厳密にいえば、「国家という分配ゲーム」において、徴税という国家の「強制力」に言及した上で、「その上国家は、兵役や死をまで課すことのできる、特権的な再分配システムである」との指摘もされている（上野 1982a：172）。また『家父長制と資本制』においても、戦争による（逆説的な）「女性解放」促進を指摘している（上野 1990：185-6）。しかしあくまで「再分配システム」であることに議論の中心があり、戦争それ自体の問題が論じられているわけではない。

（3）ちなみに、上野が『共同幻想論』と並んで高く評価している吉本の著作は『最後の親鸞』（春秋社）だという（藤生 2009）。一方で、田川建三が吉本の問題点を浮かび上がらせるのに検討対象として選んだのも、同じ『共同幻想論』と『最後の親鸞』であった（田川 1987）。田川によって、この二冊の本は、弁護に困るほど根本から批判されている。

（4）吉本の用いる「幻想」という概念は実は極めて曖昧である。例えば共同幻想とは、共同体についての幻想であるのか、共同体に発する幻想であるのか、文脈によって融通無碍に使われている（田川 1987:187）。本章は吉本論が主題ではないため、上野の理解に一番近いであろう「についての幻想」として用いておきたい。

（5）吉本においては、対幻想は親子や兄弟姉妹にも適用され、家族や「家」に適宜言い換えられている。この概念規定の緩さも問題となるが、上野が男女のヘテロセクシュアルに限定して用いていることもあり（上野 1982b:13）、ここでは上野に即した狭い概念として扱う。なお、同論文における上野の「ホモセクシュアル差別」については本章の主題を外れるため取り上げない。

（6）上野のこの「誤読」はしかし体系的である。二〇〇六年の『共同幻想論』についての上野の解説は、吉本の主張を以下のように「命題」としてまとめている。

> 共同幻想は、対幻想を疎外するが、対幻想は共同幻想と「逆立」する。個人幻想は共同幻想を疎外することによって生まれるが、共同幻想と「同致」する。（上野 2006b:354-355）

だが、少なくとも共同幻想と対幻想の関係についていうと、これは全く転倒した読解ではなかろうか。田川建三が強調しているように、吉本にとっては対幻想こそが「人間の本質」である（田川

1987:232)。対幻想が共同幻想から分離されるわけではない（そう読める部分もないわけではないが、国家の成立という主題に関して上野の解釈は成り立たないだろう）。上野が上記のような「整理」を行えたのは、対幻想概念を血縁から異性愛へと二段階に区別して理解したからだろうが、吉本自身の文章からは必ずしもそうした明確な区別はうかがえない。おそらくこれは註(4)で触れた上野の対幻想理解の「狭さ」と関連している。

(7) これは、吉本がいかに主観的には違うつもりでも、『共同幻想論』に対する一般的な受け止め方といえるだろう。私がたまたま所持している、一九八二年の「改訂新版」の角川文庫の帯の惹句が典型だろう。曰く、「きみは国家がまぼろしだと気づいているか！」。

(8) 以下の引用は、八〇年代の上野における個人／ペア／共同体についての『共同幻想論』的な図式を典型的に示していると言えるだろう。

人間の個別的な関係が、対偶関係（ペア）の中にしか成り立たないこと、もっとも基本的な対偶関係とは、一対の男女の性関係（これを一夫一婦制とよぶ）であることを考えれば、それを否認することは、「共同体に剥きだしの」個人を生むに他ならないこと、「共同体」もまた一つの国家でありうることは、多くの共同体の実践が示しているとおりである。（上野 1980:58）

(9) 「国家」につながる八〇年代の上野の議論としては、王権をめぐるテーマも指摘できる（ex. 上野 1984）。しかし、本章で詳しく検討する余裕はないが、それらについても、「文化的」なアプローチという点で同様の限界を持ったものということができよう。

(10) ただし逆から見れば、国民国家論と『共同幻想論』とを同列に並べられること自体、「仕掛け」＝装置の問題として国家を捉えきれていないということでもあろう。「暴力」の強調にやや偏りがちではあるが、萱野稔人による「国家＝フィクション論」（ただし萱野はこれを「国民国家論」と呼んでいる）への批判は、上野にも当てはまる面がある（萱野 2005：第四章）。

（11）それゆえ、『女という快楽』（上野 1986a）に収録された文章の中でも、アメリカ留学とマルクス主義フェミニズムを摂取した一九八三年の前と後とで、「対幻想」や家族に対するスタンスが変化しているように思われる。

（12）続く段落で「いまから思えば、対幻想への熱狂と歓迎は、むしろ国家と対峙すべき性と家族に対する、祈りにも似た期待だった、と言ってよいかもしれない」（上野 2006：357）と書かれている文章も、一般的説明というより上野自身の告白とみなすべきものだろう。

（13）ある対談で上野は以下のように述べている。

私は第一に、人間に一貫性の必要があるとは全然思っていないので、そんな批判は痛くも痒くもないいんですが、第二に、理論というものは目の前にある問いを解くためであれば、使えるものは何でも使う、その程度のツールにすぎないと思っていますから、現実を解くために理論があるので、理論と心中するために理論があるわけではありません。（上野編 2001：299）

こうした開き直りには強い違和感をもつ。使い捨て前提の理論にはそれに見合った信頼しか得られない。上野にとって理論は「ツール」であるだけでなくヘゲモニー闘争の「武器」でもあるとすれば、一貫性の放棄はうまい戦略とはいいがたい。そもそも本当に「痛くも痒くもない」人間は弁明などしないだろう。

（14）ダグラス・ラミスはガンジーの思想を紹介しながら以下のように述べている。

革命の真に「革命的」なところは、人の考え方、動き方、集まり方の変化など、いわゆる「前史」の方にあるだろう。暴力自体にはそのような変革を起こす能力がないのだ。暴力で、革命を抑圧しようとしている人々を殺したり、威嚇したりはできるが、革命そのものを起こすためには、暴力は無力だ。（ラミス 2009）

（15）先にも触れた『生き延びるための思想』（上野 2006）の中軸となる「対抗暴力とジェンダー」の初出論文である「女性革命兵士という問題系」（上野 2004）は、連合赤軍事件や上野の学生運動体験などの問題が執筆の背景となっている。この点については松井による書評論文参照（松井 2005）。

（16）「言語論的転回」が「脱アイデンティティ」（上野編 2005）の方向を導くとしても、一方でそれは新たな主体をつくりだす契機ともなるはずである（Laclau & Mouffe 1985=1992）。社会的真空状態ではなく、とりあえずの係留点を踏みしめながら人は生きているのだから、「脱アイデンティティ」という相対化は片面の指摘でしかないだろう。

（17）加納実紀代は、上野の問題提起を評価しながらも、『ナショナリズムとジェンダー』の書評を以下のように結んでいる。

近隣諸国の人びとからみれば、「わたし」はどうしようもなく「日本国民」であり、日本国家の加害性を共有している。応答するとはまずはそうした関係性を引き受けることではないだろうか。その上でそれを特権化することなく、他の関係性との網の目を手探りする。／著者［上野］の「わたし」は網の目自体を一挙に気化してしまうように思えてならないのだ。（加納 1998:86）

私もまた、「国民」や「民族」に対する上野の警戒には大いに共感を持つ。しかし「『民族』か『ジェンダー』か」の「強いられた対立」（上野 2006a: 第六章）の構図は、上野の「わたし」論によって助長されてしまったのではないかという気がしてならない。

(18) 註(8)の引用参照。

(19) 例えば、上野が「暴力のシステム」というとき、私領域における暴力(DV)と公領域における暴力(戦争)を同型のものとして重ねあわせてしまうが、これは不適切だ。なぜなら両者は別のメカニズムで作動しており、DVの犯罪化が警察と司法によって実現したからといってそれもまた国家暴力の一種のはずだからだ(松井 2005)。そしてこれは上野の問題だけではなく、非暴力の立場から運動を行う場合の困難にもつながっている。戦争に反対し軍隊をもたないという主張まではできても、現代社会で警察機能をすべて解体せよとまではなかなかいえないだろう。死をも辞さないガンジー主義であればその点は一貫するが、命の価値を尊重するための非暴力だとすればこれは採れない。だが、もとよりそれは国家の暴力を(部分的にであれ)「必要悪」として肯定するということではない。「戦争という犯罪」批判のために「戦争犯罪」という概念やルールが活用可能であるように、今はまだ必ずしも否定できない対象を最終的には否定するための第一歩とすることはできよう。

文献

藤生京子(2009)『吉本隆明のDNA』朝日新聞出版

伊田久美子(2006)「上野千鶴子『家父長制と資本制』」(岩崎ほか編 2006 所収)

岩崎稔ほか編(2006)『戦後思想の名著50』平凡社

加納実紀代(1998)「「正史」の相対化をめざして」(岩波書店「世界」編集部編 1998『別冊世界 この本を読もう!——書評の森 97→98』岩波書店所収)

萱野稔人(2005)『国家とは何か』以文社

Laclau, Ernesto & Mouffe, Chantal (1985) *Hegemony and Socialist Strategy: Towards a Radical*

大村書店
Democratic Politics, London: Verso.（＝1992）石澤武＋山崎カヲル訳『ポストマルクス主義と政治』
松井隆志（2005）「運動と暴力—上野千鶴子「女性革命兵士という問題系」をめぐって」（『書評ソシオロゴス』創刊号所収）
小熊英二（2009）『1968　下—叛乱の終焉とその遺産』新曜社
ラミス、C・ダグラス（2009）『ガンジーの危険な平和憲法案』集英社新書
桜井哲夫（[1988] 1993）『思想としての60年代』ちくま学芸文庫
田川建三（1987）『思想の危険について—吉本隆明のたどった軌跡』インパクト出版会
Tarrow, Sidney（1998）*Power in Movement :Second Edition*, Cambridge.（＝2006）大畑裕嗣監訳『社会運動の力：集合行為の比較社会学』彩流社
上野千鶴子（1980）「主婦論争を解読する」（上野 1986a 所収）
上野千鶴子（1982a）「国家という分配ゲーム—家族と国家のゆくえ」（上野 1986a 所収）
上野千鶴子（1982b）「対幻想論」（上野 1986a 所収）
上野千鶴子（1984）「異人・まれびと・外来王」（1985『構造主義の冒険』勁草書房所収）
上野千鶴子（1986a）『女という快楽』勁草書房
上野千鶴子（1986b）「女性≠階級？」（日本女性学研究会フェミニスト企画集団編 1986『フェミニズムの現在と未来』松香堂所収）
上野千鶴子（1990）『家父長制と資本制—マルクス主義フェミニズムの地平』岩波書店
上野千鶴子（1998）『ナショナリズムとジェンダー』青土社
上野千鶴子（2002）『フェミニズムから見たヒロシマ—戦争犯罪と戦争という犯罪のあいだ』家族社
上野千鶴子（2004）「女性革命兵士という問題系」（『現代思想』二〇〇四年六月号所収）

上野千鶴子（2006a）『生き延びるための思想—ジェンダー平等の罠』岩波書店
上野千鶴子（2006b）「吉本隆明『共同幻想論』」（岩崎ほか編 2006 所収）
上野千鶴子（2009）「自著解題」（『家父長制と資本制—マルクス主義フェミニズムの地平』岩波現代文庫所収）
上野千鶴子編（2001）『ラディカルに語れば……—上野千鶴子対談集』平凡社
上野千鶴子編（2005）『脱アイデンティティ』勁草書房
上野千鶴子・ＮＨＫ取材班（1991）『90年代のアダムとイブ』日本放送出版協会
吉本隆明（［1968］1982）『改訂新版　共同幻想論』角川文庫

第九章　日本のポストコロニアル批判—ジェンダーの視点から見た沖縄

島袋　まりあ

いわゆる「従軍慰安婦」問題をめぐって発言してきた上野の仕事は広く知られている。とりわけ在日朝鮮人の徐京植や金富子とフェミニストの上野の間の論争は、民族とジェンダーの対立として理解されることが多い。上野はナショナリズムとジェンダーの狭間で苦悶したのち、沖縄、日本、米国の文脈で、日本のポストコロニアル状況とフェミニズムの矛盾について再び論じている。本章は、第一に「従軍慰安婦」論争から、沖縄へ関心をシフトさせた上野の記述をたどりつつ、ナショナリズムとフェミニズムの両方にみられる「平等の罠」を回避しようとする上野の「難民化の思想」を考察する。第二に、「難民化の思想」を現在の日米合作の植民地主義を考察した際に表れてくる問題点を指摘したうえで、第三に、上野の暴力批判のアプローチについて批判する。最後に、上野の思想に可能性を見出すために、フーコーの理性批判とともに読み直す。

1 「従軍慰安婦」問題から沖縄へ

「従軍慰安婦」論争において、上野は脱植民地化のプロセスについて、次のように言及している。「現在のわたしが、脱植民地化の視点が明確でもじゅうぶんでもないことについては、甘んじて批判を受け入れよう」(上野 2006:151)。この発言は花崎皋平に反論する際に述べられたものだが、ここでの「脱植民地化」とは、「日本がかつての『帝国』を精算し、日本自身が帝国から離脱」し、また「日本が主体として取り組まなければならない課題」とされている(上野 2006:150)。「『民族』か『ジェンダー』か?――強いられた対立」と題するこの論文は、『生き延びるための思想』(上野 2006)に収録されているが、初出は一九九九年の『戦争責任研究』第二六号である。一九九九年の時点では脱植民地化の視点が欠如していることを認めている上野は、二〇〇〇年の『相関社会学科』第九号において、「ナショナリズムを超える思想」を発表しているが、その内容は沖縄ナショナリズムである。そしてそれも二〇〇六年に『生き延びるための思想』に収録された。ちなみに、二つの論文は、『生き延びるための思想』の第七章、第八章として、続けて収録されている。以上の状況から察すると、上野は脱植民地化に対する意識の欠如から脱却をするために、沖縄を経由しているのではないかという印象を受ける。そのため、「従軍慰安婦」論争後に、脱植民地化のプロセスを再考した上野の沖縄論を以下で検討してみたい。

石田雄、冨山一郎、野村浩也の研究者を参考にしつつも、上野の沖縄分析はほとんど小熊英二――

とりわけ『〈日本人〉の境界―沖縄・アイヌ・台湾・朝鮮　植民地支配から復帰運動まで』（小熊 1998）――に負っている。小熊の議論によると、日本人の境界線は静的、恣意的、リジッドなものではなく、二流市民になることを恐れる被植民者が日本人との「平等」を希求することによって、国民国家に包摂されてゆく。また、本題が示すように、その過程で「〈日本人〉の境界」が構築される。男性との「平等」を希求するフェミニズムの市民権獲得論争に関心をもっている上野には、ジェンダーの変数をエスニシティの変数に置き換えた小熊の議論は非常に受け入れやすかったように思える。実際、上野はこのようにフェミニストのクリスチーヌ・デルフィとポストコロニアル研究者の野村浩也を隣り合わせに引用している。

市民権が特権であるところでは、市民が市民でないものの存在を前提していると考えることができる。市民的な特権の男性性は女性の排除によってのみ支持されるし、市民的特権の価値はそれに及ばない二級、三級市民の存在によって維持される。そうなれば市民権を現在の内容のまま、地球上のすべての人々に拡大するという普遍理念が、論理的にも実践的にも到達不可能な背理にほかならないことがわかってくる。

ここでポスト構造主義のジェンダーの定義をめぐる、クリスチーヌ・デルフィの次のような雄弁な表現を思い起こすことができよう。

「ジェンダーの問題枠組みの中に男性を位置づけるなら、男性とはまず、なによりも支配するものである。男性に似るということは、支配する者になるということである。しかし支配者になるためには、支配される者が必要になってくる。皆がいちばんのお金持ちである社会が考えられないように、全員が支配者である社会は考えられない。」（Delphy 1989=1989）

沖縄研究者である野村浩也（1997）は、沖縄の日本人への同化をさして、「日本人になることは、差別者になることだ」と表現している。わたしは野村の同化のレトリックとデルフィとの符合におどろいた。……（上野 2006：33）

上野は上記の二者の指摘を踏まえ、『生き延びるための思想』の副題である「ジェンダー平等の罠」を議論するための下準備を整えている。「男性及び日本人という一級市民」の存在は、「二級、三級市民」である女性や沖縄人の「存在によって支持される」。そして、女性や沖縄人が男性や日本人のようになろうとすれば、権力構造のなかに自らの位置を置き換えることができるかもしれないが、それはさらなる弱者を生み出す上昇運動に過ぎない。差別から解放されるために、一級になることが求められているようにみえるが、実はこの誘惑には別の狙いが秘められている。それは、こうした権力構造を知らず知らずのうちに価値のあるものとして認め、自分自身の欲望の対象として設定することによって、権力構造へ従属化・主体化されてゆくことである。極端にいえば、何かになるという実体はどうでもよくて、とにかく何かになろうとするという実践が重要なのである。これはまさしく上野が問題化している「平等の罠」である。彼女によれば、真の抵抗とは、権力構造のなかの自らの位置を変えるのではなく、権力構造自体を問題化し、全体そのものを変えること。ここまでは、上野、小熊、デルフィ、野村などの問題意識はほぼ同様であるが、相違点はどのように権力構造を問題化し、それを変えてゆくかという点にある。

まず上野の介入を取り上げよう。権力構造への従属化・主体化へ抵抗するには、上野は思い切って「逃げよ、生き延びよ」と、道無き道を切り開こうとする。すなわち、それは「難民化の選択である」(上野 2006:114)。前述したように、差別からの解放は、一級になるようにみえるが、実のところそれは自らの解放の可能性の条件を強者の手に渡すということだ。通常、抵抗とは外在する「敵」を倒すこととして理解されているが、上野がこうした抵抗を拒否するのは、権力は外在的なものではなく、常に内在しており、弱者こそが抵抗しつつ権力構造を強化すると理解しているからだといえよう。したがって、上野の抵抗は、外に向けられるものではなく、自己の生き方そのものに向けられているのだ。

敵を相手にしないことで、敵が要求している承認と共犯化を価値のないものとして無視すること。ここで「価値のないものであるかのように」と述べるのは、ニーチェのいう「価値の転換」を意味しているのである。つまり、敵の要求に応じないということは、敵に価値を見出さないことであり、逆にいえば全く別の価値体系を自ら生み出すことである。したがって、上野にとっての解放とは、ロマン化されたユートピアではなく、「いま・ここでのささやかな日常の解放のつみかさね」である(上野 2006:110)。上野はこのように、ニーチェが徹底的に論じた近代の禁欲主義にみられる「未来への延期」が抱えている暴力性を批判している。この「未来への延期」はたとえ「革命」という美名のもとで呼び起こされても、上野は「現在を犠牲にするという禁欲的手段主義への決定的な訣別」を宣言したうえで、「やっぱりダサくて日常的」な戦いに新たな価値と可能性を見出す(上野 2006:109;240)。

2　抑圧移譲と日本帝国主義特殊論

ところで、具体的に米国、日本、沖縄の三角関係に上野の難民化の思想を当てはめてみた場合、いくつかの問題点が浮上してくる。そのもっとも大きい問題の一つは、難民化の思想が前提にしている、丸山真男の「抑圧移譲の原理」の捉え方である。これについて、上野はまず家庭内暴力という文脈において以下のように述べている。

どんな人間関係も、文脈が変われば、弱者は相対的な強者となる。夫に殴られる妻は、子どもや高齢者を虐待するかもしれず、虐待された子どもは、ペットや小動物をいじめるかもしれない。丸山真男のいう「抑圧委譲の原理」である。暴力から「逃げない」妻は、しばしば「子どものため」という自己犠牲や献身をもちだして、現状を変更しないことの言い訳とするが、母親が被害者でありつづけていること、そしてそのような暴力的な状況にさらされていることそのものが、子どもにとっては加害的な状況であることがわかっている。妻として被害者でありつづけることによって、彼女は、母親として子どもに加害者となっているのである。(上野 2006:106)

上から下へ向かう暴力の連鎖を断ち切るために、上野は逃げることを勧める。つまり、暴力構造のなかから戦うのではなく、暴力構造の外部へ脱出することによって、暴力を解体できると理解しているのだろう。上野はまた同じように抑圧移譲の原理を沖縄の文脈へ当てはめる。

> 国民国家への包摂と排除の中には、歴史的にみてバランスシートの不均衡があり、かつ包摂と排除の間にグレーゾーンがあって、そこには序列がある。石田は中心―周辺の図式を持ち出すことで、周辺がさらなる周辺を生みだし、丸山真男のいう「抑圧移譲の原理」が動くということ。(上野 2006:18)

上野は、国民国家の包摂と排除のメカニズムが抑圧移譲の原理を作動させていると論じている。しかし、家庭内暴力の事例と異なり、上野は逃げることを進めない。なぜなら、米国、日本、沖縄の三角関係において考えた場合、結局日本は沖縄に対する責任から日本は避難してしまうからだ。つまり、米国→日本→沖縄という構図において、米国を「上」、日本を「間」、沖縄を「下」と序列化されるが、日本が米国から抑圧されていると捉えることによって、沖縄を抑圧している責任を打ち消してしまうのだ。

この問題は上野の踏襲している小熊英二の論述にも表れている。彼は、このように抑圧移譲の原理を「有色の帝国」という概念をもって欧米、日本、アジアの上下関係において分析している。大日本帝国を「有色」と名付けることによって、日本の植民地主義を特殊化して、日米の上下関係を強調するあまり、日米合作の植民地主義の分析を避けてしまっているのだ。上野は小熊の議論を次のように肯定的に論じている。

二重の「他者」とは、日本にとっての欧米とアジア、帝国主義列強と植民地、優越的な他者と劣位の他者と言いかえてもよい。……後発帝国主義が持たざるをえなかった、より優位な他者の影のもとでの国民国家形成という条件について、近代日本を事例にその複雑さを複雑さのままに描き出した。この「第三項」の導入によって、従来の国民国家論にありがちな二項対立の図式におちいらずにすんだ。そのうえ二項対立の図式に陥る議論の罠を衝くことにも成功した。（上野 2006: 176–177）

遅れた日本が欧米という「優越的な他者」にキャッチアップするために、アジアという「劣位の他者」に暴力を移譲したという「後発帝国主義」論は、加害／被害の二項対立の図式に「おちいらずにすんだ」でいるが、普遍（欧米）と特殊（日本）という別の二項対立の図式に陥ってしまっているのではないだろうか。つまり、加害と被害の両面性をもっているということが、あたかも日本の特殊現象であるかのように論じられているが、この両面性はどの帝国主義もが有している普遍現象ではないだろうか(1)。

上野が踏襲している小熊の日本帝国主義特殊論は、英語圏の帝国主義研究においても広く使われているが、近年日本ポストコロニアル研究者によって批判の対象となっている。例えば、台湾の植民地化を分析した荊子馨《チン・レオ》は、「後発という歴史的条件と欧米の人種差別という経験主義的な事実は、はたして『異例』として日本植民地主義を表しているのだろうか」と問いかけたうえで、「日本の帝国主義及び植民地主義は幾分か異なっていて、ユニークである」という考え方には批判的である（Ching 2001:19）。むしろ、荊は、異民族支配を行使した欧米帝国主義に対して、人種的類似性を主張した日本帝国主義は欧米と違ってみえても、構造的に同様であると論じている。

逆にいえば「有色帝国」の見解は、ポストコロニアル研究において、欧米中心主義を日本の側から支えるようなものである。荊がいうように「欧米に劣らぬ卑怯な植民地的な暴力は非西洋・非白人の加害者にも可能だということは、欧米中心的な意識のなかでは想像もつかないだろう」（Ching 2001:30）。その適例を日本語で提供してくれたのは、英語圏におけるポストコロニアル研究の第一人者とされているロバート・ヤングの『ポストコロニアリズム』を翻訳した本橋哲也である。日本語の読者のために書いた解説で本橋は、ヤングの次の言葉を日本語で紹介している。「日本が現在の世界の中でユニークな点は、他の帝国主義勢力と違って、いまだに以前植民地化していた領土の人々に国境を開いていないということだ。」また、「今日、日本ほど文化的に雑種でない先進国はなく、それゆえおそらく日本はもっとも『ポストコロニアル』ではない国なのかもしれない。ポストコロニアルなロンドンやパリを語るように、ポストコロニアルな東京について語れるだろうか？」（Young 2003=2005:viii–ix）。英語圏では、日本のポストコロニアル研究がどれだけ軽視されているのかが窺える。しかしながら、日本語圏のポストコロニアル研究は、小熊を含めてその状況を批判するどころか、助長しているのだ。

本章が日本帝国主義特殊論批判に強くこだわるのは、それが戦後日米合作の植民地主義の在り方を隠蔽しているからである。わたし自身、「太平洋を横断する植民地主義」という論文において、米国と日本を異なる存在として分析するのではなく、日米合作の植民地主義を指摘した（島袋 2007）。その論文から一部を直接引用する。

日本の沖縄支配は、確かに日本に対する米国のヘゲモニーを抜きにとらえることはできない。絡み合っている状況があるため、多くの論者は、東アジアにおける「抑圧移譲」の構造を論じようとする。つまり、米国は日本を抑圧し、日本はさらに沖縄に「抑圧移譲」をするように追い込まれると。

しかし、……「抑圧移譲」論は、第一に、米国と日本は存在論的な自立を保ち、第二に、日本は沖縄とともに抑圧の「起源」である米国に対して抵抗できることを示唆している。（島袋 2007 : 322）

「存在論的な自立」を問題視するのは、米国と日本という個別の主権国家が協同で沖縄を支配しているのではなく、主権国家の枠自体を越え、トランスナショナルな支配を行使している状況を示したかったからだ。つまり、これは「従来の国家主権とは別の横断的な支配形態が複数の利害に基づいて構成されている」ということだ（冨山 2010 : 37）。また、欧米→日本→東アジア（沖縄）という抑圧移譲の構図は、しばしば「良心的」な論者に利用されかねない。例えば、あたかも自らのポジショナリティを意識しているかのように、米軍基地を沖縄に押しつける日本に無批判な「アメリカ人」と、暴力の起源や一番の敵は米国だと訴え、沖縄に連帯を呼びかける「日本人」は結果的に野合し合い、「横断的に展開する支配をとらえ損ねるだけではなく、支配に抗う運動の可能性を見失わせる」のだ（冨山 2010:37)。

上野は家庭内暴力の分析において、抑圧移譲の構図を描いたうえで、逃げることを勧める。そして、そっくりそのまま同じ抑圧移譲の原理を沖縄に当てはめるものの、そこで逃げるという「難民化の思想」の限界に突き当たってしまったせいか、逃げることを勧めていない。むしろ、沖縄の文脈において考察する際、難民化の思想は植民地化の思想になりかねないのではないか。以下に、この微妙なズレを検討するために、逃げることがもつ暴力性を指摘したい。

3 意識と無意識の間を這う暴力

国家と暴力について論じた社会学の論考といえば、マックス・ウェーバーの「職業としての政治」があげられるだろう。周知のように、この講義では「国家とは、ある一定の領域内で……正当な物理的暴力行使の独占を（実効的に）要求する人間共同体である」と定義している（Weber 1980:9）。山之内靖が『ニーチェとヴェーバー』において論じているように、ニーチェを慎重に読んだウェーバーは、国家と暴力の関係性を系譜学的に検証しており、そこに意識と無意識のギャップが常に潜んでいる（山之内 1993）。つまり、ニーチェの暴力論では、「意図」と「結果」がしばしばずれている。例えば、司祭が権力を欲しがらない禁欲主義のパフォーマンスをすることによって、身体の欲望を禁じ得ない者によって敬意をもたれるようになり、「予期せざる結果」として権力者となってゆく。ここでは、権力を得るという「意図」と権力をもつようになるという「結果」がずれている点に効果が見出される。いいかえれば、意図と因果関係のズレこそに効果があるのだ。

ウェーバーは同様に、「心情倫理」と「責任倫理」という二つの概念を分けて、国家暴力を論じた。前者は、目的を達成するためにあらゆる手段をとり、後者は手段がもたらす諸結果を重視する。この二つの概念をもって、野村浩也がさらに日本のポストコロニアル状況において分析して、米国、日本、沖縄の関係について、次のように論じている。

「安保に賛成したおぼえはない」とか「沖縄人に基地を押しつけたつもりはない」などという心情倫理で免罪してよい問題では断じてない。政治的な問題は、徹頭徹尾、責任倫理において判断しなければならないのだ。すなわち、その結果責任において、日本人はひとり残らず安保に賛成したのも同然なのである。なぜなら、日本人の民主主義によって安保は成立しているからであり、安保賛成派のみならず反対派も安保成立を許した結果責任を負っているからである。（野村 2005:31）

野村がもっとも批判的なのは、安保賛成派よりも、安保に反対し、米軍基地のすべてに反対し、結局平等負担に反対するという「革新派」である。それは、「革新派」ほど、自らの暴力に無意識である者はいないからだ。革新派は、沖縄に米軍基地を押しつける意図はないだろう。しかし、抑圧移譲にみられる「上（米国）から下（日本）へ」の暴力構造を訴えつつ、米国や安保に抵抗することによって、「予期せざる結果」をもたらしてしまう。それは、日本国内の保守派／革新派が膠着状況に陥っている間に、沖縄にある米軍基地が動かないどころか、拡張してゆくことだ。したがって、日米関係を上下関係としてとらえるのではなく、上下関係を演出することによって、結果として日米合作の植民地支配が可能になるのだ。

上野の扱う「有色帝国」論はまさにこの上下関係の演出を支えている。しかし日米関係を上下の関係として見なす彼女は、県外移設論に拒絶反応を示すどころか、冷静にこの議論の政治的な含蓄を精読しようとした少数派のうちにいる。鳩山元首相が県外移設を提案する前に、上野は次のように野村の議論を紹介している。(2)

「沖縄大好き」という内地からの観光客に向かってこう言い放つ。

「そんなに好きなら、基地も持って帰って」

憲法九条を守れ、というとき、わたしの口は凍る。本土の九条は、沖縄を踏みつけにすることを前提にしているからだ。沖縄人はナイチャー(内地人)に、「あんたの足をどけてくれ」、さもなくば「泥を一緒にかぶれ」と要求する。……呼びかけられているのは、わたし(たち)だ。(上野 2007)

上野は野村の議論に肯定的に触れているが、県外移設の議論と「難民化」の思想がどう噛み合うのかははっきりみえてこない。野村や知念は基地を平等負担する「日本国民」には、日本人女性も含まれている。したがって、沖縄のフェミニスト知念ウシは、日本人女性は「沖縄人の女性や子どもを犠牲にして米兵から性暴力を(かなり高い割合で)受けないで済む利益を得て来た」と述べている。続いて知念は「日本人の女性たちは、彼女たちの政府の政策の結果の性暴力が主に沖縄人女性に被害をもたらして来たという事実を負わなくてはなりません」とまで言い切っている（知念 2007: 499）。女性の国民化に抵抗感を示す上野が県外移設論を論じる際、躊躇しているのではないかと感知せずにいられない。はたして上野は沖縄人の主張を紹介する一方で、自らの（日本人）女性のことばで県外移設を主張できるだろうか。

4 自己の統治とポストコロニアル批判

逃げることを肯定的に捉える難民化の思想と、逃げることを批判的に捉える無意識の植民地主義論は類似しているが、微妙に異なっている。どちらでも、権力は外在的なものではなく、常に内在しており、弱者こそが抵抗しつつ権力構造を強化する問題点を指摘している。したがって、抵抗は外に向けられるものではなく、自己の生き方そのものに向けられている。難民化の思想では、自己の生き方に向かうのは、敵の承認を拒絶して、暴力構造の外部へ逃避する勇気を奮い起こすこと。無意識の植民地主義論では、自己の生き方に向かうのは、自己が形成される条件を常に意識化しようとすることであり、暴力構造の内部から変容を果たそうとすること。この思想を深めたのは、ウェーバーの国家暴力論を克服しようとしたフーコーである。

後期のフーコーは、主権国家の論理を超えた「生権力 biopolitics」の議論を繰り広げてゆくなかで、国民国家の境界線からあふれ出る「人口」を統治するメカニズムとして「統治性 governmentality」

という概念を描いた。人間の「生」そのものが統治の対象となるが、生き延びようとすることで、統治の能動的な「主体 subject」になるとともに統治の「隷従 subject」となり、自らの隷従に共犯してゆく複雑な主体を系譜学的に解きほぐした。乱暴にいえば、加害者であり被害者であるこの複雑なサブジェクトは、無垢な者として外部から行使される権力に抵抗するのではなく、まさに権力の網の目に張り巡らされているのである。それゆえフーコーは、最終的に議論を、外部による統治ではなく、自己の統治へ向かったのだ。

同じ後期のフーコーは、自己の統治の一環として、カントの啓蒙思想に戻り、「批判 critique」の意味を考え直した。カントの理性批判では、道徳的な判断は「普遍」という超越論に向かってゆくが、フーコーはこうした外向きの姿勢は、「批判」が抱える可能性を閉じてしまうと論じた。自己の統治は、外ではなく、自己の内に向かってゆくが、この自己はあらかじめ存在する主体ではない（Foucault 1997）。自己の内に向かってゆくというのは、主体形成を可能にする条件を問うこと。つまり、暴力は加害者の「意図」によって行使されているのではなく、自らの生き方における無意識の結果として暴力を行使する主体が形成されるのであれば、「いつのまにかその結果になってしまった」過程を問うことである。

日本のポストコロニアル理性批判を行うためにも、フーコーの指摘は示唆に富んでいる。暴力を不可視化することによって植民地的な主体が誕生するのであれば、日常的にそれを問いかける実践が暴力の連鎖を断ち切るための第一歩であろう。このように、「県外移設論」を再考することはできないだろうか。日本の革新派は、安保に反対する日本人が大多数派になる日まで、沖縄人に自らの生を

「その未来のために」日常的に犠牲にしてもらうような状況を強いている。しかし、鳩山由紀夫が二〇〇九年に「最低でも県外移設」を訴えたように、日本国内で基地の平等負担がないかぎり、安保の意味について本格的に考えるきっかけは生まれない[3]。野村がいうように、「退路を断たれた状況になってはじめて、基地や安保についての真剣な議論がはじまる」のではないか（野村 2010）。この実践は、暴力構造の外部へ逃げることで、自己を保身しようとするのではなく、暴力構造の内部からの挑戦であり、意図と結果がずれる暴力論への介入である。

5　両義的な主体

本章では、難民化の思想にみられる上野の抑圧移譲の捉え方を批判的に考察した。上野の見解では、暴力は、米国、日本、沖縄へ移譲されてゆくなかで、その狭間にある日本の植民地主義は「第三項」として分類され、また「有色帝国」として特殊化される。つまり、日本だけがこうした加害と被害の両面性を抱えているように論じられているのである。しかし、日本帝国主義特殊論は、欧米中心主義にみられる英語圏のポストコロニアル研究と共犯関係にあり、欧米（＝普遍）と日本（＝特殊）という二項対立を強化している。また、この上下関係を演技することによって、日米合作の植民地主義を隠蔽する問題を指摘した。その事例分析として、本章は県外移設論を挙げた。上野自身は県外移設論に対して、肯定的な発言をしてきているが、彼女の難民化の思想とどう噛み合うのか、疑問の余地が残る。つまり、難民化の思想では、被害者が加害者にならないために、暴力構造の外部へ逃避するが、無意識の植民地主義論では、被害者と加害者をそう簡単に分けられないがために、暴力構造の内部へ変革をもたらそうとする。具体的にいえば、平等負担をしない限り、安保を支える主体形成の条件を問うことは極めて困難である。また、無意識の植民地主義論は、外部へ避難することではなく、むしろ被害者と加害者の両方のアイデンティティを同時に抱えつつ、悩み続ける実践である。

註

(1) ここで欧米の帝国主義について論じる余地はないが、植民地主義における加害と被害の両面性を指摘した論者として、フーコーの『社会は防衛しなければならない』がある。イギリス内部のいくつかの民族が争った結果、国民国家が誕生するが、国家の成立後にも、敗北した民族マイノリティが対立意識を持ち続ける。イギリスの海外への植民地支配が行使されてはじめてイギリス内部の民族マイノリティの対立意識が国民意識に変わる（Foucault 1997＝2007）。フーコーはこれを「植民地主義のブーメラン効果」と呼ぶが、アヌ・ストーラーはさらに、インドネシアにおけるオランダの植民地主義において、この概念を本格的に分析した。いずれの研究においても、敗北したマイノリティ（被害者）が植民地主義の原動力になってゆく分析をするどく行っている。

(2) 県外移設の拒絶反応を分析した論文として、「文化的暴力としての政治的誤読と精神の植民地化」を挙げておく（野村 2008）。

(3) 民主党は「政策集インデックス二〇〇七」で「在沖海兵隊基地の県外への機能分散をまず模索し、戦略環境の変化に応じて国外への移転を目指す」ことを打ち出しており、「沖縄ビジョン二〇〇八」では、普天間基地の県外、国外移設を提示していた。さらに政権交代を望んだ民主党は、二〇〇九年八月の衆議院議員選挙で「県外移設」を強調し、沖縄からの票を集めた。二〇〇九年九月に就任した鳩山首相は、次のように述べている。「私どもは、今、新しい政権を担って発足したばかりでございます。当然、私どもは選挙のときにも、今大島議員が申された思い、沖縄県民の今日まで担ってきた大変大きな負担というものを何とかして少しでも軽減させなければならない。そのためには、できれば、当然、基地の問題、さらに過重負担というものを与えるわけにはいかぬという思いのもとで、県外あるいは海外に移設をするのが当然最も望ましい結論だという思いを持って臨んでまいりました。そして、選挙に勝たせていただいた。」（鳩山 2009）

文献

Ching, L（2001）*Becoming Japanese: Colonial Taiwan and the politics of identity formation*, University of California Press.

Foucault, M（1997）〝What is Enlightenment?〟*Ethics: Subjectivity and truth*, Ed. Paul Rabinow, The New Press.

Foucault, M（1997）*"Il faut défendre la société": Cours au Collége de France, 1976*. Seuil.＝（2007）、石田英敬・小野正嗣共訳『ミシェル・フーコー講義集成〈6〉社会は防衛しなければならない（コレージュ・ド・フランス講義 1975-76）』筑摩書房

鳩山由紀夫（2009）国会会議録　衆議院　予算委員会　二〇〇九年一一月二日

野村浩也（2005）『無意識の植民地主義―日本人の米軍基地と沖縄人』御茶の水書房

野村浩也（2008）「文化的暴力としての政治的誤読と精神の植民地化」河口和也編著『「文化」と「権力」の政治学』広島修道大学研究叢書　第一四〇号、49-89

野村浩也（2010）『琉球新報』「差別自覚で基地動く」二〇一〇年五月二九日文化面一九頁

島袋まりあ（2007）「太平洋を横断する植民地主義―日米両国の革新派と『県外移設』をめぐって」、野村

浩也編著『植民者へ―ポストコロニアリズムという挑発』、松籟社、317-356
Stoler, A（2002）*Carnal knowledge and imperial power: Race and the intimate in colonial rule.* University of California Press.
知念ウシ（2007）「アメリカで在沖米軍基地の日本〝本土〟お引き取り論を語る」野村浩也編著『植民者へ―ポストコロニアリズムという挑発』、松籟社：489-508
冨山一郎編著（2010）『現代沖縄の歴史経験―希望、あるいは未決性について』青弓社
上野千鶴子（1998）『ナショナリズムとジェンダー』青土社
上野千鶴子（2006）『生き延びるための思想―ジェンダー平等の罠』岩波書店
上野千鶴子（2007）『信濃毎日新聞』「教科書検定　怒る沖縄人」二〇〇七年一二月一七日総合面三頁
Weber M（1918）*Politik als Beruf* =（1980）脇圭平訳『職業としての政治』岩波書店
山之内靖（2003）『ニーチェとヴェーバー』未来社
Young, R. J. C.（2003）*Postcolonialism: A very short introduction*, Oxford University Press. =（2005）高橋哲也訳『ポストコロニアリズム』岩波書店

第十章　「慰安婦」問題の意味づけをとおしてみる上野千鶴子の「記憶」問題

福岡　愛子

1　「記憶」がもたらした変化

歴史学における方法論的転回

「記憶」[1]が、歴史学の言説のなかに頻出するようになったのは、一九九〇年代に入ってからのことだという。一九八〇年代の歴史学で、客観的・科学的な歴史叙述の特権性に対する反省が起こったが、九〇年代にはそれを逆手にとり「歴史も一つの物語」だとして、「来歴を誇りうる国民の記憶を物語らなければならない」などという主張が、日本にも現れた。そんななかで、一九九一年八月に金学順ら三人の元「慰安婦」が被害当事者としての記憶を語り出したことは、九〇年代以降の歴史学のフィールドを決定的に規定することになった。そして片や「歴史の見直し」や「過去の罪責の清算」という意識的忘却、片や証言者の名乗りという主体的想起によって、「客観的な歴史の真実」という中心が喪失した後に、「記憶の解放」と「複数の記憶の間での抗争」と称される論争的状況が出現するのである（岩崎 2002, 2000a, 2000b）。

より大きな思想的背景としては、「ポストコロニアル転回」「ポストモダン的転回」と呼ばれる変化があり、そのような新しい思潮が「記憶」への注目をもたらした要因でもある。(2) 植民地を過去のものとして現在から切り離すのではなく、その歴史が文化やアイデンティティ、さらに自己を表現する言語にまで及んで、植民された側の人々の現在を規定しているという観点に立って、個人的な体験や記憶が見直されるようになった（坂部 1999）。

ジェンダー史の挑戦と「慰安婦」証言

上野千鶴子が「記憶の政治学」を発表したのは一九九七年である。そこで、「慰安婦」証言を歴史の方法論に関わる根源的な問いと結びつけて特別に意味づけたのは、それがジェンダー史の挑戦とあまりにも切実に重なり合うからであった。

ジェンダー史は、上野自身の簡潔なまとめによれば、第一に、文書資料中心主義に対する挑戦であり、第二に、学問の「客観性、中立性」神話に対する挑戦であり、そして第三に、オーラルヒストリー・口承の歴史証言の方法論的な挑戦でもあった（上野 1997b: 177）。

女性史が、「書かれた歴史」の圧倒的不在というところから出発するしかなかったように、「慰安婦」は個人記憶だけに依拠し、しかも半世紀にもわたる沈黙を破って、性犯罪被害者としての過去を語り出した。女性史が、正史のできあがった後からそれに挑戦して政治的・イデオロギー的「偏り」のそしりを受けたように、「慰安婦」は、日本軍兵士が甘美な思い出として回想した後に、それとはまったく異なる「現実」があったことを突きつけて、記憶による証言の信憑性を問われた。そして、フェミニストが女性史の「偏り」を普遍的説明の失敗と認めるかわりに、「正史もただの男性史にすぎない」と切り返したように、「慰安婦」の証言は上野にとって、もう一つの「現実」を加える以上の意味を持った。「慰安婦」たちの闘いに韓国ナショナリズムを超える要素を見出した上野は、彼女たちの証言が突きつけた問いを引き受けて、「フェミニズムは国境を超えられるし超えなければならない」という主張につなげる。上野はそれを「学問上・思想上の闘い」とみなし、「学者生命を賭けた闘い」なのだと自負した（上野 1997b: 180, 1998d: 79）。

本章の目的

本章では、それがどのような闘いだったのか、上野は何に対して闘ったのかを検討する。そのために、「慰安婦」証言に対する上野の意味づけの仕方に着目し、上野が強調する「わたし」という概念に沿って、またそこからみえてくる問題点を批判的に検討して、上野自身の記憶の語り方と結びつけて論じる。

「慰安婦」証言の意味づけにおいては、「国家を超えるわたし」が想定されていることに注目する。一九九〇年時点の上野理論に「国家」が欠落していることは、自他ともに認めるところであるが、その後国家が主題化され、国家の暴力という問題設定を経て対抗暴力批判に至った。本書第八章で松井隆志は、「国民国家論」との出会いが上野の国家認識を変えたと指摘している。一方、そのような変化を超えて近代批判という意味での一貫性も見出される。松井は、「近代」批判を一つのスローガンとした「全共闘」体験に遡って、上野の「原点回帰」としての「反戦」、あるいは暴力によって自壊した学生運動に対する反省の上に立った非暴力＝対抗暴力批判を読みとる。

しかし、上野の「反省」を前提とし、それによって「上野の志の一貫性」をくみとっていいだろうか。私はむしろ、六〇年代の学生運動に関して上野が多くを語りたがらないために、「反省」の有無もその中味も、推察の域を出ないままになっていることの方に関心を向けたい。各章に割り当てられたテーマと紙幅という限界があり、本章では「慰安婦」論争に踏み込んだ記述をすることはできない(3)。「慰安婦」問題をめぐる上野の言説実践を跡づけることによって、上野自身の「記憶と忘却」の問題に到達することが目的である。「慰安婦」証言についても、まずは上野がそれをどのように意味づけたかを理解することからはじめる。それに関連して重要だと思われるのは、一九九一年のドイツと一九九五年の北京での出来事であろう。

2 「慰安婦」証言の意味づけ

「慰安婦」証言の衝撃性

上野が「慰安婦」証言について知ったのは、一九九一年のドイツ滞在中であった。ボン大学からの招聘を受け、「ベルリンの壁」崩壊後のドイツで、日本での多忙な日常とは打って変わった生活を送っていた時期である。ヨーロッパを車で旅するゆとりもあり、ユダヤ人収容所にも行ったという。ドイツは、フランスやイギリスとは明らかに異なる「戦争の加害」の国だった。そのような認識を新たにした後に、その「加害の国」で「慰安婦」報道に接した。ヨーロッパ版『朝日新聞』のその記事に、上野は強烈な衝撃を受けたという。「自分が加害国民の側にいた」ということが大きかった、とふり返る。[(4)] しかし、日本での論争においては、当初の「加害国民」としての問題意識が前景化することはなかった。

後年上野は、「慰安婦」証言が与えたショックは二重だったとして、次のように述べている。「ひとつは生きて地獄を経験するような経験のすさまじさに対して。もうひとつは半世紀にわたる強いられた沈黙に対して」である（上野 2000c：120-121）。それは、「第一に戦時強姦という犯罪と、第二に戦後半世紀にわたるその罪の忘却」という「二重の犯罪」の重さとして認識された（上野 1998b：100-101）。

後述するように、上野は「慰安婦」たちの闘いを国家による代弁を拒否する「わたし」の闘いとして意味づけるが、それは恐らく、ドイツで接した第一報が元「慰安婦」の名乗りではなく、日本政府を相手取った賠償請求の記事だったことと関係しているのではないかと思われる。「慰安婦」証言については、一九九一年八月に朝日新聞社ソウル支局のインタビュー記事によって伝えられたのが最初だとされている。[(5)] しかし上野は、ヨーロッパ版の紙面を読んで衝撃を受けたのが「一二月だった」ことを、はっきりと記憶している。同年一二月の『朝日新聞』縮刷版で確認できたのは、「元慰安婦ら日本政府を訴え」という見出しの記事（一九九一年一二月六日付）であった。上野がドイツで初めて目にしたのは、これに関する報道であろう。

そして一九九五年、第四回世界女性会議が北京で開かれた際、上野はNGOフォーラムで「慰安婦」の証言を聞いた。自ら参加したワーク・ショップでは、「慰安婦」問題が日韓両国の間で国益の取引の道具として利用されているのではないかと危惧し、日韓両国のフェミニズムは国境を超えるべきだと発言した。これに対して会場のコリアン・アメリカン女性から、「自民族中心主義的」だという反発が起こった（上野 1998b：194）。

国際会議の場では日本人参加者に他ならない上野が、かつて日本から侵略された国々の参加者を前に、国境を超えようと呼びかけたことは、東アジアのタブーを破ったも同然であった。その後も日韓の間で、上野に対して植民地という視点の脆弱さと当事者意識の希薄さを批判する声が続くことになる（日本の戦争責任資料センター 1998：194, 198）。

そうした体験を経て、そして再び海外での研究生活を送って帰国した後に、「慰安婦」問題の重要性をあらためて分節化し、その意味づけをとおして、上野は「記憶の政治学」を論じる。

「国家」を超える「わたし」の尊厳

上野は「慰安婦」証言の意味づけにおいて、ごく初期の論考から一貫して、以下の点を強調している。「慰安婦」は、日韓両国で戦後補償は賠償済みとされていたにもかかわらず、日本政府に対して公式謝罪と個人補償を求めた。彼女たちは日本という国家に対峙しただけでなく、韓国という国家による代表＝代弁をも拒否したのだ(6)。上野はそれを、「わたしの身体とわたしの自己とは国家に属さない」という宣言と受けとめ、そこに、国家を超えて「わたし」の尊厳を回復しようとする努力をみる。

その闘いは、韓国ナショナリズムを超える要素をもっている（上野 1997b: 180, 1998b: 198, 2000c: 121）。

「わたし」の尊厳は、「記憶における二重の時間」がもつ重要な意味をとおして強調される。「過去のその出来事が起きた時間」と「現在それを語る陳述の時間」、その両者を生きているのが証言であり、証言は現在において再構成された過去である。当事者にとっては歴史を語り直すことによって、抑圧されてきた記憶の、当事者自らの経験における再定義や再統合が可能になる。そこで初めて「意味ある生」が再構成される――それが上野のいう「全体性」の回復であり、「尊厳 dignity」の回復なのである（上野 1997a: 179, 2007a: 125, 127）。

彼女たちの証言が可能になったのは、事実の捉え方自体を、「軍隊売春」から「性的奴隷制」へと転換するパラダイムの変化があり、さらに、韓国女性運動のなかで性犯罪を「被害者の恥」として封じこめる家父長的な支配に対する闘いがあったからだ。運動側の呼びかけに応えて「慰安婦」たちは、「公共の記憶のたんなる補完物であることを拒絶」し、男にとって都合の良い「軍隊売春」というカテゴリー自体を解体することで、「性奴隷制の被害者」として「性犯罪加害者」を告発することができた[7]。「たった一人の証人」によっても、歴史は書き換えられることを示したのである（上野 1998b: 172, 2000c: 121–125, 2001: 297）。

「わたし」の責任の自己言及性

上野によれば、多様な変数の効果として在る現在の「わたし」には、置かれた文脈や位置の違いによって「わたし一人の闘い方」がある。被害者の口から語られる圧倒的な「現実」から出発することを前提に、その語りに応答 response することによって、わたしが「わたし」である歴史の結節点を洗い出し組み替えること、それが「わたし」としての責任 responsibility なのであり、それは「わたし」自身に向わざるをえない（上野 1998b: 173, 1998e: 119–120）。

上野にとってそのような歴史の結節点を洗い出すことは、日本のフェミニズムの限界をみつめなおすことでもあった。そうした自己言及的な歴史の再審によって、「日本のフェミニズムはナショナリズムを超えたことがなかった」という問題意識に至る。最初の証言が登場するまで、日本のフェミニズムは「慰安婦」について問題化することがなかった。外部の他者の声によってようやく、日本人「慰安婦」たちの証言がないということ、そして「彼女たちを沈黙させている抑圧的な権力の側に、わたしもいる」ということに気づかされたのである（上野 1998e: 120, 2000c: 122, 2007a: 110–111）[8]。

3 「記憶」をめぐる「言説の戦場」における闘い

「わたし一人の闘い方」

前節で明らかにしたように、上野は「慰安婦」の証言を、「わたし」の記憶に依拠して男たちの語りに挑戦し「国家」を超える行為であり、「わたし」の「全体性」と「尊厳」を回復しようとする努力であると意味づけた。そしてそれが可能になったのは、「事実」の捉え方・見方が変ったからだ、つまり理論的・思想的パラダイムの変化があり女性運動の発展があったからだと考えた。「慰安婦」

問題に対する現在の自分の責任も、そのような観点から、理論や方法上の闘いと結びついた問いを探求することにあり、それが最も良く闘い得る闘いなのだと理解する。「慰安婦」に同一化し彼女たちを「代表＝代弁」しようとするものではなく、自分の「現場」を拠点として「わたし一人の闘い方」を闘うことを前提にしている。

一方、最初の論考「記憶の政治学――国民・個人・わたし」が一九九七年に雑誌『インパクション』に発表され、反論を含めて話題をよぶと、シンポジウムなどでの発言の機会が増えていく。上野は自分の仕事について、アカデミックな著作とそれ以外の著作とを区別してきたと述べており（上野2000a:335）、それらを「第一の領域」「第二の領域」と呼ぶとすれば、さらに「第三の領域」をもったといえよう。すなわち、聴衆や論争相手に向って、直接に口語体で語りかけあるいは反駁する、「言説の戦場」の可視化された舞台に立つ仕事である(9)。

それは、記憶研究の成果の上に経験的研究や緻密な理論化を試みるといった類の仕事ではない。むしろ論争の過程で、上野の論拠の危さが露呈し、それが背理となって歴史家や運動実践者からの反発を招き、それに対する頑なな反論によって矛盾が増幅する、というような傾向さえうかがえる。

以下、上野が最もよく闘い得るという「学問上・思想上の闘い」が、どのような「闘い」として展開されたかを検討するにあたり、個別の論争や論点の違いを超えて、一体上野は何に対して闘い続けるのかを確認しておく。それは、当初の論考の構成と、上野の事後的な言説から推察可能である。

何に対する闘いだったのか

「記憶の政治学」が改訂されて一九九八年に『ナショナリズムとジェンダー』の第Ⅲ部におさめられたとき、同書第Ⅰ部「国民国家とジェンダー」には、戦前の女性知識人や女性運動家たちが、戦時体制下の総動員で「国民化」されたことによって、積極的に戦争協力を推し進める主体となった事例が列記されていた[10]。また上野にとって、「社会主義婦人解放論のなかで、労働者階級の解放が女性解放に優先するという論理に搾取された」経験は、まさに「わたし」の経験であった。上野は、革命を目指す男たちも、女に対する態度においてはなんら変わりがなかった、という深い失望を味わった一人だった。

『ナショナリズムとジェンダー』は、「ナショナリズムと社会主義の解放の幻想に一度は乗りながらも、いやわたしは違う、わたしはあなたと利害を共有しないという結論に至るまでのフェミニズムの理路」を示すために出版されたのだと、事後的に説明されている。「階級」が「国家」や「民族」に置き換わったとしても、「集団」＝「われわれ」のカテゴリーには、外部との対立を先鋭にする代わりに、内部の差異を隠蔽して抑圧的に働く危険性が避けられない（上野 1998b: 190–191, 1998e: 121–122, 2002: 10–11）。「解放」や「平等」を希求する者たちが、その可能性をみたと思ったとたんに陥りやすくなる罠にこそ、上野は警戒心を研ぎ澄ます。

「慰安婦」問題の意味づけをとおして「学問上、思想上の闘い」として挑んだのは、そのような抑圧性をはらむすべてのものに対してであり、そのような罠に誘い込む可能性に対してであったといえよう。論争のなかで上野が、ナショナリズムと実証史学とを厳しい批判の対象にしたのは、それらが

「国家」との同一化と排除を強いて、一元的な決着を目指す論理だからである。そのような強権的・抑圧的なもののなかには、議論や運動の硬直化を招くもの、思考の回路を閉ざし問いを封じるものが含まれるであろう。だとすれば、タブーを破るということはそれだけで意味あるものとなる[(11)]。

また、理論上の可能性は以下のように主張されている。まず、パラダイムの変化による歴史の書き換えによって、被害者補償についての考え方も変わりうる。すなわち、過去の事実としての被害に対する補償ではなく、「現在の認識の変化からくる補償」として行われるべきだということになる。さらに、「当時の国際法」によって戦争犯罪を裁くのではなく、「当時の国際法」では犯罪とはみなされていなかった「国家による戦争」そのものを犯罪化するというパラダイムの変化もまたありうる。そのような「当時の国際法」の限界を超える課題は、「女性法廷」などにおける努力をとおしてだけでなく、「わたし自身を含めてフェミニストの一人ひとりが引き受けるべき性格のもの」である（上野 2007a: 122–123）。

「学問上・思想上の闘い」とは何か

いいかえれば、上野の「学問上・思想上の闘い」とは、何よりも構想の革新を目指すものだといえよう。ならば、それを評価するにあたっても、理論によって何を問題化することができるようになったかを問わなければならない。象徴的現実や思想のレベルにおける可能性の問題として論じなければならないということだ。例えば、戦争犯罪を裁くことの限界を乗り超えて「国家による戦争」そのものを犯罪化するというパラダイムの可能性を説くことが、戦争犯罪告発のための地道な努力を軽視したものとして非難されるとすれば、それは上野の意図せざる結果に過ぎないということになろう。また、内外の要因によって一つの革新がもたらされれば、それが新たな理論化や構想につながるのは当然であり、上野に対して「方向転換」や「一貫性の欠如」を指摘するだけの批判は、批判たりえないだろう。そして、理論や思想の価値は、自分の現在の問題を解くためにそれらを利用する利用者が決めるのだといえる。生産者が現実的価値や効果にまでコミットしないのは、「無責任」なのではなく、「禁欲」とみなされるべきなのだ。

上野自身はそこまではいっていない。しかし、象徴世界において上野が紡ぎ出す言語と論理の魅力は、さまざまな現場で「わたし一人の闘い」を闘う者たちにとって、思考の新たな地平を切り開き、自己を相対化する解放の思想として機能するところにある。記憶と体験を共有しえない人々の「非共約性」を前提として、耳を傾ける可能性のある人々に向けて語りかけ、考える道筋を示すという戦略の成果でもある（上野 1998d:78-79）。

しかし、ラディカルな概念化や主張は、その価値転覆力の大きさとアジテーションの訴求力を魅力としながら、それゆえの問題も大きい。それを論理や概念のレベルで批判しても、上野には届かないかもしれないことを承知で、敢えて批判的な検討に挑んでみよう。

4　思想と理論の闘いにおける問題点

「第三の領域」の論争的状況に特有の問題

上野は、「無限に再解釈を許す言説の闘争の場」なのだという立場に立って、「ありのままの事実」や「ただひとつの真実」を求めるナイーヴな歴史観を切り捨てる。「新しい歴史教科書をつくる会」の背後にある「ナショナリズムと大国意識」や「国民的プライド回復」の呼びかけを嫌悪しながらも、上野がより厳しい批判の矛先を向けるのは、「歴史の真実を歪めるな」と叫び「歴史の改竄」と闘う良心的な歴史家たちである。

彼らとの論争において、何より問題なのは、「実証史家」を本質化し日本史学を代表するものと見立てたかのような議論である。特に、西洋史学が認識論的なパラダイム・チェンジに敏感な反応を示していることを引き合いに、また、あらゆる社会科学は「社会構築主義 social constructionism」的な見方を「共有の知」とし、社会学ではそれが「常識」となっていることを根拠に、日本の歴史学をひとまとめにして非難するかのような論調などは、柔軟な発想で「強者のルール」を脱構築してきた上野の本領にそぐわない。フェミニストと歴史家の論争は、互いの無知と閉鎖性をあげつらう様相を呈して、女性学と女性史との錯綜した関係を再現することになりかねない(12)。

そして、上野に反論する歴史学者の主張のなかに、歴史研究の実証性と長年にわたって確立されてきた方法や手順に対する確固たる自信が、あらためて顕著になる。「国家の関与」や「強制」とは何か、それぞれ何によって論証されるかの違いについて上野の理解には初歩的な誤りがあるという、「事実」にもとづいた反論を行い、「社会構成主義」は歴史学では「常識」ではないと主張するのである(日本の戦争責任資料センター 1998：124–131)。

ここで重要なのは、そのような歴史家でさえも、「慰安婦」証言を軽視するわけにはいかなかったという変化である。すでに彼自身が自分の「現場」における専門性をとおして、パラダイム・チェンジを通過していたということではないのか。「事実」も「実証」も、内側からその意味を変えているのかもしれない。上野が折にふれてくり返すように「社会運動でホンネは変えられない」とすれば、理論の闘いにおいてもそうだろう。それでも否応なしに受け入れられた変化を見逃さず、それがどのように現れるかを記述することで、パラダイム・チェンジを確かなものにすること、それがアカデミズムならではの仕事である。

その領域に、上野はとどまることができずに「第三の領域」に踏み出し、あるいは否応なしに引き出された[13]。上記の問題は、「第三の領域」に特異な状況下ならではのものといえる。

概念・方法論上の問題

次に、本章でとりあげてきた上野の理論のなかで、「国家」「わたし」「国家を超えたわたし」といった一連の概念化についても検討を要する。上野のいう「わたし」は（既にいくつかの章で言及されたように）、「国民」でもなく、普遍性に還元された「個人」でもなく、ジェンダー・国籍・職業・文化・エスニシティなど、さまざまな関係性の集合として、そのどれからも逃れられないが、そのどれ一つにも還元されることのない「固有のわたし」として概念化されている（上野 1998b: 197）。

しかしこれは、あまりにナイーヴな「わたし」宣言に思われる。どのような関係性においてであれ、「わたし」は常に他者との関係におかれる社会的存在として概念化されなければならないであろう。「さまざまな関係性」も、均等に多様なわけではない。北京の「慰安婦」問題ワーク・ショップという場においては、上野は何よりもまず日本人として名指され、また自らの発言によって、会場のアメリカ人女性の「コリアン」としての民族的主体を突出させた。

論争的状況においては上野自身、歴史学者を「実証史家」と名指すことによって、まぎれもない「実証史家」を出現させている。論争に意味があるとすれば、他者性との出会いをとおして「わたし」がどのように変わりえたかによってであろう。しかし往々にして、互いを本質化させ合うことで議論が硬直化することになる。そうした経験的事実としての「わたし」のあり方を理論化する、という回路がみえてこない。

また、上野がくり返し指摘する「パラダイムの変化」の主張そのもののなかに、「学知」をめぐる権力闘争志向が明らかである。そのこと自体が問題だとは思わないが、主張の仕方によっては、「わたし」が「国家」を相手にするというラディカルな短絡とも合わせて、革命的な一元的解決を志向するものとなってしまう。

それと関連して、あらゆる排他的・本質主義的同一化に抵抗しカテゴリーそのものの「相対化」を意図してきた上野が、少なくとも「国家」の概念化においては、強権的・抑圧的なものとして「絶対化」しているように思われる。特に「国家」と「わたし」の関係は、媒介項も、「わたし」と他者との関係もない歪なもので、「国家」はただ「わたし」に拒否されるためだけにある。「ナショナリズム」に関しても、同様である。例えば、上野は「国民国家と個人との同一化」をナショナリズムと呼んで、あるいは、バージニア・ウルフの「強制された同胞愛」という簡明な定義に依拠して、それを拒否し続ける（上野 1998b:185, 2003:246）。

「同じ日本人（または韓国人）だろう?」という強迫的な言辞が、集団への同一化を強要する。そしてその集団的同一性を他の何よりも神聖化して、そのために死ぬべき価値に祭り上げる。国のために死ねる国民、をつくりあげたいという欲望においては、日本のナショナリズムも韓国のナショナリズムも変るところはないのだ。（上野 2003:246）

この主張そのものには強い共感を覚える反面、そのような定義によってナショナリズムの多様性を見逃すことになることが懸念される。また、「慰安婦」と支援者たちとの運動実践のなかで結果的にナショナリズムを乗り超えざるを得なかったという経験的事実も看過される。現実は往々にして理論の先を行く。問題はそのことを組みこめない理論の方にあり、変われない論者の方にある。

以上、上野の言説に則して、それを内在的に理解することをめざしながら、戦術上の問題と、概念的・方法論的問題点とを指摘してきた。

さらに、前記の引用文については、「革命のために死ねる革命的主体をつくりあげる」という問題との関係を考えないわけにはいかない。これは、革命という「国家」との対峙のし方について、「男たちの革命」を全否定することで帳消しにされた問題だとは思えない。上野の「国家」に対する嫌悪と反発、それと表裏一体であろう「わたし」へのこだわりには、「反復強迫」めいたものを感じるからである。(14) 最後に、上野自身の記憶におけるある「ズレ」を手がかりにして、この問題に接近してみたい。

上野自身の記憶の語り

上野は二〇〇九年に行われた田中美津へのインタビューのなかで、かつて田中が言った「永田洋子はあたしだ」という言葉は、「まかり間違ったら自分だったかもしれない」という意味ではないかと尋ねた。補足して「たくさんの人たちがリンチ殺人の報道を聞いて足元がガラガラ崩れるような思いをしたとき、組織の中にいた連中だったら、あれは私だったかもしれない……もしかしたら殺した側にいたかもしれなかった。そういう、底なしの恐怖心を持った人たちもいましたね」ともつけ加えた。しかし田中はそれを否定し、「そう思うのはあなただからよ」といってのけた（田中・上野 2009：301–303）[15]。「たくさんの人たち」とは、上野自身のことであろうと推察できる。「革命のために死ぬ」あるいは「殺す」主体へと駆り立てる論理と心情からそう遠くないところに、彼女はいたはずなのだ。

生れて初めてデモに参加したのは一九六七年の「山崎博昭君追悼デモ」だったという。国家の暴力による犠牲者の死は、一ヶ月後に上野を第二次羽田闘争へと向かわせた。しかし上野は、その先を話したがらない。あの時代の個人記憶としては、「街頭闘争で石を投げても、私の石ってとどかない」「後方支援やりながら……当たらないように祈っている」というように、「戦力にならない女」の葛藤が語られるばかりである（鶴見ほか 2004：343）（上野・加納 2003：14–16）。

前にも述べた「階級闘争の論理に搾取された女」、「革命を目指す男たちに失望させられた女」という記憶の構築のしかた同様に、国家権力との直接的な対峙を顕現化させた運動のなかにいた上野は、なぜか客体化されている。「わたし」は「国家」とどう対峙したのか、そのときの経験はどのような理路を経ていまの「わたし」につながるのか、つながらないのか。歴史の主体は現れてこない。ジェンダー史とフェミニズムの連動のなかで、歴史に対する女性主体の回復によって女性の戦争責任問題もまた不可避であったことと対比させてみると、このことは何を意味するだろう。

記憶の語り直しは誰によっても、誰に対しても強いることはできない。トラウマを伴う場合には、なおさらである。「語りえないもの」の問題であると同時に、その語りを受け入れる用語系も枠組みもない、という問題かもしれない。しかし、「わたし」とは「記憶」であり、抑圧されてきた記憶の再統合による「全体性」の回復が目指すべきものであるとすれば、言語化することには意味があるだろう。

「公共の記憶」において完全否定のうちに忘却されつつあるかつての運動と思想は、体験を共有しない後続世代によって問い直されたとしても、現在理解可能な語彙に矮小化されて継承されるしかない。わたしには、それを惜しむだけの当事者性がある。あの時代に限らないが、過去の出来事を言語化することによって対象化し、単純な責任論や倫理主義に陥ることなく、再構築できるような理論枠組みを用意することが、今のわたし自身の挑戦である。そのような問題意識を鮮明にできたことは、二〇〇三年に「記憶と歴史」をテーマとした上野ゼミに初めて参加して以来の、最大の成果といえる。

註

（1）認知心理学の成果にもとづいて、記憶は社会学辞典などにおいても、記銘・保持・再現（想起）という三過程から成るものと図式化されてきた。しかし本章でいう「記憶」は、心理学的な影響の残る日常語としての記憶とは異なり、現在の社会的・政治的文脈において構成されたものを意味する。「記憶」

の営みは、「数知れぬ過去の出来事のなかから、現在の想像力に基づいて特定の出来事を選択し呼び起こす行為、表象を媒介とした再構成の行為」なのである（小関 1999:7）。

上野自身はそのような記憶の現在性・構築性について、母を亡くした後、末期の父が昔語りをするのに耳を傾けた体験談のなかで、以下のように述べている。「美化された過去の共演者をやることにしました。傾聴ボランティアです。そうしたら私の記憶までどんどん変形してくるんです」（上野 2005:25）。

（2）このような新しい思潮は文化人類学に端を発して、本質としての「文化」、文化の真正性・不可欠性、さらに調査者・被調査者の関係やテクストの実在性などの自明視を、次々と突き崩すことになった。サイードが、「異文化理解」という知の営みのなかに排除と蔑視という権力性が介在することを指摘し、スピヴァックは、インドの土着的伝統を尊重したとされているイギリス統治下の法律成分化の過程で、インド女性がイギリスとインド、男と女という二重の非対称性によって沈黙させられていたことを暴いた。こうして、支配と従属の関係は二項対立的に固定されるものではなく、文化的・政治的編成として、さまざまな重層性のなかで捉えられることとなるのである。

（3）また本章冒頭でもふれたような「記憶の抗争」においては、歴史修正主義の問題や、歴史家とフェミニスト、あるいは支援者と研究者など、「慰安婦」証言をめぐる問題群があまりに重層的で、わたし自身の立場性も流動的だからでもある。そうしたダイナミズムの中で当事者もその支援運動も変化しており、集合として特定したり対象化するには、その発言や局面を綿密に文脈化して理解する必要がある。少なくとも今の私にその用意はない。今後も、裁判闘争支援活動などをとおして変化し続ける友人たちに学びながら、問題意識を持ち続けたい。

（4）この段落中この文末までの内容は、二〇一〇年九月五日〜六日の上野ゼミ合宿中に、上野千鶴子教授に直接聞き取りを行って記述したものである。

（5）一九九一年八月の『朝日新聞』縮刷版では、「慰安婦」関係の記事は確認できず、恐らく大阪版での報道だったのではないかと思われる。

（6）賠償は国家間で解決済みという主張に対して、上野が度々引用するのが、強姦被害者の女性が「あなたのお父さん、兄さんと、もう話はついている」といわれて、それで尊厳を回復できるだろうか、という山崎ひろみの反論ロジックである（上野 1997b:180）。

（7）一九八〇年にすでに韓国で日本軍による「慰安婦」制度の調査が始められていた。その後韓国挺身隊問題対策協議会の代表となった尹貞玉が元「慰安婦」を各地に訪ね、その聞き書きを新聞に連載しながら、被害者の女性たちに名乗り出てほしいと呼びかけたという（上野 2007a:111–112）。

（8）より正確には、「日本人「慰安婦」たちの証言は、例外を除いて、現在に至るまでありません」（傍点、引用者福岡）と記されている（上野 2007a:110）。上野によれば、一九七〇年に産声をあげた日本のリブの担い手や全学連の女性活動家は、日本の女が被害者であり続けることによってアジアの女性に対する加害者になっていたという構図を、既に当初から指摘していた（上野 2007a:123–124）。

（9）そこでの発言は、採録されて活字化され、また書籍ともなる。その延長で「反論」として投稿される文章もあれば、そうした応酬の結果まとめられる論考もある。いずれにせよ最終的な形態は文字テクストである。それらは読み手や媒体や文体の違いによって、アカデミックな「理論本」、それ以外の「おしゃべり本」、さらに「第三の領域」の「ケンカ本」、と呼び分けることができるかもしれない。

（10）そしてそのような女たちの戦争責任が論じられるようになったのも、被害者史観から加害者史観へのパラダイム転換を経て、女性を歴史の主体として捉えなおす変化が生まれたからであった（上野 1998b:30–74）。

（11）より具体的には、上野には以下のような問題意識があった。「植民地」対「帝国」の枠にとらわれる限り、日本人「慰安婦」の問題を問題化することができない。新たな論理構築をしなければ、国境を越えた女性の性暴力被害の問いを組み立てていくことができない(上野 1998d:62)。また「慰安婦」問題に関して韓国内の女性団体を批判することがタブー化される傾向にあり、運動の風通しが悪くなることも懸念された(上野 2003:247, 2007b:149)。そうした問題化を可能にするためにこそ、ナショナリズムは乗り超えなければならなかった。また、「実証資料がない」の一言で議論が封じられるのではなく、資料の不在をこそ問題化できるようなパラダイムを切り開くこと、それは決定的な「史料」によって決着をつけられるという信念からの解放でもある。アジアに対する加害と、原爆や空襲の被害とを矛盾することなく引き受けて、戦勝国の犯罪を告発することを可能にする論理回路を切り開くことなども言及されている。

(12) ジェンダー概念導入以前の女性史には、同時代的・学際的に展開したさまざまなフェミニズム理論の洗礼を浴びずにきてしまったという問題が指摘されている。その結果、女性史の側からは「女性学(に代表されるフェミニズム)は外国の理論の輸入ばかりしていて日本について無知である」という非難が、他方、女性学の側からは「女性史は他の分野で起きている変化から取り残されている」という批判が、互いに向けられることになったという(上野 1998b:179)。

(13) 後年の「理論本」のなかで上野は、他の歴史家からの「痛烈な批判」に関して、「歴史家としてもっともなもの」と理解し、「ポスト構造主義が疑問に付したのは「証拠 evidence」を要求し判定する、歴史家の「第三者性の審級」……に対してであった」と、冷静に応じている(上野 2001:301-302)。

(14) 『ナショナリズムとジェンダー』に関する「書評論文」のなかで小熊英二は、「何より上野は、八〇年代に近代社会や資本主義を愛し、そして憎んだほどには、国民国家やナショナリズムを愛してはいないのではないか」と指摘した(小熊 2000:334)。それに対する「リプライ」として上野は、「わたし自身もふくめたフェミニストたちのパワーフォビア(権力恐怖)」を認め、「わたしは「国家」や「権力」が端的にきらいだ……」と述べている(上野 2000a:336)。

（15）田中によれば、バセドウ氏病の永田がメディアから鬼のようにたたかれていたことに対し、梅毒の自分を引き合いに、「永田は鬼じゃない、私とそんなに変わらない人間なんだ」という思いで、永田をかばうために発した言葉だったのだという。

文献

岩崎稔（2000a）「記憶」、『現代思想　現代思想のキーワード』二月臨時増刊号：14-17
岩崎稔（2000b）「記憶、忘却、歴史―『記憶術としての歴史叙述』の原史」、『Quadrante』2号：15-24
岩崎稔（2002）「歴史学にとっての記憶と忘却の問題系」、歴史学研究会『歴史学における方法的転回』青木書店：263-282
小関隆（1999）「コメモレイションの文化史のために」、阿部安成・小関隆ほか編『記憶のかたち―コメモレイションの文化史』柏書房：5-21
日本の戦争責任資料センター編（1998）『シンポジウム ナショナリズムと「慰安婦」問題』青木書店
小熊英二（2000）「書評論文　上野千鶴子著『ナショナリズムとジェンダー』」、『社会学評論』五一巻三号：331-334
坂部晶子（1999）「植民地の記憶社会学―日本人にとっての「満州」経験」『ソシオロジ』四四巻三号：109-125
田中美津・上野千鶴子（2009）「未来を掴んだ女たち」『戦後日本スタディーズ2―60・70年代』紀伊國屋書店：290-334
鶴見俊輔・上野千鶴子・小熊英二（2004）『戦争が遺したもの―鶴見俊輔に戦後世代が聞く』新曜社
上野千鶴子（1997a）「記憶の政治学―国民・個人・わたし」、『インパクション』一〇三号：154-174
上野千鶴子（1997b）「シンポジウム ナショナリズムと「慰安婦」問題」、『論座』三三号：176-180

上野千鶴子（1998a）「戦争・人種差別・「従軍慰安婦」」、『中央公論』一一三巻三号：116–123
上野千鶴子（1998b）『ナショナリズムとジェンダー』青土社
上野千鶴子（1998c）「ジェンダー史と歴史学の方法」、『シンポジウム ナショナリズムと「慰安婦」問題』青木書店：21–31
上野千鶴子（1998d）「パネル・ディスカッション」、『シンポジウム ナショナリズムと「慰安婦」問題』青木書店：60–96
上野千鶴子（1998e）「ポスト冷戦と「日本版修正主義」」、『シンポジウム ナショナリズムと「慰安婦」問題』青木書店：98–122
上野千鶴子（1999）「「民族」か「ジェンダー」か？―強いられた対立―『ナショナリズムと「慰安婦」問題』その後」、『戦争責任研究』二六号：15–25, 84
上野千鶴子（2000a）「『ナショナリズムとジェンダー』書評論文リプライ」、『社会学評論』五一巻三号：335–337
上野千鶴子（2000b）「討論―シンポジウム 戦争の記憶」、『日本近代文学』六三号：158–180
上野千鶴子（2000c）「記憶の語り直し方（シンポジウム 戦争の記憶）」、『日本近代文学』六三号：119–129
上野千鶴子（2001）「構築主義とは何か―あとがきに代えて」、『構築主義とは何か』勁草書房
上野千鶴子（2002）「特別座談 9・11以後〈新しい歴史〉とは何か―国民国家の帰趨と戦争の記憶」、『東北学』六号：2–40
上野千鶴子（2003）「あえて火中の栗を拾う―朴裕河『和解のために』に寄せて」、朴裕河『和解のために』平凡社：243–251
上野千鶴子（2004）「政治リアリズムが生んだねじれ（シンポジウム「慰安婦」問題再考―「右」から「左」まで一緒に議論しよう）」、『論座』一〇五号：121–123

上野千鶴子（2005）「葛藤は山ほどあれど シングル・遠距離で、親の最後に向き合った手応え（特集 介護の知恵を分かち合おう）」『婦人公論』一一八九：24-27
上野千鶴子（2007a）「歴史の再審のために」、大沼保昭・岸俊充編『慰安婦問題という問い―東大ゼミで「人間と歴史と社会」を考える』勁草書房：106-149
上野千鶴子（2007b）「金富子氏への反論」、『インパクション』一五九号：149-152
上野千鶴子（2008）「アジア女性基金の歴史的総括」、小森陽一・崔元植・朴裕河・金哲編著『東アジア歴史認識論争のメタヒストリー――「韓日、連帯21」の試み』青弓社：147-153
上野千鶴子・加納実紀代（2003）「フェミニズムと暴力―〈田中美津〉と〈永田洋子〉のあいだ」、『インパクション』七巻：4-56

◆上野千鶴子による応答　Ⅲ・国家というアキレス腱

（1）国家ぎらいの反復強迫

第Ⅲ部はわたしのいちばんいやな主題、国家について批判を受けることになりました。

わたしが生まれてはじめて書いた国家論は、「国家という分配ゲーム」（上野 1986）[1]でした。『思想の科学』の「国家」特集に、編集者としての鶴見俊輔さんから依頼を受け、「わたし、国家なんて論じたくありませ〜ん」と逃げ回ったあげく、「あなたがなぜ国家を論じたくないかを書いてください」と絶妙な論理でコーナー際に追い詰められ、ようやく書いたものです。あろうことかわたしは鶴見さんに、交換条件として「事前に原稿を読んでコメントをください」と要求し、鶴見さんはそれに応じてくださいました。そして一言、「この論文はあなたにとって転機になるでしょう」といってくださいました。

当時すでにポランニを読んでいたわたしは、国家を「再分配システム」ととらえることまではしましたが、この論文がほんとうに転機になったかどうかはわかりません。それから一〇年後に

『家父長制と資本制』（上野 1990）を書いたとき、「市場と家族の弁証法」のなかに、国家というアクターが不在であると足立眞理子さんからきびしいご指摘を受けました。思えば、わたしが主として影響を受けたアメリカのマルクス主義フェミニズム、ナタリー・ソコロフの『お金と愛情の間』（Sokoloff 1980 = 1987）も「家庭と市場の弁証法」を論じたものでしたから、国家というアクターを欠いたものでした。アングロサクソン系の国家に生きているフェミニストにとっては、国家の役割がミニマムだったことを反映しているかもしれません。ですから、国家の「再分配の政治」そのものである社会保障政策や、それを手厚く実施している北欧諸国を研究しているフェミニストから、批判を受けたのも当然でした。

批判の論点はふたつありました。ひとつは国家というアクターの不在、もうひとつは再生産労働のなかに「育児」はあっても「（高齢者）介護」が含まれていないことでした。批判を受けるとはありがたいものです。その後、わたしはこの両者を分析のなかに取り込むようになりましたから。二〇〇〇年代になってからわたしが展開している「ケアの社会学」（上野 2011）では、批判への応答とともに、その双方の論点が組み込まれています。なかでも市場と家族に加えて、国家のみならず「市民社会」（「協セクター」とわたしは呼んでいます）を公領域の担い手として強調したことの背後には、「三つ子の魂」ならぬ、徹底した「国家ぎらい」、第十章の福岡愛子さんのことばを借りれば「反復強迫」を感じるほどの「上野の『国家』に対する嫌悪と反発」があるといえるでしょう。

その背後に、大学闘争という世代体験があることを認めましょう（もちろん大学闘争に参加したのは同世代のごく一部にすぎませんが)。敗戦を体験した世代にとって「国家」が信じるに値する権威であることが未来永劫なくなったように、大学闘争の世代にとっても、「国家」は「暴力装置」、機動隊の警棒と盾に象徴されるような、肉体的な暴力そのものでした。一九八四年の韓国、光州においても、一九八九年の中国、天安門においても、警察と軍隊は自国民に銃を向ける装置でした。「赤い官房長官」と揶揄された民主党政権の仙谷由人さんが、国会答弁で、自衛隊を「暴力装置」と呼んで陳謝するに至りましたが、わたしの目から見れば、レーニン国家論の要諦である「国家は暴力装置である」という命題は国民軍を抱えた国民国家にとってはいまだに真実であり、仙谷さんは謝罪する代わりにこういえばよかったのです。

「自衛隊は軍隊、軍隊は暴力装置です。だからこそ、わたしたちは文民統制等を通じて、その暴力のコントロールに慎重でなければならないのです」と。

戦争体験者の多くに「よい戦争」と「悪い戦争」との区別がないように、わたしにも「よい国家」と「悪い国家」との区別はありません。それは第一に、国家にとってしょせん「二級市民」としか見なされないジェンダーにわたし自身が属していることの自覚から来ており(その解が「一級市民」を目指すことにないことは、『ナショナリズムとジェンダー』(1998)で論じました)、第二に、若いときに革新派であった多くの男性知識人が保守的なナショナリストに転じてきたありさまを苦い思いで見つめてきたからです。また第三に、マイノリティが国家と同一化する際のカリカチュアを演じまいと、自制してきた結果でもあります。

国家には「よい国家」と「悪い国家」との区別がない、国家はどうころんでも「必要悪」だ、いや、可能ならなくしたほうがよい装置だという信念集合を、学生運動の世代体験の直接性に還元すれば、わかりやすい「謎解き」を手に入れたような気分になるひともいるでしょうし、そのわかりやすさにかえって違和感をもつひともいるかもしれません。が、国民国家を「ただそれを否定するためにだけ」論じた西川長夫さんが、敗戦後満州からの引き揚げ者であることを知って、わたしの疑問が氷解した気分になったことを思いだします。国家は旧植民地へと西川さんの家族を送りこみながら、彼らをすこしも守ってくれなかったからです。この肺腑をえぐる経験が、かれを国民国家研究へと向かわせ（ただそれを否定するためだけに）、かれに『国境の越え方』（1992, 2001）[2] という本を書かせたのでしょう。

体験は思想になり、思想は理論になります。西川さんの国民国家論はそのように切実なものであるからこそ、わたしはかれの著作にかれの執念を読み取り、それに打たれたのでした。わたし自身の体験が思想になり、それが理論になったかどうかは、読者の検証に待つほかありません。そうして書き残したものが、こうしてわたし自身にもっとも近い読者から、そのアキレス腱をもっとも鋭い刃で突かれているのです。

(2) 家族・共同体・国家

第八章、松井隆志さんの論文が、「対幻想論」の残影から書き起こされていることには、正直、虚を衝かれました。そして読者は侮りがたし、と痛感しました。もとより松井さんは、どんなテキストについても侮りがたい読者ですが、彼は思想史家なら当然そうするように経年的なテキスト間分析をつうじて、弁解の余地のないわたし自身のアキレス腱を、これでもか、と暴き立てる手法を採用しています。

そう、そのとおり。わたしの最初の国家論、それは「対幻想論」にほかなりません。「ただ否定するためにだけ国家を論じる」、そのようなものとして国家＝共同幻想が論じられています。対幻想は共同幻想に拮抗しうる概念として高い評価が与えられるいっぽうで、個人幻想は共同幻想にたやすくとりこまれるゆえに低い評価しか与えられない……この三元論の構図のなかには、「個人と社会」から成る共同性へとたやすく回収された男たちへの批判と、それに対して性愛を抵抗の拠点として男と対峙したい女の思いがありました。さらにいえば、「政治と性」のせめぎあいのなかで性愛の領域へと「撤退」した男たち——北村透谷ばりにいえば「実世界の敗軍の将[3]」——の逃避をゆるさず、性愛の領域を「もうひとつの戦場」に仕立てようとしたフェミニストの執念がありました。

第一章の千田論文へのリプライでも書きましたが、松井さんの指摘どおり、上野の「対幻想論」が、吉本隆明『共同幻想論』の誤読にもとづいていることを認めるにやぶさかではありません。おそらくわたしは誤読にもとづいて吉本を過大評価しているのでしょうし、だからこそ、彼の『共同幻想論』は——一部の精神分析的日本論（岸田 1977）を除いて——追随者を生み出さなかったのでしょう。そしてその誤読が意図的なものであったことを認めてもかまいません。

『共同幻想論』とは、もともとそれ自体が「国家」論でした。親族をもとにした共同体からいかにして「国家」が析出したかという謎を、近代文学のみならず遠野物語のような民俗譚や記紀にさかのぼって論じたものでした。『共同幻想論』では「対幻想から共同幻想への転位」がいかに生じたかが問いとして提示されているにもかかわらず、それを「対幻想は共同幻想と拮抗し、無限に遠ざかろうとする」と読み取るのは、「上野が『共同幻想論』をいかに理解しそこなったかを示している」［本書:230］という松井さんの指摘は当たっています。事実、吉本は「対幻想」に異性愛の対のみならず、親族関係のあらゆる二項、父と子、母と子、兄弟姉妹などを含めています。それを「異性愛の対」に限定したのは、上野であって吉本ではありません。もう少し自己弁護ふうにいいかえるなら、わたしは吉本の「対幻想」から、異性愛の対だけを特権化するたくらみのために、『共同幻想論』を利用したのでした。そしてそれは「性愛」を「共同体と個人」の見慣れた、しかも屈強の二元図式に対抗させるためのしかけでした。

そのことにわたしが自覚的でなかった、といえばウソになるでしょう。どんなテキストも正解にも誤読にも開かれています。エリック・エリクソンがフロイトが生涯にわたってただ一ヵ所でしか使わなかった「同一性」という概念を鍵概念として採用し、これを精錬して「アイデンティティ」理論をつくりあげたとき、彼はそれにフロイトが語らなかった含意をつけ加えました。だからといって「同一性」という概念をエリクソンがフロイトから着想したという事実はなくなりませんし、エリクソンをフロイトの継承者と呼ぶこともまちがいではありません（上野 2005）。

同じように、「性愛」を「共同体と個人」と並んで、考えるに値すること、と提示した吉本の功績はなくなりません。彼の著作の中からその部分だけを受けとって彼が想定しなかった飛距離にまで射程を伸ばしたとしても――そのことに吉本は責任がありませんが、わたしにとってはどんな必然性があったかを、千田さんは第一章で内在的に論じてくださっています――わたしが彼の読書体験から影響を受けている事実は変わりません。したがってこれは、松井さんのいうとおり、「誤読」の結果であるだけでなく、「吉本から離れた上野独自の展開」[本書:231]だといってかまいません。

対幻想を共同幻想に転位する転轍機の役割を果たすのが家族です。わたしが吉本の「対幻想」から性愛の対だけを特権的に取り出し、家族や血縁の対――ヘーゲルなら「人倫の礎」と呼ぶような関係――を注意深く排除したことには理由があります。吉本の「対幻想」は多義的な解釈をゆるす用語で、事実、松井さんは「対幻想」を「家族領域」とほぼ同義に扱っています。しかし、家族関係のなかで唯一ノイズといってよいのが、夫婦対です。父系親族集団なら妻だけが、母系親族集団なら夫だけが、「他人」(異族)だからです。親子も兄弟姉妹も、自らは選択できない運命的な関係であるのに対し、夫婦だけが他人同士が選び合う契約的な関係であり、だからこそこの対をつなぐ性愛の絆が特権化され、他の親族のあいだでは性愛は(タテマエ上)抑制されなければならなかったのです。わたしは「対幻想論」のなかで、性愛の対を論じましたが、家族を論じませんでした。性愛を論じることと家族を論じることとは、同じではありません。家族のなかには性愛はあってもかまいませんし、なくてもかまいません。ゴースト・マリッジやセックスレス・カップル、養子縁組や代理母などの現象は、性愛が家族にとって不可欠の要素ではないことを教えてくれます。

近代家族は、なかでも性愛の対が特権化された歴史的に特殊な家族類型でした。だからこそわたしは『共同幻想論』への批判として、ごく初期から、「対幻想」は歴史超越的な概念ではなく近代に固有の歴史概念ではないのか、とあやしんだのでした。

松井さんは上野のなかで「対幻想への期待が完全に破綻した」［本書：234］と指摘します。八〇年代の一〇年間は日本に近代家族論が紹介された時代でした。家族史研究とジェンダー論の蓄積のおかげで、家族を「私領域の砦」「公領域からの避難所」と見なす市民社会論とそれが拠って立つ公私の二元論は、きびしい批判にさらされるようになりました。今でこそ、近代家族の国民国家との共犯性は、理論的にも実証的にも論じられていますし、家族が公権力から自律的な領域であるというのは神話にすぎない、と思われるようになってきました。しかし証言しておきますが、家族を「市民的自由の砦」と見なす市民社会論者は、八〇年代までけっして例外ではなかったのです。リベラルな知識人として知られるあの松田道雄でさえ、『私は女性にしか期待しない』（1990）というそのものずばりのタイトルの新書のなかで、働きに出ようとする既婚女性を諌めて、社会全体の家父長制の抑圧を受けるくらいなら家庭にいて夫ひとりの抑圧を受ける方がまだましだ、と説いたくらいです。「そこまでナイーヴであった過去の上野の姿に驚く」と松井さんはいいますが、「そこまでナイーヴであった」のは、上野だけではありませんでしたし、むしろジェンダー論は、このように「ナイーヴな」公私二元論に異議を申し立ててきたものでした。こういってもよいでしょうか、「対幻想」も「近代家族」も、いったんはそれに魅了され、それを生きた女たち自身の手によって、脱構築されてきたのだ、と。(4)

もうひとつ、わたしが吉本の『共同幻想論』に共振した理由を、松井さんはするどく嗅ぎとっています。吉本においては共同幻想はすべて国家と同型であり、したがって「悪」であるとの前提があり、上野はそれを踏襲している、と。ここだけは「誤読」でなかったようですね。「共同体（共同性）嫌悪は上野の根強い持論」であり、「その裏返しとして対幻想に過大な期待がかけられる」［本書：231］という指摘は、まったくそのとおりというほかありません。

嫌いなのは国家だけではありません。国家に対抗する共同体もミニ国家になってしまうという実例を、わたしたちはどれほど見てきたことでしょうか。この背後に、連合赤軍事件のトラウマを読みとってくださってもかまいません。このような「共同体」観が、「共同体や共同性同士の差異や葛藤は問題にならない」方向へ論を導く傾向は、松井さんの指摘どおりです。わたしがナショナリズムと対抗ナショナリズムとを区別しないことへの多くのひとびとのいらだちも、ここに帰因していることでしょう。

しかし、わたしはここでも確信犯としてふるまいましょう。松井さんの指摘の多くに同意しながら、わたしは「国家嫌悪」「共同体嫌悪」をくつがえすつもりはありません。なぜなら、共同体にはそれを警戒するに足るじゅうぶんな理由があるからです。だからといって、一足飛びに、上野が極端な個人主義者である、と短絡されては困ります。わたしは「つながり」を重視しますが、「つながり方」を問題にします。わたしが嫌悪するのは、運命性と強制性、排他性を持つようなつながりです。その後、わたしのつながり論は、女のネットワークこと女縁の研究へ、さらに選択縁の概念へと展開しましたが（上野 1988，上野 2008）(5)、こちらの方はどなたにもフォローしていただけなかったようです。ちなみにネットワークとは個人が関係の結節点になるような流動的で開放的な関係であり、集団の境界を定義できないという性格を持っています。これにもとづいて、わたしは「選択縁」を、「①加入脱退が自由で、②強制力がなく、③包括的コミットメントを要求しない（部分帰属が可能な）社会的関係」と定義しています。

松井さんに対して異論があるとすれば、国家幻想論は国家の「支配」と「暴力」という要素を欠落させてしまうことにつながる、という指摘です。国家が「共同幻想」だと論じたとしても、それは「幻想」から醒めれば目前の国家がなくなることを意味しません。かつて軍国少年であったことに痛烈な反省を抱いている吉本が、国家は幻想にすぎないということでその支配や暴力に無関心とは思えませんし、むしろ幻想の持つ強制力こそが、問題にされていたはずです。「遠野物語」に出てくるようなムラの共同幻想ですら、ひとを共同体から放逐し、死に至らしめるに十分な力を持っています。ベネディクト・アンダーソンの『想像の共同体』（Anderson 1985 = 1987）にしても、「想像されたもの」の現実的な力が論じられていたはずなのです。こうした批判は、ジュディス・バトラーが「ジェンダーは言説実践だ」といったときに受けた短絡的な批判を思い起こさせます。言説は物質的な強制力に転化します。ジェンダーが言説実践だということがわかったからといって、目の前にある強制異性愛の装置やドメスティックバイオレンスがなくなるわけではないし、わたし自身を縛るジェンダー規範が消えてなくなるわけではありません。

さて、ようやく松井論文の核心に触れるところまで来ました。松井論文によれば、上野は九〇年代に国家を発見し、その支配と暴力とに目覚め、やがて国家暴力のみならず、対抗暴力批判に辿りついた……この過程に、松井さんは「一貫性」を見いだしています。わたし流にいえば、「発見」したというより、それまでフタをしてきた問題群の「パンドラの函」を開けた、といったほうがより実感に合いますが。とはいえ、この背後にはたしかに、理論的にも実践的にも、九〇年代の世界が経験した新しい現実があります。理論的には九〇年代は、国民国家論が席捲した時代でした。国民国家論は、近代家族論とならんで、国家と家族をともに相対化する歴史的視座をわたしたちに与えてくれました。実践的には、九〇年代は、ソ連邦の崩壊とEU統合の達成とで「ポスト国家」の幕開けとなるはずでしたが、現実の歴史はそうはなりませんでした。九一年の湾岸戦争から始まってイラク・アフガニスタン戦争と「アメリカの戦争」の時代を迎え、「国家」はかつてなくそのプレゼンスを高めるに至りました。「国家」はリスクかと思えば、イグナティエフ（Ignatieff 2001 = 2006）のように、「国家の不在」こそがリスクだと主張する論者まであらわれました。わたしたちはなかなか「ポスト国家」の時代に辿りつけそうもありません。

こうした現実のなかで、国家と対抗勢力、ナショナリズムと対抗ナショナリズム、国家暴力と対抗暴力とをすべて同一視するような暴論を吐いてよいだろうか、という批判が松井さんにはあるのでしょう。その背後に上野の「根深い共同性への不信」があり、「不信感が『理論的』なレベルにまで食い込んでいる」［本書：239］と。その点にかれは、逆説的にも上野の「一貫性」を認めています。

しかしかれはひとつの重要な変数を見落としています。これらを一挙に相対化する視座の原点にあるのは、ジェンダーです。どのような共同性にも「二級のメンバー」としてしか「参加」を認められない女性にとって、暴力によって維持されるようなすべての共同性は「男の共同性」にほかなりません。女性兵士の戦闘参加や、自爆テロの女性テロリストたちを目の前にして、フェミニズムのゴールが「男と同じような暴力の分配平等」を求めることでないことは、ぜがひでもいっておかなければならないことでした。

これをいうためにわたしは『ナショナリズムとジェンダー』(1998)を書いたといっても過言ではありません。とりわけ、「あらゆる分野への男女共同参画」が国策となった今日において、このことは何度強調しても足りません。女性兵士という特殊解だけを指しているわけではないのです。「男並みに働けば男並みに処遇してもらえる」という総合職の働き方を、若い女性に勧めるとき、わたしたちは同じ罠に陥っているからです。

つけ加えるならかれは註(19)で「私的領域における暴力」と「公領域における暴力」を同型のものとする上野の立場を「不適切」と断じています。このアイディアをわたしはリンダ・カーヴァー(Kerber 1998)から得ました。カーヴァーのみならず、ベティ・リアドン(Readon 1984 = 1988)、シンシア・エンロー(Enloe 2000 = 2006)などのフェミニスト平和研究の研究者は、戦争(=国家暴力の行使)と男性性の構築とのあいだに、密接な関係を見いだしています。私的領域から公的領域に至るまでを串刺しにする暴力の理論こそ、ジェンダー研究がもたらした成果のひとつであることを思えば、これを「不適切」の一言で退けるのは、それこそ「不適切」でしょう。これについては引き続き議論する必要がありそうです。

それでも、かれは食い下がるでしょう。国家と共同体とを等価に置くことで、国家(やその似姿)に回収されない共同性を上野は見失うのではないか、「わたし」が改めて「わたしたち」を目指すとき、それはどのような「わたしたち」なのか、と。

はい、わたしもそれを目指したい、と念じます。ですが、かれがいうように、それはもはや上野ひとりの課題ではなく、「わたしたちの課題」でしょう。

（3） 火中の栗を拾う

第九章の島袋まりあさんと第十章の福岡愛子さんの議論は「慰安婦」問題と「沖縄」というふたつの、センシティブな主題を扱っています。これもまた国家が犯した罪に当たりますから、国家から逃れるわけにはいきません。この主題が浮かび上がったというのも、九〇年代の上野が、あたかも「火中の栗を拾う」ような論争に、頼まれもしないのに「参戦」したからでした。『ナショナリズムとジェンダー』が、その論争の書物です。この書物は多方面に毀誉褒貶を産み、多くのひとびとに読まれたと同時にきびしい批判にさらされました。また誤解や誤読にもとづく非難を浴び、わたしはむずかしい立場に立たされました。一部のひとびとのあいだでは、今でもわたしは「（日本政府を擁護する）帝国のフェミニスト」として攻撃のターゲットになっているようですが（どうしてこんな誤読が起きるのか、わたしには理解できません）、この論争にはいまだに決着がついていません。論争のアフターマスのために、わたしは『生き延びるための思想』（2006）を書かなければなりませんでした。

第Ⅲ部を通じて三人の論者が問題にするのは、これらの書物をつうじてわたしが論証しようとした内容ではなく、その終わりに、祈りのような思いをこめて書いたわたしなりの「回答」に批判を向けます。そのひとつは、『ナショナリズムとジェンダー』のなかの「国家を超える固有のわたし」、もうひとつは『生き延びるための思想』のなかの「逃げよ、生き延びよ」という「難民化の思想」です。

もちろんいずれの答にも、ただちに反論の声が聞こえてきます。「あなたは国家を超えることができない」、そして「逃げることができないひとびとはどうすればよいのか」と。まことに、もっともです。これらの答が安易であり、理想論であり、不可能であり、無責任である……といわれれば、肯うほかありません。いっそ書物の最後に「救済」のことばを示すことへの誘惑に抗して、問いを問いのままさしだすことに、禁欲すればよかったのかもしれません。問いを立てること、それもあたうかぎり明晰な問いを立てることは、それ自体が社会科学の功績のひとつだからです。それに対して未知の将来へ向かって答を示すことは、ひとつの投企、すなわち賭けにほかなりません。根拠がない、といわれたらそのとおり、何より投企とは、足場のない未来へと一歩を踏み出すことだからです。

九〇年代のわたしは、日本社会と同様、「慰安婦」問題に翻弄されました。九一年の冬、赴任先のドイツで「慰安婦」訴訟の報道を耳にして以来、このできごとはわたしの肺腑に食い込んだからです。九五年の北京女性会議のNGOフォーラムで、わたしは仲間たちと共に「慰安婦」問題のワークショップを主催し、署名を集め、日本政府への抗議行動をしました。九八年の『ナショナリズムとジェンダー』は、九〇年代のほぼ一〇年間にわたるわたしの経験が集約したような書物です。

読者は意外に思うかもしれませんが、本書は全体の半分が日本のフェミニズムの歴史的検証にあてられています。「慰安婦」問題からなぜわたしは歴史、それもフェミニストと国家との関わりを主題とする歴史へと向かったのか？　それはそのつど、先の見えない歴史的文脈のもとで、わたしたちの先人が足場のない未来へ向かってどのように投企したのか、という足跡を辿る旅でした。そこから学んだのは、どのような投企にも、それが正しいという根拠も保証もないこと、正しさの判定は歴史によって事後的にしか行われないこと、そしてひとはまちがう、ということでした。

個々の歴史的局面で意思決定を行わなければならないとき、「国家を超える固有のわたし」や「難民化の思想」が解決になるとは思えません。これらの解は、解というよりある種の傾きや好みのようなもので、「国家と道行きを共にしたくない」という気分をあらわしているととってもらうほうがよいかもしれません。もちろん気分は判断に影響するでしょうが、だからといってそれが正しい判断につながるかどうかは、だれにも保証できません。

以上のような「言い訳」を前置きにしても、「ジェンダー・国籍・職業・文化・エスニシティなど、さまざまな関係性の集合として、そのどれからも逃れられないが、そのどれ一つにも還元されることのない」「固有のわたし」［本書：280］は、「しかしこれは、あまりにナイーヴな『わたし』宣言に思われる」［本書：280］と、福岡さんから指弾されるのはしかたないことかもしれません。

しかしよく読んでいただければわかるように、これは「関係から自由なわたし」を指しているわけでは少しもありません。表現力や概念が不足していたのは当時のわたし自身の落ち度ですが、この「固有のわたし」は、同時代の西欧圏のフェミニストが intersectionality という概念で呼んでいたものと重なります。Individual とはさまざまな文脈が交叉するその結節点にある存在であり、その文脈の複合性において「固有」である、と。この intersection には、人種・階級・ジェンダーなどさまざまな変数が関わります。経験的にもあきらかなように、黒人は二四時間黒人として生きているわけではありませんし、女だって三六五日女を張って生きているわけではありません。わたしのふるまいが女性を代表するとは、わたし自身も他の女性も思わないでしょうし、平均的な障害者がどこかにいるわけでもありません。人種もジェンダーも階級も、そして障害やセクシュアリティもそれだけでは個人の属性を一〇〇％決定するわけではないのに、唯一、国籍だけが、他のすべての属性に対して「卓越性」と「排他性」、「強制性」を持っています。他の属性変数にはこのような包括性や強制性がないにもかかわらず。それをヴァージニア・ウルフは「強制された兄弟愛 forced fraternity」（Woolf 1938 = 2006）と、ニラ・ユヴァル＝デイビスは「運命共同体 a shared destiny」（Yuval-Davis 1997）と呼んだのでした（上野 2006）。すなわち国籍は他のすべての変数に超越し、帰属のあいまいさを許さず、運命共同体の性格を持ちます。人種・階級・ジェンダーの如何を問わず、敗戦国民は敗戦国民としての運命を共にしますし、戦勝国民も同じです。

属性変数の複合性は、だからこそ他のだれともとりかえのきかないかけがえのない「固有のわたし」をつくります。そしてその「わたし」の固有性こそが、さまざまな歴史の文脈において、ひとびとのふるまいの違いを生んできたのではないでしょうか。たとえ戦時下であっても、あるひとは翼賛協力し、あるひとは抵抗し、またあるひとは沈黙した、というように。

裏返しにいえば、だれもだれひとりとして、属性集団を代表したり、代弁したりすることはできないし、する必要もありません。ジェンダーのうえで男性に属する誰かが「申し訳ない、すべての男に代わってDVについて謝罪する」というのがグロテスクなように、それと同様、ひとりのアメリカ市民が「ヒロシマ、ナガサキの原爆投下を日本国民に謝罪したい」というとすれば奇妙ではないでしょうか。ここでも誤解を防ぐために急いでつけ加えておかなければならないのは、主権国家を代表するアメリカ大統領の地位にある者が、そうすることとはまったく別だということです。そしてまた過去の出来事ではなく、現在進行形の政策に、主権者のひとりとして責任をとることはまた別に必要なことです。

人種やジェンダーや階級については集団を背負うことが期待されていないのに、国籍についてだけはそうではないことに、わたしは以前から強い違和感を持ってきました。英語圏では「おくにでは」「わたしのくにでは」と語る際に、代名詞にYOUとWEを使う習慣があります。わたしは最初に外国へ出たときから、この表現を避けてきました。いまからあなたとわたしのくにについて語りますが、お互いにTHEYと呼びましょう、と提案してきました。なぜならわたしはわたしの国民を代表するわけでも代弁するわけでもないし、またわたしはわたしの政府に同調するとは限らないからです。人種もジェンダーも階級も一枚岩ではないように、国籍もまた一枚岩ではありません。

とはいえ、どんな概念の脱構築によっても現実は変わりませんし、制度は解消しません。ジェンダーをいくら批判してもジェンダー体制からは降りられませんし、国家をいくら嫌悪していても国家という制度から逃れることはできません。そしてその制度に巻きこまれている程度に応じて、その制度がもたらす功と罪の両方に責任があることは避けられません。

その点では「慰安婦」問題と「沖縄」問題とは、日本国民（ここは注意深く、「日本人」と呼ばずに「日本国籍を持つ者」と限定しましょう）に同型の問題をつきつけます。それは加害者としての立場性 positionality です。ですがここでもくりかえしますが、変数の複合性は、たとえわたしが日本国民であっても、性暴力被害者に共感することや、植民地主義の過去への反省から自国政府批判の立場に立つことを妨げないはずです。同じことは韓国内でも、「慰安婦」支援運動に関わった女性たちがいるいっぽうで、「慰安婦」記念館を独立記念公園という聖地に建設することに反対する男性たちがいることをも説明します。その責任から逃れられると主張したことはいちどもないのに、「固有のわたし」は、「国籍から自由なわたし」と短絡的に理解され、批判の対象となってきました。「慰安婦」問題に翻弄されたわたしの九〇年代から生まれた『ナショナリズムとジェンダー』は、わたしなりの仕方でその責任に応答しようとする試みでなくてなんだったでしょうか。

(4) 難民化の思想

ところでもうひとつの「難民化の思想」について、島袋さんは沖縄を例に、批判的に論じています。沖縄は基地から「逃げる」ことができませんし、沖縄県民は「逃げ出す」ことができません。DVの被害者に対してなら勧めることができるこの戦略は、沖縄にはあてはまりません。ここまではそのとおりです。

しかし島袋さんの「難民化の思想」の理解にはスリップがあります。それは第一に、「抑圧委譲説」が日米合作の植民地主義を免罪するという指摘であり、第二に基地の「県外移設」説がここからは出てこない（にもかかわらず、上野がそれを支持する少数派に属するのは不思議だ）とする指摘です。

第一の論点から反論しましょう。「抑圧委譲説」が小熊英二（1998）の「有色の帝国」論のもとになっており、それは日本の帝国主義特殊論につながり、それを踏襲する上野もまた「日米合作の植民地主義」を看過するに陥っているというのは、小熊さんの議論についても、わたし自身の議論についても、あまりに単純化した見方です。もともと丸山真男の用語であった「抑圧委譲」そのものが、被害者＝加害者の免責を意図したものではありません。それどころか「抑圧委譲」説とは、抑圧された者がそのままさらなる弱者に対する加害者になるメカニズムを明らかにするための装置でした。同じことをDVに持ちこんだ場合でも、抑圧委譲説は、夫からの被害者だと見えた妻が、母親としては子どもに対する加害者であることを示すための装置でした。けっして、「抑圧を受けている」ことが加害の言い訳にはならない、という理論のはずでした。「有色の帝国」が、より強大な帝国主義国家の影にある後発帝国主義だという理解が、欧米対日本の普遍対特殊説に陥っているというのもまた、短絡的な理解です。後発帝国主義国なら、ドイツがその典型ですし、日本だけではありません。むしろ帝国主義化を二極でなく三極、さらに多極構造のもとで捉える視座を開いた点で「複雑なものを複雑なままに」提示したという、小熊さんに対する上野の評価は変わりません。その点では、どの帝国主義もいくばくかは似通っていますし、またそれぞれが独自であるというほかないのです。

三極のうちの一極から見れば、他の二極が同じように見えるのはありうることです。島袋さんが「日米合作の植民地主義」と呼ぶのはある側面からは正しいでしょうが、それだけではじゅうぶんではありません。この「日米合作」のなかにアメリカの軍事へゲモニーがあることを誰も否定できませんし、日本はその共犯者であるとしても、共犯関係のなかにも対立や葛藤は見られます。こう言うことは、もちろん日本を免責することではありません。アメリカから見たとき、他の二極はどうでしょうか。彼らが沖縄県民をけっしてJapaneseとは呼ばずOkinawanと呼んできたことにあらわれているように（そして今ではそれが日本政府に対抗的な沖縄の人たちの自称となるに至っていますが）、占領期からアメリカは、沖縄と日本との対立を巧妙に煽ってきました。被差別者としての沖縄の日本への反感につけいり、強権による支配だけでなく、留学のチャンスなどで利益誘導もしてきました。分断支配こそは占領者の鉄の規則です。日本政府もまた、沖縄県民の不満や怒りの強度を測りながら、それを巧妙にアメリカとの取引材料にしてきました。日本政府とアメリカ政府の利害がまったく一致したわけではありません。

三極の関係は二極の関係以上に、対立と協調を含む複合的で複雑な過程です。それをふたたび「日米合作の植民地主義」と単純化して呼ぶことは（それ自体は正しい認識ですが）、これからより精緻な沖縄研究が必要とされる時代に、島袋さんのように将来を嘱望される沖縄研究者にとって、適切な態度とは思われません。

もうひとつの「県外移設」説はどうでしょうか。抑圧委譲説と県外移設説とは論理的に独立しています。いっぽうから他方が自動的に引き出されるわけではありません。もしかしたらそれと明示されていない島袋さんの「仮説」は、次のようなものでしょうか……「県外移設」説を採用するには、いったん「日本国民」であることを引き受けなければならない、しかるに「国家ぎらい」の上野にそれができるであろうか。またこの態度は、国家から距離を置いてきた上野の態度と矛盾していないだろうか。もしわたしの憶測がまちがっていたら指摘して下さい。

島袋さんの指摘どおり、わたしは沖縄研究の新世代を代表する野村浩也の『無意識の植民地主義』(2005)の多くに共感しています。それというのも彼の抑圧からの「解放の思想」が、多くの点でジェンダー理論と共通性を持っていることを発見したからなのですが、だからといって、彼の思想からも、「県外移設」説が論理必然的に出てくるわけではありません。とりわけ差別からの解放が、「支配者に似る」ことではない、と明言する彼にして、「日本の内地並み平等」と受けとられる選択が、それ自体究極のゴールであるとはわたしにはとうてい思えません。

政治戦略としての基地移転論のなかには複数の選択肢があります。野村さんや彼の同志たちは、「県外移設」だけでなく、「国外移設」、さらには「基地撤廃」、「日米安保廃止」を唱えることも可能だったでしょう。その証拠には、沖縄の平和運動家のあいだでさえ、この選択肢をめぐって論争が起きているからです。

「そんなに（沖縄が）好きなら、基地も持って帰って」という戦略を彼が言語化したとき、わたしはその言説戦略の卓抜さに舌を巻きました。この戦略に、「最低でも県外」という言質を与えることで「県外移設」説を選択肢として提示したのは民主党の鳩山政権であり、そのために政権はのっぴきならぬところへ追い詰められました。

わたしがこの戦略に見るのは、野村さんや知念ウシさん（2010）たち、復帰後第三世代沖縄人の新しい「われわれ」感覚です。かれらは「日米安保廃止」や「基地撤廃」「沖縄から基地は出て行け」をいうかわりに、こういったのです。日米安保条約は日本政府とアメリカ政府が締結した。それなら日本国民として応分の（四八都道府県中の一県分の）負担は背負いましょう。あとの負担はすべての日本国民が「平等に」背負うべきだ、と。「アメリカ」をいったん棚に上げることによって、「沖縄＝われわれ」対「それ以外の日本国民」との対立を析出し、「加害者はおまえたちだ」と名指したこの戦略によって、残りの四七都道府県に在住する日本国民の加害性は、これまでのあらゆる言説戦略にも増して鮮明になりました。この言説戦略は「もし日米安保が堅持されるとしたら」という条件を所与として作られたものですが、かれらはこの条件を受けいれているわけではないでしょう。が、もし「日米安保廃棄」や「基地撤廃」を唱えたとしたら、「アメリカ」を共通の敵として、「被害者＝われわれ」が構築されてしまうでしょう。かれらはそのような遠隔シンボルによる「日本国民＝われわれ」の構築を拒否したのです。その無効性に、ほとほとうんざりしていたからこそでしょう。

基地移転問題をめぐる鳩山政権の「迷走」は、すべての日本国民にNIMBY（Not In My Back

Yard）に荷担しているという後ろめたさを味わわせました。その点で「県外移設」を選択肢として示した鳩山前首相を、わたしは政治家として評価しています。なぜなら「県外移設」は、自民党政権でなら、想像することすらゆるされない選択肢だったからです。かれは「県外移設」を口にすることで政治家として開けてはならない「パンドラの函」を開け、それによって自滅しました。だが、政治家の評価が結果責任で判定されるなら、夢想でしかなかった「県外移設」説に正統性を与えただけでも、かれは歴史に記憶されるべきでしょう。「県外移設」説は、沖縄県民の怒りの沸点をいちじるしく下げましたし、そしてその変化は不可逆的なものでした。

だからといって、「県外移設」説をたんなる言説戦略に矮小化する意図は、わたしにはありません。ありとあらゆる災厄が飛び立ったあとの「パンドラの函」の底には、「希望」が潜んでいました。今や「県外移設」説は、日本の政治にとって「夢想」から「希望」へと昇格しました。同じように、内地の日本国民と沖縄県民との関係は――駒尺喜美さんの卓抜な表現を借りれば――「区別」から「差別」へと、昇格しました。「沖縄はべつ」意識から、沖縄を差別しているのはそれ以外の日本国民だ、という「差別」が可視化されるようになりました。

「憲法九条を守れ」というとき、わたしの口は凍る――と書いたことがあります。日本国憲法九条がまがりなりにも「守られている」のは、九条が適用されない沖縄を犠牲にするというコストを支払ってのことだからです。沖縄の祖国復帰運動の背景には、「九条のある祖国へ」という悲願がありました。にもかかわらず、復帰後四〇年経ってからのたびかさなる「密約」の暴露は、沖縄を憲法九条の適用されない例外とする合意を、日本政府がアメリカ政府と取り交わしていたことを明かします。日本各地に「九条を守る会」が活動していますが、かれらが沖縄を不問に付すとしたら、大きな自己欺瞞を犯しているといわなければならないでしょう。

興味深いのは、この言説戦略にもあらわれた「われわれ」の構築です。もとよりすべての「われわれ」は言説によって構築されたものにほかなりません。「同じ日本国民」意識のなかには、沖縄も日本の都道府県のひとつと化した復帰後第三世代の日常感覚が反映しているにちがいありませんが、それだけでなく野村さんを初めとする沖縄研究新世代が、自らをOkinawanとして同一化していることです。Okinawanとは、実体ではなく、言説実践によって構築された共同性にほかなりません。この移動と混交のポストコロニアルな時代に、わけてもポストコロニアリズムの思潮に敏感な若い研究者が、誰が真正なOkinawanであるかを名指すことの不可能に思い至らないはずがありません。にもかかわらずこの構築された共同性への同一化こそが、Okinawanをかたちづくっています。これをこそ、ほかならぬ投企と呼ぶべきでしょう。

島袋さん自身の立場性が、そのよい例でしょう。彼女の国籍はアメリカですが、それは彼女がOkinawanに同一化することを妨げません。「日米合作の植民地主義」を批判するとき、自身がアメラジアンのひとりである彼女の半分は抑圧者の側にいるはずですが、そして抑圧者の側に同一化することも彼女の選択肢にはあるはずですが、彼女はそうしません。彼女はそれを自分の意思で「選択」したのです。なぜなら彼女と同じような立場性を共有しながら、「父の祖国」に同一化する者もいるにちがいないからです。

ようやく第八章の松井隆志さんの問い、「わたし」が改めて「わたしたち」を目指すときに、いかなる「わたしたち」が可能か［本書：240］に答える準備ができたでしょうか。

運命として強いられた共同性ではなく、選択によって投企された共同性こそが、変革の基盤となる、と。同じことはジェンダーについてもいえます。複数の属性変数の交叉する結節点に「固有のわたし」がいるにしても、それはばらばらの個人に還元されるわけではありません。「シスターフッド・イズ・グローバル」というロビン・モーガンのオプティミスティックで本質主義的な女性の共同性が解体した後にも、「女性」という共同性への投企は残ります。それが完全に「自由」な選択だといいつのるつもりはありません。ヘーゲル流にいうなら、女に生まれた「偶然を必然に転化する」ことこそが「自由」の条件だからです。

難民化の思想に、島袋さんは可能性を見いだしてもいます。なぜなら「差別からの解放は、一級（市民）になることのように見えるが、実のところそれは自らの解放の条件を強者の手に渡すということ」だと、彼女は正確に理解しているからです。難民化の思想とは、「敵を相手にしないことで、敵が要求している承認とともに共犯化を価値のないものとして無視すること」［本書：252］でもあります。敵の承認を得るのでもなく、敵の似姿になるのでもなく。ジェンダーのディレンマは、おどろくほど沖縄のディレンマに似ています。しかし、このことは「価値の転換」というように「気持ちの持ちよう」で達成できるわけではありません。彼女はこの選択を「道無き道を切りひらく」と適切に理解します。

「逃げよ、生き延びよ」とわたしはいいました。ほとんど祈りのようなことばでした。ほんとうに逃げることができるのか、逃げられないときはどうしたらいいのか、逃げた先に何があるのか……それらの問いにわたしは答えていませんし、答えることもできません。ただひとつわかるのは、差別者に同化することも、被差別者に甘んじることも、そのいずれも解ではない、ということだけです。この二者択一を拒否して「第三の道」を選ばなければならないことまではわかっていても、それがどんな道であるかは、まだ歩いたことのないわたしたちにはわかっていないのです。

(5) 記憶と忘却

福岡愛子さんの第十章は、「上野千鶴子の記憶と忘却」を問う、痛烈な論文です。歴史を主題としようとした彼女に、記憶という問題系を提示することでパラダイムシフトを促したのは、わたしとの接触だったはずなのですが、同じ分析枠組みを当の相手に差し向けることで相手のアキレス腱を突くのは、後進の特権ですから、福岡さんはみごとに「上野千鶴子に挑む」という課題を果たしたことになります。

「言語論的転回」に敏感な彼女は、「われわれ」の言説的な構築の持つ功罪両面にも敏感であり、わたし自身がいくつかの場面で対立的な「主体=われわれ」を突出させた（軽率で無思慮な）ふるまいをも、容赦なく指摘します。先回りして弁解しておけば、帝国主義の多様性を指摘する上野が、「ナショナリズム」については「多様性を見逃す」ような乱暴な議論をしていることを指摘するのも忘れず、その背後にある「上野の『国家』に対する嫌悪と反発、それと表裏一体であろう『わたし』へのこだわりには、『反復強迫』めいたものを感じる」［本書:282］という彼女の感受性は鋭いものですが、その背後にあるわたし自身の「体験」と「選好」については、自覚はしても変えられないというほかありません。

そのうえで、彼女はわたしに「記憶を語れ」と迫ります。後進とはいえ、福岡さんは一九五〇年生まれの社会人学生、わたしと同時代を生きてきた成熟した女性です。修士論文を『文化大革命の記憶と忘却』（2008）という大著として刊行した彼女は、「革命と運動の世代」のその後に関心を寄せる「当事者性がある」と自認します。

ですが、わたしには異論があります。わたしはわたしの世代体験に向き合ってこなかったでしょうか？　答はノーです。回想録や自分史のように直接的なかたちではありませんが、わたしは体験を思想に、思想を理論に変えようとしてきました。それに成功したかどうかは、あとから来る読者に委ねるほかありませんが、わたしがこれまで書いたもののなかに、わたしの体験は凝縮されているはずなのです。それが読み取れないとしたら、読者の責任ではないでしょうか。

作家は作品で、研究者は研究で自己表現をします。それがそのひとにとって「もっともよく闘える」ツールだからです。たとえ不自由で迂遠な道具であっても、必死で身につけた道具にはちがいありません。画家や彫刻家に回想録を求めるよりは、制作された作品を見た方がそのひとのひととなりも思想もよくわかるにちがいなく、思想家や研究者にしても同じことがいえるでしょう。例えば、江藤淳の『成熟と喪失』（1967）をわたしはそのあまりの切実さに涙無しに読むことができませんでしたし、その読書体験は、彼が幼少期に母を喪っていたという伝記的な事実をわたしが知っていてもいなくても、同じことだったでしょう。フェミニズム文学批評の先駆者に水田宗子さんがいますが、彼女の書いた日本近代文学論、「女への逃走と女からの逃走」（水田1993）(6)を読んだときも、彼女が血を流すような思いで論文を書いていると感じました。のちになって同じ近代文学研究者が、水田さんについて「あのひと、論文に自分を出さないのよね」というのを聞いて、いったいどこに目がついているのか、と疑ったものでした。彼女は六〇代になってから『女性学との出会い』（2004）という回想録を出しましたが、このなかにあるのも主として研究上の自分史であって、彼女の結婚、出産、離婚、再婚に至る生活歴には触れられていません。ですが、それを知ってどうなるというのでしょう。彼女の家族観、結婚観、男性観は、十二分に彼女の研究にあらわれています。読者が後になって検証すべきなのは、彼女の作品であって、彼女の記憶ではありません。

もとより記憶は選択的であり、構築的です。そのなかには自己弁護も粉飾も含まれるでしょう。証言ですら再演されるパフォーマンスにほかなりません。ただ、わたしが選んだ社会学という方法は、個人の体験や記憶を公共化する装置を備えていました。わたしはその選択をよかったと思っていますし、だからこそこれだけのひとたちが、上野の作品を「論じる」ことが可能になったのでしょう。

批判はあとから来るものの特権ですが、テキストに埋めこまれたコード（そういえば「暗号」とも訳します）を解読するのは、読者の自由でも責任でもあります。読者としての福岡さんは、すでにじゅうにぶんにその解読のツールを手にしているではありませんか。

註

（1）『思想の科学』一九八二年六月号に初出、上野（1986）に収録されている。

（2）西川長夫の『国境の越え方』（1992）が平凡社ライブラリーで再刊（2001）されたとき、上野は請われて解説を執筆した。

（3）「恋愛」を「実世界の敗軍の将」が立てこもる「想世界の牙城」としたのは北村透谷である。上野にはひとつだけ北村透谷論（上野 1994）がある。

（4）近代家族の形成期に、その過程に女性が共同共犯的に関わった歴史的事実は、ジェンダー研究者によって次々にあきらかにされてきた。落合恵美子（1994, 1997, 2004）田間泰子（2006）川村邦光（1993）などがそれに当たる。

（5）一九八八年に電通のネットワーク研究会との共同研究の成果として刊行された『「女縁」が世の中を変える』（1988）は、その後の二〇年間の動向についての補足を加えて、『「女縁」を生きた女たち』（2008）として増補新版が岩波現代文庫から刊行された。

（6）この論文は旧版『日本のフェミニズム』（7　表現とメディア）および『新編　日本のフェミニズム』（11　フェミニズム文学批評）に収録されている。

第Ⅳ部　当事者主権

第十一章　「選択」としての「おひとりさま」言説の功罪

山根純佳・山下順子

1　家族のストーリーから「おひとりさま」のストーリーへ

『老いる準備』（上野 2005）からはじまった「介護される当事者」としての論考の出発。これは「女という当事者」として研究生活を出発した上野にとって、大きなターニングポイントであったといえよう。私たちは、一九九九年から二〇〇〇年にかけて上野がおこなったワーカーズ・コレクティブの調査に共同研究者として参加した。介護保険制度導入によって女性たちによる市民事業体の活動がどのように変化し、また今後どのように成長していくのか。この調査は、女性の地域の市民事業活動を応援する、という「女」の視点に立ったものだったように思う（上野・肥口 2001）。

しかし、それから五年後の二〇〇五年の調査で私たちを驚かせたのは、上野が徹底して「介護される側」の視点から調査に挑んでいたことだった。私たち「若い世代」は、「先進ケア」と呼ばれる事業所における「ケアの質」も、低賃金で働くケアワーカーの献身によって支えられていることに愕然とした。共に調査に参加した阿部真大が『働きすぎる若者たち――「自分探し」の果てに』(2007)で論じているケアの現場で搾取される若者たちの現状をみたのも、この調査をとおしてであった。一方で、調査現場で上野の関心は、「質のよいケア」が維持される条件とは何か、ということにあった。その後の『ニーズ中心の福祉社会へ―当事者主権の次世代戦略』(上野・中西 2008)での上野の担当章が、「当事者とは誰か」と「福祉多元社会における協セクターの役割」であることからも、上野のケア研究の関心がこの点にあることは明らかである。そして、『当事者主権』(中西・上野 2003)[1]『ニーズ中心の福祉社会へ』(上野・中西 2008)『おひとりさまの老後』(上野 2007)『男おひとりさま道』(上野 2009)をとおして、上野は「女」という当事者から「介護される当事者」へとその視点と関心を大きくシフトさせる。

もちろん、この一連の仕事にも大きな意義がある。一つは、「孤独な高齢者」という否定的アイデンティティを「おひとりさま」という肯定的アイデンティティに変える言説戦略としての意義である。高齢者世帯のうちの単独世帯の割合は年々増加し、二〇〇八年には二二%を占める。その一方でメディアで語られるのは家族・夫婦単位の「幸せな老後」と、「孤独」と「孤独死」に直面するひとりぐらし高齢者の「寂しい老後」である。上野の「おひとりさま」言説はこうしたひとりの老後をめぐる「マスター・ナラティブ(支配的物語)」に対する「カウンター・ナラティブ(対抗的な物語)」として大きな意義をもっている。「おひとりさま」シリーズが、計83万部という巨大なマーケットを獲得したということ自体、人々の老後への不安と家族介護に頼らない老後設計への人々の関心の大きさと、上野流「おひとりさま」論が時代のニーズにあった、個人単位の老後設計指南書として多くの人に受け止められたことを示している。

もちろん第十二章で阿部が指摘するように上野の「おひとりさま」論には、①「自分の問題」に気づき、②それが「自分たちの問題」であることに気づき、③互いに助け合うという互助（共助）へと結びつけるための啓蒙的な試み、としての意義があることも確かであろう。阿部はこれらの点を評価したうえで、上野のおひとりさま論にむけられた「団塊世代より上の世代に限定された話ではないのか？」、「お金のある『おひとりさま』限定の話ではないのか？」という批判は、表面的なところのみをとらえたものだという。しかしはたしてそうだろうか。上野の「おひとりさま」論の功に関する議論は、阿部の章にゆずり、私たちは「おひとりさま」が、「自分で選ぶライフスタイル」の問題として語られている点に注目し、疑問を呈したい。その一つの例が、自己資産、お金の問題であるが、問題はそれだけにとどまらない。上野の「おひとりさま」論が論じているのは、現行の制度や資産のもとで可能になる個人のライフスタイルの選択であって、構造的、制度的な変革の提案ではない。つまり「家族資源」ではなく、「おひとりさま資源」をもちなさい、という提案であり、社会的資源の再分配についての議論ではない。よって、「おひとりさま」を選びえない人が置かれている構造に対する批判や、それを改善する提案は出てこない。本章で私たちは、男女および女性間の格差や、家族の抑圧性や多様性を指摘してきた上野に、「おひとりさま」を選ぶ人（選びえた人）だけではなく、誰もが安心した「おひとりさま」を過ごせる社会の提案を期待する。これは、「介護される当事者」としてだけでなく、フェミニストとして、そして社会学者としての上野に期待する仕事でもある。同時に、阿部のいうように、「あなた（たち）の問題はあなた（たち）が考えなさい」という上野の予測可能な返答に対して、誰もが安心した「おひとりさま」を過ごせる社会に向けての方向性を、紙幅の許すかぎり提示しておきたい。

『おひとりさまの老後』をめぐっては「この本のシナリオは、アラフォーから下のロスジェネ世代には通用しないのでは」と詰め寄った辻元清美との対談を収めた『世代間連帯』（上野・辻本 2009）が出されている。また制度的側面については『at』で連載されたケアの社会学と題する一連の論文がある。本章では、上記三つの著作を中心に、上野の「おひとりさまの老後」論の問題点について検討していきたい。

2　おひとりさまとは誰か？

『おひとりさまの老後』によれば、「おひとりさま」の最低条件は「自分だけの住まい」（上野 2007:46）であり、自分の持ち家が必要だ。この一連の議論においては、高齢期の住宅を確保することは、自己選択、自己責任の問題として位置づけられている。しかし上野いわく心配することはない。団塊サラリーマンは「最後の安定雇用世代」なのであり、「団塊の世代の持ち家率は八割を超える」（上野 2007:51）。確かに安定・終身雇用の日本型企業社会の恩恵によって蓄積されてきた夫の資産を、妻が自己資産に変えて「おひとりさま」に備えるというプランは、一部の読者にとっては有効であろう。

今まで自分には「選択肢がない」と思ってきた女性たちには光明となる。また正規職として働きつづけ、月額二〇万円ほどの厚生年金がもらえる非婚シングルの女性にとっても有効かもしれない。だが、「おひとりさま」を選びたくとも選べない、あるいは資産のない個人については『おひとりさまの老後』では、何の提案もないのである。「この本のシナリオは、アラフォーから下のロスジェネ世代には通用しないのでは」という辻元の批判はしごくまっとうなものであろう。

アラフォーから下の世代の問題、すなわち世代間格差の乗りこえ策について上野は、辻元との対談をおさめた『世代間連帯』（上野・辻元 2009）において提案している。本書で上野は、持ち家のある要介護者の小規模な民間住宅を公共財として地域にストック化し、若い世代のシェアハウスにするという住宅政策をあげている（上野・辻元 2009:44）。また辻元による月額八万円の最低所得保障年金の提案を「おひとりさまで生きる道のための改革」（上野・辻元 2009:178）と高く評価する。一方で団塊ジュニア世代をめぐっては、彼らには親の資産があるためにストック形成への動機付けがなく、目の前のフローだけを考えているという世代間依存を問題化するにとどまっている。概して、本書全体の上野の発言をみると、「次の世代のための『おひとりさまの老後』のシナリオ」（あとがき）を考える、といった内容にはいたっていない。この対談でも上野がくり返しているのは、若い世代が自分たちで問題を解決する必要がある、という「警鐘を鳴らす」ための発言であり、若年層の雇用や福祉に対し積極的な政策を提案する辻元とは明らかに視点が異なる。(2) 本書において「世代間対立」の問題が乗り越えられたとは、言い難い。ただしここではこの論点に立ち入ることはやめ、「おひとりさま」論の問題点について考えてみよう。

辻元の批判を受け、上野も自分の提案が、団塊より下の世代にはあてはまらないことは認めている。しかし、アラフォーから下の資産形成が困難な世代だけでなく、まもなく高齢期を迎えようとしている世代で、資産を形成できなかった層にとって安心できる「おひとりさまの老後」プランはないのだろうか。一生、持ち家を持たなかった人、持てる可能性がない人々、すなわち賃貸アパートで老後を迎える人、未婚の娘と同居する高齢者、生活保護を受給しながら暮らす老夫婦は、安心した「おひとりさまの老後」を迎えることはむずかしそうだ。そのような個人のニーズは、『おひとりさまの老後』の「想定外のニーズ」として済ませていい問題なのだろうか。

例えば、親を「介護する側」であるがゆえに、資産形成が不可能な中高年層の問題がある。『世代間連帯』では、親の介護を引きうける同居パラサイトのシングル女性をめぐって辻元と上野の以下のようなやりとりがある（上野・辻元 2009: 77-78）。

上野「介護がうんと長期化すれば、親は自分のストックに手をつけざるをえなくなります。ストックに手をつけたら、子どもに残すものがなくなる。そうなれば、介護には動員され、ストックは使い果たされ、ないない尽くしの低年金・無年金の初老の女が残ることになる。」

辻元「こわすぎる！でも放っておいたらこのシナリオは必ず到来する。……ただ、シナリオが予測できるということは、制度改正という具体的な解決策が示せるということでもあるのよ。」

上野「そう。そのとき、働いて年金を納め続けた人は、応分の所得が得られる。やっぱり女も働くということを前提に制度設計をするべきですね。それと介護保険を持続可能な制度にすることね。

> ……女の人生が、親のパラサイトか夫のパラサイトか、どちらかのパラサイトであり続ける、つまり若い女性の人生が結婚までの待機時間だという通念を、親も子どもも捨ててもらわないと

「ないない尽くしの女性」に対する政策の必要性を論じる辻元に対し、上野が提案するのは、「女性が働くことを前提にした制度設計」である。しかし男女賃金格差のもとで、夫の資産にも親の資産にもパラサイトできなかった「ないない尽くし」の女性の現状を救う提案はなされない。

この辻元とのやりとりは、「親のパラサイトを選ばない、選べない女たちは仕事を続けてきました。自分に経済力があったからこそ、結婚を生活保障財として選ばずにすんだ」（辻元・上野 2009:78）という上野の一言で締めくくられる。ここでは「おひとりさま」を選ばないということは、従来の家族介護規範や「夫か親のパラサイト」という従来の女性役割に囚われていることとして位置づけられている。そして「夫か親のパラサイトを選んできた女性（低年金・無年金の女性）」と「選んでこなかった女性たち（経済力のある女性）」の差異が、あたかも女性個人の選好の違いであったかのように簡単に処理されてしまっている。しかしはたして、シングルマザーとして、もしくは離婚し非正規で働きながら同居する親を介護してきた低年金・無年金の女性は、何を選び、何を選んでこなかったというのだろうか。

同様の態度は、親にパラサイトしながら介護をする子ども世代に対してもみられる。辻元が、ワーキングプアで、親を介護しながら親の年金に頼って生活している子世代への収入源の一つとして、ドイツの介護保険にある「現金給付」の可能性を論じた際にも、上野は現金給付が「介護の社会化」に

つながらないこと、また介護を密室化してしまうことを指摘した上で、こう答える。

いまだって失業した息子や娘が、高齢の親の年金パラサイトをしているケースはたくさんあります。経済的虐待をしたうえに、精神的・身体的虐待やネグレクトをともなっている。そのような彼らに現金給付を与えても状況が改善するとはとうてい思えません。（上野・辻元 2009:146）

ここでも、親を介護する家族介護者の「貧困問題」が、ケアされる側の立場からの「ケアの質」論へとすりかえられ、子ども世代に対する政策的課題についてふみこんだ言及はなされない。言うまでもなく、すべての単身の子どもが虐待の加害者であるわけではないし、虐待があるケースでも子どもの「貧困問題」こそがその原因であることが指摘されている（春日 2008）。上野は「ケアの権利」の論考（上野 2009b:20）では、「ケア（育児・介護）を選択することで社会的不利益をこうむらない権利」を保障し、家族介護者の現金給付を制度化するには、年金・社会保障、雇用機会の損失の保障を満たす額面である必要性を指摘している。一方で「ケアされる側」の視点に立つとき、「おひとりさま」ライフスタイルとは異なる生き方をしている人々（ここでは、労働市場での経済的自立をはたさず家族介護をする行為者）が置かれている構造的問題について言及されることはほとんどない。ここで私たちが言う構造的問題とは以下の点である。

第一に彼／女らの選択は、現行の制度的制約のなかの選択である。現行の介護保険制度は、家族介護の代替ではなく、補完するものでしかない。二〇〇六年の改定以降、家族と同居の利用者の在宅介護サービスの利用が抑制されており、家族介護者の負担は増加している（藤崎 2009）。このような制度的条件のもとでの家族介護の選択が、「やむをえない選択」ではないとでもいいうるとしたら、それはどのような根拠にもとづくのか。親と未婚の子どもからなる世帯の数は年々増えつづけ、高齢者世帯に占める割合は一八・四％に達している。また、介護を理由に仕事を辞めたり仕事を変えた人の数は、一年間で約十五万人に達している（二〇〇六〜二〇〇七年）。こうした子ども世代の問題は今後ますます看過できないものとなっていく。

　第二に、家族介護する「娘たちの選択」は、ジェンダー論が「イデオロギー」「規範」の概念をとおして説明してきた、実践を貫くジェンダー化された言説の権力性から自由なものではない。クレア・アンガーソンによれば、女性に介護を（あたかも自発的に）選択させる要因となっているのは、ジェンダー・イデオロギーと労働市場との結びつきの弱さ（「非正規」や「無職」であること）である（Ungerson 1987）。上野自身も、介護保険で利用可能なサービスの不足、「やむをえない選択」としての家族介護、介護者選択過程の背景にあるジェンダー・イデオロギーや労働市場の資源配分のジェンダー格差を、上野（2005, 2008）で指摘しているにもかかわらず、上野の立場が「ケアされる側」にあるとき、このような構造的問題への批判とそれを変えるための提案はほとんどでてこない。こうした家族介護者の現状を、「介護する側」の選択の問題として片付けるのではなく、高齢者も家族も、「自律できる」制度の提案をもするべきではないのか。上野が提案する「ケアの人権アプローチ」（上野 2009b: 17–18）を援用すれば、高齢者が「家族からケアされることを強制されない権利」、そして家族が「家族をケアすることを強制されない権利」を保障する制度の提案があって然るべきであろう（傍点筆者)。

また「おひとりさま」論の前提には、「家族と住む者おひとりさまならざるべし」というテーゼがあるが、家族と同居しながら「おひとりさま」として暮らすプランを要求してはいけない根拠はあるだろうか。[3] たしかに現状の介護保険は「おひとりさまが有利(上野 2009:158)」であり、同居家族がいる場合の生活援助の利用は難しくなっている。しかしそれは制度の側の要求である。「おひとりさま」資源をもっていなくとも、家族と暮らしていても誰もが利用できるユニバーサルなサービスとして[4]、「おひとりさま」を支える社会についての提案を期待する。

3 家族から友人へ？

「おひとりさま」の老後の安心はカネでは買えず、重要なのは人持ちであることと上野は主張する。「友人のネットワークがなければ、安心しておひとりさまをやっていられない」(上野 2007:242)のだ。首都圏では団地という「自分の住まい」をもっている高齢者であっても、介護認定すら受けていない、介護サービスを受けられない、発見されないままの孤独死をむかえる、という状況が深刻化している。高齢期においてとりわけ「友人」が重要な資源となることは確かである。

「友人づくり」は元来、女の得意技であり「男の友情はあてにならない」が、上野(2009)には、退職後も釣り仲間や、少年野球チームの監督などをとおして、男流「選択縁」を築いている男性の事例も登場する(上野 2009:95-98)。職場でも家庭でもない第三の居場所をつくること、「まさかのときに役に立つ」（上野 2009：105）友人がいることは、老後のひとりぐらしの力強い見方であろう。

「友人」といえば、誰もが簡単につくれるものに聞こえるが、友人づくりは家族づくりより難しい。だからこそ上野は友人づくりのための、スキルの身につけ方を提案する（上野 2009：182）。しかし、自分の安否を気遣ってくれる友人によって支えられる老後ライフスタイルを、社会福祉制度という点からみたらどうだろうか。地域社会で暮らすうえでの安心を支える「友人」は、「ソーシャル・キャピタル（社会資本）」の一つと考えられるが、個人がもちうるソーシャル・キャピタルは、階級、学歴によって異なることが経験的に証明されている。内閣府の二〇〇五年の調査報告でも、ソーシャル・キャピタルの量は「男性より女性」「無職より有職」「短い居住年数より長い居住年数」「未婚より既婚」「低学歴より高学歴」「低所得より高所得」「借家より持ち家」が多い傾向がはっきりと示されている（内閣府 2005）。友人づくりは「男」より「女」に有利なことは確かである。しかし、「友人」の数には、歴とした所得格差、学歴差もあるのだ。非正規で賃貸アパート暮らしをつづけてきた人、介護保険さえ知らない認知症の独居高齢者、長期的なひきこもりにある中年男性。このようなソーシャル・キャピタルをもちえない人々が、「安心した」「おひとりさま」の老後を過ごすことができる方法はないのだろうか。地域のネットワークを形成するための場や機会を公的に整備することや、サービスにもありつけない孤立する高齢者に対し援助をする公的機関を設置し、介護保険外の公費をわりあてるといったことも考える必要があるのではないだろうか（結城 2008：203）。

もし、高齢者が老後生活を「自助」や「共助」でマネジメントし、生存を確認してくれる友人を自己責任でもってくれるのであれば、行政はその分のコストを浮かせることができる。「高齢者の自己責任」を前提にして制度設計すればよいからだ。例えば、イギリスでは二〇〇〇年半ば以降、ダイレクト・ペイメントの導入を主とするpersonalisation of careのスローガンによって高齢者介護政策の改革が進められている。[5] 個々人のニーズにそった介護サービスを提供できる制度の推進というレトリックの背後には、行政から高齢者個人へのケアマネジメントのアウトソーシングと、施設介護やデイケアなどのコレクティブケアの削減によって、高齢者介護財政の縮小を目的とする政府の意図がある（Yamashita 2010）。注目すべきは、モデル調査において、地方自治体が他のサービスを紹介する前に、ダイレクト・ペイメントを高齢者に薦めなくてはならないというガイドラインがあるにもかかわらず、また障害者の間では広く選択されているにもかかわらず、利用可能な高齢者の二％しかダイレクト・ペイメントを選択しなかったという調査結果である（Land and Himmelweit 2010）。低い取得率の理由としてあげられているのが、情報の伝達不足、高学歴・中産階級者に有利な制度設計、高齢者による雇用―非雇用関係の契約や煩雑なマネジメントに関わることへのためらい等があげられている（Glendinning et al. 2008）。イギリスでの経験は、自分のケアをマネジメントするのが難しい高齢者に対する制度的な支援がないかぎり、ダイレクト・ペイメントの施行は一部のマネジメント力を有する高齢者にとってのみ、使い勝手のいい施策となることを示唆している。[6] このような例を考えると、個人の「自助」や「共助」を前提にするのではなく、ソーシャル・キャピタルやマネジメント能力の格差も含めたうえで、家族も友人もいない高齢者を福祉の網の目からこぼれ落とさないための「公助」としての福祉政策が必要だと私たちは考える。

4 「おひとりさま」を支えるのは誰？

最後に「介護される当事者」の視点から展開された「おひとりさまの老後」論において介護労働問題が軽視されている点について触れておきたい。

上野いわく「おひとりさまの老後」を生き抜くためのキーワードは「賢い消費者」であり、「よいケア」を受けるためには「顧客からのクレームが必要」（上野 2007：195）である。また「よいケアを受ける」ためにはケアの与え手との良好な関係を維持すべく「介護される側の心得10ヶ条」[7]を心得ておく必要がある。この提案自体は、適切なものであろう。「ケア」がケアの与え手と受け手の相互行為である限り、ケアワーカーとの適切、良好な関係が必要なことは確かだ。しかし、これは「よいケア」を受けるための十分条件なのだろうか。「顧客満足度」をケアワーカーに伝えさえすれば、おひとりさまはよいケアを受けることができるのだろうか。

おひとりさまに「よいケア」を提供するのは誰か。いうまでもなく、フォーマルなケアワーカーである。ケアハウスや自宅といったハードがあっても、ケアサービスというソフトがなければ生き残っていけないのは、団塊の世代も同じである。しかしそのソフトの質は、顧客満足度を伝えれば維持されるわけではない。ケアワーカーが、十分な精神的、身体的余裕をもってケアできる条件がなくてはならない。そしてそこには安心してケアワークをつづけられる経済的保障も必要だ。

介護職の平均賃金は、全産業の平均賃金の六割に満たない。介護労働は、親にパラサイトせざるをえない二〇歳代、三〇歳代のケアワーカーと、夫の稼ぎにパラサイトせざるをえない中高年女性によって支えられている。この点をみれば「高齢者を大切にする社会」という主張に対し、ただちに「若者の犠牲においてか」という反応（上野・辻元 2009:133）が返ってくるのもいたしかたない。「おひとりさま」を支える介護保険制度自体が、「おひとりさま」の老後を期待できない世代を再生産しているのだ。二〇〇三年、二〇〇六年とつづいた介護報酬のマイナス改定によって、労働条件の悪化は深刻なものとなっている（二〇〇九年の改定によって、賃金のわずかな上昇がみられたが、微々たるものである）。現場では介護保険制度以前のほうが労働条件がよかったという声も聞かれる（白崎 2008；小笠原 2008）。近年ますます非正規化がすすみ、一割の介護事業所が派遣労働者を受け入れている。こうした労働条件の悪化、非正規職の増加は、ケアの質の低下につながる。どんなにケアワーカー一人ひとりの志が高くとも、一人あたりの責任が増えればケアの質が低下することは、上野自身がおこなった「先進事例」を対象とした調査において明らかにされている。(8)

もちろん上野は「年収三〇〇万という標準収入は確保できるディーセントワーク（まっとうな仕事）になってもらいたいと思っている」（上野・辻元 2009:215）という「思い」は述べている。しかし、その具体的方策については論じられない。アメリカでは在宅介護ヘルパーの組合にサービス利用者も参加することで、ケアワーカーの地位向上に大きな成果をもたらしている事例がある（田中 2002；Delp and Quan 2002）。ケアの受け手が「賢い消費者」でありうるのなら、十分な報酬がきちんとケアワーカーに配分されているのかという点から、事業所の善し悪しを判断することや政策的要求をしていくことが必要だ。もちろん、介護が必要となったときに「賢い消費者」でありつづけることが難しければ、「おひとりさま予備軍」のうちにだけでも、介護労働者への適正な配分について考慮するべきであろう。上野は「安心して老いられない社会には、安心して生き続けられない」（上野・辻本 2009：133）と若者に伝えたいというが、家族であれ、ケアワーカーであれ、介護を無償労働や低賃金労働のままにしている社会で、高齢者の人権など尊重されえないということを、「介護を受ける側」の立場に立つ団塊の世代に対して伝える必要もあるだろう。

ただし、その労働条件の確保なくして、「質の高いケア」を供給しているのが、「協セクター」と呼ばれるワーカーズ・コレクティブをはじめとする市民事業体である。上野による福祉経営をめぐる「協セクター」の相対優位論への批判は第十三章の朴論文にゆずるが、「協セクター」もまた低賃金労働によって維持されていることだけ触れておこう。市民事業体は、NPO法人をとっている事業所が多いが、介護職の平均見込み月収をみるとNPOは一五万一千円と、民間企業の一七万五千円よりも二万円以上も低い（平成二一年介護労働実態調査）。その一方で「賃金や手当等に対する希望はない」とする人の割合は、あらゆる法人のなかでNPOが一八％と最も高く、「基本給の引き上げ」を希望する人の割合は最も低い（平成二一年介護労働実態調査）。ワーカーズ・コレクティブで働く女性たちが自己定義してみせたように、「協セクター」は「安くて使える気のいいおばさん」（山根 2010）によって支えられている。もしくは若い世代であっても理念へのコミットと「やりがい」によって、低賃金を問題化しない（阿部 2007）。「協セクター」のワーカーの労働条件をどのように保障するのか。労働条件を保障したうえでの、経営の持続可能性を担保するためには、どの程度の介護報酬が必要なのか。その点もふまえたうえでの、「協セクター相対優位論」の展開を期待する。[9]

5　誰もがおひとりさまになれる社会の実現に向けて

「介護される側」のノウハウは、実際に要介護者になってから書いた方が迫力があるだろうと上野はいう（上野 2009:212）。上野のような人に、介護が必要な生活を送ってもらい、その経験を言語化してもらえたらと、思う。だが、これまで女性の経験と視点から、女性差別の構造的・制度的理解と具体的な方向性や施策を提示し続けてきた上野には、私たちは以下のような提案をも期待する。誰もが安心して、おひとりさまになれる社会とはどのようにして可能なのか。現行の制度を前提にした「個人のノウハウ」ではなく、階級、家族関係においていかなる条件にあっても、誰もが「おひとりさま」として生きられる制度はいかに可能か。また、安心して老いられるだけでなく、安心して生き続けられる社会に向けて、いかにおひとりさまを支えるケアワークの社会的評価をあげていくのか。もちろん、団塊ジュニア世代である私たちも提案をつづけていく。「まだまにあう……制度も政治も変えられる」（上野・辻本 2009:246）。

註

（1）『当事者主権』（2003）では、上野は「女性という当事者」の視点から議論している。この著作での、「介護／介助される当事者」としての当事者である中西正司を中心とする障害者との出会いは、その後の上野の「介護される当事者」の視点に多大な影響を及ぼしていると考えられる。

（2）本書において、今までの政治や経済政策の災いを一身に背負って「もうヘトヘト、しんどいねん」と思っている若い人たちもたくさんいる、だから、「ちょっと上の世代の責任で、下の世代もいっしょにつながれる制度をつくっていく」とする辻元に対し、上野は若い世代は「怒りに向かうかわりにシニシズム」に向かっているとし「いまの若い世代は上の世代が権利を勝ち取ってきたということを自覚していない」（上野・辻元 2009：228）、とあくまで若い世代に自己責任論を向ける。

（3）上野は「親が子どもに仕送りすると考えるなら、一ヶ月一四万円は高いとはいえない」とし、それが払えないなら「自宅に戻ってもらったらよい。家族がいさえしなければ、住宅のすべてが〝私の個室〟だ」（上野 2007：87）として、「ユニットケア」か、「自分だけの住まい」かという二者択一を迫る。

（4）大沢真理によれば、ユニバーサルサービスとは、①国民生活に不可欠なサービスであって、②誰もが利用可能な料金など適切な条件で、③あまねく日本全国において公平かつ安定的な提供の確保が図られるべきサービス、と定義される（大沢 2008：196）。

（5）ダイレクト・ペイメントとは、サービスの利用者・当事者に必要と判定されたケアサービスの価格と同等の金額を直接支給し、サービス利用者が介護者やサービスを提供する事業所に直接支払う方式である。英国では、高齢者に対して、二〇一〇年現在スコットランドで、ダイレクト・ペイメント方式の施行、イングランドでパーソナル・バジェット方式（介護ニーズの認定および額面化はダイレクト・ペイメントと同等であるが、現金の直接支給ではなく、介護者・事業所への支払いは地方自治体から）の施行が進められている。

（6）高齢者のニーズの生成過程を分析した齋藤暁子は、介護を受ける際に積極的にニーズを要求している高齢者でも、常にニーズを要求することは負担であり、自分のニーズを察してほしいという気持ちがあるとして、家族やサービス提供者によるニーズのくみ取りも重要だと指摘する（齋藤 2008：87）。

（7）十ヶ条とは以下のとおりである。①自分のココロとカラダの感覚に忠実かつ敏感になる、②自分にできることと、できないことの境界をわきまえる、③不必要ながまんや遠慮はしない、④なにがキモチよくて、なにがキモチ悪いかをはっきりことばで伝える、⑤相手が受け入れやすい言い方を選ぶ、⑥喜びを表現し、相手をほめる、⑦なれなれしいことばづかいや、子ども扱いを拒否する、⑧介護してくれる相手に過剰な期待や依存をしない、⑨報酬は正規の料金で決済し、チップやモノをあげない、⑩ユーモアと感謝を忘れない

(8) 東京大学社会学研究室・社会学研究室 2005『住民参加型地域福祉の比較研究』を参照。

(9) もちろん、サービスの「量」も切実な問題である。上野は『at』(2006) にて「財源は国、サービスは協セクター」を最適としている。しかし上野が期待する協セクターの供給だけでは、介護サービスの量的な確保は難しいのは明らかである。たとえば、平成二一年の統計では (介護労働実態調査)、介護事業所のうちＮＰＯが占める割合は五・九%、協同組合 (農協・生協) は二・三%に満たない。「保険あってサービスなし」の現状を変えるには、協セクターにこだわらず、国や自治体による官、民、協のサービス供給量のコントロールが不可欠である。

文献

阿部真大 (2007)『働きすぎる若者たち—「自分探し」の果てに』日本放送出版協会

Delp, Linda and Kaite Quan (2002) "Homecare Worker Organizing in Califolnia: An Analysis of a Successful Strategy," *Labor Studies Journal*, Vol.27, No.1 (Spring)

藤崎宏子 (2009)「介護保険制度と介護の『社会化』『再家族化』」『福祉社会学研究』6:41–57

Glendinning, Caroline., Challis, David., Fernandez, José-Luis., Jacobs, Sally., Jones, Karen., Knapp, Martin., Manthorpe, Jill., Moran, Nicola., Netten, Ann., Stevens, Martin. and Wilberforce, Mark. (2008)

Evaluating of the Individual Budgets Pilot Programme: Final Report. York: Social Policy Research Unit, University of York

介護労働安定センター（2009）『平成21年介護労働実態調査』

春日キスヨ（2008）「ニーズはなぜ潜在化するのか―高齢者虐待問題と増大する「息子」加害者」、上野千鶴子・中西正司編『ニーズ中心の福祉社会へ―当事者主権の次世代福祉戦略』医学書院：92-124

Land, Hilary. and Himmelweit, Susan. (2010) 'Who cares; who pays?: A report on personalisation in social care', a report prepared for UNISON

内閣府経済社会総合研究所（2005）『コミュニティ機能再生とソーシャル・キャピタルに関する研究調査報告』

中西正二・上野千鶴子（2003）『当事者主権』岩波新書

小笠原和彦（2008）「ケアワークにおけるストレス」上野千鶴子他編『ケア　その思想と実践2　ケアすること』岩波書店：137-152

大沢真理（2008）「三つの福祉政府体系と当事者主権」上野千鶴子・中西正司編『ニーズ中心の福祉社会へ―当事者主権の次世代福祉戦略』医学書院：178-199

齋藤暁子（2008）「高齢者のニーズ生成のプロセス―介護保険サービス利用者の語りから」上野千鶴子・中西正司編『ニーズ中心の福祉社会へ―当事者主権の次世代福祉戦略』医学書院：70-90

白崎朝子（2008）「介護派遣労働の現場から」『世界』二〇〇八、九月号：47-55

田中かず子（2002）「介護システムの国際比較と日本の課題」『女性労働研究42号　介護労働の国際比較』青木書店：19-29

上野千鶴子（2005）『老いる準備―介護することされること』学陽書房

上野千鶴子（2006）「介護費用負担の最適混合へ向けて」『季刊 at』4, 138-54

上野千鶴子（2007）『おひとりさまの老後』法研

上野千鶴子（2009a）『男おひとりさま道』法研

上野千鶴子（2009b）「家族の臨界―ケアの分配公正をめぐって」牟田和恵編『家族を超える社会学―新たな生の基盤を求めて』新曜社：2-26

上野千鶴子（2005 ～ 2009）「連載ケアの社会学」『季刊 at』創刊号～15、『at プラス』創刊号　太田出版

上野千鶴子・肥口征子（2001）『福祉ワーカーズ・コレクティブ研究会　二〇〇〇年利用者調査報告書　地域福祉の構築―地域に根づくか　ワーカーズ・コレクティブの挑戦』

上野千鶴子・中西正司編（2008）『ニーズ中心の福祉社会へ―当事者主権の次世代福祉戦略』医学書院

上野千鶴子・辻元清美（2009）『世代間連帯』岩波新書

Ungerson, Clare（1987）*Policy Is Personal: Sex, gender and Informal Care*, London：Tavistock＝1999, 平岡公一・平岡佐智子訳『ジェンダーと家族介護―政府の政策と個人の生活』光生館

山根純佳（2010）『なぜ女性はケア労働をするのか―性別分業の再生産を超えて』勁草書房

Yamashita, Junko.（2010）*De-familisation of Elderly Care? : Exploring Long Term Care Reform in Japan and England*. Presented at International Conference on Evidence Based Policy in Long Term Care, 9-11 September 2010, London School of Economics, U.K.

第十二章　ポスト「家族の世紀」の「おひとりさま」論

阿部　真大

1　女性問題から高齢者問題へ

本章では、上野千鶴子による高齢者福祉に関する論考である『老いる準備―介護することされること』（二〇〇五年、学陽書房）、『おひとりさまの老後』（二〇〇七年、法研）、『男おひとりさま道』（二〇〇九年、法研）、『ひとりの午後に』（二〇一〇年、ＮＨＫ出版）を中心に、そこから私たちが学ぶべきことを拾い出していきたい。

本章に入る前にまず、なぜジェンダーの問題に取り組んできた上野が高齢者福祉の研究をはじめたのか、確認しておこう。上野（2005）のあとがきは次の文章ではじまる。

「いつから女の問題をほったらかして、介護のほうへいっちゃったのよ」…そう言われるようになってから、何年も経つ。

わたしにとっては、何の不思議もない。わたし自身が老いたからである。（上野 2005：276）

わたしが年をとったから、高齢者福祉の研究をはじめた。上野の答えは極めてシンプルである。一部、専門的な内容も含む上野（2005）はまだしも、エッセイ風の上野（2007）、上野（2009）、上野（2010）となると、話題があまりに多岐にわたるがゆえに、その表面的なところのみをとらえた批判がなされやすい。その代表的なものが、「団塊世代より上の世代に限定された話ではないのか？」、「お金のある『おひとりさま』限定の話ではないのか？」といった批判である。しかし、こうした批判に対しては、直ちに上のように切り替えされてしまうだろう。わたし自身がそうだから、と。

「団塊世代より上の世代に限定された話ではないのか？」、「お金のある『おひとりさま』限定の話ではないのか？」というのは、彼女の研究姿勢から考えて、当たり前の話である。問題は、私たちがそこから何を学ぶかという点であろう。本章では、上野の高齢者福祉論の中心にある市民事業体に関する議論を追っていくなかで、彼女の研究の思想に迫っていきたい。

わたし（筆者）自身、若年労働問題を専門としていることもあって、一見、普段扱っている問題（フリーターの問題や就労支援の問題など）は、多くの財産・資産を保有する日本の高齢者の問題とは対極にあるもの、場合によっては対立するものとみなされがちである。しかし、上野の著作を読み進めていくと、若年労働問題にもつながるメタメッセージがみえてくる。彼女は、女性の問題や高齢者の問題を語りつつ、より普遍的な問題にアプローチし続けている。それを理解しないと、上野に対する批判は上滑りし続けるだろう。

本章の構成を簡単に紹介しておく。

第2節では、高齢者福祉の問題が注目されてきた背景についてまとめた上で、上野の考える協セクターの意義を確認する。第3節では、協セクターの担い手である市民事業体を活性化すべく上野が続ける活動を確認する。第4節では、こうした活動から私たちが学ぶことは何か、考えていく。

2 「家族の世紀」の終わりと市民事業体の可能性

ポスト「家族の世紀」の生存戦略

先に確認したように、上野は「わたし自身が老いた」ため、高齢者福祉の研究をはじめたと語っている。その際、彼女自身が感じたパーソナルな問題とは何だったのか。上野（2007）の「あとがき」には次のような述懐がある。

> おもえばシングル女性は、これまでどれほど「歳とったらどうするの？」という脅かしにさらされてきたことだろう。そのうえ、世の中には老後の不安をあおるメッセージがあふれている。子どもがいてさえ頼りになるかどうかわからないのに、まして「子どもに頼る老後」がはなからないあなたはどうするの？　と。（上野 2007 : 261-262）

彼女の切実な問題は、しかし、この段階では個人的なものに留まっている。それが社会的な問題となるのは、これまで老後を保障するもの（「福祉の含み資産」）として考えられてきた家族の機能が弱体化し、その生活保障システムからはじき出された「おひとりさま」が大量に誕生してきたからである。上野はいつのまにか、シングルの「一周遅れのトップランナー」となっていたのである（上野 2002:30）。彼女は、これを「「家族の世紀」の終わり」と呼んでいる（上野 2002:32）。

二〇世紀は「家族の世紀」だったかもしれない。だが、家族を中心に自分の人生設計を立てることは、超高齢社会には、間尺《まじゃく》に合わなくなってきた。「家族の世紀」とは、子どもをたくさん産んで親業にあけくれているあいだに一生が終わり、配偶者に先立たれたあとの長い老後など考えなくてもすんだ人口学的近代の過渡期にだけ、成立した現象だといってよい。（上野 2002:31）

ポスト「家族の世紀」を生きる人々がいる。その象徴が「おひとりさま」である。上野（2007）では、最新のデータを用い、その数が増えていることが繰り返し強調されている。「八〇歳以上になると、女性の八三％に配偶者がいない」（上野 2007:12）、「高齢化をめぐる変化でいちじるしいものに、子どもとの同居率の低下がある」（上野 2007:19）など。上野の「自分の問題」は、家族が解体することで、「自分たちの問題」へと変化していったのである（この点について、上野はフェミニズムの影響を過大評価してはいない。それは時代の変化が帰結したものである。上野は上野（2005）のなかで、家族内での介護役割を簡単に引き受けない女性が増えていることに触れた後で、「わたしはこの女の変化を歓迎しているが、わたしが変えたわけではないので、どうぞ責めないでほしい（笑）」（上野 2005:276）と述べている）。

この点が、まず重要である。つまり、上野（2007）は「家族の世紀」が終わった場所から出発している。「わたしの問題」は、ポスト「家族の世紀」においては必然的に「わたしたちの問題」にならざるをえない。社会科学的なデータから得られたこの「確信」こそ、上野（2007）以降の「おひとりさまシリーズ」の原動力の一つとなる。

「互助」という発想

「家族の世紀」は終わった。「おひとりさま」が増えた。続いて問題となるのは、「自分たちの問題」を抱えた「おひとりさま」たちが、その問題をどのように解決するかである。そこで上野が注目するのが「互助」という発想であり、その担い手としての市民事業体である。

> 市民事業の原則はなんといっても、互助（共助）である。なんのために互助をやるかというと、公助の対象になるには及ばないが、自助努力を求められるのはつらすぎる、そういう自助と公助の谷間にいるふつうの人々が、もとはといえば、わたしが助かりたい、わたしが救われたい、という動機から出発しているからである。これが市民事業の原点である。（上野 2005:230）

上野のいう市民事業を担うのは「市民事業体」（ＮＰＯ（民間非営利団体）のことであるが、日本では

NPO法ができたために、認証を受けたNPO法人に限定される傾向がある。そこで上野はもともとの意味（ノン・プロフィット・オーガニゼーション）を尊重し、法人格をとっているところもとっていないところも含めて「市民事業体」と呼んでいる）である。上野は、市民事業体による「互助」がポスト「家族の世紀」を生きる「おひとりさま」たちを救うという。

ただし、この点は、すんなりと受け入れられるものではないだろう。「おひとりさま」を救うのは、政府や民間企業であってもよいはずである。そうだとすれば、「互助」など考えなくても「公助」（政府）と「自助努力」（市場）だけで用は足りるはずだ。なぜ、「おひとりさま」を救うのは市民事業体が担う「互助」でなくてはならないのか。

協セクターへの期待

この点を理解するためには、上野の提示する介護サービスの担い手の三類型を知る必要がある。上野は、介護サービスの担い手を大きく三つに分けている。「官」（パブリック）、「私」（プライベート）、「協」（コモン）である。その上で、「介護サービスのアウトソーシングを、非効率な官にも、信頼できない民にも任せられないとなれば、あとに残るのは協のセクターである」（上野 2005：142-143）と結論づけている。

「官」とは、自治体直営事業や社会福祉法人、福祉公社のような行政の外郭団体を指す。官について、上野は、こうした団体はしばしば「民の皮をかぶった官」と揶揄されることからも分かるように（退職した地方官僚の天下り先になっていることは周知の事実である）、コスト感覚をもっていないことが多いため、経営の効率が悪いと批判する。

「民」とは、市場領域で活動する営利企業を指す。民についても、上野は、こうした企業は理念ではなく利益で動いているので赤字事業所の統廃合を進めるため、すぐに利用者が放り出されてしまう、さらに、ケアというサービス商品はユーザー（高齢者）とサービスの決定者（家族）がしばしば異なるため、消費者が自ら良い商品を選び悪い商品は駆逐されるという「市場淘汰の原理」を通じたクォリティ・コントロールを望めない、と批判する（上野 2005:138-142）。

それらの欠点を「協」は克服できると上野は主張する。「協」とは、NPOこと民間非営利団体のことを指している。先にみたように、上野はそれを「市民事業体」と呼んでいる。市民事業体は、官のように経営が非効率ではなく（上野は一九九九年に合計六つのワーカーズ・コレクティブの団体を対象に調査を実施している。その結果、分かったことは「よくやっている」というものだった（上野 2005:180-186））、また、民のように収益が上がらないからといって、簡単に縮小したり撤退することはできない（上野 2005:143-144）。

さらにこの点が重要なのだが、協は民や官よりも的確に地域住民のニーズを把握することができる。主となる担い手が中高年の女性で、彼女らの多くが「夫の親や自分自身の親の介護経験を持ち、そのときの後悔やつらい思い出から、あのときにこんなサービスがあったらどんなによかっただろう、という思いを共有している」（上野 2005:144）ためである。つまり、担い手自身が「当事者」だからである（「自分のことは自分で決める」とは、上野の唱える「当事者主権」の基本となる考え方である）。

以上の理由から、「地域にガッチリ根を下ろし、地域のニーズをだれよりもよく知っていて、責任と報酬の伴う介護という仕事を引き受けようとしている」（上野 2005：144）市民事業体に、上野は高齢者福祉の未来を託している。

二つめの確信

しかし、上野による官／私／協の比較と、そのなかでの協セクターへの肩入れは、若干、偏ったものにみえなくもない。問題のある協セクターも多いはずだ。ただし、この点について、上野は、辻本清美との共著『世代間連帯』（二〇〇九年、岩波書店）のなかで、はっきりと、次のように述べている。

介護問題を専門とする社会学者で、私の敬愛する春日キスヨさんがしみじみこう言ったことがあります。「上野さん、あなたは質のいい人たちと付き合っているから、制度に信頼がもてるんだね」と。まったくそのとおりだと思った。どんな制度だって、運用するのは人。どんな制度にも血を通わせるのは人だから、運用次第でピンからキリまである。（中略）そのなかでいちばん志の高い、良質な人たちと付き合っているから、制度に信頼がもてるのよ。（上野・辻元 2009：242）

「質のいい人たち」を対象にしているから制度に信頼がもてる。ＮＰＯはピンキリだけど、私がみているのはピンに近い方だから、市民事業体の可能性を信じられる。こうした考え方は、いわゆる「ＮＰＯ研究者」からすれば、著しく客観性を欠いたものに映るだろう。

しかし、上野は「ＮＰＯ研究者」ではない。重要なのは、「質のいい人たち」と付き合ってきたがゆえにもつことのできた上野の二つめの「確信」である。それは、「「家族の世紀」が終わっても人は助け合って生きていける」という確信である。その確信と、先に見た「家族の世紀」はすでに終わったという確信、それら二つの確信が、『おひとりさまの老後』、『男おひとりさま道』、『ひとりの午後に』へと続く「おひとりさまシリーズ」の原動力となっていく。

3　現場ベースの啓蒙活動

前節では、①「自分の問題」に気づく、②それが「自分たちの問題」であることに気づく、③互いに助け合う、というサイクルが市民事業体の「原点」にある「互助」の発想で、上野はそこに高齢者福祉の可能性をみていることを確認した。その背後にあるのは、二つの確信、「「家族の世紀」はすでに終わった」という確信と「それでもわたしたちは助け合って生きていける」という確信である（その確信のベースにあるのは、前者は社会科学的なデータ、後者は彼女の経験である）。しかし、①から③はそれほどスムーズに進むわけではない。①や②までで止まってしまい。先に進まないということもある。

本節でみていくのは、①から③への流れを潤滑にしようとする意図をもつ、上野の一連の仕事の意義についてである。それが、本章が「現場ベースの啓蒙活動」と呼ぶものである。「おひとりさまシリーズ」はその集大成であるといえる。本節では、この点について見ていきたい。

「よい嫁」と定年後の男性をどうするか?

時代が変わった。しかし、その変化を受け入れられず「家族の世紀」の古い規範にしがみつき、みずからを苦しめてしまっている人たちがいる。「自分の問題」に気づけても、「家族の世紀」が終わったことを受け入れられず、その段階で止まっている人たちがいる。その象徴である「よい嫁」の問題と、リタイア後の男性の問題への対応は、上野のスタンスを知る格好の例となるだろう。

古い家族規範に縛られている「よい嫁」は、例えば、自分が必死に介護した夫の親が亡くなった際に、介護に関わらなかった夫の兄弟たちに均分相続を主張されても、みずからの寄与分を主張せず、それに屈してしまうかもしれない。「長男の嫁だから」という「意地」がそうさせている(上野はそれを「意地介護」と呼ぶ)。上野は彼女らに、介護をする当の夫の親と養親子契約を結ぶこと、さらに、介護を始めるときに、他の兄弟に前もって相続放棄の書類にハンコを押してもらうことを勧めている(上野 2005:85)。これは、極めてポスト「家族の世紀」的な解決法である。

また、「おひとりさま」になった定年後の男性は、例えば、職場や家族のなかで培ってきたネットワークから外れ、孤立した暮らしに窮して「孤独死」してしまうかもしれない(上野 2009:271)。上野は彼らに、職場や家庭ではない、第三の居場所づくりをすることを勧め、男性が「女縁」に入っていく際の「男の七戒」を示している(上野 2009:190)。これも、極めてポスト「家族の世紀」的な解決法である。

「よい嫁」と定年後の男性に対する上野のスタンスは、問題があるが、その問題の解決方法を問違っている人たちに対して、彼女の考える「正しい」解決方法を啓蒙するというものである。決して見捨てたり敵視したりはしない。ポスト「家族の世紀」的な解決法を提示することによって、それが「自分たちの問題」であることに気づかせる。つまり、同じ問題を共有する「仲間」を増やしていく。それが「よい嫁」の問題とリタイア後の男性の問題に対する上野のスタンスである。

ポスト「家族の世紀」を生きる「仲間」をどんどん増やしていく。彼らがもはや問題の解決を期待することのできない家族に頼るのをやめ、別の解決法を探る。その先にあるのが、互いに助け合うという段階、つまり、上野が期待を寄せる市民事業体による「互助」の段階である。つまり、最終的な目的は、市民事業体の活性化であり、そのための啓蒙活動である。上野は、みずからの思い描く理想の市民事業体のイメージを次のように語っている。

> 男の人に気楽にものを頼め、男性のほうでも出番だとばかりに活躍してもらえるしくみを、つくれないものだろうか。こういうコミュニティセンターが地域にあって、老いも幼きも女性も男性も、健常者も障害者も出入りできるようになれば、どんなにいいだろうか。(上野 2005:169–170)

男も女も老いも若きも障害者も健常者も、みんなが家族に頼らなくても生きていける社会の仕組みをつくること。その中心となる市民事業体を活性化していくこと。これが、ポスト「家族の世紀」の啓蒙活動を通した上野の実践が目指すところである。

智恵を積み重ねること

そう考えると、上野（2007）からはじまる「おひとりさまシリーズ」の位置づけもはっきりしてくるだろう。

上野（2007）は、ポスト「家族の世紀」に生きるための智恵の本である。上野は「はじめに」でこう述べている。

「おひとりさまの老後」にはスキルとインフラが必要だ。いかに暮らすかについてのソフトとハードといいかえてもよい。ハードについては、おカネや家などさまざまな参考書が出ている。それも大事だが、ハードばかりが整備されてもじゅうぶんではない。わたしは、ひとりで生きる智恵というソフトの面を重視したいと思う。（上野 2007:3）

「おひとりさま」でも生きていくことのできるハードを整備することはもちろん重要である。しかし、その前に、ポスト「家族の世紀」を生きる「仲間」を増やし、彼らに新しい解決策を志向してもらわなくてはならない。そのためには、家族に頼らない人生がいかに幸せなものとなりうるか、実際に「おひとりさま」の先輩たちが、みずからの「智恵」をもって示していくのが一番の近道だ。

何の「智恵」もないところで、「別の解決策があります」だとか「互助してください」だとかといわれても、「家族の世紀」を生きてきた人々はとまどってしまうだろう。「おひとりさまシリーズ」は、「互助」のために必要な「智恵」をひたすら現場に求め（生活のなかでの「智恵」は、現場で生起し続けるもので、そこに行かないとみえてこないものである）、紹介していく、上野の現場ベースの啓蒙活動と捉えることができる。

その意味で、上野（2007）と上野（2009）の間、二〇〇八年に刊行された『おひとりさまマガジン』（文藝春秋）は、こうした方向性を象徴的にあらわすものであるともいえる。上野が責任編集したこの本では、数多くの書き手による「おひとりさま」の智恵が紹介されている。(1)

制度も政治も変えられる

ポスト「家族の世紀」を生きる智恵を発掘し、伝え続けること。それは極めて地味でハードな作業だが（社会学的な調査で要求されるのは「足腰の強さ」だ）、上野がそれを続けるのは、市民事業体の基盤となる「互助」の思想は、結局、人々が「自分の問題」に気づき、なおかつそれが「自分たちの問題」であると気づいたときにしか生まれないものであることを知っているからだろう。そのために、上野は現場を渡り歩きながら「智恵」を学び、そこで学んだことをひたすら伝え続ける。「互助」を喚起するための現場ベースの啓蒙活動は、上野の示す、一つの知識人の姿である。

いちばん弱い人を支えようというしくみを、何の制度的な支えもなしに地域でつくり出してきた人たちが、現にいる。そういう実例を見ると、私は、この日本の社会も捨てたものじゃないと、すごく希望がもてる。（上野・辻元 2009:241-242）

その「希望」をみつけ、伝え続けることに、女性も高齢者も非正規雇用者も若者もない。そう考えると、上野の活動は、例えばポスト「正社員の時代」を生きるフリーターたちの「互助」を喚起し続ける雨宮処凛の活動とも相通じるものであることが分かる。私たちが彼女から学ぶべきは、そのやり方だろう。上野・辻元（2009）は次の文章で締めくくられている。

若者だけでなく、すべての世代に対してメッセージを贈りたい。制度も政治も変えられる、と。（上野・辻元 2009：246）

であるならば、私たちの課題は、上野の示す「考え方」、「やり方」を受け、自分の問題に、そして自分たちの問題に取り組んでいくことだと分かる。私たちは彼女から何を学ぶべきか、最後にふたたび考えていこう。

4　高齢者福祉と国家の問題

私たちが学ぶこと

みずからの権力性に無自覚な振る舞いが暴力となることがある。「弱者」が連帯し起こした運動自体がいつの間にか権力になり、さらなる「弱者」の生を脅かすことがある。女性、高齢者だけが「弱者」ではないし、彼ら（彼女ら）はときとしてさらなる差別を引き起こす「強者」になる可能性もある。「複合差別」の存在を訴える上野であるからこのことは重々承知であるはずだが、それでも彼女の「当事者主義」に対する批判はしばしばなされる。

しかし、本章ではそのことを殊更に強調することはしなかった。繰り返しになるが、大事なのは、私たちが彼女から何を学ぶかである。

仮に、私たちがそのことを主張したとしても、彼女にはこう切り返されるに違いない。「あなた（たち）の問題はあなた（たち）が考えなさい」と。だから、「家族の世紀」の真っ只中に家族を批判した上野に挑む最良のやり方は、彼女が提示したポスト「家族の世紀」の幸せのかたちのなかでは、私（たち）は幸せになれないと、「おひとりさま」を批判することなのだろう。上野もそれを望んでいるはずである。

本章でみてきたように、上野にとって、「家族」は彼女の望む幸せのかたちではなかった。同じように、私（たち）にとっても、「おひとりさま」は、望む幸せのかたちではないかもしれない。だから、それを批判すればよい。私たちが彼女から学んだのは、彼女を乗り越える、その仕方であった。『おひとりさまの老後』を読んでいると、「あなたの幸せは本当にこれでいいの？」と、そんな上野の声が聞こえてくる。

「あなた（たち）の幸せはあなた（たち）が考えなさい。そしてそれを実現するために行動しなさい」。自分（たち）の考える幸せのかたちとはまったく違う幸せのかたちが提示されていながら、私たちが上野の著作を読み続け、勇気を与えられ続けるのは、彼女の著作の底流に、そんなメッセージが流れ続けているからだろう。

それでも問いたいこと

しかし最後に、それでも上野に問いたいことを記して、本章を閉じたいと思う。

本章で確認したように、高齢者福祉の問題に対する上野の姿勢は、徹底的に、反普遍主義的であった。特定のグループの協セクターに対する信頼は、そこに入れなかったグループの国家に対する信頼を損ね、社会を分断する。ユニバーサルサービスを唱える論者が協セクターを批判する際に持ち出すこの問題点（しばしば福祉の選別主義といわれる）に対し、上野はどう反論するのだろうか。

私は、「すべての国民を等しく救う（決して排除はしない）」とささやく普遍主義の魅力に対し、上野が一貫して距離を置いていることの背後には、彼女の「近代国家」に対する疑念があるのではないかと推測している。福祉の対象となる人々の範囲を国家が決定することが孕む暴力を私たちは嫌と言うほど思い知らされている。では、上野にとって、福祉における「国家」とはいかなるものとして想定されているのか。この点を、是非、問うてみたい。

註

（1）『おひとりさまマガジン』の「月の裏側」と題されたあとがき（「おひとりさま」の世界はオヤジの目線からは一生見ることのない死角、つまり「月の裏側」であるから）のなかで、彼女は次のように述べている。

今回は、さまざまな「おひとりさま」の声を聞いて、つくづく感心したことがあります。彼女たちが、ぐちと不満を言わないことです。もちろん前向きで楽観的な女性でなければ、「おひとりさま」などやってられない、という事情もあるでしょう。今の日本が、「おひとりさま」にやさしい社会だとはとうてい言えません。歯を食いしばって耐えてきたことや、つらかったこと、怒り心頭に発したこともあるでしょう。ですが、ぐちや不満が出ないのは、それが自分で選びとってきた人生だからです。

（上野編 2008：162）

上野は決して調査することを止めない生粋の「フィールドワーカー」である（私自身、そのフットワークの軽さと粘り強さにはいつも驚かされていた）。彼女の原動力は、インタビューひとりひとりの「智恵」に驚き、感心し、共感し、そして、それを伝えようとする「限りない好奇心」である。上野はそれを社会学者の重要な条件として挙げている（上野 2010）。

文献

上野千鶴子（2002）『家族を容れるハコ家族を超えるハコ』平凡社
上野千鶴子（2005）『老いる準備—介護することされること』学陽書房→朝日文庫（2008）
上野千鶴子（2007）『おひとりさまの老後』法研
上野千鶴子（2009）『男おひとりさま道』法研
上野千鶴子（2010）『ひとりの午後に』ＮＨＫ出版
上野千鶴子責任編集（2008）『おひとりさまマガジン（文藝春秋一二月臨時増刊号）』文藝春秋
上野千鶴子・中西正司（2003）『当事者主権』岩波新書
上野千鶴子・辻元清美（2009）『世代間連帯』岩波新書

第十三章　「女縁」と生協の女性、そして地域福祉

朴　姫淑

1　私の上野経験

私にとって上野ゼミは、恐怖と緊張の連続であった。修士課程から出席した上野ゼミは指導学生と大学内外の聴講生が混ざった賑やかな場であった。指導学生は少数派で、むしろさまざまな背景をもった常連の外部受講生が主役のような感じがした。九〇分間のゼミは、授業というより発表者と司会者と上野で作られる華やかなイベントであった。初日から「ギャラリーは要らない。出席するなら発言してください」と宣言されるが、その雰囲気で初心者が発言するのはなかなか勇気がいるものであった。しかも、観客として黙って九〇分間を耐えるのもかなり苦痛であり、フリーライドすることへ罪悪感すら覚えさせた。おそるおそるやっと口にした発言が、「それは意味ない質問ですね！」とや

られたら、深い絶望感に陥る場合もしばしばであった。上野ゼミは何となくサディステックで、マゾヒステックでもあったような気がする。

しかし、人生のどこかで上野に辿りついた人々は、上野を通して自分自身を見つめ新たな道を歩んでいく人々が多かった。それは上野が自分自身を生きるテクニックをみつけるために絶好の教材であるからではないかと思われる。上野は私の博士課程の指導教員である。私は、二〇〇一年一〇月から日本留学をはじめ、半年間の研究生を経て二〇〇二年修士課程、二〇〇四年博士課程に進学した。研究分野が地域社会学だったので、上野を指導教員とすることは、留学当時は考えもしなかった。諸事情により博士課程で指導教員を変える際に、修士論文の対象が生活クラブ生協を母体とした女性のネットワーク組織だったので、上野を指導教員として選んだ。当時私は、日本の地域運動の担い手が圧倒的に女性なのに、地域社会学のなかではジェンダー視点が薄いことが気になっていた。

私が知っている上野は二〇〇〇年代以後であり、若い時代の上野についてはほとんど知識がない。両方を知っている人々は「上野先生がずいぶん優しくなったね」と戸惑い（？）を表すときもあるようだが、私にとって上野の対する記憶は、ケアや高齢者・障害者問題などに取り組み始めた時期からである。また、二〇〇五年の社会調査実習と並行して行われた共同研究で初めて、上野の研究姿勢や方法などを近いところから経験することが出来た。調査の成果は、『住民参加型地域福祉の比較研究』（東京大学社会学研究室・建築学研究室 2006）にまとめられた。その対象の一つが私の博士論文のフィールドとなったので、私にとっても上野は次の人生のため重要な通り道となったことは確かである。

ここではまず、上野の「女縁」という現象の発見とその意義について検討したうえで、次に、ワーカーズ・コレクティブの労働の性格をめぐる論争についてふれたい。さらに、上野の福祉経営における「協セクターの相対的優位」論について批判的に検討する。最後に、「女縁」は生協の女性を包摂し、地域福祉の担い手として役割を果たせるかについて考えてみたい。

2 「女縁」の発見、ともに「女縁」を生きる

『「女縁」が世の中を変える』(一九八八年、日本経済新聞社、以下『女縁』(1988))は、「女縁」の発見とそれに対する期待に満ちた著作である。「女縁」という言葉は上野によって発見されたが、上野自身も「女縁」のなかで生きる一人だといえる。「女縁」の調査は、上野とその当事者との共同作業として、調査主体となった「アトリエF」という女縁組織をエンパワーメントする過程でもあった。この本は今読んでも八〇年代の日本女性の生活が鮮やかに浮かび上がる貴重な資料である。そして、『「女縁」を生きた女たち』(二〇〇八年、岩波書店、以下、『女縁』(2008))は、あの「女縁」の二〇年後を語っている。

ここで「女縁」とは、旧来の血縁や地縁、社縁とは区別される「選択縁」という独特な現象を指している。また、「女縁」は、「地域活動」とは一線を画したものとして位置付けられた。「脱専業主婦の活動を、地域活動と呼ぶのはちょっと待ってほしい。街づくりを主導する行政やデベロッパーは、こういう主婦の活動をコミュニティづくり、地域活動と呼びたがるが、これはむしろ旧来型の地縁・血縁の人間関係が解体したあとに生まれた、新しい都市型のネットワークである。①町内会や地域婦

人会のような地縁集団に根差していないだけでなく、②PTAや子供会のように多少とも地域に結びついた集団の場合でも、その母集団をもとに、もっと選択性の高いネットワークを独自に作り上げている場合がほとんどだからである。強いていえば、〝新しい地縁〟だが、ここでは誤解を避けるために新しいコンセプトを作って『選択縁』と呼びたい」（上野 1988：18-19）。その選択縁は、脱専業主婦という明確な主体があるが、「血縁・地縁・社縁のそれぞれから見放された女たちが、都市で起死回生の思いでつくり上げた新しい集団が選択縁の集団だった」（上野 1988：19）。

『女縁』（1988）では、膨大な調査結果を通して、「女縁」の特徴を浮き彫りにしている。また、「女縁の未来は明るい」可能性として、第一に、混性化として女縁のなかに男の仲間が入り「大人の男女グループの交際の場として混性縁の未来は明るい。第二に、パート女縁化として、「専門特化を排したバランスよい生活。家庭と地域の組み合わせだけでできていた従来の女縁に、職場も加えて、より多彩な女縁の展開」（上野 1988：219）が期待される。第三に、女縁の経済活動化の方向性がある。逆に、「女縁の未来は暗い」可能性としては、女縁二世のリクルート難、第二に、消費社会化とマネー第一主義の波、第三に、女縁以外の選択縁の増加を挙げている。しかし、「明るい要因の方が勝ち。女縁はますます花咲いている。女縁の未来は、本当は女にも男にも必要な未来。『仕事も家庭も女縁も』のマルチチャンネル人間が、二十一世紀の人間像である」（上野 1988：221）と述べている。

では、あの女縁の二〇年後はどのような姿だろうか。『女縁』（2008）は、一九八八年版「女縁」に、「まえがき」と第二部で「女縁」を生きた人たち五人の現在が、第三部で『「女縁」のこれまでとこれから』が加えられている。結論をいうと、「女縁」が生み出した組織は消滅しても一人ひとりは「女縁」のなかで生きている、ということになるだろう。『女縁』(1988)の共同研究を担った株式会社「アトリエF」は一七年間の活動に終焉を迎えた。一方、五人の当事者は「女縁」を通して自らの人生を豊かにし、経済的に自立し、専門家に成長し、政治活動を続け、老後の準備を着々進めている。彼女たちにとって「女縁」は欠かせないものに違いないが、「女縁」が生み出した組織は必ずしも永久的ではない。「女縁」は、女性たちの必要に応じて形成されるが、担い手の再生産や組織の継続を使命とはしない。それこそ、血縁とも地縁とも社縁とも異なる女縁の固有性だといえるかもしれない。なによりも、上野が「女縁」を単に女同士の暇つぶしとしてではなく、ある時代を生きる女性の生き方、社会的現象として位置付けたことは、多くの女性を勇気づけたと思われる。

3　アンペイドワーク？　それとも「市民労働」？

『女縁』(1988)ですでに上野は、ワーカーズ・コレクティブ(以下、ワーカーズ)を「もうひとつの働き方」(上野 1988:200)として「女縁」の具体例として挙げている。上野が生協やワーカーズに対して本格的に調査を始めたのは一九九九年であり、それは福祉ワーカーズ・コレクティブ研究会二〇〇〇年利用者調査報告書『地域福祉の構築―地域に根づくかワーカーズの挑戦』(東京大学社会学研究室・グリーンコープ福祉連帯基金 2001)としてまとめられた。この生協グリーンコープ連合の家事・介護ワーカーズに対する調査結果は、のちに「老いる準備」や「おひとりさまの老後」につながり、上野の「ケアの社会学」の根幹となる。

また、予期しなかった結果として、『上野千鶴子×行岡良治　論争：アンペイドワークをめぐって』（二〇〇三年、以下『論争』（2003））が出されるようになった。『論争』（2003）は、二〇〇二年八月から二〇〇三年五月まで上野と行岡（生協グリーンコープ生協専務理事）との一七通の往復書簡や関連資料で構成されている。この論争は、「当初グリーンコープ福祉ワーカーズ・コレクティブ連合理事会が、いったん決定していた上野の講演会を中止したことをめぐり、上野がグリーンコープの組織内手続きを問い質す内容で始まったが、やがて論点はアンペイドワーク論と生協及びワーカーズ・コレクティブの自立的発展についての応酬という性格を強いるようになった」（上野・行岡 2003：3）。

『論争』（2003）は、読者に辛抱強い読書を求めるが、すべてを読み終わってもかなり疲れが残る。このやり取りは、ワーカーズ労働に対して、上野の規定や方向性が生協の男性リーダー行岡とは一致しないことから始まったと思われる。行岡は、書簡のなかでこう説明した。「貴女を設立総会の記念講演会の講師に招き、①ワーカーズ労働は「半ペイドワーク」とでもいうべきものだ、②主婦根性を捨てて、『アンペイドワークの有償化』運動を展開すべきだ、など提唱を受けます。私はそして、この段階から、ワーカーズ連合会の風景が少し変わり始めていると思います。すなわち、設立準備会における「合意」がC前理事長と貴女の、事実上の連携プレーによって、微妙にねじ曲げられるようになったと思います」（上野・行岡 2003：105）。しかも、「貴女の『半ペイドワーク』などという軽薄な規定や、『アンペイドワークの有償化』運動の提唱などの害毒から、ワーカーズ運動を守るためには少し乱暴ではありましたが、取り急ぎ、ワーカーズ連合会における『アンペイドワークという言葉は使わない』という組織合意が不可欠でした」（上野・行岡 2003：120）と。上野はワーカーズ労働を「市場労働」と比較可能にするため「アンペイドワーク」という概念を使う。一方、行岡は、労働を生活の一部として位置付け、ワーカーズ労働を「市民労働」として定義した。また、行岡がいうには「ワーカーズ労働は自己表現としての労働」であり、自己管理によって行われ、「明らかに賃労働ではない」（上野・行岡 2003:280）。

こうした考え方から、行岡は、上野のワーカーズへのかかわりを外部からの介入として受け止め、組織防衛的な立場をとったと思われる。「貴女はグリーンコープのワーカーズ運動を、貴女の『マルクス主義フェミニズム』運動に従属させ支配しようとした」（上野・行岡 2003:119）。「アジテーションをしようと思うこと自体が、僕は許せない。……だから、僕は彼女を『外部注入論』者だと思うわけです。人の頭に、何か注射したら、革命がおこると思っているんじゃないか。そういう構え方は、昔の日本共産党以下じゃないか」（上野・行岡 2003:286）と、行岡は上野を厳しく批判した。職員「労働」と組合員「活動」との協同で成り立つとされる生協運動について、「アンペイドワーク」という概念は両者を対立させる効果がある。少なくともワーカーズ労働を生協運動の延長線上で、賃労働とは異なる労働として理解すると、生協運動とワーカーズ労働は調和できる。「アンペイドワーク」という用語を使うとたんに、ワーカーズ労働に対する貨幣的価値評価の問題が可視化する。「アンペイドワーク」という用語が生協組織や運動の内部を攻撃してしまう危険性について行岡は必死に防御したのではないだろうか。しかし、なぜ主に女性が「市民」という重い役目を背負い、賃労働ではない「市民労働」を遂行しなければならないのか、ということについて行岡は説明していない。

ところで、不思議なことは、上野と行岡との接戦のなかで、当事者である、ワーカーズの女性たちはどのような結論を出したのか、ということである。上野講演の取り消し、アンペイドワーク概念を使わないという組織的決定、またC理事長の解任という出来事のなかで、当事者はどこかに隠れているように思われる。まるで上野と行岡が「代理戦争」を行っているようだ。生協やワーカーズの女性たちは、両者の見解についてどのように考えたのだろうか。それに対する手がかりが、『論争』（2005）に関係資料として盛り込まれている「『行岡専務の提案文書の検討にむけて』の意見交換の記録」と『アンペイドワーク』に関する学習会の記録」である。しかし、そこでの女性たちの発言はいかにも受身的である。当事者は「聞き上手の聴衆」となり、フェミニスト上野と生協の男性リーダーの「代理戦争」を見物しているように見て取れる。ほんとうは、この論争に対する最終的な答えは生協やワーカーズの女性たちが出すべきではないかと私は考えている。上野は、「まるで狐につままれたような気分でした」（上野 2003:308）といったが、生協やワーカーズ女性はどのように感じたのだろう。

4　福祉経営における「協セクターの相対的優位」論批判

上野の「官・民・協の棲み分け」論が初めて登場するのは、『老いる準備』（上野 2005）である。介護保険実施以後急激に開かれたケア市場のなかで、ワーカーズなど市民事業体が抱える課題を視野に入れた主張だと思われる。「官・民・協」とは、主に介護保険事業に参画している事業者を指している。具体的に、官は社会福祉協議会、民は民間企業、協はNPO・ワーカーズなどである。上野は、官を限りなく非効率的なものとみなし、民については、「介護というお年寄りの命と健康を守る大切な仕事を、営利企業にゆだねるのは危険だ」(上野 2005 :141) と警戒する。その理由は、ケアという商品は「市場淘汰の原理」が働かないからだという。結局、「介護サービスのアウトソーシングを、非効率な官にも、信頼できない民にも任せられないとなれば、あとに残るのは協セクターである。最後の協は、協同（共同）のセクターとも市民セクターとも呼ばれる」(上野 2005 :143) その場合「市民事業体とは、営利を目的としないで、市民が地域のケアサービスの担い手になる活動」(上野 2005 :143) である。ところが、この「棲み分け」論は、いつのまにか官・民・協の三者間の「棲み分け」ではなく、ケアサービスの供給者として協セクターの相対的優位論に帰結してしまう。

では、なぜ市民事業体（協）は、社協（官）や営利企業（民）より優越なのだろうか。『老いる準備』(上野 2005) で上野は、例のワーカーズ調査をもとに「市民事業体の可能性」について論じている。「市民事業」とは、「官・民・協の領域のうち、協（同）領域で、市民が担い手となる事業」(上野 2005 :205) を指す。また、「市民事業体」とは、「法人格を持っていようがもっていなかろうが、市民事業を担い手とした非営利の事業体」(上野 2005 :207) として定義されている。文脈から、上野のいう市民事業体の実態はワーカーズ・コレクティブである。その特徴として、行政とのパートナーシップ、所有と経営の非分離、労働の自己管理、情報公開、専門化の排除、分権主義と直接民主主義、節度のある関与、互助（共助）の精神などを挙げている。

しかし、上野は、市民事業体の代表格のワーカーズ・コレクティブは、事業高と経営コストとはまったく相関しない、ケア時間数と剰余額とはまったく相関しない、事業規模が大きくなればなるほど経営コストが大きくなり、その分赤字が増える、と調査結果を報告している。また、ワーカーズの代表は、フールタイムのビジネスマン並みの仕事量を担っており、「ワーカーズ・コレクティブの活動は、代表個人の見えない労働におんぶしているという実態」（上野 2005:190）がある。その現状をふまえ、ワーカーズ・コレクティブが生き延びるためには、第一に、経営体としてどう生き延びるか、第二に、担い手の個人がどうやって自分の生活と折り合いをつけながら辞めずに続けられるか、第三に、それを支える環境条件は何か、という三つの課題を示している。まず、経営体として継続できる条件には経営コスト意識をきちんともつ必要がある。第二に、ワーカーが仕事を継続するためには安定した収入の確保が必要であり、それは年収三〇〇万円程度を目標とし、保険・保障を整備することである。第三に、環境条件として、ワーカーズに対する生協母体の支援援助のように市民事業体に対する公的支援を行うことである（上野 2005）。少なくとも上野の市民事業体に対する高い評価や期待と、その事例であるワーカーズが直面している現実とはかなりギャップがある。

しかし、上野はその後の論文でも、「福祉多元社会のもとで、『介護の社会化』の担い手として、官・民・協の三セクターのうち、協セクターが他のセクターに対して相対的に優位にある」（上野 2008c:55）という立場を貫いている。上野の仮説は、「利用者にとってもワーカーにとっても経営の持続性からみても協セクターが優位である」ことを実証することだが、その結論は、協セクターが達成した福祉経営は、「モラルの高いワーカーが低い労働条件で働く」条件のもとで成り立つことであった。何より、上野の分析では官・民・協セクターを同等な尺度で比較されていないので、そのなかで協セクターの相対的優位を主張することはできない。とりわけ、協セクターの優位を主張するに当たって、上野は、「経営効率」と「労働分配率」を強調しているが、官との比較に関しては、介護保険以前の九四年の調査結果をもとにしている。そこでは一時間当たりのホームヘルプ事業にかかる事業コスト比較を通して、「自治体独自事業がいかに非効率的でコスト感覚がないかがよく分かる」（上野 2008d:143）と結論づけている。しかし、そのコスト比較だけで官セクターの非効率性を指摘することは無理がある。また、協セクターは、「民に比べても低コスト」というが、それは「民間企業についていては経営コストの入手が難しいが、介護保険以後の事例で、経営コストは三〇〇％、人件費率が七割を超すと経営を圧迫するというA社内部情報がある」（上野 2008d:146）という典拠だけでは不十分である。加えて、介護保険の在宅介護事業の「生活援助」を協セクターの非営利事業体が担うケースが多いのは、「最初から採算性を度外視しているか、さもなければワーカーの報酬を民間企業に比べて著しく低く抑えることができるからにほかならない」（上野 2008d:147）と厳しく指摘した。こうした結論が、なぜ協セクターの経営効率の優位を主張する根拠になるかは不明である。ケアサービス需要側、ケア労働者というサービス提供者側、また経営効率性において、協セクターが優位であるという主張は、あまりに短絡的である。とくに、協セクターにおけるケアの質に対する評価と、経営効率性に対する評価とは区分する必要がある（朴 2009:52）。

さらに、上野（2008e）は、自治体主導で九〇年代先進的な福祉自治体として評価された秋田県旧鷹巣町の事例から「官セクターの成功と挫折」を検討している。上野は、鷹巣町に対するこれまでの経緯をまとめた上で、「鷹巣の挫折は、九〇年代のネオリベ的な行革路線と、そのもとで社会保障改革の波に翻弄された悲劇のケース」（上野 2008e:40）として規定した。また、住民参加型福祉においても「官からの相対的自立を達成し、官との交渉力を身につけていくことが必要」という提案とともに、「『善政』であれ、温情的庇護主義であれ、官は官にはちがいない」という。しかし、そうした立場は、本質主義的に「官」そのものを否定してしまう恐れがある。確かに、福祉事業者として「福祉公社」方式が有効かどうかは検証が必要であるが、それがさまざまな問題を抱えているとしても、福祉に対する官、すなわち自治体や中央政府の責任や役割がなくなるわけではない（朴 2009:16）。福祉多元化の時代において、信頼できる政府や自治体をつくること、利益だけではなく倫理的に行動できる事業体を作ること、自らの利害関係だけではなく社会的連帯の視点から制度を支え福祉の質を高める市民として成熟していくことは、同時並行されなければならない。そうした役割や責任を互いに自覚していくことで、官・民・協の棲み分けは可能になるのではないだろうか。そのため、事業体レベルでの協セクターの優位を主張することの意義はそれほど大きいとは思えない。

5 「選択縁」的な組織で地域福祉は支えられるか

上野は、八〇年代末「女縁」は三つの方向性を持つと予測した。カネ、サービス、政治参加がそれらである。カネとは「女縁」が「脱専業主婦」に経済的自立の道を開けてくれる可能性、サービスとは、自らが必要としているサービスを自ら作り上げること、また政治参加とは意思決定の場への女性の参画を拡大すること。日本の脱専業主婦が歩んできた「女縁」の道はその方向性からそれほど外れていないと思われる。これまで上野は、ワーカーズが持続可能な市民事業体として発展することや地域における女性の政治参加が拡大されることを、心から応援してきたと思う。

だが、私は上野の生協やワーカーズ女性に対する期待は、片思いで終わるのではないかと考えている。上野は、「生協活動を支えてきたのが、これまで主として女性であったことは否定できない事実だが、『消費者』『生活者』という非ジェンダー的な用語で担い手が語られてきたせいで、担い手のジェンダー的な性格は脱色されてきた」（上野 2006:111）という。したがって、「生協は（組織として）性差別的である」（上野 2006）と断言している。一方で、上野は、「生協本体にとって、ワーカーズ・コレクティブは、増殖する異型細胞、つまりガンのごとき存在だと、わたしは考えている。つまり自らが生み出しながら、自己免疫系を破壊することで、生命体本体を変える力を持った新しい器官なのである」（上野 2006:140）と期待を抱いている。

しかし、女性が経済的自立のできるほどの「市民事業体」として成長することを、ワーカーズの担い手の多数が望んでいるのだろうか。確かに、ワーカーズのメンバーは若者や退職高齢男性などの参加によって少し多様化している。にもかかわらず、圧倒的多数は中高年女性であり、扶養控除などの制度的障害とともに「ジェンダーに加えて階層要因」（上野 2006:142）がワーカーズ労働や経営を規定している。一つの提言として、「わたしはワーカーズ・コレクティブのメンバーと、正規雇用の職員、さらにパートのあいだのジョブ・カテゴリーの移動がもっと自由になればよいと考えている。だが、この『提言』は、簡単には実現されないだろう。すなわちそのためには、職員の正規雇用を守ってきた労働組織そのものの大胆な組み換えが、不可避だからである」（上野 2006:141）と上野はいう。ワーカーズが抱えている課題を生協やワーカーズの内部だけで解決することには無理がある。おそらく『論争』（2005）で行岡が上野の主張をそれほど強く拒否したことは、ワーカーズ労働が抱えている問題を、生協組織だけでは解決できないという、生協運動の当事者（男性リーダー・職員）としての訴えだったかもしれない。

私もワーカーズの女性たちが、上野の期待に応えてくれることを強く望んでいるが、ワーカーズが生協本体を揺るがすほどの潜在能力があるという認識には賛同できない。まず、「もう一つの働き方」としてワーカーズを選んだ、生協組合員出身のメンバーが、生協職員の働き方に魅力を感じるとは思えないからである。というのも、「生協職員の活動は組合員の活動とは異なり、単なる協同活動ではなく、契約を前提とした何らかの指揮命令のもとに働く仕事として行われる。それによって何らかの対価を得ることが通常であるので、その仕事は労働の性格を有する。生協職員の多くは職員であると同時に組合員でもあるが、概念的には明確に区別されねばならない」（麻生 2010:117）。しかも、比較的事業体として成功したワーカーズが生協やワーカーズ間連携組織から離脱する場合、非営利事業体としての組織的展望を持ち、生協とは独自路線を歩むことが多い。

また、「女縁」という枠組みのなかで生協やワーカーズの女性たちの活動を包摂することもそれほど簡単ではないと思われる。言うまでもなく、生協は女性だけで成り立つ組織ではなく、男性リーダーや職員との協同が不可欠である。加えて、生協やワーカーズ女性の活動は、それこそ物理的な「地域」に密着している。上野の定義によると、「女縁」とはあくまでも選択縁であり、地縁をもとにした「地域活動」とは異なる。しかも、上野の「地域」に対する定義は、地域で活動している女性たちの地域概念とはずれがある。「『地域』に土地を表す「地」という語がついているから、つい近隣所のような近隣共同体を連想するが、現在使われている『地域』とは、もっと範囲が広く、かつ選択性の高いものである。わたしはこれを『選択縁』のコミュニティと呼んできた」（上野 2003:128）と上野はいう。

こうした選択縁に支えられる地域福祉とは、公的福祉とは区別される。つまり、「住民参加型地域福祉と呼ばれるものの実態は、こういうコモンから成り立っている。それはこれまでパブリックが提供してきた、最低限度のかつだれにでも公平に保障される福祉とは異なっている」（上野 2003:137）。いい換えれば、上野の「住民参加型地域福祉」とはナショナルミニマムとしての「公的福祉」というより、その上乗せとしての「選択できる」サービスを意味することになる。しかし、アイロニーはこうした「住民参加型福祉」が「公的介護保険」や「障害者自立支援法」に基づいた公的福祉のサービスの担い手として役割を果たすことになったことである。「選択」という言葉には「加入と撤退の自由さ」や「相互扶助」的側面が強調される。しかし、公的制度に参画し、公的福祉の担い手として役割を担う限り、責任はより重大である。利用者へのサービスを保障するために、事業体の存続は不可欠である。現在の地域福祉を支えるには、「選択縁」的な住民参加型福祉を中心とする仕組みでは無理があるのではないか。制度的福祉と非制度的福祉との組み合わせで成り立つ地域福祉のなかで、「選択縁」的仕組みがどこまでできるかを見極める必要があるのではないか。

文献

麻生幸（2010）「生協職員の働き方と経営課題」現代生協論編集委員会編、『現代生協論の探求―新たなステップをめざして』コープ出版：115–140

朴姫淑（2009）『一九九〇年代以後地方分権改革における福祉ガバナンス―旧鷹巣町（北秋田市の事例から）』東京大学大学院博士論文
朴姫淑（2009）「ワーカーズ・コレクティブの持続可能性」『まちと暮らし研究』No.6、（財）地域生活研究所
朴姫淑（2010）「生協と福祉に対する研究成果と課題」『生活協同組合研究』No.411：51-66
上野千鶴子（1988）『「女縁」が世の中を変える―脱専業主婦（えんじょいすと）のネットワーキング』日本経済新聞社
上野千鶴子・行岡良治（2003）『上野千鶴子×行岡良治 論争 アンペイドワークをめぐって』太田出版
上野千鶴子（2005）『老いる準備―介護することされること』学陽書房
上野千鶴子（2006）「第4章 生協のジェンダー分析」『現代生協論の探求〈理論編〉』コープ出版：109-149
上野千鶴子（2007）『おひとりさまの老後』法研
上野千鶴子（2008a）「ケアの社会学 第七章 生協福祉の展開(1)」『at』8号、太田出版：122-137
上野千鶴子（2008b）「ケアの社会学 第八章 生協福祉の展開(2)」『at』9号、太田出版：118-143
上野千鶴子（2008c）「先進ケアを支える福祉経営」『ケアの思想と実践6―ケアを支えるしかけ』岩波書店：51-82
上野千鶴子（2008d）「福祉多元主義における協セクターの役割」、上野千鶴子・中西正司編『ニーズ中心の福祉社会へ―当事者主権の次世代戦略』医学書院：126-153
上野千鶴子（2008e）「官セクターの成功と挫折―秋田県鷹巣町の場合」季刊『at』13号、太田出版：16-42
上野千鶴子（2008）『「女縁」を生きた女たち』岩波書店
東京大学社会学研究室・グリーンコープ福祉連帯基金（2001）『地域福祉の構築 福祉ワーカーズ・コレク

ティブ研究会2000年利用者調査報告書―地域に根づくか　ワーカーズの挑戦』東京大学社会学研究室・グリーンコープ福祉連帯基金

第十四章　「ニーズ」と「わたしたち」の間

伊藤　奈緒

1　「ニーズの発信」だけで十分か？

ここでは、二〇〇三年に上野千鶴子が中西正司と共著で刊行した『当事者主権』に注目しつつ、当事者運動研究者としての上野千鶴子の主張をたどっていく。上野の問題提起とは当事者研究という領域へ、そして社会へどのような衝撃を与え続けてきたのか。本章では『当事者主権』以前の上野の主張も振り返ることで、『当事者主権』へとつながる上野の連続性も明らかにしたい。

本章の構成は次のとおりである。最初に「女性学」当事者として上野がどのような主張を展開してきたのか確認し、さらに障害者運動の当事者である中西正司との出会いにより編み出された「ニーズ」という概念に注目する。その上で、「ニーズ」という当事者の要求を発信するときの困難は無いのか、また「ニーズの顕在化」という方法論で隠れてしまいがちな論点とは何かを考えていく。具体的には「当事者内の複数性」とニーズとの関係を中心に出来る限り事例も挙げながら論じていき、最後に当事者内部の葛藤と対話、そして「ニーズの共有」という問題を提起したい。

2　上野の連続性

「問題女性」から「女性問題」へ

『当事者主権』において、上野は自らが関わってきた女性学の登場を次のように回顧している。

これまでも女について女ならぬ男たちがあれこれうんちくを傾ける『女性論』はあったが、学問の世界では、女はもっぱら研究の客体だった。なにしろ学問の世界には女の居場所はなかったのである。女が研究の客体から主体へと転換することが、女性学がもっともめざすところであり、そのためには女性の経験の言語化の必要性が強調された。（中西・上野 2003：187）

客観性や中立性の名で、学問の世界は女性の言葉を封じてきた。これに対し、「女性の女性による女性のための学問」（女性学研究会編 1981：55）と社会学者の井上輝子が定義した女性学研究は国際女性学会が開催された一九七七年頃から登場した。しかし上野の関心はこうした学問領域での変動にとどまらない。アカデミックの枠を超えた、社会で確実に起きている変化にも目を配り、「ここで、確かに何かが起きている」と声を発して続けてきたのである。

その一つに、斉藤茂男著『妻たちの思秋期』（斉藤 1982）への着眼が挙げられる。上野は、「離婚率も上がらす、婚外子の出生率も増えない、抜群の制度的安定性を誇る日本の家族が内部から崩壊していく状況」（上野 1994: 225）を描いた斉藤のルポタージュに注目してきた（上野 1988: 1994）。そして一九九四年の著作『近代家族の成立と終焉』（上野 1994）において、こうした記事が新聞の社会面で扱われたこと自体が「事件」であると、次のようにその理由を説明している。

『妻たちの思秋期』は、一九八二年に共同通信社配信で各紙に長期連載された「日本の幸福」の第一部タイトルである。……それまで女性関係の記事といえば、新聞の家庭面で扱われるのがふつうだった。台所が女の居場所であるように、新聞の中では家庭面が女専用の〝ゲットー〟であり、男の読者は家庭面をすっとばして読むのが常であった。（上野 1994: 225–226）

「ふつう」の女性が、新聞の家庭面ではなく、社会面に登場する。その内容は社会をにぎわす特異な逸脱者としての事件などではない。誰にでも起こり、多くの「ふつう」の女性がその辛さを共有できる、日常と地続きたりえる内容だった[3]。また登場する女性たちは、銀行支店長の妻など明らかに裕福であり、境遇だけ聞けば同性たちからうらやましがられる立場にあった。上野は、斉藤が投げかけたこのような実態が女性学の誕生とパラレルに現れていたことを指摘する。

『女性問題』と言えば、『女が起こした問題』と捉えられ、女がトラブルメーカーと見なされている社会通念のもとでは、女が事件になるときには、『女性問題』ならぬ『問題女性』が対象になりがちである。結婚し出産し、家庭婦人になった女性は『問題（を抱えた）女性』と見なされることがなかった。

「ふつうの女」が事件になるためには、「婦人問題」から「女性学」へのパラダイムの転換が必要だった。……斉藤の仕事は、そうした新しい動向と軌を一にしている。（上野 1994：225）

斉藤は女性たちの語りを頼りにしながら「現代資本主義社会」（斉藤 1982：4）の闇を突きつけようと試みた[4]。同様に上野が斉藤の記事に注目し続けた理由もまた、単に斉藤が女性という「当事者」の声をそのまま採用したから、にとどまらない。すなわち変わるべきは登場した「妻」でなく、彼女らを抑圧する無理解な夫や企業社会、いわゆる多数者の側であるということ。この視点を斉藤と共有していたからに他ならない。これは斉藤が取材中一貫してとった立場であるが、同時に上野が提唱し続けたフェミニズムにそのままつながっているといえよう。

「おんななみでどこが悪い」のフェミニズム

上野は、中村雄二郎との往復書簡型対談集である『〈人間〉を超えて』（上野・中村 1989）のなかで次のように自らを分析している。それは上野自身がそれほど「頑丈」ではなく、体が疲れたときのしんどさが身にしみてわかるがために、「私のフェミニズムが、『女だって男なみに強いわよ』」という方向ではなく「『弱くてどこが悪いのよ』の開き直りの方へ行った」（上野・中村 1989:12）という説明付けである。確かに、身体的要請かとも思えるほど上野は一貫して、当事者の努力によりキャッチアップは可能だという方向ではなく、当事者に規範や重責を強いる社会のルールこそ変えていくというフェミニズムを追求している。(5) その一つに「仕事と家庭の両方を女性は手に入れられるのか？」という問いに対して、「主婦としての役割をこなした上で、なおかつ男顔負けの仕事をこなすスーパーウーマン」だけが手に入れられるという「女性解放」への厳しい批判が挙げられる。

「あなたは仕事と家庭を両立できますか？」という問いは、ふつう男には向けられない。『両立』は女だけの課題であって、そのためには女は二人前の能力と努力を支払わなければならない。男たちはとっくに『仕事も家庭も』手に入れているというのに、彼らのその『両立』は、人並み以上の努力の結果だろうか？　ただの男があたりまえのようにして手に入れている仕事と家庭と子どもを、女が手に入れようと思えば人並み以上の努力を払わなければならないなんて、どこかおかしいんじゃないか。（上野 1986:222）

二人前以上の能力も体力も親からの資源もなくとも、「ただの女」であってもそのままで家庭も仕事も手に入れられるような女性解放を上野は目指している。そして「ただの女の解放のためには、男と女と子どもを含めた社会の変化が不可欠なのだ」（上野 1986:226）とこの時点で断言しているのである。

3 「当事者主権」と「ニーズ」という用語の登場

以上、「女性学」というフィールドにおける上野の分析姿勢をごく簡潔にたどってみた。上記の引用をみても、上野が二〇〇三年に中西正司と共著で刊行する『当事者主権』で発せられている問題意識と連続性を帯びている点が理解できよう。

実際に『当事者主権』においても、「女性運動と障害者運動には、おどろくほどの共通性がある。男がつくったこの社会の標準に自分を合わせて、男並みの『一人前』になることをめざす代わりに。女が女のままでどこが悪い、と社会のルールの変更のほうを、要求してきたからである」（中西・上野 2003:189）とフィールド横断的に「当事者学」を構築していくことに意欲的な姿が読み取れる。では、「当事者主権」とはどのような状態を定義されるのか、最初に確認しよう。著作ではその場で現れている、「ニーズ」という用語にも触れながら次のように説明されている。

> 当事者主権とは、私が私の主権者である、私以外のだれも――国家も、家族も、専門家も――私がだれであるか、私のニーズが何であるかを代わって決めることを許さない、という立場の表明である。（中西・上野 2003:4）

また、ニーズとは何かについても次のように明確化している。

私の現在の状態を、こうあってほしい状態に対する不足ととらえて、そうではない新しい現実をつくりだそうとする構想力を持ったときに、はじめて自分のニーズとは何かがわかり、人は当事者になる。ニーズはあるのではなく、つくられる。ニーズをつくるというのは、もうひとつの社会を構想することである。（中略）

当事者主権の要求、『私のことは私が決める』というもっとも基本的なことを、社会的な弱者と言われる人々は奪われてきた。それらの人々とは、女性、高齢者、障害者、子ども、性的少数者、患者、精神障害者、不登校者、などなどの人々である。（中西・上野 2003:3-5）

上記の引用が示すように、『当事者主権』では、社会的少数者たちが自らのニーズ、すなわち要求発信の機会を奪われ続けてきたことを指摘している。具体的には医療関係者、介護・介助をおこなう家族、問題に共鳴して活動に関わる支援者、そして当事者を研究する研究者などが当事者たちから一方的に言葉を奪い、かれらのニーズとは何かを代わりに語ってきたのだ。同様に、本章の2節で登場する「裕福な妻」たちも「問題女性」として家族や専門家からレッテルばりされる一方、自分たちが求めていた周囲の人々からの理解や夫との真剣な対話という要求を実現できなかったのである。

しかしもちろん、そうした当事者に関わる関係者や、家族、そして支援者もまたかれら独自のニーズを抱えていることは間違いない。実際に上野は『ニーズ中心の福祉社会へ』という中西との別の共著で「当事者ニーズを尊重するためには、ケアワーカーのニーズもまた尊重されねばならない」（中西・上野 2008:35）と当事者周辺の者たちの権利にも留意している。

したがって、「当事者主権」という考え方とは次のようにイメージされよう。すなわち、当事者やかれらをめぐるさまざまな非当事者（支援者や家族、医療関係者など）という複数のアクターがそれぞれのニーズを顕在化させるために対話し、特に衝突し、ニーズの必然性を互いに説得していくというせめぎあいの場が実践されているということだ。実際に上野は、「ニーズが生成し、承認される動態的な過程とその複数の関与者の間のダイナミックな相互作用があきらかにできるような、網羅的で総合的な概念化をめざす」（中西・上野 2008:13）とも論じている。もちろん、この場において当事者のニーズを最優先させるという理念があることは忘れてはならない。

4　「ニーズ」と当事者内部の複数性

このように、「ニーズ」という考え方を導入することで当事者をめぐり複数のアクター間でダイナミックな相互作用、対話、葛藤が存在していることが明らかになる。

しかし上野は、こうした複数のアクターによるせめぎ合いという構図を示す一方、アクター内部の複数性すなわち当事者内の複数性の問題については多くは語っていないように思われる。

だが、「ニーズ」が顕在化されるときには、家族や支援者という別のアクターに対する働きかけだけでなく、当事者内部におけるさまざまなニーズの葛藤や対立、対話もまた不可避なのである。もちろん中西・上野は当事者が一枚岩だと想定していることはなく、『当事者主権』においては、当事者内の複数性を認識している次のような記述も確認できる。

障害者のニーズは障害者の数ほど千差万別で標準化できない。また基準や条件がちがえば、障害は少しも障害にならないことを、障害者自身がいちばんよく知っていた。だが、一人ひとりの当事者が、専門家主義と対抗するのはむずかしい。当事者が、その多様性にもかかわらず、連帯する必要があるのは、このためである。（中西・上野 2003：14-15）

あまりに強権的な専門家支配に対抗するために、障害者は自分たち内部におけるニーズの多様性をさまざまな試みで乗り越えてきたのだろう。上野も「社会的弱者はニーズの主体となることを許されず、またそのための訓練をも受けてこなかった。『当事者になる』ためにはエンパワメントのためのサポートも訓練も要ることを証明したのは障害者運動であった」（中西・上野 2008：29）と位置づけ、「障害者運動から学ぶこと」はケアの当事者である高齢者にとっても大きいと評価している。

しかし、障害者運動の事例を手本として、他の当事者運動へそのままニーズ顕在化の成功例を適用させていくことで果たして十分なのか。それは障害者運動が人権無視型の医療専門家支配に対抗しなくてはならなかったという固有のコンテクストを見落とすことにつながらないか。また、さらにいえばどのような当事者運動でも時代の移り変わりによる社会環境の変化を受けずにはいられない。

むしろ今後求められてくるのは、複数の当事者でニーズを立ちあげた場合にその差異や葛藤をどのように乗り越えることができるのかという、当事者内部でのニーズ共有過程の（再）検討であろう。

もちろん、このニーズ共有過程の難しさはそれぞれの当事者運動領域によって異なるし、時代状況によってニーズ共有過程の困難さの度合いも変わってくるだろう。しかしこうした当事者内部での多様性や衝突、葛藤を経過してニーズを立ち上げる過程を領域横断的に相互に情報提供し、また体験を共有することやこの場面を描き出していく過程をもっと考察してよいのではないか。そして、この試みは『当事者主権』の最後に締めくくられる「全世界の当事者よ、連帯せよ」(中西・上野 2003:208)との呼びかけに対する一応答ともいえるのではないか。

もちろん当事者同士の違いを強調することは、そうではなくとも不利な立場におかれている少数者内部の対立や葛藤をことさらに取り上げ、運動の発展を阻害するだけではないかという見方もあろう。しかし本章ではそのような見方だけにはよらない。なぜなら、当事者内部の多様性や対立とは、ニーズが異なる者同志が対話するきっかけとなり、その当事者における目標をより現実に沿ったものへと発展させていくことも可能にするのではないかと考えるためである。この視点に関する具体的事例を次にあげたい。

5　多様な「わたしたち」内部での葛藤と対話

田中美津による抵抗の言説

当事者内部も一枚岩ではないのは明らかだが、それだけでなく対立や無理解もまた含んでいること、またそうした葛藤から何を学ぶのかという点にこそわたしたちは向き合っていく必要がある。これが本章の主張である。この立場に関わる事例として、最初にウーマンリブの中心的な存在であった田中美津の語りにまず着眼したい。

田中はウーマンリブに集まった、同じように生きづらさを抱えた女性たちの間でも見解や価値観の違いは不可避であることを経験より論じている。そうした互いの無理解は女性として化粧するかしないか、という場面にまで及んでいることを次のように示した。

鏡の前に座って、口紅を塗るあたしに、リブのくせにお化粧しているという非難がましい声が、どこからともなく聞えてくる。……リブというとジーパン、ノーブラ、素顔というイメージがいつのまにか作られていて、口紅に眉墨だけの化粧でも、そのたびごとにあたしは〈看板に偽りあり〉みたいな己れを意識せざるをえないのだ。……どうも素顔＝革命的という昔ながらの単純理論がいまだもっともらしくあたりを睨《ねめ》まわしている。素顔でも、それが充分自己肯定の基盤たりえる若い女たちが、己の素顔の自信の延長線上に、素顔＝革命的の論理をひっぱってきて、その部分だけの革命性を誇示しようとする。（田中 1972→2001:73）

「リブのくせにお化粧している」という批判は「女のくせにリブなんかの運動に参加して、ろくでもない」と激高したり嘲笑したりする男たちからのみ届いたのではない。また「私は女として恵まれているし、男並みに能力もあるからリブなんかに参加しない」と運動から距離を置きたがる女たちの声でもない。同じように「生きづらさ」を抱えそのままの自分を受け止めたいと思っているはずのリブメンバーからだった。

しかし田中は、「化粧を捨てた革命」ではなく「化粧をしながらの革命」が自分には必要なのだとリブの女性たちに訴えた。そうした田中の叫びは、「仲間意識」を重視した集まりにおいて、その場の雰囲気を確かにかき乱したことだろう。だがそれでも田中は、リブも自分の要求もあきらめず、また自分と必ずしも意見の一致しなかったリブのメンバーとの対話もあきらめなかったのではないか。なぜなら、上記のように「厚化粧お断り」のリブを批判した上で次のようにも主張したのである。

ただでさえ生き難い世の中だから、素顔であることが、わずかばかりでも自己肯定の依りどころになるんだったら、素顔でいればいい。素顔であることが、より生き難さを感じさせるようなら、お化粧すればいい。お化粧した位で消える生き難さなど、どこにもないは百も承知で、しかしそんなお化粧でも、しないよりした方に、心の晴れを感じるのなら、したらいいと思うのだ。……〈ここにいる女〉の矛盾、素顔も媚、厚化粧も媚のその歴史性を、素顔の己れから知り、化粧の己れから知っていくことこそ大切なのだ。(田中 1972 → 2001 : 90)

「男が好ましい自分でありたい想いは、あたしたちの中にいつも抜き難くある」(田中 1972 → 2001 : 88)るといい、「素顔も媚、厚化粧も媚」だと断言する田中の呼びかけから何を読み取るべきだろうか。それはリブ内部の衝突を踏まえ、「リブのくせにお化粧している」というリブからもあった揶揄を一旦引き受けた上で、いや引き受けたからこそ「素顔も媚、化粧も媚」というさらに衝撃のある言説をつむぎだしていったという点に思われる。田中自身が感じた「厚化粧お断り」というリブの「仲間意識」に対する違和感をそのままにせず、またそこで運動自体もやめてしまうということもしなかったからこそ、化粧をしながらのウーマンリブが出現可能となったのだ。そして、さらには上野のフェミニズムである「『ただの女』であってもそのままで家庭も仕事も手に入れられるような女性解放」を目指せるようになったともいえるだろう。田中の語りが示すように、当事者運動の内部における葛藤や対立からどのように対話を経て、お互いのニーズを共有していくかという問題は現在でも残されている。

研究者は「ニーズの共有」という場面を描けるのか？

それでは、研究者はこのような当事者内部の多様性やそこから起こる葛藤を描くことは可能だろうか。こうした研究の事例として、関口由彦によるアイヌ民族[6]へのインタビュー調査を取り上げたい。アイヌ民族の権利運動については『当事者主権』における「当事者運動年表」でも触れられている。関口は『首都圏に生きるアイヌ民族』（関口 2007）において、現在の都市で生活するアイヌ民族が生活スタイル、境遇、年代もさまざまである点に注意を促し、同時に「『弱者』『被害者』『自然と共に生きるアイヌ民族』の姿のみを映す見る者の目を手放す」（関口 2007:12）ことを出発点とする。さらに、インタビューを受けたアイヌ民族が首都圏において運動を展開している担い手である一方で、運動と離れた「日々の生活を営む『普通の人間』」（関口 2007:15）である点であることに意味を見出す。

そして「普通の日常」で矛盾や齟齬を含みながら自らの物語を織り成す姿をそのまま観察者として

受け止め、彼らが柔軟に意味づける物語を記述対象として整理・分析するのではなく「自らの身体を投じて、語り手の存在を間近から体感しようとすること」（関口 2007）を著作で一貫してめざすのである。こうした関口の方法論は同時に、アイヌ民族としての像をどこかで押し付けてきた非アイヌ民族の研究者・支援者による超越的でそれゆえに平板なまなざしを拒絶する試みとうかがえよう。

このような考察態度は、本章で最初に取り上げた客観性の名のもとに当事者たちの言葉を奪ってきた専門家言説に対する抵抗とも通じるように思われる。だがそれ以上に注意すべきは、関口のインタビューがアイヌ民族の当事者内部におけるニーズの多様性を描いているということである。そして交流を通してニーズが変容し、他の者のニーズへと重なっていく姿が映し出されていく様子もまた浮き彫りにされている点に他ならない。

インタビューを受けたあるアイヌ女性は「アイヌ文化に関心をもって学ぶようになってからも、アイヌ民族のことが嫌だ」（関口 2007：226）という「首尾一貫しない感覚」（関口 2007）が消えていなかったという。実際に東京八重洲にあるアイヌ文化交流センターで刺繍教室やアイヌ語教室に行き始めていても、「その資料とか本とかそこに書いてあるアイヌ紋様とかがちらっとでも見えるのが嫌で、そうしながらでも隠してた」（関口 2007）という。しかし、友人のアイヌ女性と記録映画に出演し、「なぜアイヌ文化の伝承活動をするようになったのかということを語る相手がいたこと」（関口 2007：227）が影響を及ぼしたという。そしてその女性が「ただなんとなく悶々とやってきた」という関わり方から、「もっといろんなことを学びたい」そして「文化、今まで伝わってきたものを、私は正しく学びたい」（関口 2007：227）と思うように変化していったと語る姿がインタビューから映し出されている。

すなわち、これまではアイヌ文化を学び伝承していこうというニーズの意味があまり実感できなかった女性が、「もっと早くから学びたかった」（関口 2007：228）と考えるようになり、アイヌの伝統文化を発表していくというニーズを共有していくように変化したとも解釈できるのだ。そしてこうした変化の背景には関口自身も指摘しているようにその女性が出会った人々との対話が存在している。

以上のように、関口の研究は研究者もまた当事者間の多様性を記述していくことが可能であることを示している。さらにいえば、そうした当事者内の複数性があるからこそ、ニーズの変化や発展もまた実現していくのだ。

6 「誰にも代表されない私」と「好奇心」

以上の通り本章では『当事者主権』刊行前の著作にも触れながら、上野がどのような「当事者主権」を目指してきたのか、上野の連続性もたどってきた。明らかになったのは「私が私のままでどこが悪い。変わるべきは私から言葉を奪ってきた社会の方だ。」という当事者のニーズを最優先する上野の姿勢に尽きるだろう。

しかし、当事者たちは奪われてきた声をどのように発していくのか。ニーズをどのように発信するのか。このとき、当事者である「私」と「私たち」のニーズの距離が問われる。もちろん、あるカテゴリーの当事者だからといって容易にニーズを共有できると思い込むことはできない。なぜならそれはまた別の形で言葉すなわち「ニーズ」を奪うことになるからだ。『当事者主権』においても次のような記述があることに注意しなくてはならない。

……関西に拠点を置く日本女性学研究会の標語は『誰も誰をも代表しない。誰も誰にも代表されない』というものである。だから何か言い分のあるメンバーは、運営会に出かけ、自分の要求を提案し、それを自分で担っていくことが求められる。そこではニーズを持つことと、それを達成することとが当事者の責任と自発性のもとでおこなわれる。（中西・上野 2003:107）

上記でも厳しく指摘されているように、当事者間で誰かのニーズを一方的に代表することはもちろん出来ない。しかし同時に「ニーズを持つことと、それを達成すること」を試みるとき、それは一人の「当事者の責任と自発性」で実現するのだろうかという疑問も浮かぶのである。もちろん一つの可能性として、偶然に複数の個人が同じニーズを抱えていたことが判明したために、協調して実現を目指すことになったという想定もできよう。

しかし本章5節の事例が示したように、当事者間での葛藤や対話、交流を通してニーズが変容し、またときには誰かに説得すらされてニーズが変化することも起こるとも考えられる。こうしたニーズの共有とニーズの（一方的な）代表とはやはり分けて考えても良いのだ。上野は異なるアクター同士の相互作用を議論し、「私のニーズは誰にも代表されない」という姿勢を貫くあまりに、当事者内でのニーズの対話、葛藤、共有という場面から距離をおいていないだろうか。この点が、本章の上野に対する問いかけである。

しかし、本章で掲げたニーズの共有という発想もまた、上野の著作に触発された結果なのである。最後にこの点にふれて結びに代えたい。上野は本章5節で登場した田中との対談『美津と千鶴子のこんとんとんからり』（田中・上野 1987）において、一〇年間という時間の経過がもたらした変化を振り返る。そして「子どもを持たないことについてのいろんな抑圧に対しても、いなす方法も覚えたし、からかうこともできる」と自己分析し、「カリカリ怒っていた事柄をクリアしている」（田中・上野 1987 : 220–221）と冷静に向き合っている。しかしそれでも上野は次のように発言しているのだ。

千鶴子　そうなれば、たとえば、今主婦的実感の中で別のタイプの苦しみ方をしている人たちは縁なき衆生だから、その人が自分で解決したらいい、私関心ないのよねって言ってしまったらおしまいなのよ。でも、もしかしたら。私関心ないのよねって言わない私がアホなのかもしれない。（田中・上野 1987 : 221）

さらに地方の女性運動が互いの社会的立場を乗り越えて問題を解決していくか模索している状況で、上野が講師として呼ばれることもあるという。そうした講演依頼に応じる理由もまた上野は次のように説明している。

千鶴子　でもねえ、そのとき、講師に呼ばれて行ってもいいと思えたのは、その中で起きている葛藤やなにか、抽象じゃない現場を見たいっていう、この好奇心を押さえがたかったのね。

美津　それ抜きにしたら、あなたの書く物の魅力なくなっちゃうものね。あなたの書く物がひと味違うってのは、そこのあなたの踏み込みっていうのが絶対あるよ。

千鶴子　現場踏んで、この目で見てみたいっていうこの欲望を押さえがたいってことと、それを見ながら私がいったいどう反応するだろうかっていう、この好奇心が押さえがたいってことがあるわね。（田中・上野 1987 : 224）

以上の対談では、上野が「私関心ないのよねって言わない私」であり続け、「現場踏んで、この目で見てみたいっていうこの欲望」を保ち続ける理由は「好奇心」であるとされている。しかし、深読みとの反論を恐れずにいえば、こうした上野の「好奇心」とは、当事者同士が、お互いに他者のニーズとどのように向き合っていき、葛藤もしながら対話し、そして自分と無関係だと思っていたニーズをなぜ共有していくのかという問いに向き合う原動力とも言い換えられまいか。すなわち「誰にも代表されない私」の重要性を主張する上野の著作とは、このような「好奇心」という支えによってもまた、私たちにもたらされてきたのである。

註

（1）『妻たちの思秋期』は一九八二年一二月に第一刷が刊行されたが、約三ヶ月後の一九八三年三月には第二四刷が刊行されるという驚異的な売れ方をしている。また新聞連載中も読者から強い関心が集まった。読者の反応は大別して批判的な意見と、共感的な声とに分けられるが、多数を占めたのは共感の方であったという。したがって斉藤の著作自体が社会への問いかけを行う話題作であったのは明らかである。だがそうした事情があったとしても、社会学というアカデミズムの領域で斉藤を取り上げ「問題女性」から「女性問題」へと明晰に解説した上野が「社会学」の読者に衝撃を与えたことに何も変わりはない。本章の筆者もまた、上野の研究を通して斉藤の著作を知った一人である。

（2）上野がこうした斉藤の記事を「ショッキングなレポート」と評しているのは一貫しているが、同時に『女遊び』が刊行された一九八八年の時点ですでに「この世代の女たちは、遊びを罪悪と思って育ち、遊び方のノウハウも知らないまじめな世代」（上野 1988:144-145）だという世代要因が影響しているとし、現象としては「一過性のものだろう」（上野 1988）と見抜いていた。

（3）語りは前半部分がアルコール患者の妻たちによるもので、後半は離婚を宣言して独立していく妻たちからのものである。内容としては、企業戦士として出世第一に激務に励む一方、妻の孤独感や劣等感、目標喪失感には目もくれず、対話をしたがらない夫に対する不満、またこれまでの夫婦生活を振り返ったときの空虚感、夫婦の性をめぐる絶望感などである。

（4）斉藤自身は次のように取材中を振り返っている。すなわち「だが『妻たち』を取材していくにつれて、多くの女性がいま意識しはじめ、声に出しはじめているその訴えの内実は、女性だけの利害にかかわる問題ではなく、男性をふくむ私たちこの時代に生きるすべての人間にとって、人間らしく生きるとはどういうことなのか、人間らしく生きられる社会とはどういうものなのか——といった根源的な問いを投げかけているように思われた」（斉藤 1982）と。

（5）ここで念頭においているのは、上野が「複合差別論」において、複合差別の「解放の戦略」として「キャッチアップ（成り上がり）戦略をとらないこと」（上野 2002:264-265）を挙げているという姿勢である。

（6）アイヌ民族を先住民族とする決議が二〇〇八年六月六日国会で可決されたことからも明らかのように、

アイヌ民族とは北海道に先住していた民族である。明治政府は一八九九年に「北海道旧土人保護法」を制定してアイヌ民族を「なかば強制的に集結させ」たうえ、「農耕を強要」（三好 1973:167–168）した。荒井源次郎がいうように政府は「保護なる美名によってますますアイヌ民族を劣等民族扱いにし」（荒井 1991:3）てきたのであり、「日本人でも外国人でもない社会的な取り扱い」（荒井 1991）をしてきたといえる。そしてアイヌ民族が受けている差別的処遇は、一九九七年に同法が廃止され「アイヌ文化の振興並びにアイヌの伝統等に関する知識の普及及び啓発に関する法律」（通称：アイヌ文化振興法）が制定された現在でも残っている。

文献

荒井源次郎（1991）『続　アイヌの叫び』北海道出版企画センター
女性学研究会編（1981）『女性学をつくる』勁草書房
三好文夫（1973）『アイヌの歴史　神と大地と猟人と』講談社
中西正司・上野千鶴子（2003）『当事者主権』岩波新書
中西正司・上野千鶴子（2008）『ニーズ中心の福祉社会へ　当事者主権の次世代福祉戦略』医学書院
斉藤茂男（1982）『妻たちの思秋期　ルポタージュ　日本の幸福』共同通信社
関口由彦（2007）『首都圏に生きるアイヌ民族　「対話」の地平から』草風館
田中美津（1972→2001）『いのちの女たちへ　とり乱しウーマン・リブ論』パンドラ
上野千鶴子（1986）『女という快楽』勁草書房
上野千鶴子（1988）『女遊び』学陽書房
上野千鶴子（1993）『近代家族の成立と終焉』岩波書店
上野千鶴子（2002）『差異の政治学』岩波書店

上野千鶴子・田中美津（1987）『美津と千鶴子のこんとんとんからり』木犀社
上野千鶴子・中村雄二郎（1989）『〈人間〉を超えて　移動と着地』青土社

第十五章　社会学は当事者に何ができるか

小池　靖

1　社会学に出会う前

私が「文壇の上野千鶴子」に出会ったのは、「アグネス論争」の時期が最初だったように思う。一九八七年ごろ、子どもを産んで間もないアグネス・チャンが、芸能界の仕事現場に乳児を連れていくようになり、さらに雑誌・講演などで「職場に託児所を！」といった提言をおこなった。このことが、のちに二年近くにわたる大論争を巻き起こしていった。

一九七〇年生まれで、当時埼玉の高校を卒業する前後だった私は、社会学よりもむしろ雑誌ジャーナリズムに興味をもち、複数の月刊誌、論壇誌を購読していた。大学キャンパスで「社会学」に触れる遥か前に、「アグネス論争」、そして論争好きな「女性学者」の発言に触れることになったわけである。

当時の主要な発言は『「アグネス論争」を読む』というムックにまとめられている（アグネス論争を愉しむ会 1988）。現在それを読み返してみると、働く女性の現状改善のためならば、アグネスの発言を戦略的に受け止め、活用しようという、主に女性学に属する人々の意見と、リッチな外国人タレントによる、自己の特権的な立場を顧みないナイーブな発言の「流儀」に違和感を呈するコラムニスト・作家らの意見とが、複雑に対立していたことがわかる。上野は前者に属していた。上野はいう。


アグネスさんが世に示して見せたのは、「働く母親」の背後には子どもがいること……子どもをみる人が誰もいなければ、連れ歩いてでも面倒をみるほかない、さし迫った必要に「ふつうの女たち」がせまられていることである……女による女の「子連れ出勤」批判を、高みの見物をして喜んでいるのはいったいだれであろうか……本当の相手は、もっと手ごわい敵かもしれないのである。（上野 1988）

上野は、「売られたケンカは買う」姿勢であるといい、おそらく日本で最も有名な、そしておそらくは最も多作な社会学者であり続けている。クリスチャンの家庭に生まれ、家父長的な父親のもとで育ち、学生運動も経験したという上野だが、その研究は、二〇代で出会ったという女性学、フェミニズムの視点に貫かれている（Prideaux 2006）。

少し私自身についての話をすることを許していただきたい。私は、「宗教社会学」と「心理主義論」

の二つを専門とする社会学徒である。私もまた、アメリカを中心とする海外の社会学研究に影響を受けた。しかし、大学で新宗教やカルト論争を教えるにつけ、研究・教育における「モラル上の判断」について、常にある種の迷いがある。海外の宗教社会学では多くの場合、信仰者というものは、多元的な社会におけるある種のマイノリティとして、あるいは当事者として、尊重され、好意的に扱われている（アンチ近代の「ヒーロー」としてロマンティサイズされていることさえある）。しかし、オウム真理教事件以降の日本社会においては、宗教イコールこわいもの、怪しいものであり、「カルト＝マインドコントロール」図式は、もはや自明のものとされているようですらある。

社会学は、社会的弱者やマイノリティに対して寛容かつ支持的な姿勢を取ることが多い。例えば「ネイティブアメリカンの現状」や「男女の平等」についての社会学研究ならば、研究対象についてのスタンスはかなりはっきりするだろうと私は思う。しかし、こと現代日本に関しては、信教の自由を尊重して新宗教の多様性を支持するような姿勢は、カルト問題に対する批判の前で旗色が悪くなりつつある。

私自身、教会に定期的に通うといった意味での信仰者ではないものの、基本的には宗教集団が豊かに存在していたほうが良いとは思っている。だが現代宗教をテーマに大学で教えていると、研究対象がどうなっていくべきなのか、一概には言いにくいところがある。

そのような状況で私が時に直面する問いは、「社会学は、必ず当事者に寄り添わなければならないのか」そして「社会学者は社会的提言をすべきなのか」という問いである。

このことを、女性の当事者性に関わり続けてきた上野の発言を振り返りながら考えてみたい。

2　当事者性とセラピー文化

上野のアプローチとは、ひとことで言えば、女性という名の当事者の視点から、世の森羅万象を相対化してゆく実践であったようにみえる。

私は、自分の心理主義論の研究において、心理学的・心理療法的な実践や思想が世に広まっていく様子を「セラピー文化」としてとらえている。

セラピー文化は、カンシャスネス・レイジング（ＣＲ）グループから性暴力被害の回復に至るまで、フェミニズムと決して無関係ではない[1]。

拙著『セラピー文化の社会学』（小池 2007）では、アダルトチルドレン（ＡＣ：生育歴において家族内トラウマを負った人）のブームやアディクション（嗜癖）の問題も取り上げたが、ＡＣなどのための自助グループ（語り合いのグループ）は、まさに当事者による権利回復の運動であり、当事者主権というテーマとも深く関わるものであった。

中西正司・上野著『当事者主権』によれば（中西・上野 2003）、女性運動や障害者の自立生活運動から明らかになったことは、サービス活動の主人公は、それを受け取る側であるべきだということであり、また、当事者が、専門家による客観的な定義ではなく、自分たちによる自己定義によって、みずからの生を豊かなものにしていく権利が目指されるべきである、ということだという。

いまや、専門家よりも当事者が、自分自身のことをいちばんよく知っている、自分の状態や治療に対する判断を専門家という名の第三者に任せないで、自己決定権を取り戻そう、という動きが、あらゆる分野で起きている。これを「当事者の時代」と呼ぼう。（中西・上野 2003:12）

一九六〇年代以降の女性運動も、弱者救済運動というよりも、当事者による自己解放の運動であった。アダルトチルドレンなども当事者運動であり、人は自己定義によってエンパワーメント（力を得ること）される。引きこもりの人たちの運動や「だめ連」のような運動もかつては注目された。これらは、これまでの近代社会で理想とされていたものとは違う、その人らしい自己実現のあり方を模索する運動である。中西と上野は、やや左翼的なフレーヴァーを響かせながら次の文言で締めくくっている。「そのために、全世界の当事者よ、連帯せよ」（中西・上野 2003:208）。

近現代において、個人と社会との新たなバランスを図ろうとするセラピー的な論理は、弱さを抱えた当事者のための社会的実験と結びつきやすい。セラピー技法の一つ、ソーシャルスキルズ・トレーニングを実践する「べてるの家」もまた、上野が関心をもったテーマの一つであった(2)。

アメリカの社会学者ジョン・ステッドマン・ライスはさらに、自助グループ的な文化の背後にあるのは「解放の心理療法」とも呼ぶべき思想であると論じている（Rice 1996）。「解放の心理療法」においては、近代における社会制度そのものが個人を抑圧するものであり、近代社会における「公共の自己」そのものが病んでいると考えられているという。

第二波フェミニズムも、解放の心理療法も、部分的には一九六〇年代の意識革命に由来するものであり、近代的な社会化そのものを相対化する契機と、解放された自己像とを共有している。それは、当事者としての自己こそを認識の参照点とするような姿勢である。

3 当事者主権から世代対立まで

もっとも、九・一一以降はセラピー文化はやや退潮したとの意見もあり、社会科学でも、格差社会論、労働論、福祉政策のあり方などが論じられることが多くなった。いわばそこでは、非正規雇用者の「当事者性」が注目されているわけである。

中西・上野の『当事者主権』を上野の講義を受講している東大生に読ませたところ、「障害者ばかりがこんなに天井知らずのわがままをいってどうする」という反発も目立ったらしい（上野 2006:420）。上野は、現在の経済状況下で当事者主権の意義を説くことの難しさをも示唆している。

終身雇用と手厚い社会保障を「持ち逃げ」した団塊の世代は、ロスト・ジェネレーションの不遇に対し、一定の責任があるのだろうか？　上野はそうした意見にも明快に反論している（上野 2008）。団塊の世代の成果（持ち家、資産）も、「自分の一生」を抵当に入れて社畜化した結果である。景気の良し悪しは経済の問題であって、特定の世代が責任を負うようなものではない。そもそも女性は長く非正規雇用を強いられ続けてきたわけで、「高学歴男性の非正規雇用」が出現して初めて問題化されたというのは、ジェンダーの面からも非常に差別的であると上野は主張する。

二〇〇〇年代以降のジェンダーフリー・バッシングも、先行き不安のなかの、ネオ・ナショナリズム的なバックラッシュという流れとしてとらえるべきであるという（上野 2006）。男性のみの集団が「下ネタ」で盛り上がるように、男社会は、女性の「モラルの後退」を攻撃することで、ホモソーシャルな連帯感を得ようとする。そこにあるのは、母性や家族共同体へのロマン主義的な憧憬に過ぎない。女性の性的自律性を奪う動向に対して、果敢に発言してゆく姿勢を、上野は崩していないのだ。

上野は、働く女性という当事者性には肯定的な評価をしたが、ロスト・ジェネレーションの当事者性に対しては、その認識の誤りを指摘したわけである。

4 社会学の効用とは

最初の問いに立ち戻ってみたい。

社会学で唯一と言っていいほど、世界的にもテキストとしての地位をかろうじて確立しているアンソニー・ギデンズ著『社会学』においては、社会学の効用として、社会をより良く理解することによって社会的提言につながることがある、ということと、社会学的知見は「自己啓発」になりうる、ということを挙げている（Giddens 2006）(3)。

いっぽう上野は、講演会で寄せられる、よくある質問について、次のように述べている。

私がほとんどすべての講演会で受けるワンパターンな質問があります。それは「上野さんのようなフェミニストにとって、理想の家族関係や理想の男女関係ってどういうものですか」という質問

です。（上野 2006: 426）

これに上野がどう答えるのか、実際に講演会で訊いてみたい気もするが、この発言が載っているインタビュー記事において、上野は続けて、こうした見方自体が、目的論的な歴史観・近代主義的な進歩主義の反映であるとしている。そうだとすると、このような質問自体が野暮であり、近代の成長神話そのものを疑えということになるのだろうか。

上野はまた、自身の理論構成が、ポスト構造主義以降の言語論的転回に多くを負っていると述べている。特にフーコー流の系譜学に期待をかけているようで、「系譜学の手法は、『ここにあるもの』が何を排除して成り立ったかを明らかにすることを通じて、選択の相対性を常に明らかにしつづける効果がある」という（上野 2002: 293）。そしてそれは、女性という名のマイノリティ性、女性の当事者性にこだわってきた上野の姿勢からすると、当然の帰結であったのだろう。当事者性と社会学理論との関係をめぐっては、次のように発言している。

〈わたし〉にとってエイリアンなものを「聞く力」をもつこと。「当事者のカテゴリー」こそ、パラダイム革新の宝庫である……パラダイム転換が「外から」来るということは、その担い手が既存の専門家集団にとっては異質な「他者」だということを意味している。そのことをフェミニズム理論の場合ほど典型的に示したものはない。（上野 2002: 296, 304）

「当事者のカテゴリー」によって、社会学のパラダイムもまた革新される。(4) 全体社会を相対化する社会学者にとって、弱者、マイノリティの当事者性は、常に新しい発想の源泉なのかもしれない。そして、そうした当事者に寄り添っても何ら不思議ではない。フェミニズムからセラピーに至る現象の背景にみえてくるのは、「自己」を源泉とし、「社会」を相対化するような態度である。おそらくは上野の世代とは、そうした態度が本格化した最初の世代だったのであろう。

私は、女性学についても上野理論についても一素人であるが、それでも自分の書棚において、最も多くの冊数を占める学者は上野千鶴子であり、それは『「私」探しゲーム』から『おひとりさまの老後』にまで及んでいる。

上野の論考や社会的発言を読んでいると、「競争に勝った人間の意見」だと思うときもあれば、アグネス論争のように、当事者性に寄り添った戦略的な発言だと思えるときもあった。また、上野の発言は時に時代と戯れ、広告代理店的な感覚にあふれ、何よりも社会的に注目を集めた言語実践であった。

以上を踏まえた上で、いま一度、「社会学者は社会的提言をすべきなのか」ということを、あえて愚直かつナイーブなまま、上野に問うてみたい気がする。

長年の上野による社会学・論壇への貢献に感謝し、今後のますますの活躍を期待しつつペンを置きたい。

註

（1）本書の構想のための会合において、日本のフェミニズムにおいてはセラピー的な側面はさほど強くなかったのではないかとのコメントもいただいた。筆者はこの点を検証する材料を現時点で充分にはもっていない。

（2）「べてるの家の自己研究―弱さと共に生きる」『論座』二〇〇四年六月号、朝日新聞社：200-213

（3）なお、ここで言う「自己啓発」の原語は self-enlightenment である。

（4）宗教社会学研究においても、ある宗教集団をみるときに、信者によるカテゴリー（入信、教会、教義）と、脱会者によるカテゴリー（マインドコントロール、カルト集団、幻想?）のどちらを取るかによって、まったく異なったパラダイムが出現することになる。

文献

アグネス論争を愉しむ会（1988）『「アグネス論争」を読む』ＪＩＣＣ出版局

Giddens, A.（2006）*Sociology, 5th Edition*, Polity Press. ＝（2009）松尾精文、小幡正敏、西岡八郎、立松隆介、藤井達也、内田健訳『社会学　第五版』而立書房

小池　靖（2007）『セラピー文化の社会学』勁草書房

中西正司・上野千鶴子（2003）『当事者主権』岩波新書

Prideaux, E.（2006）〝CLOSE-UP Chizuko Ueno: Speaking up for her sex〟, *The Japan Times*, March 5.

Rice, J. S.（1996）*A Disease of One's Own: Psychotherapy, Addiction, and the Emergence of Co-Dependency*, Transaction Publishers.

上野千鶴子（1988）「働く母が失ってきたもの―『子連れ出勤』のアグネスを擁護」『朝日新聞』「論壇」五月一六日付

上野千鶴子（2002）『差異の政治学』岩波書店
上野千鶴子（2006）「不安なオトコたちの奇妙な連帯―ジェンダーフリー・バッシングへの背景をめぐって（聞き手・北田暁大＋編集部）」双風舎編集部編『バックラッシュ！』双風舎：378-439
上野千鶴子（2008）「世代間対立という罠　上野千鶴子インタビュー（聞き手・北田暁大）」『思想地図Vol.2』日本放送出版協会：177-202

◆上野千鶴子による応答　Ⅳ・「ケアされる側」の立場と当事者主権

(1) 偶然の出会いから必然へ

第Ⅳ部は二〇〇〇年代以降のわたしのケアをめぐる研究と、直接結びついています。わたしは二〇〇〇年介護保険法施行前夜から、高齢化と介護の問題にシフトし、この一〇年間に三度にわたって外部研究費を獲得して現地調査に入った研究主題も、介護でした。このなかに登場する論者の多くは、わたしと共に現地調査に入った当時の院生や学生であり、したがって本書のなかではもっとも若い世代に属します。

『おひとりさまの老後』(2007) が想定外のベストセラーとなり、かつての仲間たちから「上野さん、フェミニズムを捨てて老後と介護に行ったのね」といわれましたが、わたしにとってはそうではありません。『おひとりさまの老後』と続編の『男おひとりさま道』(2009) とは、この期間に蓄積してきた研究の副産物であり、この研究成果は、まもなく『ケアの社会学』(2011) として刊行される予定です。研究書よりはエッセイ文体の方が読者によく読まれることはままあることですが、だからといってわたしがエッセイストに鞍替えしたわけではありません。

二〇〇〇年代のわたしの研究を大きく牽引してきたふたつの契機があります。そのひとつは、九州に拠点を置く生協、グリーンコープ連合の福祉ワーカーズ・コレクティブとの出会いであり、もうひとつは障害者自立生活運動の中西正司さんとの出会いでした。そのどちらもいわば向こうからやってきた、わたしにとっては受動的な出会いでしたが、出会ってみたらわたしのなかに出会う必然性があることをあとで発見したのでした。

前者は、「不払い労働」論に取り組んできたわたしにとっては、女縁が不払い労働を支払い労働に変える仕組みづくりと見えましたし、それを可能にする追い風となったのが介護保険法でした。女縁が生産活動になる……介護保険法の施行は、その千載一遇の好機と思えたのです。

後者は「当事者主権」という概念を産みました。この概念を中西さんとふたりで造語したとき、わたしははじめて自分が過去三〇年にわたってやってきたことの意味を言語化することができたのです。女性運動とは当事者運動であり、女性学とは当事者研究だったのだ、と。そして障害者運動との出会いは、社会的弱者としての当事者性に深く目を開く契機になりました。女性運動と障害者運動とは、お互いにそれと知らずに、それぞれ社会的弱者の自己定義権の要求と権利主張をしてきたのでした。そしてそのゴールはともに、けっして「社会的強者」をめざすことではないのだ、とふかく得心する思いがありました。

(2) 選択縁と当事者性

第十一章の山根純佳さんと山下順子さん、第十二章の阿部真大さん、第十三章の朴姫淑さんの論文は女縁と介護に、第十四章の伊藤奈緒さんと第十五章の小池靖さんの論文は当事者性に関わっています。前者から順に論じていきましょう。

山根さん、山下さん、阿部さん、朴さんは、いずれも介護研究の現地調査に参加したメンバーです。その調査報告書は次の二冊にまとめられています。

東京大学社会学研究室・グリーンコープ連合福祉連帯基金 2001「福祉ワーカーズ・コレクティブの挑戦[1]」

東京大学社会学研究室・建築学研究室 2005-2006「住民参加型地域福祉の比較研究[2]」

その調査の過程から、山根さんは『なぜ女性はケア労働をするのか』(2010) という学位論文にもとづく単著を出すに至りましたし、山下さんはイギリスのヨーク大学で福祉ＮＰＯの比較研究を主題に学位を取得しました。阿部さんは介護労働者を含む若者の労働を「生きがいの搾取」(阿部 2006, 2007) という概念であらわし、いちやく若者論壇に登場しました。朴さんは調査地のひとつであった北秋田市 (旧鷹巣町) を対象に、「日本一の福祉の町」が解体していく過程をローカル・ガヴァナンスの事例として、学位論文を書き上げました。わたしが準備し、段取りして、学生を巻きこんだ現地調査から、若い研究者が育ち、学位を取得して一人前の研究者になっていく過程につぶさに立ちあうことができたのは、教師として無上の喜びでした。共同研究者として調査情報は完全に共有し、調査の方法も標準化しました。だからこそ規模の大きい研究を共同のチームで遂行できたのです。

研究を始めるとき、かれらにいったことがあります。介護保険は日本の歴史上前例のない経験。それに福祉はわたしにとってもまったく新しい分野。今から未知の分野に新規参入するハンディは同じだから、わたしはわたし自身のライバルを育てることになる、と。そのとおりになりました。

かれらはわたしの共同研究者として、その成果を共有しながら、同時に批判も忘れていません。研究者の内懐をよく知った共同研究者は、もっとも鋭い批判者にもなるのです。

山根・山下論文も阿部論文も、女縁を担い手にする福祉市民事業体から入った上野の研究が、「介護する側」から「介護される側」へとシフトしたことに驚きを隠しません。生協の福祉事業の担い手であった女性たちの平均年齢は、調査当時で四〇代後半から五〇代、介護世代にあたります。彼女たちはまずもって無償の家族介護の経験者であり、自分自身の経験から共助け事業に乗り出した女性たちでした。彼女たちと共同研究のチームを組んだわたしの立場も、最初は「介護する側」にありました（上野 2003）。多くは有償ボランティアから出発した生協福祉事業が、介護保険法の施行を以て、事業として自立できるかどうかの移行期のただなかに、わたしは現場にとびこんだのでした。したがってこの時期のわたしの課題は「市民事業体に持続可能な経営は可能か」(3)というところにありました。

日本において介護問題とは、まず第一義的に介護する側の問題でした。なぜなら介護する側の方が、みずからの困難を言挙げすることが多かったからです。わたし自身も会員のひとりである「高齢社会をよくする女性の会」も、スタート時は会員の主力が介護世代の女性たちでした。その「高齢社会をよくする女性の会」も、高齢化にともなって会員が「介護される側」に移行するにつれ、徐々に変容しつつあります。なにしろ代表の樋口恵子さん自身が、要介護認定を受けるようになったのですから。

わたしが「介護する側」から「介護される側」へと重心を移した契機には、二〇〇三年に中西正司さんと共著で出した『当事者主権』（中西・上野 2003）があります。同じ「社会サービス利用者」なのに、障害者とくらべて高齢者はなぜこんなに当事者の声が少ないのだろう、とわたしはショックを受けました。障害者運動も女性運動も、当事者によるクレーム申し立てを実践してきました。要求しない権利も制度も与えられない、要求してさえ与えられない、与えられても要求したものとは似て非なるものを与えられる……そう思ってきたわたしにとっては、高齢者の沈黙は謎でした。それは、日本には高齢者の当事者運動というものはいまだかつて存在したことがなかったのだ、という発見にわたしを導きました。

介護保険前後から準備してきた『岩波シリーズ　ケア　その思想と実践』（上野ほか 2008）の準備に本格的にとりかかったのもこの頃です。何度か企画を立てながら機が熟さずに流れてきたこのシリーズが、介護保険施行八年目に日の目を見たのは幸いでした。八年という時間は、この日本の歴史上初めての実験をめぐる情報と経験の蓄積に、じゅうぶんな長さだったからです。このシリーズには、制度の設計者、行政の担当者、サービス提供事業者、ワーカー、利用者、家族、研究者など総勢七〇名のひとたちが寄稿しています。五人の編者（上野千鶴子・大熊由紀・大沢真理・神野直彦・副田義也）のひとりとしてわたしが願ったのは、六巻構成のうち、「ケアされること」

を「ケアすること」と同じ比重で扱いたい、ということでした。その願いは実りましたが、その巻に登場した「ケアされる」当事者はすべて障害者と難病患者。多田道雄さんのような例外を除いて、声を発する要介護高齢者があまりに見あたらないことにおどろいたことを覚えています。ケアとは何よりもケアする側とケアされる側との相互行為であるのに、高齢者介護についてはケアする側の情報と経験の蓄積に比べて、ケアされる側の情報と経験の蓄積がふつりあいに少ないことに、わたしは愕然としたのです。

「ケアする側」についてなら、現在もこれからも、当事者や代弁者が次々に登場するでしょう。事実、山根さんや山下さん、阿部さんの世代はこれから介護年齢に突入していくでしょうし、かれらは「介護する側」に立つことでしょう。若いかれらに介護される側の立場に立つことを期待することはむずかしいでしょう。わたし自身の経験からいっても、二〇代、三〇代の頃に、老いることに理解や共感を持つことは困難でした。介護という主題は、わたし自身の加齢によってはじめて痛切な主題となったものです。

「介護される当事者」の側に立つことは、わたしの選択の結果です。なぜならその声があまりに聞こえないからです。介護をめぐる研究主題がひとつの側面に過度に傾いていると認識したとき、そのバランスを回復するために他方に重心を置くことは戦略的な選択でした。ケアという相互行為の場面で、「ケアされる側」が最弱者であることは、何度でも強調される必要があります。ケアする側はこの相互関係から退出する選択肢を持つのに、ケアされる側にはそれがないからです。

そういうわたしの立場から見れば、かれらのわたしに対する批判は、いずれも外在的批判、つまりあれがない、これがない、というないものねだりの訴えに聞こえます。こうした批判に対する答は、かんたんです。そう思うのなら、あなた自身がおやんなさい……かれらはその答をじゅうぶんに予期していました。「あなたたちの問題はあなたたちが考えなさい」と。当たりましたね。事実その指摘のとおり、かれらはそれぞれに介護ワーカーや事業者の研究に向かいました。

とはいえ、わたしには実は要介護の経験がありません。まだ介護保険の一号被保険者の年齢にも達していません。こんなわたしにとっては、加齢も介護も新しい経験です。要介護になることを好んで待ち望むわけではありませんが、いよいよ自分が当事者になったときに、新しい研究主題が開けることを、わたしは期待しています。ひとが社会的な存在である以上、社会学のタネは尽きることがありませんし、何より超高齢社会における老いと介護は、まだだれも経験したことがない歴史的な実験だからです。

(3) おひとりさまのこれから

もうひとつ、かれらの批判は「おひとりさま」言説に向かいます。わたしの『おひとりさまの老後』(2007)は、研究書として書かれたわけでもなく、また教壇で講じたこともないテーマでした。[4] わたしとおなじような運命が待ち受けている高齢単身女性に向けて、「生き方本」として書かれた書物に対して、研究書と同じ水準の目配りや達成を要求するのはないものねだりというものですが、もはや社会現象となった「おひとりさま現象」に、かれらが反応するのは無理もありません。

わたしの『おひとりさまの老後』は、刊行当時から団塊世代のおひとりさま強者にしか当てはまらない処方箋だと批判を受けてきました。「おひとりさま」は家族資源を持ちません。その点では社会的弱者ですが、他方で彼らが「おひとりさま資源」と名づけた資源の持ち主でもあります。「おひとりさま資源」とは「人、カネ、情報、資産の所有とマネジメント能力」の集合を指すために、かれらが造語したものですが、うまく名づけたものです。

ここで「おひとりさま」の人口学的な背景を述べておきましょう。わたしの属する団塊世代の婚姻率は九七％超。「おひとりさま」は人口学的に絶対的な少数派でした。この世代の「おひとりさま」と、「負け犬」世代以降の「おひとりさま」、さらに類型化するならポストバブル世代の「おひとりさま」とは、似て非なる集団であることを知る必要があります。結婚がデフォールトであった時代に「おひとりさま」であることは、夫婦世帯に有利にできているありとあらゆる制度や規範からはじきだされる不利益や差別を被ることでした。社会は女をひとり立ちできないように仕向けていましたから、意に沿わない相手とも結婚していった女性は多かったでしょう。結婚はわたしの世代より上の年齢の女性にとって、何よりも生活保障財だったからです。わたしの世代の「おひとりさま」がそれに抗しつづけていられたのは、意図的に獲得した「おひとりさま資源」があったからこそでした。わたしがいいたいのは、「おひとりさま資源」とは所与として与えられたものではなく、「社会的弱者」の自覚を持った女性たちが、努力して身につけたものであったことです。

これに対して「負け犬」世代の「おひとりさま」が、人口学的少数派とはいえないくらいに増加したのは、女性の雇用機会の増大と親のインフラのおかげでした。この世代にとっては、結婚が選択肢のひとつにすぎなくなりました。さらにその次の「ポストバブル」世代の「おひとりさま」になると、逆転して婚姻資源の希少なひとびとの集団と化しつつあります。つまり「負け犬」のアイロニー――実際には勝っているのに、負けたふりをする――は、「ポストバブル」世代にとっては、もはやアイロニーですらなくなりつつあるといえるでしょう。

「ポストバブル世代」の一〇年間を追跡した家計経済研究所のパネル調査（樋口・太田・家計研2004）が、実証的なデータをもとに冷厳な事実を示しています。つまり結婚願望が高いと想定される非正規雇用の女性よりも、正規雇用を確保した女性たちの方が、結婚確率も出産確率もともに高いという事実が証明されたのです。いまや女性の正規雇用は「婚姻資源」のひとつとなりつつあります。このデータから得る教訓はたったひとつです。もし日本政府が少子化対策をしたいのなら、女性の正規雇用を増やせばよい、という処方箋です。残念ながら世の中の動向は逆に向かっていますが。

このような人口学的な趨勢を見れば、かれらの問いはもっともです。団塊世代の「おひとりさま」向けの処方箋は、それ以降の世代にとっては有効ではない、と。そのとおりです。ですが、なぜわたしがかれらの問いに答えなければならないのでしょう？　率直にいって、わたしにはその余力がありません。自分の目前の老いと介護という問いを解くのにせいいっぱいだからです。ですが、かれらの問いをわたしも共有しています。できれば共に同じ問いに立ちむかいたいと思います。

「おひとりさま」はひとりぼっちではなく「人持ち」だ、女縁の共助けのしくみをつくりだしてきた、とわたしは経験的な研究にもとづいて主張してきました。山根・山下論文は、いまふうの社会学の用語を使ってこれを「ソーシャル・キャピタル（社会関係資本）」と呼びます。「社会資本」と紛らわしいので、ここでは「社会関係資本」と日本語で呼んでおきましょう。「おひとりさま資源」とは、社会関係資本と呼び代えることができます。

「おひとりさま」はたしかに自助努力や共助けのしくみによって、社会関係資本をつくりあげてきました。またわたしの『おひとりさまの老後』は、どうすれば社会関係資本をつくれるかについての実践的な指南書であるといってもかまいません。問題は、社会関係資本を持たない「おひとりさま」をどうするか、というレベルに移行しています。「ソーシャル・キャピタルをもちえない人々が『安心した』『おひとりさま』の老後を過ごすことができる方法はないのだろうか」［本書：333］と、かれらは問いを立てます。

「社会関係資本」のうちでもっとも最強の資本は血縁、すなわち親族関係です。「おひとりさま」はそれを持たないからこそ、代替資源を開発し、獲得してきたのです。血縁・地縁・社縁に代わる第四の絆を、わたしは「選択縁」と概念化しました。この社会関係の四類型の方が、流行りの「社会関係資本」の二類型、「結束型」と「橋渡し型」より、はるかに理論的にも明晰で、かつ経験的研究にも使える点でメリットがあると自負するのですが、いかがでしょうか。

『おひとりさまの老後』は、「選択縁」を自覚的につくりだしてきたパイオニアの経験から学ぶべきことを示しました。ひとは血縁・地縁のなかに受動的に産み落とされますが、「選択縁」はそうではありません。「選択縁」のつくり方は学習によって獲得することのできるものですから、その経験やノウハウを伝えることができます。わたしの著書はその役割、ゆえあって「おひとりさま」になったひとびとに生存戦略を伝えるというミッションを果たしたことになるでしょう。それゆえ、家族が資源として有効でなくなった時代に、上野の「おひとりさまシリーズ」は、「ポスト『家族の世紀』に生きるための智恵の本である」〔本書:354〕という阿部さんの表現は、まことに適切といえます。すなわち上の世代の「例外的少数者」にとっての生存戦略であったものが、後続の世代の多数者にとっても他人事ではなくなった、という状況の変化をこれは示しています。

もうひとつ、そのような「おひとりさま資源」をさまざまな理由で持たない・持てないひとびと、しかも助けを必要とする弱者をどうするか、という問いが残っています。

「家族も友人もいない高齢者を福祉の網の目からこぼれ落とさないための「公助」としての福祉政策が必要」〔本書:334〕ではないのかというかれらの問いはまったくそのとおりですが、そのような福祉政策について答えることは、『おひとりさまの老後』の射程を越えています。かれらがいうように「誰もが安心して、おひとりさまになれる社会とはどのようにして可能なのか」という問いは答えられなければならない問いですが、そのためには別な作業が必要です。『世代間連帯』〔辻元・上野 2009〕のなかで、わたしは同じことを「誰もが安心して社会的弱者になれる社会を」と表現しました。いまや「おひとりさま」だけでなく、家族がいることもまたリスクとなって、ひとを社会的弱者へと追い詰める要因のひとつとなりました。介護は家族をリスクに変える大きな要因のひとつです。

とすれば手始めに「介護保険をおひとりさま仕様に！」と提案することが第一歩でしょうか。かれらが指摘するように、現行の介護保険が家族介護の負担軽減策であり、家族介護を前提としていることは自明です。同居家族がいようといまいと、介護保険が「ひとりの老後」を支えるようになることは、これから介護世代に突入する彼らの世代にとっても死活問題のはずです。その点で、かれらの指摘する家庭内「おひとりさま」の存在は、論理矛盾でもなんでもありません。

どうぞ「上野に期待する」などといわないでください。これだけの批判をわたしに向けたあなたがたには、この問いを共有する責任があるのですから。

(4) 協セクターへの過剰評価

さて、「おひとりさまの老後」を誰に託すか？

「なぜ、『おひとりさま』を救うのは市民事業体が担う『互助』でなくてはならないのか」[本書：348]と阿部さんは問いかけます。

女縁が共助け事業を発展させてきたのはたしかですが、「互助」でなければならないのではなく、「互助」であってほしい、とわたしが期待しているにすぎません。それが「おひとりさま」とつながる理由は、「おひとりさま」とは、家族介護資源を期待できないひとびとの別名にほかならないからです。女縁の共助けは、家族介護の限界を認識したところから出発しました。彼女たちが家族介護の最大の犠牲者であったからこそ、この限界は痛切な認識となりました。

山根・山下論文も阿部論文も、わたしが女縁の共助け事業に期待することを、「福祉の選別主義」「反ユニバーサリズム」と批判します。とはいえ、福祉政策を論じたわけではない著作をもとに、福祉政策のあり方について批判を向けるというのも、先走った批判だと思えます。

これもまた時代の変化を考慮しなければなりません。介護保険法施行の二〇〇〇年以前と以後とで、事態は決定的に変わりました。二〇〇〇年以前には女縁の有償ボランティア活動は選別主義でしたが（なにしろ利用者が生協組合員限定でしたから）、二〇〇〇年以降介護保険の事業者認定を受けた事業所はそうではありません。[5] たとえ女縁出自の市民事業体であっても、事業者として参入した以上は他の事業体と同じです。だからこそ多くの女縁出自の共助け事業は、介護保険に事業として参入するかどうかの選択を迫られたのですし、それに悩んでもいたのです。

二〇〇〇年以前の有償ボランティア活動はたしかに選別主義といえました。なぜなら選択縁の共助けは、あくまでも共助け、仲間と認め合った者たちのあいだの助け合いであり、たとえ有償ボランティアといえども負担能力のある利用者しか、相手にしないし、できなかったからです。負担能力のない貧困者を助けようと思えば、共助けの事業は共倒れになるでしょう。だからこそ、わたしは福祉ワーカーズ・コレクティブの担い手に、「社会を救おうと思わない方がよい、そんな責任も能力もあなた方にはないのだから」といってきました。ちなみに近年のＮＰＯ研究のなかでも、貧困はＮＰＯの活動領域として適切でないことが指摘されています。貧困の結果を対症療法的に支援することはできても、貧困そのものを解決することは、ＮＰＯの手に余るからです。

しかし二〇〇〇年の介護保険法は、この状態をドラスティックに変えました。事業者として認定を受けることは、原則として福祉のユニバーサリズムに参入することを意味します。貧困層の支払い能力の有無は、行政の責任であり、事業者の責任ではありません。それどころか利用者に生活保護世帯が多ければ支払いが滞る心配がないからよい、という事業者すらいます。わたしは介護保険のサービス提供事業者のうち、協セクターの担い手を高く評価していますが、それは福祉の選別主義を支持することと同じではありません。なにより介護保険の準市場のもとでは、官であれ、民であれ、協であれ、同じ条件で競争に参入することに変わりはありませんから、裏返しにいえば、利用者はどの事業者にもアクセスする権利を持っているのですから、介護保険下の協セクターの事業は、選別主義にはなりえません。

阿部さんは最後に、「上野にとって、福祉における『国家』とはいかなるものとして想定されているのか。この点を、是非、問うてみたい」[本書:358]と書いています。本格的な論考は、近刊の『ケアの社会学』に委ねますが、官/民/協/私のセクターの最適混合を唱えることは、官セクター＝国家の責任を免責することではありません。資源とリスクの再分配を、強制力を伴って実施することのできる正統性を持った主体は、いまのところ国家しか存在しません。その点で、日本政府が国民健康保険、国民年金に次ぐ第三の国民皆保険として介護保険をつくったことを、わたしは歓迎しています。財源が税方式でなく保険方式との折衷であったことも、よかったと思っています。要介護認定制度など問題は山積していますが、介護保険はそれが無かった時代とくらべると、どんなものであれ、できてほんとうによかったのです。初年度約四兆円、二〇一〇年度約八兆円にのぼる介護サービス市場を創出した効果によって、それまで「選別的」だった措置制度や共助け事業が、「ユニバーサルな」保険事業に変わったのでした。欠けていたのは低所得層者対策でしたが、それは介護保険制度そのものの問題ではありません。

それと「ケアの質」とは別の問題です。日本の医療保険制度はユニバーサルな制度です。どこで誰に医療を受けても医療費は変わりません。良医にかかっても、藪医者にかかっても、かかる費用は同じです。医療保険も介護保険も、準市場下の公定価格によって統制を受けていますから、サービスの質とサービスの価格が連動しません。だからこそ、だれのどんなサービスを選ぶかは、消費者に委ねられた重大な選択といえます。それに地域差や個人差があることは認めましょう。わたしが協セクターに期待するのは、もともと共助け事業から始まった市民事業体が、当事者ニーズにいちばん近いところにいる、と確信するからです。そして「よいケア」とは何よりも「個別ケア」、利用者ひとりひとりの異なるニーズに応じたカスタムメイドのケアだと、信じるからです。

さてようやく、協セクターについて語る用意ができました。

若いかれらは一様に、わたしの協セクターへの評価を、過大評価だと批判します。ただでさえ介護ワーカーの労働条件が低いところへ、協セクターの市民事業体が、低賃金の労働者の「やりがいの搾取」によってなりたっていることをも批判します。もちろんわたしも経験研究にもとづいて、介護ワーカーの労働条件の低さを批判してきました。しかし介護ワーカーの労働条件の低さは、介護保険の報酬体系そのものにあり、事業者の責任ではありません。むしろ協セクターの先進事例が示すのは、これだけの悪条件にもかかわらず、志の高い経営とモラルの高いワーカーの維持とが成りたっているのはなぜか？　という謎でした。

朴さんの批判は、なかでももっとも厳しいものでした。生協の研究から出発して代理人運動へ、さらに旧鷹巣町の事例研究を通じて、彼女がこの分野の実態にもっとも精通しているからこそでしょう。

朴さんはこういいます。

「上野の市民事業体に対する高い評価や期待と、その事例であるワーカーズ（コレクティブ）が直面している現実とはかなりギャップがある。」［本書：369］[6]

「私もワーカーズ（コレクティブ）の女性たちが、上野の期待に応えてくれることを強く望んでいるが、ワーカーズ（コレクティブ）が生協全体を揺るがすほどの潜在能力があるという認識には賛同できない。」［本書：373］

仮説の検証についても「上野の分析では官・民・協セクターを同等な尺度で比較されていないので、そのなかで協セクターの相対的優位を主張することはできない」［本書：369］「協セクターにおけるケアの質に対する評価と、経営効率性に対する評価とは区分する必要がある」［本書：370］といった指摘は、わたしの研究のアキレス腱をもっともよく知っている彼女だからこその容赦のない批判ですし、いちいちもっともですと受け止めるしかありません。

以上のような反証を通じて、彼女はこう結論します。

「私は上野の生協やワーカーズ（コレクティブ）女性に対する期待は、片思いで終わるのではな

いかと考えている。」［本書：372］

「片思い」とは痛烈です。そのとおりかもしれません。リアリストであるはずの上野が、ワーカーズ・コレクティブ活動に関してだけは「希望的観測」から免れなかったのか、と見えるかもしれません。わたしは介護保険の研究に、家族介護からでもなく社会福祉からでもなく、介護を事業にしようとする生協の福祉ワーカーズ・コレクティブの活動から接近しましたから、どうしても自分が関わりを持った分野に肩入れしたくなる気分がぬけないのかもしれません。それだけでなく、わたしの研究は、当の担い手たちを共同研究者とするアクション・リサーチのスタイルをとりましたから、問題解決型で未来志向型になる傾向があることは否めません。わたしはこの共同研究ではたんなる傍観者ではなく、彼女たちの伴走者だったからです。何より研究の時期が、生協の福祉事業も、そのもとにおかれたワーカーズ・コレクティブも、大きく変わっていく過渡期にあたっており、そのなかで未来に希望を持つことは必要なことでもあったからです。

歴史をふりかえれば、一九八五年神奈川にワーカーズ・コレクティブ第一号が誕生するまでは、だれもワーカーズ・コレクティブとは何かを知りませんでした。一九九七年に介護保険法が成立するまでは、だれも介護が有償の労働になるとは思ってもいませんでした。共助けの有償ボランティア事業から出発した彼女たちにとっても、自分たちの活動が、介護保険下の認定事業になるとは、始めた当初は想像もしていなかったに違いありません。

一〇年で世の中は変わりました。社会の変化を予測することは、自然現象の予測とは違います。浅野史郎さんのせりふを借りれば「明日の天気は変えられないが、明日の政治は変えられる」

……自分自身がその一部を構成する社会の変動について、「希望」が「予測」に混じり込むのを防ぐことはできません。その予測は歴史によって必ず判定を受けるのですが。

福祉ワーカーズ・コレクティブの介護サービスが、「不払い労働」もしくは不当に賃金の低い「半ペイドワーク」（前田陽子）から、正当に評価される「支払い労働」へと変化すべきだというのは、わたしの期待であるのみならず、信念でした。(7) 同じような問題意識を共有していたワーカーズ・コレクティブの担い手の人々と、この戦略を言語化しようとしていた矢先に、その方向は挫かれました。生協について情報通である朴さんがご存じのとおり、上野千鶴子・行岡良治共著『論争　アンペイドワークをめぐって』（2003）がその経緯を語っています。グリーンコープ連合の専務理事であった行岡さんにとっては、「アンペイドワーク」とは危険な概念であり、この用語の使用をワーカーズ・コレクティブ内部で禁じたかれは、朴さんの指摘どおり、経営者としての「組織防衛的な立場をとった」ことになりましょう。そして「この論争に対する最終的な答えは生協やワーカーズ（コレクティブ）」の女性たちが出すべきではないかと私は考えている」と朴さんがいうように、わたしも同じように考えています。（ついでにお伝えしておくなら、この「論争」は、最終的にワーカーズ・コレクティブ連合会の女性たちの手で「和解」に至りました。）

朴さんは「女性が経済的自立のできるほどの『市民事業体』として成長することを、ワーカーズ（コレクティブ）の担い手の多数が望んでいるのだろうか」［本書：372］と疑問を呈します。これにも現実が答を与えています。歴史は朴さんのような疑問を、過去のものとしつつあります。福祉ワーカーズ・コレクティブおよびそれから派生した福祉系ＮＰＯは、事実、「女性が経済的自立のできるほどの『市民事業体』として成長する」道を歩んでいます。それも生協から自立することを通じて。ワーカーズ・コレクティブの担い手はしだいに、生協とは無縁のひとたちに置き換わっていますし、かれら新規参入者は事業が生協由来であるかどうかに頓着しません。生協から生まれた事業が、生協とは関わりのない「普通の福祉事業」に変わっていくこと……これこそが「アイロニー」というべきでしょう。

朴さんは、選択縁に支えられる「住民参加型福祉」が「公的福祉のサービスの担い手として役割を果たすことになった」［本書：374］ことを「アイロニー」と表現します。それはほんらい公的福祉と「棲み分け」すべきであった「住民参加型」が、もとの領域から越境することを選び、また期待されてもいることを指すでしょう。が、わたしはこれを「アイロニー」とは呼びません。ワーカーズ・コレクティブに限らず、ほとんどの福祉系NPOは介護保険を歓迎したのですし、NPOの代表的な研究者の多くも、「介護保険がNPOの追い風になった」ことを認めています。そうでなければ介護保険以後、雨後の筍のように福祉系NPOが簇生したことを説明できません。

「現在の地域福祉を支えるには、『選択縁』的な住民参加型福祉を中心とする仕組みでは無理があるのではないか」［本書：374］という認識は、半分は正しく、半分は間違っています。第一に事実認識として、現在の公的福祉が「住民参加型福祉を中心とする仕組み」になっているとはとうていいえないからです。公的福祉はもっと多様なアクターによって支えられていますし、何より保険制度という公的システムによって維持されています。第二に「住民参加型福祉」は、公的福祉の一部にすぎませんが、その重要な一部を構成しています。なぜなら、「利用者本位」（わたしの用語では「当事者主権」）の新しいビジネスモデルは――小規模多機能にせよ、ケアハウスにせよ――どれもここから産まれ、あとで行政と事業者とが追随したものだからです。第三に、何よりこうした先駆的な実践を「持続可能な」ビジネスモデルに変えたのは、介護保険制度でした。これまでのところ、公的福祉と住民参加型福祉とは、ぎくしゃくしながらも互いに相乗効果をもたらしてきたといえるのではないでしょうか。その意味でＮＰＯ研究者がいうように、非営利の市民事業体は、当事者ニーズを次世代型事業のシーズとして育てる役割を果たしたあと、収益性が保証された事業モデルに営利事業が追随することで、つねに半歩先を行く競争を強いられているといえるでしょう。そしてそれこそが協セクターの役割なのです。

公的福祉だけではじゅうぶんでないことは、だれもが理解していますが、それでもその公的福祉の一翼を「市民事業体」が責任主体として担うようになったことは、その選択肢がないよりはずっとよいことでした。そのうえで、「市民事業体」が、「非制度的福祉」の一部を担っていることも事実ですし、それがないよりはあったほうがずっとよいこともたしかです。

このような判断をするわたしにとっては、朴さんのように「地域福祉のなかで、『選択縁』的仕組みがどこまでできるかを見極める必要がある」と突き放す代わりに、「『選択縁』的仕組みをどこまで拡げるか、それを促進する必要がある」というほうがずっと大事なのです。

（5）当事者の複数性

第十四章の伊藤奈緒さんは、わたしの「当事者主権」を論じています。二〇〇三年になって中西正司さんとの出会いからようやくわたし自身が手にしたこの概念を、伊藤さんはわたしの経歴の過去にさかのぼって、それもリブや女性学との出会いの時点までに遡及して論じています。

「当事者主権」という概念を手にしたとき、わたしはこの概念が昔から自分に親しいものであることを感じました。そうか、そうだったのか、わたしが過去四〇年間にわたってやってきたことはこれだったのか、という「ことば」を獲得した思いでした。うんとさかのぼれば、わたしが二〇代のときに仲間とつくってきた日本女性学研究会の理念と一致しています。伊藤さんが的確に引用しているように、それは「誰も誰をも代表しない、誰も誰にも代表されない」という標語です。これほどはっきりした「当事者主権」の考えはありません。そうやって遡及することを通じて、伊藤さんがわたし自身の一貫性を示してくださったのは、まことにうれしいことでした。

ですが、この世代にはめずらしく社会運動に一貫した関心を向け続けている伊藤さんは、さらに繊細な問いを立てます。当事者主権をいうのはよい、だが、上野は「当事者内の複数性」［本書:378］「当事者内でのニーズの対話、葛藤、共有という場面」［本書:392］から「距離を置いていないだろうか」という問いです。それというのも、この問いこそ、社会運動論のなかで伊藤さん自身が追究しつづけている困難な問いだからです。これに加えて、「代表も代弁もされない」強い当事者ならよいが、当事者能力を欠いた弱い当事者はどうすればよいのか、というもうひとつの問いをつけ加えてもよいでしょう。これらの問いは、『当事者主権』を出した当時から、くりかえしわたしと共著者の中西さんとに突きつけられてきた問いでした。

彼女の立てた「当事者の複数性」は、女性運動が一巡したあとのポスト構造主義のもとにおける、「女性という集団的主体」の形成の困難を想起させます。わたしがこの問いに「距離をおいている」のは、これもまた時代の文脈によるでしょう。伊藤さんたちの世代に理解してほしいのは、女性運動が「女性」という集団的主体を立ち上げるまえには、女性は階級や婚姻上の地位や職業の有無、さらに人種や民族などで分断されていた、という歴史的事実です。「奥さま」は「職業婦人」とは別人種でしたし、「職業婦人」のなかでも「娼婦」は救済の対象にしかならない「淪落の女」であり、また「未婚の女」は差別と憐憫の対象でした。そこに「女性」という集団主体をもちこんで、「わたしたちおんなは……」と言挙げすることができたときの歓びや興奮は、それ以前を知っているひとでないと想像することがむずかしいでしょう。日本のような性別隔離文化の弱い欧米文化圏で、ということはカップル中心文化のなかで、互いに分断されていた女性たちが、「シスターフッド・イズ・グローバル」という標語を歓迎した事情も、そのオプティミズムや本質主義を批判する前に、それがどんな歴史的文脈のもとで高らかに宣言されたかを知る必要があります。カップル文化のもとでは女性たちは男の集団のなかで互いに spouse（配偶者）として紹介され、離婚すればその集団を離れなければなりませんでした。欧米の女性学が「女部屋の連帯」を歴史的に発見したとき、わたしは彼女たちの興奮を奇異に思ったものです。日本女性ならだれにでも親しい「女子文化」は、性別隔離の効果でもありました。

日本にＣＲ（Consciousness Raising 意識覚醒と訳す）運動はなかった、という外国人フェミニストの見解を聞いて、びっくりしたことがあります。それとは呼ばれなかったけれど、リブ合宿の参加者たちや、各地の女性向けスペースの担い手、そして各種の自生的な学習サークルのおんなたちが実践してきたのは、まさにCRそのものでした。CRだのファシリテーターだのというカタカナが日本語に持ちこまれるずっと前から、そういう用語もないところで、CRは実践されていました。セルフヘルプ・グループが「自助グループ」と日本語に訳され、「言いっぱなし、聞きっぱなし」というルールが外国の自助グループから紹介される以前に、おんなたちは他人には口にしてこなかった経験を、自分が安全だと思える場所で、口にしてきました。「男を入れない」というルールも安全を保証するためのしくみのひとつでした。だれにでも他人に語るねうちのある経験があるのだと互いに励ましあいしながら。無業の主婦も学生も会社員も失業者も、そうよ、そうよね、わっかるわぁ、と共感したり反応したりという集まりの雰囲気は、「言いっぱなし、聞きっぱなし」よりももっとサポーティブで暖かいものでした。そうやってわたしたちは、お互いの出自や経験の違いを越えて、「同じおんな」のカテゴリーのなかに飛びこんでいったのでした。

こんな思い出話を語るのも、あの当時のおんなたちにとっては、「当事者内の複数性」よりも、女性同士の分断を超えて「当事者としての共通性」を見いだすことのほうがもっと重要で切実な課題だった、といいたいからなのです。

女性同士の分断は、いつの時代もどのようなかたちでもくりかえしおこなわれてきました。事実、その分断線のもっとも大きなもののひとつは、アメリカでは人種でした。黒人女性は、「女性」であるより前に「黒人」であり、彼女たちは最後まで「女性解放」を唱えるフェミニズムに（それを「白人中産階級フェミニズム」と呼んで）合流することにためらいを示しましたし、また合流してからもそのなかでフェミニズムの複数性をもっともするどく主張しつづけてきた集団のひとつでした。

　ポスト構造主義のジェンダー論がもたらした困惑は、もとから女性集団のなかに経験的にあった複数性を超えて「女性という集団主体」を成立させる根拠を、「本質主義」と断じることで、最終的に理論的に解体してしまったことでした。それがジェンダー理論の成熟の結果でしたから、これは皮肉な成果でもありました。

　ですから伊藤さんがいうように、今やわたしたちは「当事者内の複数性」に向き合わなければなりません。そしてそのあいだの差異や葛藤、対立や交渉に敏感でなければなりません。当事者という集団主体に予定調和はありませんし、そのなかにも差異の抑圧や排除はあります。ちなみに、わたしがこの問題にまったく「触れていない」かというとそうではありません。『差異の政治学』（2002）に収録した「複合差別論」がそれにあたるでしょう。そのなかで、「被差別者同士の連帯は容易でない」ことをも述べています。

　だからこそ「（ニーズの）当事者」という概念が重要になります。当事者とは満たされるべき「ニーズ（必要）」を抱えた者、ニーズの主人公、つまり社会的弱者にほかなりません。なんどでもくりかえしますが、ニーズの主体に同一化したとき、人は「当事者になる」のです。女性運動を例にとるなら、「わたしはおんなだ、わたしは差別されている、この差別は不当だ」と思ったときに、はじめてひとはフェミニストになります。

　福祉の世界で「アドヴォカシー advocacy（権利擁護）」ということばを聞くたびにいつでも胸がざわつく思いがするのは、これと無関係ではありません。誰が誰に代わって「権利擁護」をするのでしょうか。当事者運動は、第三者による権利擁護運動ではありません。それは当事者自身による権利主張の運動でした。第二波フェミニズムがそれ以前の女性運動と決定的に違うのは、弱者救済運動でなく、当事者の自己解放運動であったことです。ですから「代表と代弁」を拒否する思想は、フェミニズムの根幹にありました。わたしがのちになって発見したのは、フェミニズムと障害者運動とのおどろくべき共通性でした。

それでも批判はやってきます。「声のない者」「ことばのない者」たちは、どうすればよいのか？と。「サバルタンは語れるか？」と問いかけて、自分がサバルタンの代弁をしようという者がいたら、自己欺瞞でしょう。ですが、サバルタンは実はとっくに「語って」いるのです。「聞かれていない」だけで。わたしたちに必要なのは、サバルタンの「代弁」ではなく、「応答response」です。「責任を果たすこと responsibility」といいかえてもかまいません。

だからこそ、障害者自立生活運動を牽引してきた中西さんは、自身を「エリート障害者」と呼ばれながら、自分たちの運動の目標を「最弱者に合わせる」といってきました。また当事者能力を欠くとされる認知症高齢者のケアに関わるひとたちは、「認知症者の声を聞く」といってきたのです。なぜならそのひとたちはその存在だけで、すでにわたしたちに「語りかけて」いるのですから。

伊藤さんは、わたしの関わりの原動力を、「好奇心」と呼んでいます。わたし自身が使ったこの用語は、当時のわたしにとっては自己韜晦の用語だったかもしれません。田中美津さんとの対談（上野・田中 1987）のなかで、わたしは専業主婦に対するわたしの関心を「好奇心」とたしかに表現しています。なぜならわたしは当時もいまも、専業主婦であったことがなかったからです。「主婦をやったことのないあなたに、何がわかるの?」という譴責の声をわたしはつねに背中に聞いてきました。ちなみに「子どもを産んだことのないあなたに、女のなにがわかるの?」も、女を分断する最強の分割線のひとつでした。このようにしておんなはおんな自身の手によって、互いに分断されてきたのです。

ですがこの対談から何年か経って、『家父長制と資本制』(1990)を上梓したとき、わたしの念頭にあったのは、母のリベンジを果たしたという気持ちでした。わたし自身が主婦でなくても、わたしの目の前でわたしの母が主婦をしていましたし、中産階級の娘だったわたしの将来には母のような人生を送ることが——もしその運命から逃れなければ——約束されていました。結果としてわたしは母がいたからこそ母のような人生を選ばずにすんだのですし、母の人生は大きな「謎」としてわたしにのしかかりました。わたしはその「謎」を解くために三〇代の一〇年間をかけたといってかまいません。それはたんなる「好奇心」以上のものでした。

「好奇心」とは相手に向かってすでにからだが傾いている状態、関わりを求める気持ちを指します。関わりへの願望をすべてひとが持っているとしても——なぜならどのひとも、関わりのなかに生まれてきたのですから——だれといかに関わるかは、そのひとの選択です。あとは関わり方の作法と技法を学び合うことがわたしたちの課題でしょう。そのなかには葛藤も対立も含むとして。そして社会学とは、ひととひととの関わりを研究する学問でなくてなんでしょうか。

(6) 社会学の効用

ようやく最終章に到達することができます。

第十五章で小池靖さんは「社会学は当事者に何ができるか」と、そのものズバリのタイトルの問いを立てています。かれの研究主題はセラピー文化ですが、かれはセラピー文化と第二波フェミニズムに大きな共通性を見いだしています。それは「当事者としての自己こそを認識の参照点とするような姿勢である」〔本書：403〕と。

「フェミニズムからセラピーに至る現象の背景にみえてくるのは、『自己』を源泉とし、『社会』を相対化するような態度である」〔本書：406〕……そう指摘した直後に、かれはこう書きます、「おそらくは上野の世代とは、そうした態度が本格化した最初の世代だったのであろう」〔本書：406〕と。

このコメントを目にして、わたしはあっぱれと叫びたい思いに駆られました。ある現象を歴史化するこのようにメタ的な視点こそ、社会学者としてののぞましい態度だからです。そしてわたしがこのような歴史的文脈のもとでひとつの世代のアイコンとして標本化されるのは「幸運」と呼ぶべきでしょう。

小池さんの発言に、注をつけるとすれば、「『自己』を源泉とし、『社会』を相対化する」態度は、おそらくどの学問の担い手も無意識に実践していることであり、とりわけ哲学者が手続き抜きにとっくに実践していることでしょう。もし哲学と違って、フェミニズムとセラピー文化に共通する「自己」があるとすれば、それは「生きがたさ」を抱えた自己であり、「社会」を相対化するのは、相対化する必要があるからこそ、のことでしょう。ですからこの「自己」にあたる「当事者」が、社会的弱者であることは必然となります。

小熊英二の『1968』(2009)によれば、六八年世代とは、こうした「生きがたさ」という「現代的悩み」を持った最初の世代だということです。こういう指摘は一面の真理ではありますが、ことがらの一面しか説明しません。あれだけの大著をたったひとつのシンプルな思いつきに還元して論じるのは、「複雑なことを複雑なままに」論じようとしてきた小熊さんらしくもありません。小池さんや小熊さんなど「後から来た世代」が、ある現象を世代論に解消しようとするとき、その背後にあるのは、そのような世代的な態度に「歴史的賞味期限」が来たという批判的認識であるはずです。「社会的弱者の正義」に拠って立つ時代は終わった、と。むしろ「セラピー文化」として拡散した「生きがたさ」をめぐる経験は、どんな社会的属性の持ち主にも例外なく経験されるようなリスクではないのか、そんな問いが潜在しているような気がしてなりません。「セラピー文化」が、階層でもジェンダーでも人種的な意味でもマイノリティに属さない「白人・中産階級・男性」という社会的「勝ち組」によって担われたことがその証拠になるかもしれません。

「弱者の正義」に立たない、立てないというのは、おそらく戦後第三世代に属するかれらの、含羞なのかもしれません。戦中派という「祖父の世代」に、「告発」と「対決」で挑んだ団塊世代という「父の世代」の背中を見てきた「孫世代」にあたるかれらは、おそらく自分たちの生きている社会がもっともろいものであることを、強者と見えるひとびとですら実はそうではないことを、敏感に感じとっているのでしょう。

都会的な含羞を示す小池さんにしては、論文の最後におかれた「社会学者は社会的提言をすべきなのか」という問いは、本人が先まわりしていうように「ナイーブ」に過ぎるように思えます。実は、この「ナイーブ」な問いは、小池さん自身にも、かれが「セラピー文化」を研究主題に選んだときに、あったはずなのです。かれは「セラピー文化」を自己言及的な主題として選んだのでしょうし、参与観察によるかれの研究は多かれ少なかれ「当事者性」を含んだものでした。かれは「セラピー文化」を社会学的主題として選択しましたが、かれが対象とした「セラピー文化」に赴いたひとびとは、自分の問題に「社会的解決」がありえない、と感じたひとびとでした。ですからかれの問いは、二重に屈折しています。その点で、かれの問いはけっして「ナイーブ」な問いとはいえません。

表層的な次元で、この「ナイーブ」な問いに、「ナイーブ」に答えるとしたら、答はためらいなくイエスです。学問に認知科学・評価科学・設計科学の三局面があると定式化したのは吉田民人さんですが、社会科学のひとつである社会学にも、この三つの相があります。現実を分析するという「認知科学」だけで社会学が終わってよい理由はありませんし、その「認知」そのものが、「評価科学」による一定の価値判断からもたらされていることは、ウェーバーならずとも社会科学者なら誰でも知っていることです。認知と評価に伴って、いまだ来たらざる現実への処方箋を提示する「設計科学」は、社会政策学や公共政策学だけにまかせておけばよい性格のものではありません。そして未来を語るときに、根拠のない足場への投企と、希望や期待が伴うのは――それが現実認知をゆがめない限り――あって当然でしょう。そしてその声を届かせたいと思うときに戦略的にふるまうのは、この「メディアの時代」には不可欠です、それがときには「広告代理店」的にあざとく見えたとしても。

もうひとつの深層的な次元で、この問いに答えるとしたら、どうでしょうか。問題が「社会の問題」から「こころの問題」にシフトしたとき、社会学は何ができるのか？　と。かれは宗教社会学にふかくコミットしてきました。おそらく社会学に飽き足らない思いが小池さんにはあるのだろうと思いますし、かれは宗教学と社会学とのあいだで引き裂かれてきたことでしょう。が、かれは、「こころの問題」へのシフトそのものを、「社会現象」と見るメタ的な視点を持っています。それがかれを心理学や宗教学へ行くことから、社会学のうちにとどめています。社会学者なら「こころの問題」について、以下のように問いを立てるでしょう、「いかなる社会的条件のもとで、ひとびとは自分の抱えた問題を『社会の問題』と見なさずに『こころの問題』と見なすようになるのか？」と。

だとすればかれには以下のような問いを返しましょう、「社会的提言でなければ他にいったい何が、社会学には可能なのか？」と。

社会学者は宗教者でもなければ救済者でもありません。むしろ社会学という世俗的な学問は、彼岸を求めて祈らないですむための技法、祈ることを禁欲する作法の集積である（上野 2006）、と言ってよいくらいです。

「社会学の効用」を問いかける小池さんには、ずいぶん昔にわたし自身が書いた、『構造主義の冒険』（1986）に収録した「バーガー、われらがシャーマン」という小文を引き合いに出して、この項を終えましょう。

「社会学者とは社会の絵解き師であり、現代社会のシャーマンである。あらゆる社会においてシャーマンが無用の長物であるように、社会学者もまた、無用の長物である。逆に言えば、あらゆる社会にシャーマンが必要不可欠であるように、社会学者もまた不可欠である。……だから、正しい占い師というのはいない。ただうまいシャーマンとへたなシャーマンとがいるだけだ。」（上野 1986：141-142）

あなた自身を含めて社会学を職業的に選ぶ者たちの使命は、「わたし（たちの社会）とは何者か」についての言説資源を生産することにあります。そしてその言説は、正しいかまちがっているかによってではなく、ただ聴衆によってうまいかへたかによってだけ、判定されるのだ、と。こういう態度を、社会学者の究極のシニシズム、と受けとることも可能かもしれません。

ですが、バーガーを論じた三〇代のわたしは、こうも書いています。

「正気の理性が、鈍感な現状肯定と過激な現状否認とのあいだで、どちらにも座礁せずに舵をとって進むのは、思いのほか困難な課題にちがいない。」（上野 1986：145）

これを書いてからちょうど三〇年。この課題に応えられたかどうか……人生の過半が過去に属するようになったわたしには、歴史による判定はまぬがれません。ですが、小池さんだけでなく本書のすべての執筆者が遅かれ早かれ、同じ問いにさらされることを、どうぞ忘れないでいてください。

註

（1）これには一九九九～二〇〇一年の三年次にわたるユニベール財団の助成、二〇〇一～二〇〇二年度にわたる科研費基盤研究「地域福祉の構築」の助成を受けたことが大きく寄与している。記して感謝したい。

（2）これについても二〇〇四～二〇〇七年度の科研費基盤研究A「ジェンダー・福祉・環境および多元主義に関する公共性の社会学的総合研究」（研究代表・上野千鶴子）を受けた。

（3）この研究成果はユニベール財団から刊行された報告書（上野 2002）に収録されている。また一部は上野（2005b）でも論じた。

（4）二〇〇〇年代にわたしは大学院ゼミと講義とで三年間にわたって「ケア」を主題に選んだが、そのなかに単身高齢者問題は含まれていない。

（5）二〇〇〇年介護保険施行時に、政府は介護事業に限って生協に対する「組合員利用」の規制をはずした。長きにわたって生協活動を統制してきた政府にとっては異例の決定だった。それというのも保険施行時にじゅうぶんな数のサービス・プロバイダーが確保できるかどうかが危ぶまれたからである。

（6）生協用語ではワーカーズ・コレクティブを「ワーカーズ」と略称する傾向があり、朴さんもこの用語法を踏襲しているが、なじみのない読者のために、本稿では「ワーカーズ・コレクティブ」と略さずに使う。

（7）生協とジェンダーの関係については上野（2004）上野（2006）を参照。

上野千鶴子による応答・文献

阿部真大（2006）『搾取される若者たち―バイク便ライダーは見た』集英社新書

阿部真大（2007）『働きすぎる若者たち―「自分探し」の果てに』ＮＨＫ出版

網野善彦・上野千鶴子・宮田登（1988）『日本王権論』春秋社、（2000）新装版

Anderson, Benedict（1985）Imagined Community: Reflections on Origines and Spread of Nationalism. New York: Verso. ＝（1987）白石隆・白石さや訳『想像の共同体―ナショナリズムの起源と流行』リブロポート

Butler, Judith（1990）Gender Trouble: Feminism and the Subversion of Identity. New York: Routledge. ＝（1995）竹村和子訳『ジェンダー・トラブル』青土社

Bell, Daniel（1960）The End of Ideology: On the Exhaustion of Political Ideas in the Fifties. New York: he Free Press. ＝（1969）岡田直之訳『イデオロギーの終焉―1950年代における政治思想の涸渇について』東京創元新社

Bell, Daniel（1973）The Coming of Post-Industrial Society: A Venture in Social Forecasting. New York: Basic Books. ＝（1975）内田忠夫ほか訳『脱工業社会の到来―社会予測の一つの試み』上・下、ダイヤモンド社

知念ウシ（2010）『ウシがゆく―植民地主義を探検し、私をさがす旅』沖縄タイムス社

Clastores, Pierre（1977）Society Against State, translated by R. Hurby. New York: Urizen Press.

Enloe, Cynthia（2000）Maneuvers: The International Politics of Militarizing Women,s Lives. Los Angels: The University of California Press. ＝（2006）上野千鶴子監訳『策略　女性を軍事化する国際政治』岩波書店

江藤淳（1967）『成熟と喪失』講談社、（1993）講談社学芸文庫（解説・上野千鶴子）

藤本由香里（1998）『私の居場所はどこにあるの』学陽書房

藤生京子編（2009）『吉本隆明のＤＮＡ』朝日新聞出版
福岡愛子（2008）『文化大革命の記憶と忘却』新曜社
古田睦美（2006）「ジェンダーと世界システム・従属理論」江原由美子・山崎敬一編『ジェンダーと社会理論』有斐閣
遙洋子（2000）『東大で上野千鶴子にケンカを学ぶ』筑摩書房
橋爪大三郎（1981）「大洋州の交換経済」（橋爪大三郎（1993）『橋爪大三郎コレクション』Ⅲ、勁草書房に収録）
原ひろ子・岩男寿美子（1979）『女性学ことはじめ』講談社
橋本健二（2006）『階級社会―現代日本の格差を問う』講談社
樋口美雄・太田清・家計経済研究所編（2004）『女性たちの平成不況：デフレで働き方・暮らしはどう変わったか』日本経済新聞社
Ignatieff, Michael（2001）Human Rights as Politics and Idolatry. Princeton & Oxford:Princeton University Press. ＝（2006）添谷育志・金田耕一訳『人権の政治学』風行社
井上輝子・上野千鶴子・江原由美子編／天野正子編集協力（1994-1995）『日本のフェミニズム』全七冊別冊一、岩波書店（1　リブとフェミニズム／2　フェミニズム理論／3　性役割／4　権力と労働／5　母性／6　セクシュアリティ／7　表現とメディア／別冊　男性学）
天野正子・伊藤公雄・伊藤るり・井上輝子・上野千鶴子・江原由美子・大沢真理・加納実紀代編／斎藤美奈子編集協力（2009-2011）『新編　日本のフェミニズム』全一二巻、岩波書店（1　リブとフェミニズム／2　フェミニズム理論／3　性役割／4　権力と労働／5　母性／6　セクシュアリティ／7　表現とメディア／8　ジェンダーと教育／9　グローバリゼーション／10　女性史・ジェンダー史／11　フェミニズム文学批評／12　男性学）
岩井克人（1985）『ヴェニスの商人の資本論』筑摩書房

岩崎稔・上野千鶴子・成田龍一編（2006）『戦後思想の名著50』平凡社
加藤秀一（2010）「ジェンダー論の練習問題　第57回『女性同士の争い』の彼方」『解放教育』507
柄谷行人（2010）『世界史の構造』岩波書店
川村邦光（1993）『オトメの祈り―近代女性のイメージの誕生』紀伊國屋書店
Kerber, Linda (1998) No Constitutional Right To Be Ladies: Women and Obligations of Citizenship. New York: Hill & Wang.
岸田秀（1977）『ものぐさ精神分析』青土社
黒澤亜里子（1995）「近代日本文学における《両性の相克》問題―田村俊子の『生血』に即して」脇田晴子・S.B. ハンレー編『ジェンダーの日本史』上・下、東京大学出版会
小浜逸郎（1989）『男がさばくアグネス論争』大和書房
小谷野敦（1997）『〈男の恋〉の文学史』朝日選書
松田道雄（1990）『私は女性にしか期待しない』岩波新書
Millet, Kate (1970) Sexual Politics. Urbana: University of Illinois Press. ＝（1973）藤枝澪子訳『性の政治学』自由国民社
見田宗介ほか編（1998）『社会学文献事典』弘文堂
水田宗子（1993）『物語と反物語の風景　文学と女性の想像力』田畑書店
水田宗子（2004）『女性学との出会い』集英社新書
妙木忍（2009）『女性同士の争いはなぜ起こるのか』青土社
中西正司・上野千鶴子（2003）『当事者主権』岩波書店
西川長夫（1992）『国境の越え方』筑摩書房、（2001）『増補　国境の越え方―国民国家論序説』平凡社ライブラリー（解説・上野千鶴子）
野村浩也（2005）『無意識の植民地主義』御茶の水書房

落合恵美子（1994）『21世紀家族へ―家族の戦後体制の見かた・超えかた』有斐閣、（1997）新版、（2004）第3版
小沢雅子（1985）『新「階層消費」の時代』日本経済新聞社、（1989）『新・階層消費の時代』朝日文庫（解説・上野千鶴子）
小熊英二（1998）『〈日本人〉の境界』新曜社
小熊英二（2009）『１９６８』新曜社
Polanyi, Karl（1944）The Great Transformation. =（1975）吉沢英成・野口建彦・長尾史郎・杉村芳美訳『大転換―市場社会の形成と崩壊』東洋経済新報社
Putnam, Robert D.（2000）Bowling Alone: The Collapse and Revival of American Community. New York: Simon and Shuster. =（2006）柴内康文訳『孤独なボウリング：米国コミュニティの崩壊と再生』柏書房
Reardon, Betty（1984）Sexism and the War System. New York: Teacher's College Press. =（1988）山下史訳『性差別主義と戦争システム』勁草書房
Ritzer, George（1996）The MacDonaldization of Society. Pine Forge Press. =（1999）正岡寛司訳『マクドナルド化する社会』早稲田大学出版部
佐伯順子（2008）『「愛」と「性」の文化史』角川学芸出版
Said, Edward（1978）Orientalism. New York: Vintage Books. =（1986）今沢紀子訳『オリエンタリズム』平凡社
斎藤美奈子（1997）「井戸端会議のスリルと効用」（富岡多恵子・上野千鶴子・小倉千加子『男流文学論』ちくま文庫版解説）（［井上他 2009-2011］11『フェミニズム文学批評』に再録）
酒井順子（2003）『負け犬の遠吠え』講談社
佐田智子（1983）『新・身分社会―学校が連れてきた未来』太郎次郎社エディタス

佐藤俊樹（2000）『不平等社会日本』中公新書
Sedgwick, Eve Kosovsky（1985）Between Men: English Literature and Male Homosocial Desire. New York: Columbia University Press. ＝（2001）上原早苗・亀澤美由紀訳『男同士の絆』名古屋大学出版会
島村麻里（2007）『ロマンチックウイルスーときめき感染症の女たち』集英社新書
椎野若菜編（2010）『「シングル」で生きる』御茶の水書房
Sokoloff, Natalie（1980）Between Money and Love: the Dialectics of women, s home and market work. New York: Praeger Publishers. ＝（1987）江原由美子他訳『お金と愛情の間―マルクス主義フェミニズムの展開』勁草書房
田間泰子（2006）『「近代家族」とボディ・ポリティクス』世界思想社
田中美津（1972）『いのちの女たちへ―とり乱しウーマン・リブ論』田畑書店
東京大学社会学研究室・グリーンコープ連合福祉連帯基金（2001）「福祉ワーカーズ・コレクティブの挑戦」
東京大学社会学研究室・建築学研究室（2005-2006）「住民参加型地域福祉の比較研究」
富岡多惠子・上野千鶴子・小倉千加子（1992）『男流文学論』筑摩書房
上野千鶴子（1979）「財のセミオロジ」『現代社会学11』第6巻第1号、講談社
上野千鶴子（1980a）「貨幣―メディア論的アプローチ」『ソシオロゴス』4、ソシオロゴス編集委員会
上野千鶴子（1980b）「交換のコード、権力のコード」宮崎徹編『経済評論』10月号、経済評論社
上野千鶴子（1982）『主婦論争を読む　全記録』I.II 勁草書房
上野千鶴子（1985）「〈外部〉の分節―記紀の神話論理学」桜井好朗編『大系　仏教と日本人』1巻『神と仏』春秋社
上野千鶴子（1985）『構造主義の冒険』勁草書房
上野千鶴子（1986）『女という快楽』勁草書房

上野千鶴子・田中美津（1987）『美津と千鶴子のこんとんとんからり』木犀社
上野千鶴子（1987）『〈私〉探しゲーム　欲望私民社会論』筑摩書房
上野千鶴子・電通ネットワーク研究会（1988）『「女縁」が世の中を変える―脱専業主婦のネットワーク』日本経済新聞社
上野千鶴子（1989）「脱工業化と性役割の再編成」国立婦人教育会館編『女性学国際セミナー　性役割を変える―地球的視点から』
上野千鶴子・加納実紀代・白藤花夜子・樋口恵子・水田宗子（1990-1995）『ニュー・フェミニズム・レビュー』全六号（1　恋愛テクノロジー―いま恋愛って何？／2　女と表現―フェミニズム批評の現在／3　ポルノグラフィー―揺れる視線の政治学／4　エイジズム―おばあさんの逆襲／5　リスキー・ビジネス―女と資本主義の危い関係／6　母性ファシズム―母なる自然の誘惑）学陽書房
上野千鶴子（1990）『家父長制と資本制―マルクス主義フェミニズムの地平』、（2009）増補新版、岩波現代文庫
上野千鶴子（1994）『近代家族の成立と終焉』岩波書店
上野千鶴子（1994）「恋愛の誕生と挫折」『季刊文学』94／春号、岩波書店
上野千鶴子（1998）『ナショナリズムとジェンダー』青土社
上野千鶴子（2000）『上野千鶴子が文学を社会学する』朝日新聞社、（2003）朝日文庫
上野千鶴子（2001）「女性学の制度化をめぐって」『女性学』9、日本女性学学会
上野千鶴子（2002）「ケアワークの市民事業化―福祉ワーカーズ・コレクティブの新しい展開の可能性を求めて」『ユニベール財団助成金報告書』ユニベール財団
上野千鶴子（2002）『差異の政治学』岩波書店
上野千鶴子（2003）「ヘルパーは『社会の嫁』か？」大阪女子大学女性学研究センター『第8期女性学連続講演会　ケアの現在―制度と現実のはざま』大阪女子大学女性学研究センター

上野千鶴子・行岡良治（2003）『論争　アンペイド・ワークをめぐって』太田出版
上野千鶴子（2004）「生協・労働・ジェンダー」『生活協同組合研究』Vol. 340　生協総合研究所
上野千鶴子（2006）「生協のジェンダー分析」現代生協論編集委員会編『現代生協論の探究〈理論編〉』コープ出版
上野千鶴子編（2005a）『脱アイデンティティ』勁草書房
上野千鶴子（2005b）『老いる準備　介護すること　されること』学陽書房
上野千鶴子（2006）『生き延びるための思想』岩波書店
上野千鶴子（2006）「ナショナリズムとジェンダー」江原由美子・山崎敬一編『ジェンダーと社会理論』有斐閣
上野千鶴子（2007）『おひとりさまの老後』法研
上野千鶴子編（2008）『「女縁」を生きた女たち』岩波現代文庫
上野千鶴子（2008）「ナショナリズムとジェンダー」辻村みよ子監修・辻村みよ子・戸澤英典・西谷祐子編『世界のジェンダー平等　理論と政策の架橋をめざして』東北大学21世紀COEプログラム　ジェンダー法・政策研究叢書
上野千鶴子・大熊由紀子・大沢真理・神野直彦・副田義也編（2008）『シリーズ　ケア　その思想と実践』全六巻、岩波書店（1　ケアという思想／2　ケアすること／3　ケアされること／4　家族のケア家族へのケア／5　ケアを支えるしくみ／6　ケアを実践するしかけ）
上野千鶴子（2009）『男おひとりさま道』法研
上野千鶴子・辻元清美（2009）『世代間連帯』岩波新書
上野千鶴子（2010）『女ぎらい――ニッポンのミソジニー』紀伊国屋書店
上野千鶴子（2005-2009）「連載　ケアの社会学」（序章　ケアとは何か／1章　ケアに根拠はあるか／2章　家族介護は「自然」か？／3章　介護費用負担の最適混合へ向けて／4章　ケアとはどんな労

働か？／5章　ケアされるとはどんな経験か？／6章　市民事業体と参加型福祉／7章　生協福祉の展開1／8章　生協福祉の展開2／9章　小規模多機能型居宅介護の場合／10章　集団ケアから個別ケアへ：ユニットケアの場合／11章　官セクターの成功と挫折―秋田県鷹巣の場合／12章　ふたたびケア労働をめぐって：グローバリゼーションとケア／13章　当事者とは誰か／14（終）章　次世代福祉社会の構想）『季刊 at』1-14号、『at プラス』01号、太田出版

上野千鶴子（2010）「グローバリゼーションのもとのネオリベ改革と『ジェンダー平等』・『多文化共生』」辻村みよ子・大沢真理編『ジェンダー平等と多文化共生―複合差別を超えて』東北大学出版会

上野千鶴子（2011）『ケアの社会学』太田出版（刊行予定）

山根純佳（2010）『なぜ女性はケア労働をするのか―性別分業の再生産を超えて』勁草書房

山本泰・山本真鳥（1996）『儀礼としての経済―サモア社会の贈与・権力・セクシュアリティ』弘文社

吉本隆明（1968）『共同幻想論』河出書房新社

Yuval-Davis, Nira（1997）Gender and Nation. London: Sage Publications.

Walby, Sylvia, Heidi, Gottfried, Karin, Gottschall, and Osawa, Marii, eds.（2007）Gendering the Knowledge Economy：Comparative Perspectives. London：Palgrave Macmillan.

Woolf, Virginia（1938）Three Guneas. London: Hogarth Press. ＝（2006）出淵敬子訳『三ギニー・戦争と女性』みすず書房

◇上野千鶴子インタビュー

（インタビュアー・千田有紀）

恵まれた教育研究環境の東大

千田　上野さんが東大に来られたのは一九九三年四月ですから、もう二〇年近くたちました。

上野　私の職業生活の中で最も長期に在籍したところで、自分でもびっくりです。

千田　京都精華大学の前の平安女学院短期大学が一番長いのかと思ってました。

上野　平女が一〇年で、精華が四年でした。

いろいろあっても大変恵まれた教育研究環境でした。私は経営基盤の弱い私学の教員を経験したので、ここにきて研究できなくなったと言う人は言語道断だと思いますね。

千田　厳しいですね（笑）。研究者としての上野さんの意見ですね。

上野　その理由はまず第一に、教育負担のオブリゲーションが国立と私立では倍ぐらい違うこと。第二は、大学進学率が五割に達した教育の大衆化の時代に、基礎学力もなければモチベーションも低い学生を対象にするのと、言えば何かをやる態勢が整っている学生を対象にするのでは、教師の負担がまったく違うこと。第三に、教育と研究は車の両輪と言われながら日本の大学ではめったに一致することがない中で、東大では自分が現在やっている研究がそのまま教育と結びつく。やってる最中の研究を講義の主題に選んでもかまわないという大学は、日本では指折り数えるぐらいしかありません。

千田　おっしゃる通りです。一致しない大学で学生がつきあわされるのも研究の醍醐味ですが、大変ですから。

上野　私は私学で教師としては頑張ってきたという

自負がありますが、教師としての能力や努力と、研究者としての能力や努力とは残念ながら別なもの。東大はそれが一致する稀有な環境だと思います。ただ私がここで受け取る母集団を、私は選べません。それ自体に一定のふるいわけがかかっていますから。つまり学歴エリートを私は教えてきたことになります。

千田　ただ社会学を教えるというのは、いくら本を読んでもわからない奥義があるのでは？　経済学や法学にはある種の知の体系があって、その体系みたいなものをマスターすると専門家と言えるんですが、社会学というのは、フーコーが「自分が提供するものは知の道具箱だ」と言っているように、系統的なものじゃなくてアドホックなもの。それをどういうふうに使うかは匠の技じゃないけど、伝承していくしかないのかな、と。

上野　それは別に社会学に限らない。「何を」じゃなくて「いかに」しか伝わらないと思います。「あの先生の授業面白かったけど何を聞いたか全部忘れた」というのが普通の学生で、私もそうでした。私の師匠の吉田民人さんから私はまったく研究主題を受け継いでいません。吉田さんにとって私は不肖の弟子以下ですが、学問への姿勢とかスタイルは知らず知らずのうちに学んでる。親と子、教師と学生も、向き合って伝えるものではなくて、背中を見て学ぶものでしょう。

千田　私は吉田さんがいた最後の学年の学生なんですよ。講義の内容は忘れても、吉田さんが卒論がわりにラブレターを書いたとか、高校時代に家出したとか、どういうふうに作業すればいいのかというのはすごく覚えている。社会学を面白いなと思った一つは、吉田さんの社会学に出合ったからです。

上野　ジグソーパズルのピースがパ〜ッとはまっていくような理論の快感とか、「理論はバクチだ」とう姿勢とか。それで、「ああそうか、それでいいんだ」と思えたこととかね。吉田さんの「理論が経験的な事例で説明できなかったら、そんな理論には意味がない」という考えなんて、知らず知らず身についてもうＤＮＡになっている。私が抽象度の高いことを言う学生に「具体例を挙げて！」とやってるのは背後に吉田さんがいるんです。

千田　乗り移ってるんですね。吉田さんのゼミはつまらない発表の時の方が面白かった。学生があぁこれは駄目だというような発表した時に限って、そのつまらなさの中からピースを取り出し「こういうふうに再構成したらいいんじゃないか」と提示する、その手さばきは魔法のようでした。

上野　目線の高さで見えるものの視界が違うから、低いところでバラバラになって見えてない構造を、少し高い目線からパ〜ッと透写図にして、ピースを一つの構造にまとめてみせるでしょ。

千田　まさに上野さんがそうだった。

上野　私が学部ゼミでやってたのはそれ。ピア（同輩集団）の教育力ってすごく強くて、他人の受けているコメントとか批判とかを聞いているうちに身につくんです。東大のもう一つの教育力はピアの教育力ですね、これは本当に大きい。大学院でも、一学年に二人とか三人とかしかとらないところがあるでしょ。でも、集団はある程度の規模がないと相互作用が起きない。東大は大学院で一学年十数人ぐらいのスケールだから、サイズも大事。

千田　たとえ偏差値が高くても学生数人でやってるんじゃ駄目ですものね。そういうところと較べると、専門的に体系的にある程度の人数を揃えて教育する東大は力があると、すごく感じますね。

上野　そこは大きな違い。ただピアの教育力には、もちろん偏差値エリートの集団という要因もあったけれども、それだけでなく上野ゼミではもぐりも含めて様々な立場の人が思いがけない角度からコメントを出してくれるから、それが情報の幅を広げることはありましたね。

千田　ゼミは正規の学生もいるけれど、よそから来てる学生さんや社会人もたくさんいて、わやわやした多様性がとても面白いところである理由の一つでした。

知は再生産できるか

千田　そういう環境で、上野さんは今までの自分のやってきた研究を誰かに継いでもらいたいと思われますか。知の再生産について、ですが。

上野　そこはなかなか難しいところです。それは女性学が大学の外で生まれて、そのあと大学の中に入ってきたから。つまり私たちは女性学の制度化を要求したし、結果としてそれに成功したわけで、だからこそ今のポジションがある。だけど、東大ではお茶大が作ったようなジェンダー研究プログラムやコースを作ることができなかったので、制度化といっても半端な制度化だということが第一。人的な資源に非常に多くを負っているので、一つ穴があいたらその継続性の保証が何もありませんからね。第二はもっと大きい問題なんだけど、制度化とは知の再生産のシステムの制度化にとどまるということです。内容が再生産される保証はない。私は、私の指導を求めた人たちを抑圧したり誘導したりしたことはまったくありません。それは基本的には私自身がそのような抑圧も誘導も拒否してきた人間なので。他人の問いは他人の問いで、私の問いではないということ。私の問いは誰かの問いではない。だから私は、授業では自分の主張は抑制していましたよ。

千田　でも上野さんの近くにいると、私、上野さんが乗り移ってきてましたね。あの頃上野さんが次何発言するかというのは手に取るようにわかった。

上野　私の思考回路を読まれてたんだ。だけども私は意識的に授業と講演は分けてきました。講演は、はっきり言ってアジ演説ですからね（笑）。

千田　運動してきた人はそれが違うんですよね。

上野　授業は淡々とやってきましたよ。主義主張は言わないし、こうあるべきだとは絶対言わない。

千田　私もスタイルとしては同じ。人に読み取らせる授業はクオリティが高くて、先生が言語化して受け取れという授業はクオリティは低いと思っています。それに、私はアメリカのように女性学の修士のコースワークができていて、そこに行くと女性学がパッケージとして学べることが本当の制度化だと思っているので、日本の制度化というのは制度化のうちに入らないと思います。

上野　だからとても半端な制度化で、せいぜい女性学の看板あげて講義を開けるようになったという最低限の水準。あとは、このような分野を主題として学位をとれるようになったこと。制度化でやれたことはここまでですね。まれに各地の大学でジェンダー専攻の教員募集があって、本当に微々たるものですが、それでもそのポストをゲットする蓋然性の高い人材を育てることはできました。

千田　確かに私が大学院に行った時から比べると隔世の感があります。それまでフェミニズムを研究テーマとして選ぶこと自体が許されなかったから、上野さんに東大に来てもらって本当にもうそれだけでよかった。

上野　そうです。東大に来る前の前任校の私の担当科目は社会調査法でした。女性学の研究主題の正統化のためには、こういうポジションに上野でなくても、誰かがいることが大事でした。主婦研究とかやおい研究とかは、それまでなら許されなかったですから。

千田　家族の研究ですら許されなくて、「世の中にもっと大切なことがあるだろ」と言われるのがおちでした。最初の大学に公募した時、私はマイノリティに関する研究のひとつとして、ジェンダー研究で大学で採用されているんです。でも私が大学院の時にはそういうポストですらが出る見込みはなかったので、この一〇年でそのようなポストがたくさん出てきているのはすごい恵まれている。

上野　人権やエスニシティとかマイノリティ研究のいろんな流れが一緒になったということもありますね。いずれの分野でも、ジェンダーを無視できなくなったということです。

帝国のフェミニストというレッテル

千田　上野さんが東大に来た時はちょうど冷戦が終わりグローバライゼーションの中で、社会がすごく激動している時代でした。そんな激動の時代でも上野さんは投石していた。なんでこんな火中の栗を拾いにいくかな、ってくらいに（笑）。特に、「従軍慰安婦論争」はすごく大きな論争でした。

上野　あれには、私も傷を負いましたね。

千田　私、あの時、上野派と言われて、嫌なこともありました。上野さんの弟子だったらどれだけにすごいんだろうと勝手に過大評価されたり（がっかりされたり）します。ほら、芸能人の子どもって大変でしょ、グレるじゃないですか？

上野　突然何を言い出すのよ、あなた（笑）。

千田　三田佳子の子どもみたいなもので、親が重くて「クスリやっちゃうぞ」みたいな感じになること多いわけじゃないですか。私も〝上野千鶴子の弟子〟というのは重かったですよ。でも、そのことで得したこともあるからプラマイはゼロなんですけれど。

上野　よかった。今マイナスの方が大きかったたって言われるかと思ったから、ホッとしたわ。

千田　上野千鶴子は一つの記号ですから。

上野　その点ではここに赴任してからも上野はずっと記号であり続けたわけね。

千田　「従軍慰安婦論争」の時も黙っておくという選択肢もあったはずなのに一石投げ入れた。上野さんが「国民国家に回収されない私。日本人である私ではあるけれど、日本の女である私であるかもしれないけれど、日本の女である私ということと、日本の国民国家を背負うことは別なんだ」と発言した時、それに対して怒った人たちがたくさんいた。あの問題を深めるに重要な投石だったけれど、残念ながら問題意識を理解して、上野さんの側に立った人はほとんどいなかったようにみえます。

上野　上野が東大教員でなければ、ああいう反応は出なかったと思う？

千田　うーん。上野さんが国立大学の教授だったということも、陰口の一つとしてはありましたね。私も言われたもの。女の問題を女同士の対立の問題だとしてとらえてる人たちにとっては、国立大学の教授は主婦を抑圧してるらしいんですよね（笑）。「国立大学の教師のくせに偉そうなこと言うな」と。私も上野さんも「勝ち組だから」と言われた。でも言ってる人の妻がまさに専業主婦だったりして（笑）。直接利益を得てるはずの人たちに言われる筋合いないと私は思いましたけど、上野さんが権威に祭り上げられたっていうことはあると思います。結局、そういうような属性が際立つのはマイノリティだからですよ、女でも国立大学の教員が何を言うかと。本当にマジョリティの人のほうは、奇妙なことに何も言われない。どのようなポジションにも同一化可能なんですよね。

上野　男でも姜　尚中さんのようなエスニックマイノリティは言われますね。お国から禄を食《は》んでるくせにってね。

千田　国立だから。これ重いんですよね。ネオリベラリズムのせいでもありますけど。私も私立の教員になって、「税金で食ってるくせに」と言われなくなるのがどれだけ幸せかとしみじみ。

上野　最初はいつも直観で動くけれど、頼まれても頼まれなくても似たようなことを言ったりやったりしたと思う。韓国の人たちに向かって、日本を背負って「申し訳ありませんでした」ということに違和感がありましたから。

千田　私もあります。発言は難しいですけど。

上野　そういう直感的な違和感を、言語化や理論化したいと思うじゃない。

千田　でも加害者の日本の側でナショナリストと名指されるかもしれない行為というのは怖いですよ。これがジェンダーの問題で男の側についたという批判ならそんなに怖くないけれど、ナショナリストと呼ばれることに対するためらいは良心的な知識人であればあるほどあると思う。

上野　それでみんな沈黙したわけ？　それで、「帝国のフェミニスト」というレッテルが流通して、私がそのアイコンになっているわけね。あの当時誤解も反発もあったけれど、それと同時に読者から共感的な受け止め方も確実に手応えとしてありました。私は本の書き手として、読者の力をものすごく信じてる。私の送ったメッセージが読者に届いているという実感がありました。誤解も受けたし、イヤな思いもちろんいっぱいしましたよ、今だってしてます。してますけど、私は批判を受けても確信犯なので、黙るかというと黙らないよね。

千田　うん、そうですよね。ハハハハハ。

上野　書いたものはやっぱり書いたもんだけの勝負なのよ。で、その勝負は短期では決まらない。長期で決まる。その確信があるから書いてられるんです。

千田　あ、それは本当にそうですね。

分離派か統合派か

千田　でも、上野さんが東大に来たのは皮肉と言えば皮肉です。

上野　「皮肉」という意味は？

千田　女性学の成り立ちを振り返った時、江原由美子さんなどは、ジェンダーをアカデミズムの内側から認めてもらおうという戦略を立てた。統合派ですよね。でも上野さんは「女性学は趣味だから」と言い、「分離独立してそのジャンルが無視できないような力を持てばいい」と分離派の立場をとっている。ある意味二つの立場を使用したと考えることもできるんですが、東大は分離派の上野さんを「社会学の枠の中でジェンダーを教えてください」と呼んだことになります。

上野　用語法がまちがってますよ。分離派、統合派は制度化の下位概念です。アメリカでは女性学を大学の制度の中で学部、学科、専攻として独立させていこうという人たちと、各専攻の中に女性学を組みこんでいこうとする人たちがいて、前者が分離派で、後者が統合派。

千田　両方とも大学のアカデミズムの知の中にあるという意味では変わらないという意味ですね。

上野　八〇年代、アメリカでは女性学の分離戦略が怒濤の如く進んだけれど、それを目の当たりにして私はマズいなと思ってたし、結果として成功しなかったと思ってます。だから日本でも最初から分離戦略を支持しなかった。実際のところ今日に至るまで、女性学専攻の大学院コースがある大学は一つ、城西国際大学だけ。それも修士のみです。これは水田宗子さんが学長だったから。日本では今日に至るまで、女性学博士は制度化されていません。たしかに学部学科ができると、教員たちはそのポジションをゲットできる。ところが、人材を養成してもマーケットがないんです。同じ研究をやっても、社会学の博士号をとるのと女性学の博士号をとるのではマーケットの競争力が違いますから。

千田　まあそれはそうですね。

上野　私が「女性学は趣味だ」と言ってたのは、女性学が飯の種になる可能性が一〇〇％ない時代の話です。論文をいくら書いても専門業界誌には載らず、自分が社会学者としてお店を張ろうと思ったら理論社会学とか家族社会学のように別な看板あげて、女性学はテニスとか詩吟のように趣味としてやるしかなかった、女性学が完全なる民間学だった時代です。趣味は制度外のもの。女性学が民間学でしかなかった時代には、分離も統合もどちらの選択肢もありえません。

千田　女性学みたいなものに近いものがどこで行われてたというと、例えば女性史とか、ああいうのは本当に民間の在野の人たちが研究しているような感じだったんですね。

上野　スタートは民間の学習サークルでした。女性史は民間学では歴史が長いんですよ。なのに一九七〇年代の女性史ブームに至るまで、日本の大学で、女性史が専攻できるところはただの一ヵ所もなかったの。女性史を専攻しても講師か万年助手で、どれだけ業績あげても絶対に教授になれないポジションでした。必要は発明の母で、行き場のなかった私たちは、自分たちで自分たちの居場所を作ってきたんです。

千田　そういう意味では、学問の中に細々でも居場所ができたことは本当に有り難いこと。ただ、暴言かもしれませんが、私はジェンダーをジェンダーとして教えるのは無理だと思ってるんですね。

上野　私は最初からそう思ってます。

千田　最近は女性学会に入っていく人も少ない。例えばジェンダー法学会とか、同じ学問の中でジェンダー視点を入れた研究が成り立つようになったから、大きく女性学をやりたいという視点は失われてきている。

上野　制度化の中の統合派には功罪あるけれど、そこが「罪」ですね。女性学はアカデミズムへの異化効果を持つはずだったのが、同化の方が先行してしまった。女性学会は学際的な学会だから、そこに所属している人はみなさんそれぞれ専門分野のバックグラウンドがあって、女性学会と自分の専門の学会の両方に出入りしてきているけれど、もし自分の専門分野でジェンダー研究が業績として評価されるようになれば、そちらの方に力を入れるのはあまりに当たり前のことだから。

千田　でも、ディシプリンは系統だってあるわけで、二つの世界を行き来することの意味というか豊かさはあると思う。私の世代はまず社会学のディシプリンを身につけた上で、社会学のディシプリンでジェンダーが解けるかということを考えると同時に、社会学の理論とか分析に対する違和感はなんなんだろう、それはジェンダーが入ってないからだ、じゃあどう入れればいいかと、そういう往復運動をやってきた世代です。そこは今の人たちと前提としているものが違います。

上野　学際とあらゆる分野で言われながらディシプリンの持っている力は今でも根強い。それはなぜなのか。知の制度的再生産において学際的な分野で学位をとっても、ではそこの分野の博士と社会学博士とどっちを採用するかとなったら社会学博士を採用するでしょう。実質的には学際とは言ってもディシプリンの寄せ集めになっている。これが第一。第二は、学際分野で育ってきた学生たちのレベルがはっきり言って低い。

千田 怖っ（笑）。まぁ実は、私もそれは思ってますけど。

上野 ディシプリンのバックグラウンドを持たない学生たちには、主題や情報があっても方法がないという弱さがあります。他方で、ディシプリンそのものの学際化がすでに起きています。構築主義と言っても、社会学の自前の概念じゃないわけ。哲学、言語学、文学、歴史学、いろんな分野の概念が否応なしに入ってきている。つまりディシプリンの力は弱まっていないが、どのディシプリンも脱領域化、越境化しているということ。法学とか経済学のような堅いところですら両方の動きがあって、社会学はとりわけその傾向が強い。

女性学は衰退した？

千田 上野さんとかギリギリ私たちの世代までは何かを壊す必要のあった世代だと思うんですよね。九〇年代までは、はっきりしたモダンの知みたいなものがあって、これをなんとか壊したいというストラグルがあったわけじゃないですか。

上野 マルクス主義とも戦わなければいけなかった。その下の世代は、私たちが何と戦ってきたかすら知りません。

千田 ジェネレーションギャップというか、これは言いにくいですけど足腰の弱さを感じるんですよね。なぜこういう理論が必要なのかとかこの方法は何を壊してるのかがわからないのは問題です。

上野 でも教育というのはある種のマインドコントロールだし、洗脳の一種です。例えばポスト構造主義のジェンダー論をきけば、それが何と戦ってきたかを知らなくても「そんなの当然じゃん」と思う学生が育つ。それでいい。彼ら彼女らがよその業界へ行けば、彼らが常識だと思ってるものが通用しない人たちとぶつかるんだから。

千田　いや、最近の人は物わかりいいですよ（笑）。

上野　それでもいいじゃない。物わかりのよさがたとえパフォーマンスであれ、新しい「常識」が流通していくことが社会が変わるということなので。

千田　でも、面白くないんだな。なんでこんなに面白くないんだろうと思う。面白さって、今まであったものをひっくり返すからでしょ。

上野　挑戦だよね。

千田　挑戦というよりはお勉強になっている現状はなんかつまんないなと思っている一方で、社会学会行くと、部会にジェンダーがほとんどないんです。性・世代部会というのはあるけれど、半分はセクシュアリティスタディーズでしょ。古典的なジェンダーやってる人いないんですよ。

上野　ちょっと待って、古典的なジェンダーって何？　どんな主題が出てくれば古典的なの。

千田　なんか私、形勢不利（笑）。

上野　あなた、ジェンダーだけで独立した研究はできないってさっき言ったばかりじゃない。

千田　できないんだけど、セクシュアリティとジェンダーを分けた時見えてくるものはありましたよね。「異性愛中心主義的なヘテロセクシズムの社会だ」と言った時に、目から鱗が落ちた。でも、今度は逆にまたセクシュアリティとジェンダーがどのように関連しているのかが問われなきゃいけないと思うんですよね。……なんか誤解されそうで、言いにくいですけど（笑）。

上野　もちろんジェンダー研究もセクシュアリティ研究も社会学会でそれぞれ部会はできたが結果としてゲットー化されたというのはその通りです。だけども福祉部会とか地域部会などでＮＰＯの研究とか介護の研究をやる際、その中に言葉は使われていなくても自ずとジェンダーの視点は入ってきてるじゃない。

千田　それは有り難いことですよね。でも、女性学は、若い世代からすると、「なにあれ、ダサーい。男とか女とかもう関係なくない？」って、そういう話になってきてますよね？

上野　それはジェンダー研究以前からあるもっと一般的な傾向です。いい？「女性学ダサい」は女性学のスタート時からありました。女性学が二流の学問、学問以下と見られてきたのはスタート時からで、女性学の地位が高かったことは今まで一度もありません。

千田　でも、今の若い人たちにとって、やっぱり女であることが切実な問いに見えないという問題はあると思う。私たちの世代はなんだかんだ言っても、「私たちがこういうふうな状況に置かれているのは女だからだよね」というリアリティはあった。ジェンダーのパラダイムシフトが起こってから新たなものがでていないというか、ジェンダーを解くことで何かが解けるという実感がなくなったということだと思うんですよね。

上野　それはしょうがない。そういうパラダイムシフトが起きるような科学革命は、半世紀に一回か一世紀に一回しか起きません。

千田　私は二つ要因があると思っていて、一つはジェンダーの理論の新しい魅力がなくなったこと。バトラーの『ジェンダー・トラブル』から二〇年ですからね。もう一つは現状が変わったということ。今、この社会にはいろいろな問題があって、ジェンダー問題だけで何が見えるかっていうと難しいです。女の貧困も例えばネオリベと絡めないと、見えない。また若い人も自分の問題はセクシュアリティの問題だったり格差の問題であったりととらえるけど、それをフェミニズムの問題としてはあまり見ないような気がします。本当はフェミニズムの問題でもあるのに。

ゲットー化するジェンダー

上野　私とあなたは今の状況認識を共有してる。ジェンダーが女の生き方を決める強力な変数だった時代から、それがさまざまな変数の一つになったという認識でしょ。

千田　みんなが専業主婦になってみたいなライフコースは崩れたわけだから、それは正しい。だけれども、私は依然として昨今の貧困問題で何が落ちてるかと言えばジェンダーの問題だと思うんです。なのに「女の問題じゃなくて貧困の問題なんだ」というような語られ方をしている。社会学の中でジェンダー部会が栄えないのも、そこに起因するんじゃないかなと考えてます。

上野　若い研究者が今のジェンダー部会のありかたを見れば、ゲットー化の現実がわかりますから、避けたくなるのもムリはないでしょう。女性学は学問の中に統合されていってから、ありとあらゆる学会に申し訳のようにジェンダー部会ができるようにはなりました。だけどそれぞれのディシプリンの中でゲットー化が起きてますね。

千田　その一方で、例えば介護やる時にジェンダーとかいうような形でじわじわとジェンダーの視点は浸食していってもいるわけですね。

上野　例えば「介護とジェンダー」という研究を、福祉部会で話したいかジェンダー部会で話したいかというと、若い研究者はメインストリームに食い込んでいってその中でジェンダーを変数の一つとして扱うことを戦略として選ぶでしょう。

千田　私も多分そっちを選ぶと思います。では、ジェンダーの変数が制度化されたから女性学が衰退していったんだけど、それは力を持ったから望ましいという結論になるわけですね。

上野　両面ありますね。今でもジェンダーで学会にエントリーしてしまえば自分がゲットーに入れられると感じる人たちがいるとしても不思議じゃない。それに、現実が大きく変わったってことも確かだと思う。結婚しない女がこれだけ人口学的に増えたのは、多くの人の想定外だったと思います。

千田　だって二〇年前の論文には、「結婚しない人は四%しかいない」と書いてありましたからね。

ただ、まだまだ非正規雇用の女の人は多い。

上野　もちろん、両面見なきゃいけない。非正規雇用になる女もいれば、総合職になる女もいる時代がきたんです。

千田　一般にはそれをすごく否定的にとらえるけれど、女が総合職にならなきゃいいとは思わない。それはそれで必要、……って言ったら怒られるけど（笑）。

上野　女々格差事態をフェミニズムが要求して獲得してきたわけじゃないから、それをフェミニズムのせいにされても困る。

千田　一〇〇%同意します。

上野　女の集団の中に総合職になる女と非正規になる女が登場したことをジェンダーだけで説明できないのは、あまりに当たり前のことです。

千田　表面的に見ると非正規になる女性と総合職になる女性はすごく違うように見えるんだけど、実はバリバリ働いて使い捨てにされる女と、非正規で細々とやらざるを得ない女の二つに女を分けてくというシステムこそがやっぱりジェンダーの問題では。釈迦に説法ですけどね（笑）。

上野　もちろんそういう言い方もできます。でも、女の間の格差が小さくて、選択肢が狭かった時代は理解も連帯もしやすかったけれど、それがそうじゃなくなってきて、ジェンダーが女性の分解を説明するさまざまのファクターの一つになったってことは覆せない現実です。

上野東大教授の功罪

千田　では、改めて東大で二〇年間やってこられたことの自己評価をしてもらいましょうか。

上野　アンビバレントですね。制度化は一定程度達成して、あなたも含めて学生に多様なジェンダー関係の主題を選んで学位をとるという道を開くという意味で、選択肢を増やした。その結果として女性学によるディシプリンの異化より女性学のディシプリンへの同化が進んでしまいました。ディシプリンには「専門」であると同時に「規律・訓練」という意味がありますが、学生には専門的な訓練を意図的に強いましたからね。厳しいゼミだったでしょ。

千田　泣いた人とかね、阿鼻叫喚とかね、恐ろしいエピソードがたくさんあるので、紹介できないのが残念です（笑）。

上野　アメリカの一部の女性学の授業でやってるような、コンシャスネスレイジング系の授業とかは一切やらなかった。アカデミックにやりました。それは三つの要求水準があったから。一つは既にそこに蓄積されてきた女性学、フェミニズム理論というものをちゃんと伝達しなきゃいけないってこと。二つめに上野ゼミはゲットーと思われていたから、一歩外に出た時、他のゼミの人たちや同僚の先生たちがその研究の成果をそれなりのクオリティのあるものだと見なすだけの水準に到達していなければならない。三つめは海外のジェンダー研究の水準がすごく上がっていたから、海外の研究者とその研究の水準が共有できるぐらいのレベルに学生に到達してもらわなければいけない。この三つのことを、自分に課しました。だからディマンデング・ティーチャー（要求水準の高い厳しい教師）だったたと思います。

千田　知らなかった。私はアメリカに行って、上野さんはやっぱりコースワーク的な、アメリカ的な授業の組み方をするんだなあって思ったんですが。

上野　それは私がアメリカで学習してきたから。私自身が一度も日本の大学で受けたことのない教育なので（笑）。私が自分にプレッシャーを課したのは、国際水準に太刀打ちできる研究者になってもらわないと、という気持ちが強かったから。今でも、もしここでできなかったらどこでやるのよ、と思ってるよ。

千田　有り難いことですね。国際水準という意味ではここはそんなに低くはないですよね。

上野　自分が今やってることを外国語に変換しさえすれば、それで国際的に通用するという程度の水準は達成しようと思っていた。つまり、ある意味、私は分離ではなく統合を選んだ。そのことの「功罪」の「罪」の方を考えると、ディシプリン化、つまりディシプリンへの同化を私自身が学生に要求したこと。

千田　社会学のディシプリンに対してですか。

上野　基本的には社会学ね。論文の作法とか書き方とか方法論とか。修論も博論も必ず、同僚がコミッティ（論文審査委員会）に入りますからね。

千田　それは社会学科の中にいる限りはやっぱりやらなければいけない作業です。

上野　私はジェンダー学部で教えてたわけじゃないから、他の専門分野の人がコミッティに入った時に、二流の学問だと思われないようにという配慮はありました。それはプレッシャーでしたよ。

千田　あ、意外。枠組みや書き方やフォーマットはそんなに変わらないんじゃないですか。

上野　それは統合の成果です。ディシプリンの内部でのスタンダードへの同化を、私が推進してきたんです。だから功罪ありますね。

千田　文体も含めてということですね。それは有り難かったと思いますけど。

運動と乖離する女性学

上野　長期で見ると、私が採用したのはマルチリンガル戦略です。アカデミックな文体とそうじゃない文体をメディア別に複数使い分けてきた。だから私は今でもアカデミックな業績の中に一般読者向けの本は入れていません。業績目録の中では「啓蒙啓発」というカテゴリに入ってる。社会活動なの、それ。

千田　啓蒙されていたのか（笑）。

上野　マルチプル戦略をとることは、一つのゲットーを温存することです。だからアカデミズムの文体は揺るがない。

千田　学問は継続性のあるつながりのある知識です。学問的な文体であるとか形式とかいうこと自体も変えたいと思う人もいるかもしれないけれども、私はそれをやりたいとはあんまり思わないですね。やるんだったらそれ以外の、それこそマルチプルな戦略でやればいいと思います。

上野 私も学問は基本的に公共財だと思ってる。

千田 誰でもアクセスできるような形の知識。

上野 共有知であるからには共有知のコードの共有があって、それはお作法だから学習してもらわないといけないからね。

千田 それが嫌な時は、在野で書きたいと思う。

上野 だから、研究したいとゼミに来たもぐりの学生の中には「あなたの資質は研究よりはノンフィクションに向いてるよ」と勧めて、実際にノンフィクションを書いて、評価された人もいます。研究ばかりが自己表現手段じゃないし。何より論文読む人の数よりノンフィクション読む人の数のほうが多いですし。

千田 私は女きょうだい育ちで、女文化の人間からすると、学問的な文体はそれはそれで楽しい。新たな言語を学ぶのと同じで、「それでしか表現できないものもあったのか」という目の開かれ方がありました。

上野 私は運動の中から出てきたから、昔の仲間たちは学問の文体には強烈な違和感を示しましたよ。上野サンの本は三行毎に辞書引かなきゃいけなくて、三頁読むと眠くなるって。

千田 私も違和感ありましたよ。すごく辛いし、こんなのやめたいと思ったこともあるんだけど、でも、表現したい内容と表現したい形式というのは連動してるから、こういうような形式でしか表現できないものがあると思ってるんです。

上野 そこがあなたとは違う。つまり、知の再生産の制度の中に入ると、私を支えてくれた私の仲間たちの言語と違ってきて、その人たちから強烈な違和感をつきつけられるわけ。例えば『ナショナリズムとジェンダー』みたいな本を書くと、「一体これは誰にあてて書いているのか」、「辞書がないと読めない」と責められるんです。

千田　私も何か言うと、「役に立たない」「難しい」「つまんない」と運動の人に言われます。

上野　というふうに言ってくれる人を周りに持ってるでしょ、あなたは。次の女性学のポストに就く蓋然性の高い偏差値エリートのお嬢さんたちには、そういう基盤や接点がない。彼ら彼女らが「これがジェンダー研究です」と情報発信していく時、私が体感で知っている「あんたの日本語読めないよ」と言う人たちに届くかどうかと考えてしまいますね。

千田　上野さんにとってはそういう人たちに発信することはとても重要なことなんですね。

上野　私を生み出した母体だから、とっても重要。女性解放の思想と運動というフェミニズムが女性学を支えている基盤のはずなのに、それが空中戦になっていくと両者が離れていく事態が制度化の中で起きてるっていうのは、やっぱり大きな問題だと思う。

千田　私はそこは両義的なんです。当然のように学問は運動の役に立つべきで、学問的実践と運動の実践が関係を持つべきだと思っています。ただ一方で今の女性学というのは高度に理論化されているにもかかわらず、偏見を持たれて尊敬もされていない。女性学は大したものだなと思ってもらうことは必要だと思ってるんですね。

上野　それは私も思っています。でも、「あなたの声が届かない」という自責の声を聞くわけ。それが私の超自我になっているの。

千田　それは私もあります。

アカデミズムの中だけで生きるな

上野　私が関西でフェミニズムを始めてよかったのは、どこいっても同じ顔ぶれなんだけど逆に言うと否応なしに学際的になっちゃうわけ。平安女学院で女性学研究会をもう百回以上やってた時に、まったく畑違いの姫岡とし子さんの女性史や渡辺和子さんの文学などを耳学問で勉強できました。

千田　最近、そういう場がないんですよ。上野研は学部を超えて人が集まっていて、文学とかいろいろな問題意識を共有できる人がいたけど、今はなかなか難しい……。みんな忙しいということもありますが。

上野　女性学はたとえゲットーであってもメインストリームの中に居場所ができた。でも、その分だけ外に向くネットワークが減ってくる。直球フェミニズムがなくなったという感じでしょうか。

千田　寂しいですね、私としてはパンチがきいたものが好きなんで。

上野　でも、今回『女ぎらい　ニッポンのミソジニー』という本を出してみて、それこそ想定を超えた反応にびっくりしたんです。一番読まれているのは二〇代三〇代の女性だって。

千田　あれは、本当に久しぶりのフェミニズムの本なんですよ。

上野　新刊なんだけど、中味はザ・クラシックスです。

千田　そのクラシックスが、若い人たちにフレッシュなわけです。

上野　それは、フェミニズムが今でも、彼女たちが自分の経験を言語化する言葉としてフィットしたということですね。時代錯誤と言われるかと予期していたのに、そうなってないぐらいに現状は変わってないところもあるということじゃない。

千田　陳腐な言い方ですけど、逆に言うとフェミニズムが当たり前になったから表面的に見えにくくなっている。だから、それを深く考えて掘り起こすことはまだ難しい作業として残されていると思うんですね。やっぱり直球フェミニズムいきましょうよ、上野さん、ね！

上野　なんで若いフェミニストは同じことをやらないわけ？

千田　厳しいこと言うねえ（笑）。私たち指導学生も頑張ってるじゃないですか。

上野　やっぱり怒りを表すには芸がいります。

千田　でも、芸って、それこそ伝統芸能だから継承されてくしかないわけで。かといって教えたからといってできるようなもんでもないでしょ。上野さんの世代は小倉千加子さんとか、みんな芸達者ですよね。

上野　アカデミアが知の制度的再生産になってしまうと専門知は伝承されても、エンタメ系の芸は大学の外で身につけなきゃいけないんです。おこがましいけど、小倉さんや私は両刀遣いやってきたの。両刀ちゃんとやれるような人材がその後の世代に出てきてほしいんだけど。

千田　なんで上野さんは育ててくれなかったんですか。とかなんとか（笑）。

上野　そういう意味では制度化はしたけども人材の再生産はうまくいってるかどうかはわからない。

千田　上野さんは八〇年代、九〇年代のフェミニズムが商品になる時代に鍛えられてるけれど、私たちの世代は今すごく厳しい。アカデミズムの中でポストを得ることはできるけれども、芸を磨くための書く場がない。商業誌におけるフェミニズムのプレゼンスはすごく縮小されて切り崩されてると思うんです。論壇も縮小してるでしょ。

上野　縮小していても男の若手論壇人は出てきています。

千田　論壇に出ることって重要ですか。私は積極的には出なくてもいいかないと思っちゃうんです。

上野　両方やってもらわないと困ります。私がマルチリンガルの戦略を選んだことを是としてもらえるならば、やっぱりご自分も。「フェミってなに？」というアイコンに、世代交代が起きてでもらいたいの。

千田　今、熱いメッセージを受け取ってるぞ（笑）。いつまでも、「フェミニズム＝上野千鶴子」というのは嫌だということですね。わかりました、誰か私に仕事をください（笑）。

上野　学生さんが修論や卒論を書いて持ってくる時に、いつも「あなたのオーディエンス（読者）はこんなところにいると思うな」と言うの。論文を書く時にはアドレッシー（あて先）を想定してほしい、そのアドレッシーは大学の中なんかじゃなくてもっと射程の遠いところにいるはずだから、そこに届くようなメッセージを送れって、私はずっとそう言ってきました。

千田 井の中の蛙になるんじゃなくて大海に向かって羽ばたけということですね。

上野 たんなる研究者だけになってほしくない、アカデミズムの中だけで生きてほしくないというのが、私の最後のメッセージです。

千田 承りました。では、みなさん頑張りましょう。って、誰に向かって言ってるんだか（笑）。

◇上野千鶴子から・学生に選ばれるということ

ずいぶん若かったときのことです。当時すでに社会学界のスーパースターだった見田宗介さんに、かれを批判した論文を送ったことがあります。万年筆で書かれた自筆のハガキが届き、それに数行、こう書かれていました。

「あらゆる理論は、乗り越えられるためにあります。」

同じことばを、本書の執筆者たちに進呈しましょう。

本書を読んだ読者は、執筆者たちの研究の対象と方法の多様性を見て、ウエノ・スクール（上野学派）というものがついに成立しなかったことを見てとるでしょうし、わたし自身も本書の執筆者たちを「上野の弟子」とか「わたしの学生」とかいう名称で呼ぶつもりはありません。にもかかわらず、かれらやわたし自身の意図に反して、世間ではそんなレッテルが先行し、そのためにかれらは迷惑をこうむっていることでしょう。

正確にいえば、わたしとかれらの関係は一時期大学院の指導教員と指導学生であったことがある、という制度的な関係でした。その時期はすでに経過し、かれらが立派に自立した研究者になったことは、本書からも明らかでしょう。

かれらの「センセイ」である上野は、その最中もその時期が終わったあとも、物議をかもしつづけ、批判や非難にさらされてきました。そのような場に居合わせて、かれらが困惑する経験を持ったであろうことは想像にかたくありません。だからこそわたしは、かれらのだれかれから「推薦状」を書いてほしいと頼まれるたびに、上野の推薦状は逆効果になるかもしれないよ、と警告を発してきました。また情報を提供したり、だれかを紹介するたびに、情報源が上野だということを相手に伝えない方がいいかもしれないよ、と忠告してきました。

こういう論文集に名を連ねることで、あからさまに「上野の学生」というラベリングを引き受けることを選んだかれらに、まずは心からお礼をいいたいと思います。そのラベリングにはポジティブな効果とネガティブな効果とが共につきまとい、おそらくは前者よりは後者の方が大きいだろうからです。

それ以前に、かれらが発展途上の大学院生だった頃に、わたしを指導教員として選んでくれたことに感謝したい思いです。学生と違って院生は、プロフェショナルの予備軍です。指導教員の役割とは、自分にいちばん近い領域で自分自身の最良のライバルを育てることにほかなりません。自分の研究成果をその過程とともに公開し、共有し、その弱点も限界もさらすことになります。いくどかにわたる博士論文審査の過程で、わたし自身が主査として臨んだ論文のなかに、アキレス腱を突くごときわたしへの鋭い批判を発見して、唸り、感心し、そして「ご批判はごもっともです」と首肯した経験が、なんどもあります。

教師としてのわたしは院生に対して、自身の信条であるフェミニズムに反して、家父長的にふるまってきました。わたしはかれらの前に立ちはだかり、かれらが乗り越えるべき「壁」としての役割を果たそう、と自覚的に考えてきたからです。本書を読めば、かれらが壁の先まで行ったことはあきらかでしょう。

ただし、わたし自身は院生の頃、教師を尊敬したことのない端倪すべからざる院生でしたから、院生という存在をコントロールできると思ったことはいちどもありません。ですから、わたしはかれらの研究の主題と方法を統制しようとしたことはありません。アドバイスはしましたし、介入もしましたが、かれらの問いはかれら自身が解くべき問いで、わたしの問いではありません。

だからこそ、わたしはかれらにいいつづけてきたのです、

「だれからも頼まれない問いを、だれの指示も受けずに、解くことに夢中になっていられる。こんなにぜいたくな経験が人生のどこにあるだろうか。」

それが職につながるかどうか、何の保証もなくても文句などいうな、と。

＊　＊　＊

そんなわたしにとって、本書が『上野千鶴子に挑む』として編まれたのは望外の喜びでした。

学者の業界には、教師が一定の年齢に達したとき、弟子筋が集まって『還暦記念論集』や『退

官記念論文集』を出版する慣習があります。お世話になったとか、義理があるとかの理由から寄せられた論集の多くは、賛辞やよいしょであふれています。

が、本書はそうではありません。わたしのもっとも身近にいて、わたしの論文の長所も欠点も知り抜いているかれらが、わたしのもとで研いだ刃で、わたし自身のアキレス腱を突こう、というのです。いやはや、因果はめぐる、とはよくぞ言ったものです。こういうユニークで挑戦的な試みをしてくれることにこそ、上野ゼミのDNAがある、といってよいでしょうか。

学問の世界とはアゴーン（闘技場）のようなものです。少なくともわたしはそう思ってきました。その知的格闘技において、わたしは他の研究者よりいくらか挑発的でかつ戦闘的であったかもしれません。そのスタイルは、上野ゼミのもぐり学生だったタレントの遙洋子さんの『東大で上野千鶴子にケンカを学ぶ』（2000）に、いささか戯画化して描かれています。もちろんわたしが教えていたのは「ケンカ」ではありませんが、その戦闘モードのDNAをかれらが学んだとしたら、それには功罪両面があったかもしれません。学問には対立や批判のみならず、協働や対話のおもしろさもあるのですから。何次かにわたる共同研究の過程では、そのおもしろさをかれらも味わってくれたかもしれません。とはいえ、クラスルームだけでなく、一般向けの講演や、研究室でのインタビュー等に立ち会う機会を持った学生諸君のなかには、上野が戦闘モードだけでなく、フェイントやとぼけ、聴衆へのサービスやエンタメ系の各種の裏技・ネワザを駆使するのを目撃して、笑いをこらえきれない思いをしたひとたちもいたはずです。学ぶとしたらその両方を学んでほしいものです。

DNAといえば、教師の影響は学生に向き合って伝えるようなものではありません。学生は教師の背を見て学びます。たとえ「不肖の弟子」であっても、そうです。何を、ではなく、いかに、を学ぶ、というべきでしょうか。わたしの生涯の師であった吉田民人さんから、かれの研究主題であった構造機能主義のかけらも学びませんでしたが、かれの研究姿勢からは多くを学びました。直観を理論化していく実存的な姿勢、理論を平易で日常的な用語に置き換える訓練、理論は博打だ、という投企的な勝負師の態度……覚えているのはそんなことばかりです。

もうひとつ、忘れられないDNAがあります。指導教員とうまくいかず悶々としていた大学院生の時代のわたしは、すこし分野の離れた利害関係のない教員のもとへ、シェルターを求めて入り浸っていたことがあります。教育学の筧田知義さんや、社会心理学の木下富雄さん、文科人類学の米山俊直さんがそうでした。自分が教師になったあとに、他分野・他大学の学生諸君に、上野研究室を開放しているのは、その経験があるからです。

ある日、わたしの研究を指導してくれる教員がいない、とこぼした院生時代のわたしに、木下さんはこういいはなったのでした。

「バカモン、自分の研究を指導してくれる指導教員など、この世にいないものと思え。もしいたら、その研究はやるねうちのないものと思え。」

木下さん自身が、まだ社会心理学というディシプリンが日本のアカデミアで確立する前のこの分野でのパイオニアでした。

こうしてわたしは、ユニークであること、オリジナルであることを、先輩の背を見ながら学んでいったのです。

「教える」ということと「教わる」ということとのあいだには、千里の径庭があります。学生は教えようと思って教えられるものではありませんし、かれらはかってに教わりたいことだけを教わります。すなわち教育とは、もっぱら「教わる」側の選択という手の内にある、ということです。だから、わたしには、かれらがわたしから何をかってに学んだか、について「品質保証」をすることができません（笑）。それはかれらの選択であり、わたしの選択ではないからです。

大学というところはすべての教育機関のうちで、学生が教師を選ぶことのできる唯一の教育機関である、とわたしは考えてきました。そしてそれが大学のよいところだ、と。他方、教師は学生を選ぶことができません。学生は教師の「マーケット」であり、「お客さま」です。くりかえしますが、どういう理由からか、かれらが決して有利とはいえない条件をかえりみず、上野という教師をたとえ一時であれ選んでくれた、そのことに感謝せずにはいられません。上野ゼミの出身であることが就活に有利にはたらくとはとうてい思えませんし、またジェンダー研究を主題として選ぶことは、どんな分野であれ、周辺化されるリスクを伴っています。かれらがそれに無知であるとは思えません。

指導教員とは、指導学生にとって論文の「最初の読者」です。「最初の読者」を説得しなければ、その先へ進むことができません。だからこそ、指導教員と指導学生との関係はたいへん大事ですし、そのあいだに信頼関係がなければこんなに不幸なことはありません。ですから「最初の読者」として学生がわたしを選んでくれたことはその信頼の証でした。

選択のあとには、どんな関係を結ぶかという課題が待っています。相性のよしあしだけではなく、もともと指導教員の指導学生との関係は、評価し審査する権力者として、抑圧的なものです。このひとともし指導教員と指導学生との関係でなかったらどんなによかっただろうに、と何度も思ったこともあります。反対に、指導教員と指導学生との関係でないからこそ、うまくいった関係もあります。制度の制約のもとで指導学生にプレッシャーをかけるのが指導教員の役割ですから、「嫌われるのがしごと」と思ってきました。本書の執筆者ひとりひとりとわたしという指導教員との関係が、幸福なものであったか不幸なものであったかは、当事者に証言してもらうほかありません。

＊　＊　＊

そういう出会いのなかから、こんな論集が生まれました。こういうひとたちにわたしは選ばれたのか、とふかい喜びを感じます。結局、教師の評価も、マーケットすなわち学生さんたちによる判定によって定まるほかないのでしょう。

それだけでなく、本書がわたしにリプライの機会を与えてくれたおかげで、わたしは自分自身の研究史をふりかえることができました。その回顧のなかには一回性の世代体験や時代体験、変えられない信念や選好、果たしたことや果たせなかったこと、弁解や開き直り……などが含まれており、「わたしとは誰か」について、新たな発見をもたらしたのは愉快な経験でした。本書の著者たちは、これをしも「上野千鶴子の記憶と忘却の政治学」と呼ぶかもしれません。が、自分史のなかでなら選択的に書かれたかもしれない過去の仕事について、こういったオープンエンドの対話のスタイルを開いてくださった編者とそれに賛同した仲間のアイディアはすぐれたものでした。なぜならこのような双方向の対話を通して、わたしが何に答え、何に答えないかもまた俎上に載せられるからです。

そして気がついたのが、かれらがわたしの最良の読者だったことです。かれらが論じているわたしの著書のなかには、研究書もありますが、そうでないものもあります。学生に読むことを指定した論文もありますが、そうでないものも多く含まれています。かれらは教壇の上野だけでなく、上野が長期にわたって言ったり書いたりしていることに関心を持ちつづけ、わたし自身が忘れていることをも思い起こし、そしてそのもっともよき理解者だけができるような批判をわたしあてに送ってくれました。かれらは越えるべき壁を低く見積もることなく、「藁人形叩き」に陥らずに、課題を果たしました。研究者としてだけではなく、本の書き手として、このように良質な読者を持ったことは大きな歓びでした。

おひとりさまのわたしは子どもを産んだことがありません。つねひごろ、大学で教えていて感じるのは、「他人さまの産んだ子どもたちをかどわかして……」という感慨です。その学生たちがわたしの目の前で、雨後の筍のごとくぐんぐん成長していくさまを見ることができる。その歓びを、実の親たちは味わうことができません。これこそが教師の醍醐味です。すすんで選んだ職業ではありませんが、教育者をしてきてよかった、と心から思える経験を、本書でも味わいました。

本書に登場した学生も、登場しなかった学生も、わたしと教師と学生として出会ったすべての学生たちに、伝えたいことばはたったひとつです……ありがとう。

二〇一一年の春に

上野　千鶴子

あとがき

上野先生も指導教員の経験をあとがき（？）に書いてくださったので、わたしは「上野千鶴子の指導学生」としての経験を書かせてもらおうと思う。わたし個人の経験だが、おそらくこの本に原稿を書いてくれたほかの指導学生たちの経験も、それほど変わらないだろう。

上野先生が東京大学に来られてから、なんともう二〇年近くが経つ。対談でもお話させてもらったが、その頃の「上野千鶴子」はマスコミなどで活躍する「はねっかえり」（失礼）の社会学者というイメージがあり、東大教授になって戴けるなどと考えたこともなかったので、丸ノ内線の中刷り広告でそれを知ったときにはワクワクした。大げさではなく、なにか新しいことが始まりそうな予感がした。

対外的にはわたしは上野先生の「最初の弟子」「一番弟子（順番が）」といわれるのだが、実際には上野先生が東大に来られたときにはもうすでに院生になっていたので、「弟子」というよりは、どちらかというと最初から「一人前」として扱って貰っていた。着任したばかりで東大に不慣れな先生に、妙にふてぶてしい学生という組み合せで、「わぁ、先生は流石ですね。はやく上野先生みたいになりたいです」などとずうずうしいことをいっていた記憶がある。「はやく」もなにも、と今なら思うのだが上野先生は怒られなかった。すみません。

学部から上野先生に育ててもらったというのは、轡田さんの学年からなのではないかと思う。学部からの学生さんはやはり屈託がなく、上野先生との距離感が違うような気がして、少々羨ましかった。同学年の宮本さんもそうだが、思い返せばゼミの議論などの際には、一番上の学年の「長女」として振舞うことが期待されていたし、実際それに応えなくてはと思っていた。

研究室での関係は、家族に近い。やはり「偉大な母」をもっていることを鬱陶しく感じることがなかったといえば、嘘になる。「あの上野先生の弟子なんですか」と、勝手に期待されたり、妬まれたり、失望されたり。「あなたがそういう風に考えるのは、指導教員の悪しき影響だ」と面と向かっていわれたこともある。上野さんは放任主義であれしろこれしろとはいわないひとである。なぜこんなことをいわれて、わたしの主張の全部を上野さんに還元されなければならないのかと憤り、少々荒れた。指導学生は多かれ少なかれ、同様の経験をしたのではないかと思う。

上野先生に接したひとは、ふたつにわけられると思う。ひとつは上野先生に憧れ、上野先生になりたいと思うひと。もうひとつは、上野先生にはなれないと思うひと。わたしは後者だった。

上野先生はワーカホリックである。どんなに忙しくしていても、自分を律して仕事の時間はきちんと確保する。いつ寝ているんだろうと思うくらいに働いている。そして有名人である。有名人であるということは、有名税を支払わねばならないということだ。「わたしだって最初からこうだった訳じゃないのよ！」と上野先生はよくいわれていたが、誤解や批判に耐える精神力をみて、「わたしにはとても無理」だと思った。そしてその辛さ自体が理解されないことも辛いことだと思った。上野ゼミに野心家が少ないのは、「上野先生がすごすぎたから」とわたしは思っている。

それでもよく考えてみれば気がつかないうちに、上野さんから学んだものはたくさんある。学問的なことはもちろんであるが、ほかにも例えば仕事の仕方から、本の整理の仕方、本の読み方などなど。「上野さんの弟子ならすごいでしょうね」と誤解してもらえるのも有難いことだ。最近は素直にそう思えるようになった。長い反抗期も終わったのかもしれない。

なんだかセンチメンタルになりすぎたような気もするが、無事に刊行できて、本当にホッとしている。大量にリプライを書いてくださった上野先生、編集してくださった松野菜穂子さん、原稿を書いてくれた指導学生の「きょうだい」たち、読んでくださった読者のみなさん、どうも有り難うございました。

二〇一一年一月

千田　有紀

上野千鶴子主要著作目録

（区分——単著、共著、編著書、共編著書、編集委員（書籍）、編集（雑誌）、英文著者（単著）、英文著作（共著）、訳書）

【単著】

上野千鶴子（1982）『セクシィ・ギャルの大研究　女の読み方・読まれ方・読ませ方』光文社→岩波現代文庫（2009）
上野千鶴子（1985）『資本制と家事労働　マルクス主義フェミニズムの問題構制』海鳴社
上野千鶴子（1985）『構造主義の冒険』勁草書房
上野千鶴子（1986）『女は世界を救えるか』勁草書房
上野千鶴子（1986）『マザコン少年の末路　女と男の未来』河合文化教育研究所→増補改訂版、河合文化教育研究所（1994）→増補版、河合出版（2005）
上野千鶴子（1986）『女という快楽』勁草書房→新装版、勁草書房（2006）
上野千鶴子（1987）『〈私〉探しゲーム　欲望私民社会論』筑摩書房→増補、ちくま学芸文庫（1992）
上野千鶴子（1988）『女遊び』学陽書房
上野千鶴子（1989）『スカートの下の劇場　ひとはどうしてパンティにこだわるのか』河出書房新社→河出文庫（1992）
上野千鶴子（1990）『ミッドナイト・コール』朝日新聞社→朝日文庫（1993）
上野千鶴子（1990）『40才からの老いの探検学』三省堂→三省堂選書（1994）

上野千鶴子（編者：江里昭彦）（1990）『黄金郷　上野ちづこ句集』深夜叢書社
上野千鶴子（1990）『家父長制と資本制　マルクス主義フェミニズムの地平』岩波書店→岩波現代文庫（2009）
上野千鶴子（1991）『一・五七ショック―出生率・気にしているのはだれ？』ウイメンズブックストア松香堂書店
上野千鶴子（1992）『うわの空　ドイツその日暮らし』朝日新聞社→朝日文芸文庫（1996）
上野千鶴子（1994）『近代家族の成立と終焉』岩波書店
上野千鶴子（1998）『発情装置　エロスのシナリオ』筑摩書房
上野千鶴子（1998）『ナショナリズムとジェンダー』青土社
上野千鶴子（2000）『上野千鶴子が文学を社会学する』朝日新聞社→朝日文庫（2003）
上野千鶴子（2002）『差異の政治学』岩波書店
上野千鶴子（2002）『サヨナラ、学校化社会』太郎次郎社→ちくま文庫（2008）
上野千鶴子（2002）『フェミニズムから見たヒロシマ　戦争犯罪と戦争という犯罪のあいだ』家族社
上野千鶴子（2002）『家族を容れるハコ　家族を超えるハコ』平凡社
上野千鶴子（2003）『国境　お構いなし』朝日新聞社→朝日文庫（2007）
上野千鶴子（2005）『老いる準備　介護すること　されること』学陽書房→朝日文庫（2008）
上野千鶴子（2006）『生き延びるための思想　ジェンダー平等の罠』岩波書店
上野千鶴子（2007）『おひとりさまの老後』法研
上野千鶴子（2009）『男おひとりさま道』法研
上野千鶴子（2010）『ひとりの午後に』日本放送出版協会（ＮＨＫ出版）
上野千鶴子（2010）『女ぎらい―ニッポンのミソジニー』紀伊國屋書店

【共著】

上野千鶴子・宮迫千鶴（1985）『つるつる対談　多型倒錯』創元社
髙田公理・野田正彰・上野千鶴子・奥野卓司・井上章一（1987）『現代世相探検学』朝日新聞社
上野千鶴子・田中美津（1987）『美津と千鶴子のこんとんとんからり』木犀社→増補新版（2003）
網野義彦・上野千鶴子・宮田登（1988）『日本王権論』春秋社→新装版（2000）
上野千鶴子（1988）『接近遭遇　上野千鶴子対談集』勁草書房（対談者：中村雄二郎、吉本隆明、加藤典洋、浅田彰、金子郁容、海老坂武、鴻上尚史、植島啓司、金塚貞文）
上野千鶴子・電通ネットワーク研究会（1988）『「女縁」が世の中を変える―脱専業主婦のネットワーキング』日本経済新聞社
上野千鶴子・中村雄二郎（1989）『〈人間〉を超えて　移動と着地』青土社→河出文庫（1994）
上野千鶴子・NHK取材班（1991）『90年代のアダムとイヴ』日本放送出版協会
上野千鶴子（1991）『性愛論　対話篇』河出書房新社（ゲスト：田中優子・梅棹忠夫・木村敏・石川好・植島啓司・森崎和江）→河出文庫（1994）
上野千鶴子・中村達也・田村明・橋本寿朗・三浦雅士（編集：セゾングループ史編纂委員会）（1991）『セゾンの発想』リブロポート
伊藤比呂美・上野千鶴子（1991）『のろとさにわ』平凡社→平凡社ライブラリー（1995）
上野千鶴子・小倉千加子・富岡多恵子（1992）『男流文学論』筑摩書房→ちくま文庫（1997）
上野千鶴子・田中美由紀・前みち子（1993）『ドイツの見えない壁　女が問い直す統一』岩波書店
赤松啓介・上野千鶴子・大月隆寛（1995）『猥談―近代日本の下半身』現代書館
上野千鶴子＝文、高畑早苗＝絵（1995）『あなたたち―自我からの癒し』日本放送出版協会
川村湊・成田龍一・上野千鶴子・奥泉光・イ・ヨンスク・井上ひさし・高橋源一郎（1999）『戦争はどのよ

うに語られてきたか』朝日新聞社→『戦争文学を読む』朝日文庫（2008）
上野千鶴子・辛淑玉（2002）『ジェンダー・フリーは止まらない！──フェミ・バッシングを超えて』ウイメンズブックストア松香堂書店
上野千鶴子・小倉千加子（2002）『ザ・フェミニズム』筑摩書房→ちくま文庫（2005）
上野千鶴子・行岡良治（2003）『論争　アンペイド・ワークをめぐって』太田出版
中西正司・上野千鶴子（2003）『当事者主権』岩波書店
鶴見俊輔・上野千鶴子・小熊英二（2004）『戦争が遺したもの　鶴見俊輔に戦後世代が聞く』新曜社
上野千鶴子・信田さよ子（2004）『結婚帝国　女の岐れ道』講談社
上野千鶴子・趙韓惠浄（佐々木典子・金賛鎬訳）（2004）『ことばは届くか　日韓フェミニスト往復書簡』岩波書店
鈴木成文・上野千鶴子・山本理顕・布野修司・五十嵐太郎・山本喜美恵（2004）『「51C」家族を容れるハコの戦後と現在』平凡社
杉浦康平・若桑みどり・筑紫哲也・上野千鶴子・森村泰昌・池澤夏樹・石川好・竹村和子・中沢新一・小森陽一（2005）『論客10氏の「目からウロコ」』日本カメラ社
三浦展・上野千鶴子（2007）『消費社会から格差社会へ［中流団塊と下流ジュニアの未来］』河出書房新社→『消費社会から格差社会へ［1980年代からの変容］』ちくま文庫（2010）
辻井喬・上野千鶴子（2008）『ポスト消費社会のゆくえ』文藝春秋
上野千鶴子・辻元清美（2009）『世代間連帯』岩波書店
香山リカ・上野千鶴子・嶋根克己（2010）『「生きづらさ」の時代──香山リカ×上野千鶴子＋専大生』専修大学出版局

【編著書】

上野千鶴子編（1982）『主婦論争を読む　Ⅰ　全記録』勁草書房

上野千鶴子編（1982）『主婦論争を読む　Ⅱ　全記録』勁草書房

上野千鶴子監修・中野区女性会館編（1988）『女の子に贈る生き方ハンドブック　My Future Design Book』学陽書房

上野千鶴子編集（1990）『NEW FEMINIZM REVIEW VOL.1　ニュー・フェミニズム・レビュー　恋愛テクノロジー』学陽書房

上野千鶴子編集（1994）『NEW FEMINIZM REVIEW VOL.5　ニュー・フェミニズム・レビュー　リスキー・ビジネス　女と資本主義の危い関係』学陽書房

上野千鶴子編（1996）『現代の世相……①　色と欲』小学館

上野千鶴子編（1997）『キャンパス性差別事情―ストップ・ザ・アカハラ』三省堂

上野千鶴子編（2001）『構築主義とは何か』勁草書房

上野千鶴子編著（2001）『ラディカルに語れば…上野千鶴子対談集』平凡社（執筆者（対談者）：大沢真理・河野貴代美・竹村和子・足立真理子）

上野千鶴子編著（2003）『女の子に贈る　なりたい自分になれる本』学陽書房

上野千鶴子監修（2005）『今、親に聞いておくべきこと』法研

上野千鶴子編（2005）『脱アイデンティティ』勁草書房

上野千鶴子編（2008）『「女縁」を生きた女たち』岩波書店（上野千鶴子・電通ネットワーク研究会（1988）『「女縁」が世の中を変える―脱専業主婦のネットワーキング』日本経済新聞社を第Ⅰ部とし、第Ⅱ部・第Ⅲ部を書き下ろした新編集版）

【共編著書】

樺山紘一・上野千鶴子編著（1993）『長寿社会総合講座［9］21世紀の高齢者文化』第一法規（長寿社会総合講座（全一〇巻）、監修：隅谷三喜男・日野原重明・三浦文夫）

井上輝子・上野千鶴子・江原由美子編（1994-1995）『日本のフェミニズム』（全七冊・別冊一）岩波書店（上野千鶴子解説＝①『リブとフェミニズム』、⑥『セクシュアリティ』、別冊『男性学』）

上野千鶴子・メディアの中の性差別を考える会編（1996）『きっと変えられる性差別語―私たちのガイドライン』三省堂

上野千鶴子・綿貫礼子編著（1996）『リプロダクティブ・ヘルスと環境―共に生きる世界へ』工作舎

河合隼雄・上野千鶴子共同編集（1997）『現代日本文化論8　欲望と消費』岩波書店

井上輝子・上野千鶴子・江原由美子・大沢真理・加納実紀代編集（2002）『岩波　女性学事典』岩波書店

上野千鶴子・寺町みどり・ごとう尚子編著（2004）『市民派政治を実現するための本―わたしのことはわたしが決める』コモンズ

岩崎稔・上野千鶴子・成田龍一編（2006）『戦後思想の名著50』平凡社

上野千鶴子・中西正司編（2008）『ニーズ中心の福祉社会へ―当事者主権の次世代福祉戦略』医学書院

岩崎稔・上野千鶴子・北田暁大・小森陽一・成田龍一編著（2008-2009）『戦後日本スタディーズ』〈全三巻〉紀伊國屋書店

【編集委員（書籍）】

上野千鶴子・加納実紀代・白藤花夜子・樋口恵子・水田宗子＝編集委員（1990-1995）『NEW FEMINIZM REVIEW VOL.1～VOL.6』学陽書房（上野千鶴子編集＝VOL.1『恋愛テクノロジー』（1990）、VOL.5『リスキー・ビジネス　女と資本主義の危い関係』（1994））

上野千鶴子・鶴見俊輔・中井久夫・中村達也・宮田登・山田太一＝編集委員（1991-1992）『シリーズ　変貌する家族』（全八巻）岩波書店

上野千鶴子・奥山恵美子・金井淑子・桜井陽子・高井正・米田禮子＝編集委員、（財）横浜市女性協会編（1995-2003）『女性施設ジャーナル』（①～⑧）学陽書房

井上俊・上野千鶴子・大澤真幸・見田宗介・吉見俊哉＝編集委員（1995-1997）『岩波講座　現代社会学』（全二六巻　別巻一）岩波書店

色川大吉・上野千鶴子・小松和彦・斎藤茂男・佐高信・野田正彰・宮田登＝編集委員（1996-1997）『現代の世相』（全八巻）小学館（上野千鶴子編＝①『色と欲』（1996））

見田宗介・上野千鶴子・内田隆三・佐藤健二・吉見俊哉・大澤真幸＝編集委員（1998）『社会学文献事典』弘文堂

上野千鶴子・大熊由紀子・大沢真理・神野直彦・副田義也＝編集委員（2008）『ケア　その思想と実践』（全六巻）岩波書店

天野正子・伊藤公雄・伊藤るり・井上輝子・上野千鶴子・江原由美子・大沢真理・加納実紀代＝編集委員（編集協力：斎藤美奈子）（2009-2011）『新編　日本のフェミニズム』（全一二巻）岩波書店（上野千鶴子解説＝①『リブとフェミニズム』（2009）、⑥『セクシュアリティ』（2009））

【編集（雑誌）】

上野千鶴子編集（1987）『現代のエスプリ　中流幻想の崩壊』第二三八号、至文堂

上野千鶴子編集（1988）『現代のエスプリ「新人類の性」シリーズ②　子の心親知らず　何が子どもたちをそうさせたか』第二四六号、至文堂

上野千鶴子編集（1989）『現代のエスプリ　新男類の誕生』第二六〇号、至文堂

上野千鶴子責任編集（2008）『おひとりさまマガジン』文藝春秋12月臨時増刊号（第八六巻第一四号）
上野千鶴子特別編集（2009）『よみもの marisol　おひとりさまは最強の人生!!』マリソル11月号増刊、集英社

【英文著作（単著）】

Ueno, Chizuko（2004）*Nationalism and Gender*, translated by Beverley Yamamoto, Trans Pacific Press.
Ueno, Chizuko（2009）*The Modern Family in Japan Its Rise and Fall*, Trans Pacific Press.

【英文著作（共著）】

Ueno, Chizuko（2008）Citizenship and Gender: Is Feminism Compatible with Nationalism?, in Tsujimura, Miyoko ed., *International Perspectives on Gender Equality & Social Diversity*, Tohoku University Press: 25–41
Ueno, Chizuko（2010）Gender Equality and Multiculturalism under Japanese Neo-Liberalist Reform in the Era of Globalization, in Tsujimura, Miyoko and Osawa, Mari eds., *Gender Equality in Multicultural Societies: Gender Diversity, and Conviviality in the Age of Globalization*, Tohoku University Press: 25–42
Wakita, Haruko, Anne Bouchy, and Ueno, Chizuko eds.（Translation Editor: Gerry Yokota-Murakami）（1999）*Gender and Japanese History*（Vol.1）*Religion and Customs / The Body and Sexuality*, Osaka University Press.
Wakita, Haruko, Anne Bouchy, and Ueno, Chizuko eds.（Translation Editor: Gerry Yokota-Murakami）（1999）*Gender and Japanese History*（Vol.2）*The Self and Expression / Work and Life*, Osaka

University Press.（Ueno, Chizuko, Gendering the Concept of "Labor": 537-568）

【訳書】

バーバラ・シンクレア『アメリカ女性学入門』（1982 共訳）勁草書房

A・クーン&A・ウォルプ編『マルクス主義フェミニズムの挑戦』（1984 共訳、1986 第二版）勁草書房

バベット・コール『シンデレ王子の物語』（1995 訳）ウイメンズブックストア松香堂書店

バベット・コール『トンデレラ姫物語』（1995 訳）ウイメンズブックストア松香堂書店

ジェフリー・ウィークス『セクシュアリティ』（1996 監訳）河出書房新社

マーサ・アルバートソン・ファインマン『家族、積みすぎた方舟　ポスト平等主義のフェミニズム法理論』（2003 監訳・解説）学陽書房

シンシア・エンロー『策略―女性を軍事化する国際政治』（2006 監訳）岩波書店

（妙木忍　作成）

上野千鶴子年譜

年月	事項
一九四八年七月	富山県に生まれる（七月一二日）
一九六七年三月	石川県立金沢二水高等学校卒業
一九七二年三月	京都大学文学部哲学科社会学専攻卒業
一九七七年三月	京都大学大学院文学研究科社会学専攻博士課程単位取得退学
一九七七年四月	京都大学大学院文学研究科社会学専攻研修員
一九七八年四月	日本学術振興会奨励研究員（～一九七九年三月）
一九七九年四月	平安女学院短期大学専任講師（～一九八二年三月）
一九八二年四月	平安女学院短期大学助教授（～一九八九年三月）
一九八二年九月	ノースウエスタン大学人類学部客員研究員（～一九八三年六月）
一九八三年四月	シカゴ大学人類学部客員研究員（～一九八四年八月）
一九八九年四月	京都精華大学人文学部助教授（～一九九二年九月）
一九九一年四月	ボン大学日本学研究科客員教授（～一九九二年三月）

一九九二年一〇月　京都精華大学人文学部教授（〜一九九三年三月）
一九九三年四月　東京大学文学部助教授（〜一九九五年三月）
一九九五年四月　東京大学大学院人文社会系研究科教授
一九九六年三月　メキシコ大学院大学アジア・アフリカ研究センター客員教授
一九九六年一〇月　コロンビア大学バーナード・カレッジ、アジア中近東学部客員教授
一九九七年四月　本務（東京大学大学院人文社会系研究科教授）に復帰

学会・研究会活動

一九七八年　日本女性学研究会　入会
一九七九年九月　日本女性学研究会　連絡会ニュース Voice of Women（No.1）編集発行責任者
一九八〇年一〇月　日本女性学研究会『女性学年報』創刊号　編集委員
一九八三年　NWSA（全米女性学会）入会
一九八八年一〇月　日本社会学会　理事（〜一九九一年一一月）
一九八九年一二月　日本女性学会　入会
一九九八年六月　日本女性学会　第一〇期幹事（〜二〇〇〇年六月）
一九九八年一一月　日本学術会議　社会学研究連絡委員会委員（〜二〇〇〇年七月）
二〇〇〇年六月　日本女性学会　第一一期幹事（〜二〇〇二年六月）
二〇〇〇年一一月　日本社会学会　国際交流担当理事（国際交流委員会　副委員長）（〜二〇〇三年一〇月）
二〇〇五年六月　関東社会学会　会長（〜二〇〇七年六月）
二〇〇五年一〇月　日本学術会議会員（第二〇期）（〜二〇〇八年九月）

二〇〇六年一〇月　日本社会学会　国際交流担当理事（国際交流委員会　委員長）（〜二〇〇九年一〇月）
二〇〇八年一〇月　日本学術会議会員（第二一期）
二〇〇九年五月　特定非営利活動法人　ウィメンズ アクション ネットワーク（WAN）設立・理事就任

編集委員

一九九〇年一二月　学陽書房『NEW FEMINIZM REVIEW VOL.1〜VOL.6』編集委員（編集委員：上野千鶴子・加納実紀代・白藤花夜子・樋口恵子・水田宗子）（〜一九九五年四月）
一九九一年七月　岩波書店『シリーズ　変貌する家族』（全八巻）編集委員（編集委員：上野千鶴子・鶴見俊輔・中井久夫・中村達也・宮田登・山田太一）（〜一九九二年一一月）
一九九四年一〇月　岩波書店『日本のフェミニズム』（全七冊・別冊一）編者（編者：井上輝子・上野千鶴子・江原由美子）（〜一九九五年五月）
一九九五年一一月　岩波書店『岩波講座　現代社会学』（全二六巻　別巻一）編集委員（編集委員：井上俊・上野千鶴子・大澤真幸・見田宗介・吉見俊哉）（〜一九九七年六月）
一九九六年一〇月　小学館『現代の世相』（全八巻）編集委員（編集委員：色川大吉・上野千鶴子・小松和彦・斎藤茂男・佐高信・野田正彰・宮田登）（〜一九九七年五月）
一九九八年二月　弘文堂『社会学文献事典』編集委員（編集委員：見田宗介・上野千鶴子・内田隆三・佐藤健二・吉見俊哉・大澤真幸）
二〇〇二年六月　岩波書店『岩波　女性学事典』編集（編集：井上輝子・上野千鶴子・江原由美子・大沢真理・加納実紀代）
二〇〇六年二月　平凡社『戦後思想の名著50』編者（編者：岩崎稔・上野千鶴子・成田龍一）

二〇〇八年四月　岩波書店『ケア　その思想と実践』（全六巻）編集委員（編集委員：上野千鶴子・大熊由紀子・大沢真理・神野直彦・副田義也）（〜二〇〇八年九月）
二〇〇八年一二月　紀伊國屋書店『戦後日本スタディーズ』〈全三巻〉編著者（編著者：岩崎稔・上野千鶴子・北田暁大・小森陽一・成田龍一）（〜二〇〇九年九月）
二〇〇九年一月　岩波書店『新編　日本のフェミニズム』（全一二巻）編集委員（編集委員：天野正子・伊藤公雄・伊藤るり・井上輝子・上野千鶴子・江原由美子・大沢真理・加納実紀代、編集協力：斎藤美奈子）（〜二〇一一年一月）

受賞

一九九四年一二月　『近代家族の成立と終焉』（岩波書店）でサントリー学芸賞受賞（社会・風俗部門）

職歴の基本データは東京大学大学院人文社会系研究科・文学部編集・発行（2000）『東京大学大学院人文社会系研究科・文学部　研究・教育年報　5（1998〜1999）』三三四ページの情報に基づく。なお、編者・編集・編著者・編集委員等を務めた書籍については刊行された年月を基準として記載した。

（妙木忍　作成）

上野千鶴子（うえの　ちづこ）

1948年生まれ

1977年　京都大学大学院文学研究科博士課程修了

現　在　東京大学大学院人文社会系研究科教授

執筆者紹介（執筆順。＊は編者。）

千田有紀（せんだ　ゆき）＊

1968年生まれ

2000年　東京大学大学院人文社会系研究科博士課程修了

現　在　武蔵大学社会学部教授／博士（社会学）

主　著　『女性学／男性学』（岩波書店、2009年）、『日本型近代家族――どこから来てどこへ行くのか』（勁草書房、2011年）

妙木　忍（みょうき　しのぶ）

1977年生まれ

2009年　東京大学大学院人文社会系研究科博士課程修了

現　在　東京外国語大学アジア・アフリカ言語文化研究所ジュニア・フェロー／博士（社会学）

主　著　『女性同士の争いはなぜ起こるのか――主婦論争の誕生と終焉』（青土社、2009年）

齋藤圭介（さいとう　けいすけ）

1981年生まれ

現　在　東京大学大学院人文社会系研究科博士課程在籍

主　著　「男性学の生殖論における臨界――再生産責任の帰責主体をめぐる議論を中心に」（『ソシオロゴス』33：14-29、2009年）、「日本の男性学における生殖論の臨界――フェミニズム以降の男性の権利と義務の再構成を通して」（東京大学大学院修士論文、2007年）

宮本直美（みやもと　なおみ）

1969年生まれ

2000年　東京大学大学院人文社会系研究科博士課程修了

現　在　立命館大学文学部准教授／博士（社会学）

主　著　『教養の歴史社会学——ドイツ市民社会と音楽』（岩波書店、2006年）

栗田知宏（くりた　ともひろ）

1978年生まれ

現　在　東京大学大学院人文社会系研究科博士課程在籍

主　著　「『エミネム』の文化社会学——ヒップホップ／ロックの真正性・正統性指標による『差別』表現の解釈」（『ポピュラー音楽研究』11、2007年）、「『差別表現』の文化社会学的分析に向けて——ヒップホップ〈場〉の論理に基づく意図と解釈を事例に」（『ソシオロゴス』33、2009年）

新　雅史（あらた　まさふみ）

1973年生まれ

2008年　東京大学大学院人文社会系研究科博士課程修了

現　在　学習院大学非常勤講師

主　著　「東洋の魔女——その女性性と工場の記憶」（『オリンピック・スタディーズ』、せりか書房、2004年）、「被差別部落の酒屋がコンビニに変わるまで」（『グローバリゼーションと文化変容』、世界思想社、2007年）

北村　文（きたむら　あや）

1976年生まれ

2007年　東京大学大学院人文社会系研究科博士課程修了

現　在　明治学院大学教養教育センター専任講師

主　著　『日本女性はどこにいるのか——イメージとアイデンティティの政治』（勁草書房、2009年）、『英語は女を救うのか』（筑摩書房、2011年）

松井隆志（まつい　たかし）

1976年生まれ

2009年　東京大学大学院人文社会系研究科博士課程修了

現　在　武蔵大学非常勤講師
主　著　「六〇年安保闘争とは何だったのか」（『戦後日本スタディーズ２』、紀伊國屋書店、2009年）

島袋まりあ（しまぶく　まりあ）
1976年生まれ
2010年　コーネル大学大学院東アジア文学博士号取得
現　在　カリフォルニア大学リバーサイド校比較文学外国語学部助教授
主　著　「太平洋を横断する植民地主義――日米両国の革新派と『県外移設』をめぐって」（『植民者へ――ポストコロニアリズムという挑発』（317-356、松籟社、2007年）、2010. “Petitioning Subjects: Miscegenation and the Crisis of Sovereignty in Okinawa, 1945-1952.” Inter-Asia Cultural Studies. Vol. 11 : 3（2010）355-374.

福岡愛子（ふくおか　あいこ）
1950年生まれ
1972年　新潟大学人文学部卒業
現　在　東京大学大学院人文社会系研究科博士課程在籍
主　著　『文化大革命の記憶と忘却』（新曜社、2008年）

山根純佳（やまね　すみか）
1976年生まれ
2008年　東京大学大学院人文社会系研究科博士課程修了
現　在　山形大学人文学部講師／博士（社会学）
主　著　『産む産まないは女の権利か――フェミニズムとリベラリズム』（勁草書房、2004年）、『なぜ女性はケア労働をするのか――性別分業の再生産を超えて』（勁草書房、2010年）

山下順子（やました　じゅんこ）
1974年生まれ
2007年　ヨーク大学（英国）社会政策学博士課程修了
現　在　ブリストル大学社会・政治・国際学研究科講師／博士（社会政策学）

主　著　Managing or Generating Social Risks?: Changes in Labour Market and Japanese Welfare Regime' in Raymond, K. H. Chan, Takahashi, M. and Wang, Lillian, Lih-Rong.(eds.) *Risk and Public Policy in Changing Asian Societies*, (Ashgate, 2010)、『労働再審〈5〉ケア・協働・アンペイドワーク――揺らぐ労働の輪郭』(共編著、大月書店、2011年)

阿部真大（あべ　まさひろ）

1976年生まれ

2007年　東京大学大学院人文社会系研究科博士課程修了

現　在　甲南大学専任講師

主　著　『搾取される若者たち――バイク便ライダーは見た！』(集英社、2006年)『ハタチの原点――仕事・恋愛・家族のこれから』(筑摩書房、2009年)

朴　姫淑（ぱく　ひすく）

2009年　東京大学大学院人文社会系研究科博士課程修了

現　在　旭川大学保健福祉学部専任助教／博士（社会学）

主　著　「住民参加型福祉のまちづくり――鷹巣町（北秋田市）の事例から」(『地域ケアシステムとその変革主体』、光生館、2010年)

伊藤奈緒（いとう　なお）

1973年生まれ

2008年　東京大学大学院人文社会系研究科博士課程修了

主　著　「社会運動の参加／不参加をめぐる意味構築――アイヌ民族による権利獲得運動を事例として」(『社会学評論』56（4)、2006年)

小池　靖（こいけ　やすし）

1970年生まれ

2006年　東京大学大学院人文社会系研究科博士課程修了

現　在　立教大学社会学部准教授／博士（社会学）

主　著　『セラピー文化の社会学――ネットワークビジネス・自己啓発・トラウマ』(勁草書房、2007年)、「親密圏とスピリチュアリティ」(『宗教研究』365：105-126、2010年)

上野千鶴子に挑む

2011年3月15日　第1版第1刷発行

編　者　千《せん》田《だ》有《ゆ》紀《き》

発行者　井村寿人

発行所　株式会社　勁《けい》草《そう》書房

112-0005　東京都文京区水道2-1-1　振替　00150-2-175253
（編集）電話 03-3815-5277／FAX 03-3814-6968
（営業）電話 03-3814-6861／FAX 03-3814-6854
平文社・青木製本

ISBN978-4-326-65358-4　Printed in Japan

上野千鶴子	構造主義の冒険	四六判	二六二五円
上野千鶴子	女は世界を救えるか	四六判	二四一五円
上野千鶴子	女という快楽〔新装版〕	四六判	二五二〇円
上野千鶴子編	主婦論争を読むⅠ・Ⅱ	四六判	Ⅰ三〇四五円 Ⅱ三九九〇円
上野千鶴子編	脱アイデンティティ	四六判	二六二五円
上野千鶴子編	構築主義とは何か	四六判	一九四〇円
千田有紀	日本型近代家族	四六判	二七三〇円
山根純佳	産む産まないは女の権利か	四六判	二五二〇円
山根純佳	なぜ女性はケア労働をするのか	四六判	三四六五円
北村文	日本女性はどこにいるのか	四六判	二七三〇円
小池靖	セラピー文化の社会学	四六判	二三一〇円

＊表示価格は二〇一一年三月現在。消費税は含まれております。